Beiträge zum Verwaltungsrecht

herausgegeben von

Wolfgang Kahl, Jens-Peter Schneider
und Ferdinand Wollenschläger

30

Benno Pützer

Konkurrentenklagen und Ämterstabilität

Zugleich ein Beitrag zur Bestimmung der hergebrachten Grundsätze des Berufsbeamtentums

Mohr Siebeck

Benno Pützer, geboren 1987; Studium der Rechtswissenschaften in Bonn und Helsinki; 2013 erstes, 2015 zweites Examen; anschließend wissenschaftlicher Mitarbeiter am Lehrstuhl für Staats- und Verwaltungsrecht sowie Wissenschaftsrecht und Medienrecht der Universität zu Köln.

Zugl.: Köln, Univ., Diss., 2022

ISBN 978-3-16-162393-6 / eISBN 978-3-16-162643-2
DOI 10.1628/978-3-16-162643-2

ISSN 2509-9272 / eISSN 2569-3859 (Beiträge zum Verwaltungsrecht)

Die Deutsche Nationalbibliothek verzeichnet diese Publikation in der Deutschen Nationalbibliographie; detaillierte bibliographische Daten sind über *https://dnb.de* abrufbar.

Das Buch wurde von Gulde Druck aus der Times gesetzt, auf alterungsbeständiges Werkdruckpapier gedruckt und von der Buchbinderei Spinner in Ottersweier gebunden.

Printed in Germany.

Vorwort

Die Rechtswissenschaftliche Fakultät der Universität zu Köln hat die vorliegende Arbeit im Wintersemester 2022/2023 als Dissertation angenommen.

Herzlicher Dank gebührt insofern zuvörderst Herrn Professor Dr. Christian von Coelln, der nicht nur als Betreuer und Erstgutachter zum Entstehen und Gelingen dieser Arbeit beigetragen hat. Auch die zahlreichen Erfahrungen, die ich während meiner Zeit als wissenschaftlicher Mitarbeiter an seinem Lehrstuhl für Staats- und Verwaltungsrecht sowie Wissenschaftsrecht und Medienrecht sammeln durfte, haben daran einen nicht zu unterschätzenden Anteil.

Herrn Professor Dr. Wolfram Höfling, M.A., danke ich dafür, dass er ungeachtet seiner Entpflichtung als ausgesprochen engagierter Zweitgutachter am Verfahren mitgewirkt hat.

Ferner gilt mein herzlicher Dank den vielen (ehemaligen) Kolleginnen und Kollegen am o.g. Lehrstuhl für Staats- und Verwaltungsrecht sowie Wissenschaftsrecht und Medienrecht, am Institut für Deutsches und Europäisches Wissenschaftsrecht sowie am (früheren) Lehrstuhl für Staats- und Verwaltungsrecht (Professor Dr. Michael Sachs †). Das dortige Arbeitsklima sowie die gelebte akademische Kollegialität haben erheblichen Einfluss auf die Entstehung dieser Arbeit gehabt. Namentlich aus dem Kreise der (ehemaligen) Kollegen hervorgehoben sei Dr. Sebastian Nellesen, der freundlicherweise die Mühen des Korrekturlesens auf sich genommen hat.

Für die Auszeichnung der Arbeit mit ihrem Promotionspreis sei schließlich nicht nur der Rechtswissenschaftlichen Fakultät der Universität zu Köln, sondern auch dem dortigen Verein zur Förderung der Rechtswissenschaft gedankt, der durch die Dotierung des Preises einen Beitrag zur Drucklegung geleistet hat.

Köln, im Mai 2023 Benno Pützer

Inhaltsübersicht

Inhaltsverzeichnis

Einführung

A. Problemaufriss

I. Die Ausgangslage

Jeder Deutsche – so formuliert Art. 33 Abs. 2 GG den sog. Grundsatz der Bestenauslese – hat nach seiner Eignung, Befähigung und fachlichen Leistung gleichen Zugang zu jedem öffentlichen Amt. Einfachgesetzlich bestimmen Vorschriften wie § 9 S. 1 BBG bzw. § 9 BeamtStG (die nach §§ 46, 71 DRiG auch in Bezug auf Richter Geltung beanspruchen) oder § 3 Abs. 1 SG Entsprechendes.[1] In Zusammenschau mit Bestimmungen wie der Rechtsschutzgarantie des Art. 19 Abs. 4 S. 1 GG oder § 113 Abs. 1 S. 1 VwGO könnte dieser Befund einen unbefangenen Beobachter zu der Annahme verleiten, ein unter Verstoß gegen den Grundsatz der Bestenauslese übergangener Bewerber könne mittels einer verwaltungsgerichtlichen Anfechtungsklage die gerichtliche Kassation der rechtswidrigen Einstellungs- oder Beförderungsentscheidung (und im Zuge einer zusätzlichen Verpflichtungsklage sodann seine eigene Ernennung oder doch zumindest eine erneute, nunmehr rechtmäßige Auswahlentscheidung) erreichen. Nicht zuletzt entspräche dies auch der in anderen Bereichen des Verwaltungsrechts in Konkurrenzkonstellationen geübten Praxis.[2] Einem Abgleich mit der Realität hält diese Einschätzung indes nur sehr eingeschränkt stand. Obschon die Beschwerden über die Missachtung des Rechts auf gleichen Zugang zu öffentlichen Ämtern, die „so alt wie dieses Verfassungsrecht selbst" sind,[3] nie an Aktualität verloren haben[4] und effektiver Rechtsschutz des unterlegenen Konkurrenten gemeinhin als probates Mittel im Kampf gegen das Problem der sog. Ämterpatro-

---

[1] Nicht nur aufgrund der ausdrücklichen Anordnung in § 22 Abs. 1 S. 1 BBG, sondern auch, weil sie gem. § 10 Abs. 1 Nr. 3 BBG, § 8 Abs. 1 Nr. 3 BeamtStG ebenfalls eine Ernennung erfordern, gilt dies sowohl für die Begründung eines Beamten- oder Richterdienstverhältnisses (§ 10 Abs. 1 Nr. 1 BBG, § 8 Abs. 1 Nr. 1 BeamtStG) als auch für Fälle der Beförderung.

[2] Zu dieser noch sogleich Teil 1 B.

[3] *Tietgen*, in: von Caemmerer/Friesenhahn/Lange, FS 100 Jahre DJT, Bd. II, 1960, S. 325 (335).

[4] Zur Beschädigung des (Ansehens des) öffentlichen Dienstes durch Ämterpatronage etwa *Lecheler*, in: Badura/Dreier, FS 50 Jahre BVerfG, Bd. II, 2001, S. 359 (372).

nage betrachtet wird,[5] soll nach herrschender Auffassung[6] Rechtsschutz in Fällen der dienstrechtlichen Statusamtkonkurrenz nur in eingeschränktem Umfang möglich sein. Entgegen dem der VwGO zugrundeliegenden Grundsatz des nachgehenden Rechtsschutzes[7] soll insbesondere die Anfechtung der rechtswidrigen Konkurrentenernennung durch den übergangenen Bewerber regelmäßig ausgeschlossen sein.[8] Stattdessen wird Letzterer auf die Inanspruchnahme vorbeugenden Eilrechtsschutzes verwiesen.[9] Begründet wird diese Sonderdogmatik[10] heute regelmäßig (nur) mit dem Verweis auf einen sog. Grundsatz der Ämterstabilität.[11] Dass zu dessen dogmatischer Herleitung mitunter nicht einmal weitergehende Erläuterungen für erforderlich erachtet werden,[12] hat zwar bereits zu seiner Bezeichnung als „Mythos“[13] geführt. In der Sache erweist sich diese – in Widerspruch zu der in verwaltungsrechtlichen Konkurrenzkonstellationen gemeinhin zur Anwendung gelangenden Praxis[14] stehende – Sonderdogmatik heute jedoch gefestigter als in der Vergangenheit.[15] Obschon die Kritik daran nie ganz verstummt ist, beschränken sich die kritischen Auseinandersetzungen der jüngeren Vergangenheit meist auf die „Perfektionierung des bestehenden Systems“, anstatt es grundsätzlich zu hinterfragen.[16] So bemühen sich Stellungnahmen seitens der Literatur überwiegend um die Auflösung der mitunter als unbillig emp-

---

5 *Battis*, in: Sachs, GG, 9. Aufl. 2021, Art. 33 Rn. 41; *Bochmann*, ZBR 2004, 405 (408); vgl. auch *Voßkuhle*, in: Voßkuhle/Eifert/Möllers, Grundlagen des Verwaltungsrechts, Bd. II, 3. Aufl. 2022, § 41 Rn. 68: Das Problem der Ämterpatronage müsse durch „dogmatische[n] Ausbau der Konkurrentenklage“ bekämpft werden. Zu Konkurrentenklagen als Mittel zur Durchsetzung der Gesetzmäßigkeit der Verwaltung auch jenseits des Dienstrechts s. *Fehling*, in: Kahl/Ludwigs, Handbuch des Verwaltungsrechts, Bd. IV, 2022, § 100 Rn. 3.

6 So auch *Weckmann*, Die Rolle staatlicher Auswahlentscheidungen im Rechtsschutzsystem der „Konkurrentenverdrängungsklage“, 2019, S. 32 f. S. im Einzelnen die Nachweise u. Teil 1 C.

7 Dazu etwa BVerwGE 40, 323 (326); BVerwG NVwZ 1991, 580 (580); *Pietzcker/Marsch*, in: Schoch/Schneider, VwGO, Loseblatt, Stand 42. Lfg. Februar 2022, § 42 Abs. 1 Rn. 162; *Sennekamp*, in: Fehling/Kastner/Störmer, VerwR, 5. Aufl. 2021, § 42 VwGO Rn. 40; *W.-R. Schenke*, in: Kopp/Schenke, VwGO, 28. Aufl. 2022, Vor § 40 Rn. 33 f.

8 Eingehend u. Teil 1 C.I.1.b) und C.I.2.a).

9 Dazu u. Teil 1 C.I.3.

10 *Bamberger*, ZBR 2019, 192 (192).

11 Nur beispielhaft VGH München RiA 2017, 230 (233).

12 Exemplarisch *Jachmann-Michel/Kaiser*, in: von Mangoldt/Klein/Starck, GG, Bd. II, 7. Aufl. 2018, Art. 33 Rn. 23a; *von Glasenapp*, NordÖR 2011, 253 (255); *Stuttmann*, NVwZ 2017, 1146 (1146).

13 *Laubinger*, ZBR 2010, 289 (293); *Schoch*, in: Schoch/Schneider, VwGO, Loseblatt, Stand 42. Lfg. Februar 2022, § 123 Rn. 42a.

14 Dazu u. Teil 1 B.

15 Vgl. die geradezu beiläufige Erwähnung in BVerwG NVwZ 2017, 489 ff.

16 *Gundel*, Die Verwaltung Bd. 37 (2004), S. 401 (401).

fundenen Folge- und Begleiterscheinungen dieser Praxis[17] oder fordern bestenfalls kleinere Nachjustierungen,[18] während die Rechtsprechung die (vermeintliche) Grundsatzqualität des sog. Grundsatzes der Ämterstabilität eher noch stärkt,[19] indem sie die Fallgruppen möglicher Ausnahmen ausschärft und deren Voraussetzungen präzisiert.[20]

II. Begriffliches zum sogenannten Grundsatz der Ämterstabilität

Erschwert wird der Umgang mit der hier untersuchten Thematik durch den Umstand, dass die im Mittelpunkt der Untersuchung stehenden Begriffe „Ämterstabilität" bzw. „Grundsatz der Ämterstabilität" weder gesetzlich definiert[21] noch in Literatur und Rechtsprechung einheitlich verwendet werden.[22] Im Schrifttum werden die Begriffe mitunter als Synonym für das im Sinne von Art. 33 Abs. 5 GG hergebrachte Lebenszeitprinzip verwendet.[23] Teilweise heißt es auch, der (hergebrachte) Grundsatz der Ämterstabilität besage, dass eine einmal erfolgte Ernennung grundsätzlich – und nicht nur durch Gerichte – nicht mehr aufgehoben werden könne.[24] Meist wird er jedoch als Begründung für die oben umrisse-

---

[17] Beispielsweise *Özfirat-Skubinn*, Rechtswidrige Beamtenernennungen, bei denen der Rechtsschutz eines Mitbewerbers vereitelt wird – Wege zur Kompensation, 2011, passim; *Zwerger*, Zwischen Stellenblockade und Bewerberschutz, 2022, S. 104 ff. Zu Schadensersatzansprüchen zu Unrecht übergangener Bewerber exemplarisch *von Glasenapp*, NordÖR 2011, 253 (256 ff.); vgl. auch schon *Tietgen*, in: von Caemmerer/Friesenhahn/Lange, FS 100 Jahre DJT, Bd. II, 1960, S. 325 (345 ff.).

[18] Etwa in Bezug auf die Ausgestaltung des einstweiligen Rechtsschutzverfahrens *H. Geiger*, BayVBl. 2010, 517 ff.; *Wedel/Muders*, ZRP 2021, 91 (92 ff.); *von der Weiden*, ThürVBl. 2017, 181 ff. und 210 ff.; *Hebeler*, Die Verwaltung Bd. 50 (2017), S. 302 (304).

[19] Mitunter wird infolgedessen schon gar nicht mehr die Lehre vom Grundsatz der Ämterstabilität als begründungs- oder rechtfertigungsbedürftig angesehen, sondern nur noch die Annahme einer Ausnahme von dieser, vgl. etwa *von der Weiden*, jurisPR-BVerwG 1/2019 Anm. 6.

[20] Zu der im Anschluss an (die tatsächlichen Schilderungen in) BVerwGE 138, 102 (114 f. Rn. 42) zwischenzeitlich aufgeworfenen Frage, ob bereits die objektive Vereitelung einstweiligen Rechtsschutzes für die Annahme einer Ausnahme vom Grundsatz der Ämterstabilität ausreiche oder ob insofern subjektive Elemente (Vorsatz/Fahrlässigkeit) hinzutreten müssen, s. etwa OVG Münster Urt. v. 17.06.2019 – 6 A 1133/17 – Rn. 171, juris; *Stuttmann*, NVwZ 2018, 1870 (1871).

[21] *Kenntner*, NVwZ 2017, 417 (420).

[22] Ähnlich bereits *W.-R. Schenke*, in: Butzer/Kaltenborn/Meyer, FS für Schnapp, 2008, S. 655 (686 f.).

[23] *Werres*, Beamtenverfassungsrecht, 2011, Rn. 64, unter Bezugnahme auf BVerfGE 70, 251 (266), wo der Begriff der Ämterstabilität jedoch gerade nicht fällt. Ähnlich *Schnellenbach*, Konkurrenzen im öffentlichen Dienst, 2. Aufl. 2018, Anhang 3 Rn. 1.

[24] *Schlotterbohm*, ZBR 2015, 368 (370); *Dehoust*, SächsVBl. 2013, 35 (36); *Tegethoff*, JA 2004, 732 (733).

ne grundsätzliche Erfolglosigkeit der (beamtenrechtlichen) Konkurrentenklage angeführt: Der unterlegene Bewerber könne gegen eine dem Grundsatz der Bestenauslese widersprechende Ernennung seines Mitbewerbers nicht erfolgreich gerichtlich vorgehen, da der Grundsatz der Ämterstabilität dem entgegenstehe, heißt es oftmals sinngemäß.[25] In diesem Sinne werden die Begriffe „Ämterstabilität" bzw. „Grundsatz der Ämterstabilität" auch in der vorliegenden Untersuchung verwendet, sofern nicht im Einzelfall ausdrücklich auf ein anderes Begriffsverständnis hingewiesen wird.

B. Ziele und Aufbau der Arbeit

Die Arbeit verfolgt im Wesentlichen zwei Ziele: Zunächst soll untersucht werden, ob bzw. wie sich ein Grundsatz der Ämterstabilität im vorstehend umrissenen Sinne, auf dessen Bestand die (Sonder-)Dogmatik dienstrechtlicher Statusamtkonkurrentenklagen maßgeblich fußt, rechtlich schlüssig hergeleitet werden kann. Dazu werden die verschiedenen Argumente, die zu seiner Begründung vertreten werden (könnten), herausgearbeitet und jeweils auf ihre Tragfähigkeit geprüft (s. u. Teil 3). Anschließend wird gezeigt, dass es der auf der Prämisse vom Grundsatz der Ämterstabilität beruhenden Sonderdogmatik keineswegs bedarf, um derlei Konkurrentenklagen sach- und interessengerecht justiziabel zu handhaben. Hierzu wird ein Rechtsschutzkonzept auf Grundlage der allgemeinen verwaltungsprozessrechtlichen Dogmatik de lege lata skizziert (u. Teil 4). Diesen Untersuchungen zur besseren Verständlichkeit vorangestellt ist zunächst eine Gegenüberstellung der allgemeinen prozessrechtlichen Dogmatik verwaltungsrechtlicher Konkurrentenstreitigkeiten einerseits und der dienstrechtlichen Sonderdogmatik andererseits (sogleich Teil 1). Zudem wird dargestellt, welche Bedeutung die Existenz einer (vermeintlich stabilen) Ernennung für die Erfolgsaussichten einer Verpflichtungsklage des unterlegenen Bewerbers hat (Teil 2).

---

[25] EGMR, Urt. v. 13.01.2011 – 32715/06 – Rn. 32, juris (insoweit nicht abgedruckt in NJW 2011, 3703 ff.); BVerwGE 138, 102 (109 f. Rn. 27 ff.); OVG Koblenz DVBl. 2009, 659 (660); *Seitz*, Die arbeitsrechtliche Konkurrentenklage, 1995, S. 44; *Wollenschläger*, Verteilungsverfahren, 2010, S. 311 f.; *ders.*, in: Gärditz, VwGO, 2. Aufl. 2018, § 123 Rn. 218; *Schoch*, in: Schoch/Schneider, VwGO, Loseblatt, Stand 42. Lfg. Februar 2022, § 123 Rn. 42a; *Puttler*, in: Sodan/Ziekow, VwGO, 5. Aufl. 2018, § 123 Rn. 34; *Bostedt*, in: Fehling/Kastner/Störmer, VerwR, 5. Aufl. 2021, § 123 VwGO Rn. 18; *Fuchs*, DVBl. 2017, 1092 (1092); *Hartung*, RiA 2017, 49 (50 f.); *Kenntner*, NVwZ 2017, 417 (420).

Teil 1

Konkurrenz als Rechtsproblem

A. Begriffliche Klarstellungen und Abgrenzungen

I. Konkurrenz und Konkurrentenklagen

Konkurrenzsituationen sind keine Besonderheit des öffentlichen (Dienst-)Rechts, sondern können prinzipiell überall dort auftreten, wo Knappheit im soziologischen Sinne herrschen, die Nachfrage (bzw. in soziologischer Terminologie: das Bedürfnis) also das vorhandene Kontingent (den sog. Vorrat) überwiegen[1] und es somit zu einer irgendwie gearteten Mangelsituation kommen kann.[2] Über diese echte Konkurrenz hinaus werden mitunter auch andere Situationen als Konkurrenz bzw. die in ihnen in Betracht kommenden Rechtsschutzkonstellationen als Konkurrentenklage oder Konkurrentenstreit bezeichnet.[3] Abzugrenzen sind echte Konkurrenzkonstellationen im eingangs beschriebenen Sinne somit insbesondere von Fällen sog. unechter Konkurrenz. Dabei handelt es sich um Fallgestaltungen, die gerade nicht von der für die echte Konkurrenz konstitutiven Wechselbezüglichkeit[4] geprägt sind. Während in Fällen der echten Konkurrenz eine gleichmäßige Aufteilung des knappen Gutes seiner Natur nach ausgeschlossen[5] und das Begehren des Konkurrenten daher stets darauf gerichtet ist, die Begüns-

---

[1] Definition nach *Balla*, Soziologie der Knappheit, 1978, S. 3; ähnlich *Szabados*, Krankenhäuser als Leistungserbringer in der gesetzlichen Krankenversicherung, 2009, S. 147; *Rennert*, DVBl. 2009, 1333 (1333). Grundlegend zur Verteilung knapper Güter als Rechtsproblem bereits *Tomuschat*, Der Staat Bd. 12 (1973), S. 433 ff.; *Malaviya*, Verteilungsentscheidungen und Verteilungsverfahren, 2009, S. 49 f.

[2] *Brohm*, in: Erichsen/Hoppe/von Mutius, FS für Menger, 1985, S. 235 (237); *Berg*, Der Staat Bd. 15 (1976), S. 1 ff.; *Schnellenbach*, Konkurrenzen im öffentlichen Dienst, 2. Aufl. 2018, Einf. Rn. 12.

[3] Vgl. schon *Frenz*, Verwaltungsgerichtlicher Rechtsschutz in Konkurrenzsituationen, 1999, S. 16; *Weckmann*, Die Rolle staatlicher Auswahlentscheidungen im Rechtsschutzsystem der „Konkurrentenverdrängungsklage“, 2019, S. 38 f.

[4] *Schmidt-Preuß*, Kollidierende Privatinteressen im Verwaltungsrecht, 2. Aufl. 2005, S. 34.

[5] *Tomuschat*, Der Staat Bd. 12 (1973), S. 433 (465), spricht von Konstellationen, in denen „eine Repartierung angesichts der Natur des knappen Guts ausscheidet“. Es handelt sich mithin um „unteilbare“ Güter, *Malaviya*, Verteilungsentscheidungen und Verteilungsverfahren, 2009, S. 54.

tigung eines Mitbewerbers zu verhindern bzw. zu beseitigen, um an dessen Stelle selbst begünstigt zu werden,[6] geht die Entscheidung zugunsten des einen Bewerbers dort nicht zwingend mit der Ablehnung eines anderen einher. Vielmehr kann der (zunächst) unterlegene Konkurrent in solchen Konstellationen auch erfolgreich begehren, im gleichen Maße wie sein Mitbewerber begünstigt zu werden.[7] Dieser nicht von Knappheit im oben erläuterten Sinne geprägten Situation der sog. Konkurrentengleichstellungsklage[8] kommt im Folgenden keine nennenswerte Bedeutung zu.[9]

II. Beschränkung auf verwaltungsrechtliche Konkurrenzsituationen im engeren Sinne

Aus dem Ziel dieser Untersuchung, die Tragfähigkeit des in Bezug auf Statusamtkonkurrenzen praktizierten Rechtsschutzmodells zu untersuchen,[10] resultiert zudem eine Beschränkung auf öffentlich- und konkret auf verwaltungsrechtliche Konkurrenzkonstellationen.

Öffentlich-rechtliche Konkurrenzsituationen zeichnen sich dadurch aus, dass der Staat an ihnen nicht nur – wie namentlich im Bereich des zivilrechtlichen Wettbewerbsrechts – als externer Regulator, sondern unmittelbar als Akteur beteiligt ist.[11] Dies kann, wobei diese Zuordnung oftmals bloße Perspektivfrage ist, sowohl auf Anbieter- als auch auf Abnehmerseite der Fall sein. Aus Sicht eines privaten Wettbewerbsteilnehmers kann der Staat also entweder als Mitbewerber auftreten, mit dem er in Konkurrenz um die Gunst eines anderen Privaten steht, oder aber der Staat kann als Anbieter bzw. potentieller Abnehmer eines Guts derjenige sein, um dessen Gunst der private Wettbewerbsteilnehmer gemeinsam

[6] *Berg*, Der Staat Bd. 15 (1976), S. 1 (11): „Auswahl des einen bedeutet ganz konkret insoweit Ausschluß des andern."

[7] Beispiele finden sich etwa im Wirtschafts- (Marktzugang, Subventionen) und Hochschulrecht (Studienplatzklagen in Form der sog. Kapazitätsprozesse, dazu etwa *von Coelln*, in: von Coelln/Schemmer, BeckOK Hochschulrecht NRW, Stand 23. Ed. 01.06.2022, Grundlagen des Hochschulrechts in Deutschland, Rn. 109). Vgl. allgemein zu derlei partizipativen Konkurrentenklagen (auch Gleichstellungsklagen genannt) sowie zu der Frage, inwiefern sie überhaupt als Konkurrentenklagen zu klassifizieren sind, auch *Fehling*, in: Kahl/Ludwigs, Handbuch des Verwaltungsrechts, Bd. IV, 2022, § 100 Rn. 12f.

[8] Vgl. *Lindner*, GewArch 2016, 135 (135); von einer partizipativen Konkurrentenklage spricht etwa *Wernsmann*, Die Verwaltung Bd. 36 (2003), S. 67 (75).

[9] Von gewisser, jedoch nur mehr rechtshistorischer Relevanz ist sie höchstens in Bezug auf BVerwGE 118, 370ff., s. dazu u. C.I.4.

[10] Vgl. o. Einführung B.

[11] Vgl. *P. M. Huber*, Konkurrenzschutz im Verwaltungsrecht, 1991, S. 30; noch enger *Baumeister/Budroweit*, WiVerw 2006, 1 (1), die voraussetzen, dass der Staat der Dritte ist, um dessen Gunst die privaten Wettbewerber konkurrieren; vgl. dazu noch sogleich im Text.

mit seinen privaten Mitbewerbern konkurriert. Dabei kommt im Rahmen der hiesigen Untersuchung allein der zuletzt geschilderten Konstellation der sog. staatlichen Verteilungsentscheidungen,[12] nicht aber der zuerst umrissenen Konstellation der staatlichen Konkurrenz Bedeutung zu. Da der auf dem Gebiet der staatlichen Konkurrenz stattfindende Rechtsschutz mitunter als Konkurrentenrechtsschutz im weiteren Sinne bezeichnet wird,[13] kann der hier interessierende Teilaspekt als öffentlich-rechtliche Konkurrenzkonstellation im engeren Sinne umschrieben werden.[14]

Erfolgt die staatliche Verteilungsentscheidung nicht etwa gesetzesunmittelbar, sondern durch Verfahren und Handlungsformen der Verwaltung, handelt es sich um verwaltungsrechtliche Konkurrenzsituationen. Neben der hier im Besonderen interessierenden Konkurrenz um Statusämter kommen solche verwaltungsrechtliche Konkurrenzkonstellationen beispielsweise[15] auch in Bezug auf Studienplätze,[16] bei der Zulassung zu Messen und Märkten,[17] hinsichtlich der Vergabe von Taxen- und Linienverkehrsgenehmigungen[18] sowie in unterschiedlichen Konstellationen im Gesundheitsdienstleistungsrecht[19] vor.

B. Das grundsätzliche Rechtsschutzkonzept in verwaltungsrechtlichen Konkurrenzsituationen

I. Klagebegehren und Klagearten

In echten, also von Knappheit geprägten verwaltungsrechtlichen Konkurrenzverhältnissen ist das Begehren des übergangenen Bewerbers in der Regel darauf gerichtet, anstelle eines (zunächst) erfolgreichen Konkurrenten begünstigt zu werden. Zur Bezeichnung des diesem Begehren dienenden Rechtsbehelfs finden Begriffe wie verdrängende, ausschließende oder auch positive Konkurrenten-

[12] Dazu insgesamt etwa *Malaviya*, Verteilungsentscheidungen und Verteilungsverfahren, 2009, S. 4 ff. m. w. N.

[13] *Wernsmann*, Die Verwaltung, Bd. 36 (2003), S. 67 (69).

[14] Vgl. auch *Fehling*, in: Kahl/Ludwigs, Handbuch des Verwaltungsrechts, Bd. IV, 2022, § 100 Rn. 10.

[15] S. auch *Rennert*, DVBl. 2009, 1333 (1333); *Kingreen*, Die Verwaltung Bd. 36 (2003), S. 33 (36); *H. Geiger*, BayVBl. 2010, 517 ff.; *Laubinger*, ZBR 2010, 289 (289); *Lindner*, GewArch 2016, 135 (135).

[16] Vgl. etwa BVerfGE 147, 253 ff.

[17] Etwa VGH München GewArch 2015, 460 ff.; *H.-A. Roth*, WiVerw1985, 46 ff.

[18] *Heinze*, TranspR 2009, 219 ff.; *Dirnaichner*, KommP BY 2017, 1 ff.

[19] Dazu *Baumeister/Budroweit*, WiVerw 2006, 1 ff.; *Rennert*, GesR 2008, 344 ff.; *Shirvani*, SDSRV Bd. 62 (2012), S. 107 (126 ff.); *Düring*, in: Butzer/Kaltenborn/Meyer, FS für Schnapp, 2008, S. 389 (389); *Kingreen*, Die Verwaltung Bd. 36 (2003), S. 33 ff.

klage Verwendung.[20] Da es sich bei den begehrten Verwaltungshandlungen in aller Regel[21] um Verwaltungsakte handelt,[22] verbirgt sich hinter diesen Begriffen zumeist eine Verpflichtungsklage im Sinne von § 42 Abs. 1 Var. 2 VwGO.[23] Wendet sich der Übergangene hingegen (nur) gegen die Begünstigung seines Konkurrenten, finden Bezeichnungen wie Konkurrentenabwehrklage,[24] negative[25] oder defensive Konkurrentenklage[26] Verwendung. In isolierter Form kommt diesen letztgenannten Klagen, bei denen es sich aufgrund der Natur der angegriffenen Begünstigung meist um Anfechtungsklagen im Sinne des § 42 Abs. 1 Var. 1 VwGO handelt,[27] jedenfalls in echten Konkurrenzkonstellationen nur eine untergeordnete Bedeutung zu.[28] Der übergangene Mitbewerber wird in solchen Konstellationen in der Regel kein isoliertes Interesse an der bloßen Beseitigung der Begünstigung seines Konkurrenten haben.[29] Diese stellt für ihn meist nur einen (notwendigen) Zwischenschritt auf dem Weg zu seiner eigenen Begünstigung dar.[30] Somit kommt dieser Klageform in erster Linie in Kombination mit einer positiven Konkurrentenklage Bedeutung zu.[31]

---

[20] *Brohm*, in: Erichsen/Hoppe/von Mutius, FS für Menger, 1985, S. 235 (248); *Schenke*, NVwZ 1993, 718 (719). Vgl. auch *Kingreen*, Die Verwaltung Bd. 36 (2003), S. 33 (43).

[21] Anderes gilt namentlich in Konstellationen, in denen aufgrund funktioneller oder formeller Privatisierung nur die (gesellschaftsrechtliche) Einwirkung des Hoheitsträgers verlangt werden kann. Dort kommt der allgemeinen Leistungsklage Bedeutung zu, vgl. *Sennekamp*, in: Fehling/Kastner/Störmer, VerwR, 5. Aufl. 2021, § 42 VwGO Rn. 34.

[22] *P. M. Huber*, Konkurrenzschutz im Verwaltungsrecht, 1991, S. 54; *Sennekamp*, in: Fehling/Kastner/Störmer, VerwR, 5. Aufl. 2021, § 42 VwGO Rn. 34.

[23] *Pietzcker/Marsch*, in: Schoch/Schneider, VwGO, Loseblatt, Stand 42. Lfg. Februar 2022, § 42 Abs. 1 Rn. 141.

[24] S. etwa *Fehling*, in: Kahl/Ludwigs, Handbuch des Verwaltungsrechts, Bd. IV, 2022, § 100 Rn. 9.

[25] Vgl. *Kingreen*, Die Verwaltung Bd. 36 (2003), S. 33 (43).

[26] *Shirvani*, SDSRV Bd. 62 (2012), S. 107 (126).

[27] *Pietzcker/Marsch*, in: Schoch/Schneider, VwGO, Loseblatt, Stand 42. Lfg. Februar 2022, § 42 Abs. 1 Rn. 141.

[28] Größere Bedeutung haben sie in Fällen, in denen der Zugang eines neuen Konkurrenten zum Markt, also das Entstehen bzw. die Verschärfung einer Wettbewerbssituation vermieden werden soll, s. etwa BVerwGE 30, 347 (348 f.); BVerwG NVwZ 2001, 322 (323); *Fehling*, in: Kahl/Ludwigs, Handbuch des Verwaltungsrechts, Bd. IV, 2022, § 100 Rn. 10 m. w. N.

[29] Überdies ist, da namentlich Art. 12 Abs. 1 GG nicht vor Konkurrenz schützt, in derlei Konstellationen regelmäßig die Klagebefugnis fraglich, s. etwa BVerwGE 132, 64 (73 ff. Rn. 28 ff.).

[30] *Happ*, in: Eyermann, VwGO, 16. Aufl. 2022, § 42 Rn. 54: „entscheidende Hilfsfunktion“.

[31] *Rennert*, DVBl. 2009, 1333 (1339).

II. Kombinationslehre

Nach einer lange vorherrschenden und noch immer weit verbreiteten[32] Auffassung soll ein unterlegener Bewerber, der seine eigene Begünstigung anstrebt, regelmäßig im Wege einer solchen Kombination von Anfechtungs- und Verpflichtungsklage vorgehen müssen.[33] Seine eigene Begünstigung (bzw. jedenfalls die rechtmäßige Neubescheidung seines Antrages) müsse er im Wege der Verpflichtungsklage zu erreichen suchen.[34] Damit diese aber nicht an der Erschöpfung des Kontingents scheitere, müsse er überdies im Wege einer Anfechtungsklage die Kassation der (vermeintlich rechtswidrigen) Begünstigung eines Mitbewerbers anstreben.[35]

III. Gegenauffassung

Hinsichtlich der Erforderlichkeit der Erhebung einer zusätzlichen Anfechtungsklage sah und sieht sich diese Konzeption jedoch sowohl rechtspraktischer als auch dogmatischer Kritik ausgesetzt. In eher rechtspraktischer Hinsicht wurde dieser Auffassung entgegengehalten, dass jedenfalls in Konstellationen, in denen mehr als zwei Private miteinander konkurrieren, für den Unterlegenen oftmals unklar sei, welche Begünstigung er angreifen müsse.[36] Wurde etwa eine Vielzahl von Marktbeschickern zugelassen, sei für den abgelehnten Bewerber oftmals jedenfalls nicht ohne Weiteres erkennbar, wessen Zulassung rechtswidrig und infolgedessen erfolgreich angreifbar sei.[37] Dies könne zu dem als unbillig empfun-

---

[32] Vgl. auch *Sennekamp*, in: Fehling/Kastner/Störmer, VerwR, 5. Aufl. 2021, § 42 VwGO Rn. 34: „wohl hM".

[33] BVerwG NVwZ 2011, 613 (614); OVG Magdeburg NVwZ 1996, 815 (815); OVG Lüneburg NJW 1992, 1979 (1980); VGH München NJW 1984, 680 (681); *Schmidt-Preuß*, Kollidierende Privatinteressen im Verwaltungsrecht, 2. Aufl. 2005, S. 580; *Peters*, in: Dietlein/Heusch, BeckOK Kommunalrecht NRW, Stand 20. Ed. 01.06.2022, § 8 GO NRW Rn. 42; *Lindner*, GewArch 2016, 135 (136 f.); *Quaas*, DÖV 1982, 434 (438).

[34] S. aber auch *Laubinger*, ZBR 2010, 289 (292), der u. U. ein Vorgehen ausschließlich im Wege der Anfechtungsklage (gegen die Gewährung des Vorteils an den Mitbewerber) für möglich hält, weil der Verpflichtungsklage das Rechtsschutzbedürfnis fehlen könne, sofern absehbar sei, dass die Behörde nach gerichtlicher Aufhebung der Konkurrentenbegünstigung ohnehin den Kläger begünstigen werde.

[35] BVerwG NVwZ 2011, 613 (614); OVG Magdeburg NVwZ 1996, 815 (815); OVG Lüneburg NJW 1992, 1979 (1980); VGH München NJW 1984, 680 (681); *Schmidt-Preuß*, Kollidierende Privatinteressen im Verwaltungsrecht, 2. Aufl. 2005, S. 580; *Peters*, in: Dietlein/Heusch, BeckOK Kommunalrecht NRW, Stand 20. Ed. 01.06.2022, § 8 GO NRW Rn. 42; *Lindner*, GewArch 2016, 135 (136 f.).

[36] *Happ*, in: Eyermann, VwGO, 16. Aufl. 2022, § 42 Rn. 54; zu einer Konstellation mit deutlich über fünfhundert in Rede stehenden Genehmigungen s. BVerwGE 80, 270 (271, 273).

[37] *J. Wieland*, Die Verwaltung Bd. 32 (1999), S. 217 (220); *W.-R. Schenke*, Verwaltungspro-

denen Ergebnis führen, dass ein zu Unrecht übergangener Bewerber gezwungen sei, zahlreiche Konkurrentenbegünstigungen anzugreifen.[38] In stärker rechtsdogmatischer Hinsicht wird diesem Rechtsschutzkonzept zudem entgegengehalten, dass es einer solchen zusätzlich erhobenen Anfechtungsklage jedenfalls regelmäßig[39] nicht bedürfe. Habe die Behörde den Kläger zu Unrecht übergangen und werde sie (bzw. ihr Rechtsträger) daher auf dessen Verpflichtungsklage hin zu seiner Zulassung verpflichtet, sei es an ihr, den dazu erforderlichen Platz durch Rücknahme der/einer rechtswidrigen Zulassung selbst zu schaffen.[40] Infolgedessen wird vielfach auch ein Vorgehen des Unterlegenen alleine im Wege der Verpflichtungsklage für (jedenfalls grundsätzlich) ausreichend erachtet.[41]

IV. Zusammenfassung zum gegenwärtigen Stand des grundsätzlichen Rechtsschutzkonzepts

Derzeit werden, was freilich für den Rechtsschutzsuchenden wenig befriedigend ist, (noch) beide vorgenannten Ansichten und zudem verschiedene vermittelnde Auffassungen vertreten. So wird mitunter zwar von der grundsätzlichen Erforderlichkeit der kumulativen Erhebung von Anfechtungs- und Verpflichtungsklage ausgegangen, eine Ausnahme aber für Fälle angenommen, in denen die zusätzliche Anfechtung der Konkurrentenbegünstigung(en) dem Kläger ausnahmsweise – etwa aufgrund der Vielzahl der ihm evtl. nicht im Einzelnen bekannten Mitbewerber – unzumutbar sei.[42] Teilweise wird das Regel-Ausnahme-Verhältnis aber auch gegenläufig formuliert: Demnach bedürfe es der zusätzlich zur Verpflichtungsklage erhobenen Drittanfechtungsklage im Grundsatz nicht; anderes gelte nur, wenn ohnehin nur eine Auswahl zwischen zwei Bewerbern zu treffen gewesen oder dem Kläger im Ablehnungsbescheid mitgeteilt worden sei,

---

zessrecht, 17. Aufl. 2021, Rn. 298; *Ennuschat*, in: Ennuschat/Wank/Winkler, GewO, 9. Aufl. 2020, § 70 Rn. 78.

38 *Pöcker*, DÖV 2003, 193 (196); *R. P. Schenke*, in: Kopp/Schenke, VwGO, 28. Aufl. 2022, § 42 Rn. 48.

39 Anderes kann gelten, wenn die Behörde über keine (einschlägige) Rücknahmebefugnis verfügt, OVG Magdeburg NVwZ 1996, 815 (815); OVG Lüneburg NJW 1992, 1979 (1980); VGH München NJW 1984, 680 (681); s. zur Frage der Bedeutung behördlicher Rücknahmebefugnisse für die Begründetheit der Anfechtungsklage noch eingehend u. Teil 3 A.III.2.

40 *W.-R. Schenke*, NVwZ 1993, 718 (721 ff.). Vgl. auch VGH Kassel GewArch 1993, 248 (249); VG Hannover GewArch 2008, 405 (406 f.); *Ennuschat*, in: Ennuschat/Wank/Winkler, GewO, 9. Aufl. 2020, § 70 Rn. 77.

41 BVerwGE 80, 270 (273); VG Hannover GewArch 2008, 405 (406 f.); *R. P. Schenke*, in: Kopp/Schenke, VwGO, 28. Aufl. 2022, § 42 Rn. 48; *Rennert*, DVBl. 2009, 1333 (1339).

42 VGH München GewArch 2015, 460 (460); zustimmend *Lindner*, GewArch 2016, 135 (136 f.).

wem von mehreren Mitbewerbern ihm gegenüber der Vorzug gewährt worden sei.[43] Wieder andere Stimmen halten die Anfechtung der Konkurrentenbegünstigung neben der Verpflichtungsklage zwar grundsätzlich ebenfalls für entbehrlich, weisen aber – wohl zu Recht –[44] auf das für den Kläger ggf. daraus resultierende Risiko hin, dass Konstellationen denkbar seien, in denen die Behörde hinsichtlich ihrer Möglichkeiten der Rücknahme der Konkurrentenbegünstigung engeren Grenzen unterliege als das über eine Anfechtungsklage entscheidende Verwaltungsgericht.[45]

Einer weiteren Auseinandersetzung mit dieser Thematik bedarf es hier indes nicht. Denn bei allem Dissens bzgl. der Frage nach der Erforderlichkeit der Drittanfechtung der Konkurrentenbegünstigung darf der breite Konsens darüber, dass eine solche Klage jedenfalls (rechtlich) möglich ist,[46] nicht aus dem Blick geraten. In der Praxis wird dem Unterlegenen somit regelmäßig zu raten sein, (sofern es ihm tatsächlich möglich ist) neben der Verpflichtungs- auch eine (zusätzliche) Anfechtungsklage zu erheben.[47] Dies gilt umso mehr, als sich – da der Kläger mit der kumulativ erhobenen Anfechtungsklage kein gegenüber der Verpflichtungsklage zusätzliches Interesse verfolgt – diese nicht streitwerterhöhend auswirken soll.[48] Für die Zwecke der hiesigen Untersuchung kann festgehalten werden, dass der unterlegene Bewerber in verwaltungsrechtlichen Konkurrenzkonstellationen im Regelfall nicht nur im Wege der Verpflichtungsklage sein Begünstigungsbegehren (weiter-)verfolgen kann. Auch hat er – ungeachtet der Frage nach einer evtl. Notwendigkeit dieses Vorgehens – jedenfalls auch die Möglichkeit, unmittelbar die Begünstigung seines Konkurrenten anzufechten.

Der Vollständigkeit halber nicht verschwiegen werden soll schließlich die keineswegs unbeachtliche Rolle, die dem einstweiligen Rechtsschutz in etlichen verwaltungsrechtlichen Konkurrenzkonstellationen aus tatsächlichen Gründen zukommt.[49] Weil sich das mit der Verpflichtungsklage verfolgte Begünstigungs-

---

43 *Ennuschat*, in: Ennuschat/Wank/Winkler, GewO, 9. Aufl. 2020, § 70 Rn. 78.

44 Vgl. noch eingehend u. Teil 3 A.

45 *Wernsmann*, Die Verwaltung Bd. 36 (2003), S. 67 (74 f.); *Hellermann*, in: Dietlein/Hellermann, Öffentliches Recht in Nordrhein-Westfalen, 9. Aufl. 2022, § 2 Rn. 280.

46 BVerwG NVwZ 1995, 478 (478); *Ennuschat*, in: Ennuschat/Wank/Winkler, GewO, 9. Aufl. 2020, § 70 Rn. 78; *Sennekamp*, in: Fehling/Kastner/Störmer, VerwR, 5. Aufl. 2021, § 42 VwGO Rn. 34; *Gundel*, Die Verwaltung Bd. 37 (2004), S. 401 (423); *H. Geiger*, BayVBl. 2010, 517 (519); *Laubinger*, ZBR 2010, 289 (292).

47 *Ennuschat*, in: Ennuschat/Wank/Winkler, GewO, 9. Aufl. 2020, § 70 Rn. 78; *Sennekamp*, in: Fehling/Kastner/Störmer, VerwR, 5. Aufl. 2021, § 42 VwGO Rn. 34.

48 Vgl. VGH München Beschl. v. 01.07.2008 – 11 C 08/679 – Rn. 6, juris; zustimmend *Heinze*, TranspR 2009, 219 (222).

49 *Pietzcker/Marsch*, in: Schoch/Schneider, VwGO, Loseblatt, Stand 42. Lfg. Februar 2022, § 42 Abs. 1 Rn. 141.

begehren in vielen Fällen durch Zeitablauf zu erledigen droht,[50] bedarf es zu seiner effektiven Durchsetzung oftmals einer Regelungsanordnung im Sinne des § 123 Abs. 1 S. 2 VwGO.[51]

C. Die Besonderheiten dienstrechtlicher Konkurrentenklagen gegenüber dem grundsätzlichen Rechtsschutzkonzept

Von dem vorstehend umrissenen, in anderen Bereichen des besonderen Verwaltungsrechts praktizierten Rechtsschutzkonzept unterscheidet sich die in Bezug auf dienstrechtliche Statusamtkonkurrenzen zur Anwendung gelangende Sonderdogmatik erheblich.[52]

I. Entwicklung und gegenwärtiger Stand der dienstrechtlichen Sonderdogmatik

1. Ausgangspunkt: Relevanz der Verpflichtungsklage

a) Grundsätzliche Möglichkeit der Verpflichtungsklage

In der Grundannahme weisen das grundsätzlich Anwendung findende Rechtsschutzkonzept sowie die im Falle dienstrechtlicher Statusamtkonkurrenzen praktizierte Sonderdogmatik noch Parallelen auf. So ist auch in Bezug auf den unterlegenen bzw. übergangenen Bewerber in Statusamtkonkurrenzkonstellationen anerkannt, dass er – da er im Ergebnis seine eigene Begünstigung erreichen möchte – grundsätzlich im Wege der Verpflichtungsklage vorgehen kann bzw. vorzugehen hat.[53] Art. 33 Abs. 2 GG, § 9 S. 1 BBG bzw. § 9 BeamtStG vermitteln aufgrund des insbesondere noch zum Abbruch des Besetzungsverfahrens berechtigenden[54] dienstherrlichen Organisationsermessens[55] zwar nur ausnahms-

---

[50] Beispiele sind etwa bevorstehende Messen oder Märkte, vgl. *Ennuschat*, in: Ennuschat/Wank/Winkler, GewO, 9. Aufl. 2020, § 70 Rn. 79.

[51] Vgl. *Schoch*, in: Schoch/Schneider, VwGO, Loseblatt, Stand 42. Lfg. Februar 2022, § 80 Rn. 74.

[52] *Gundel*, Die Verwaltung Bd. 37 (2004), S. 401 (423); *Bamberger*, ZBR 2019, 192 (192); vgl. auch *Battis*, DVBl. 2013, 673 (673).

[53] BVerwGE 80, 127 (129).

[54] BVerwGE 101, 112 (115); 141, 361 (368 Rn. 27); OVG Münster DÖD 2004, 205 (205 f.); *Jachmann-Michel/Kaiser*, in: von Mangoldt/Klein/Starck, GG, Bd. II, 7. Aufl. 2018, Art. 33 Rn. 16a; *Kurz*, in: Brinktrine/Schollendorf, BeckOK Beamtenrecht Bund, Stand 27. Ed. 01.08. 2022, § 22 BBG Rn. 37.

[55] Vgl. *Dollinger/Umbach*, in: Umbach/Clemens, GG, Bd. I, 2002, Art. 33 Rn. 32: Art. 33 Abs. 2 GG betreffe nur das „Wie" der Stellenbesetzung, während die Frage des „Ob" allein dem Organisationsermessen des Dienstherrn unterliege.

weise[56] einen Ernennungsanspruch,[57] geben dem Bewerber in Form des sog. Bewerbungsverfahrensanspruchs aber jedenfalls ein (im Wege der Bescheidungsklage verfolgbares) subjektives öffentliches Recht auf rechtmäßige Entscheidung.[58]

b) Besonderheit: Erfolglosigkeit der Verpflichtungsklage bei Ernennung des Konkurrenten

Allerdings geht namentlich das BVerwG seit jeher davon aus, dass die Ernennung des Mitbewerbers dem Erfolg einer derartigen Verpflichtungsklage des unterlegenen Konkurrenten entgegenstehe.[59] Im Zeitpunkt des Wirksamwerdens der Ernennung soll – wie es mitunter recht bildlich formuliert wird – die „Rechtsschutzklappe“[60] fallen, weil das in Rede stehende Amt von diesem Zeitpunkt an nicht mehr verfügbar[61] und die Behörde gehindert sei, an diesem Umstand etwas zu ändern.[62] Erfolgschancen soll eine solche Klage also grundsätzlich von vornherein nur haben können, solange der bevorzugte Konkurrent (noch) nicht ernannt wurde.[63]

2. Unterschied in Bezug auf die Möglichkeit einer Anfechtungsklage

a) Grundsätzliche Ablehnung der Anfechtungsklagemöglichkeit

Wird die Erfolglosigkeit der Verpflichtungsklage demnach gerade damit begründet, dass das streitbefangene Amt infolge der Ernennung nicht mehr zur Verfügung stehe und der beklagte Dienstherr gehindert sei, diesen Umstand zu ändern, läge es ausgehend von dem in anderen verwaltungsrechtlichen Konkurrenzkonstellationen praktizierten Rechtsschutzkonzept[64] freilich nahe, dem unterlegenen Mitbewerber zu raten, seinerseits im Wege einer kumulativ zu der Verpflichtungsklage zu erhebenden Anfechtungsklage unmittelbar gegen die Ernennung seines

---

[56] Zu solchen Ausnahmen s. etwa BVerwGE 129, 272 (278 f. Rn. 45); 138, 102 (108 Rn. 27).

[57] *Tegethoff*, JA 2004, 732 (733); vgl. auch *Brinktrine*, JURA 2015, 1192 (1198).

[58] *Bickenbach*, in: von Münch/Kunig, GG, Bd. I, 7. Aufl. 2021, Art. 33 Rn. 52.

[59] BVerwGE 80, 127 (129); BVerwG Urt. v. 14.06.1966 – 2 C 89.64 – Buchholz 232 § 8 BBG Nr. 4, S. 12 (12); Urt. v. 16.10.1967 – 6 C 11.66 – (nicht veröffentlicht); Beschl. v. 24.07. 1984 – 2 B 77.83 – Rn. 3, juris; mit Einschränkungen (dazu noch u. C.I.4.) auch BVerwGE 118, 370 (372). Vgl. auch die Darstellung bei *Kenntner*, ZBR 2016, 181 (186).

[60] *Weiß*, ZBR 1989, 273 (276).

[61] Daher erledige sich der Ablehnungsbescheid, BVerwG Urt. v. 07.12.1965 – 2 C 226.62 – Buchholz 310 § 113 VwGO Nr. 23, S. 41 (42), dort im Rahmen einer Fortsetzungsfeststellungsklagekonstellation.

[62] VGH München NVwZ 1983, 755 (755); dazu eingehend u. Teil 2.

[63] S. etwa BVerwGE 80, 127 (129 f.).

[64] S. o. B.

Konkurrenten vorzugehen.[65] Hätte er mit dieser (im Sinne des § 94 VwGO vordringlichen) Anfechtungsklage Erfolg, höbe das Verwaltungsgericht die Ernennung des rechtswidrig bevorzugten Konkurrenten nach § 113 Abs. 1 S. 1 VwGO auf. Das in Rede stehende Amt wäre infolgedessen wieder besetzbar und die Verpflichtungsklage des zu Unrecht übergangenen Bewerbers könnte (wieder) Erfolg haben. Obschon ein derartiges Vorgehen in anderen Bereichen des besonderen Verwaltungsrechts teilweise ausdrücklich gefordert bzw. jedenfalls als möglich angesehen wird,[66] wurde es in Bezug auf dienstrechtliche Statusamtkonkurrenzen zunächst pauschal und wird es heute noch jedenfalls im Grundsatz abgelehnt.

b) Begründungen

Während die oben umrissene Entscheidungspraxis des BVerwG zu ernennungsbezogenen Verpflichtungsklagen bis in die 1960er-Jahre zurückreicht,[67] spielten Ernennungsanfechtungen im hier zuletzt angesprochenen Sinne in der Rechtsprechung des Gerichts bis in die 1990er-Jahre keine Rolle.[68] Gleichwohl divergierten die zur Stützung des Ergebnisses im Laufe der Zeit angeführten Begründungen seither. So verwies das BVerwG in dem ersten von ihm zu entscheidenden Fall dieser Art schlicht auf seine Entscheidungspraxis in Bezug auf statusamtbezogene Verpflichtungsklagen.[69] Dies musste nicht nur aufgrund der – in der Entscheidung mit keiner Silbe erörterten – konzeptionellen Unterschiede zwischen beiden Klagearten verwundern. Vielmehr überraschte dieses Vorgehen auch deshalb, weil sich das Gericht bereits einige Jahre zuvor im Rahmen eines obiter dictum sehr deutlich zu Gunsten der (vermeintlichen) Unanfechtbarkeit einer Konkurrentenernennung positioniert hatte. Bereits im Jahre 1988 hatte das Gericht nämlich, ohne dass es im konkreten Verfahren darauf angekommen wäre, die Ernennung des vorgezogenen Beamten als einen den unterlegenen Bewerber „nicht betreffenden Verwaltungsakt" bezeichnet[70] und damit den argumentativen Grundstein für seine spätere Rechtsprechungslinie gelegt,[71] der zufolge derlei Anfechtungsklagen die Klagebefugnis fehle.[72]

---

[65] Ausdrücklich offen gelassen in BVerwGE 80, 127 (130); BVerwG Urt. v. 09.03.1989 – 2 C 4.87 – Rn. 19, juris.

[66] Vgl. o. B.

[67] S. soeben C.I.1.b).

[68] *Kenntner*, ZBR 2016, 181 (186).

[69] BVerwG Beschl. vom 30.06.1993 – 2 B 64.93 – Rn. 6, juris; dazu kritisch auch *Kenntner*, ZBR 2016, 181 (186).

[70] BVerwGE 80, 127 (130).

[71] *Kenntner*, ZBR 2016, 181 (186).

[72] BVerwG Urt. v. 09.03.1989 – 2 C 4.87 – Rn. 19, juris; Beschl. v. 30.06.1993 – 2 B 64.93 – Rn. 6, juris.

Erste Zweifel an der Richtigkeit dieser Argumentation formulierte das BVerwG im Jahr 2001. Abermals im Rahmen eines obiter dictum erkannte es nicht nur ausdrücklich an, dass das subjektive Recht des Unterlegenen aus Art. 33 Abs. 2 GG durch die Ernennung eines potentiell nicht bestgeeigneten Bewerbers verletzt sein könnte. Auch sprach es sich für eine Differenzierung zwischen möglicherweise eingeschränkten behördlichen Rücknahmemöglichkeiten einerseits und der (unabhängig davon bestehenden) gerichtlichen Kassationsbefugnis andererseits aus.[73] Wie voreilig es jedoch war, diese Passagen als „Wende" anzusehen,[74] zeigte sich nur etwa zwei Jahre später, als das Gericht diese Zweifel wieder verwarf.[75] Vielmehr sollte es noch bis zum Jahr 2010 dauern, ehe das BVerwG seine Rechtsprechung von der Ernennung als einen den Unterlegenen „nicht betreffenden Verwaltungsakt"[76] aufgab.[77] Damit konnte, wie es längst der Rechtsprechung in verschiedenen anderen verwaltungsgerichtlichen Konkurrenzsituationen entsprach,[78] der vom unterlegenen Bewerber gegen die Konkurrentenernennung erhobenen Anfechtungsklage zwar nicht länger pauschal die Klagebefugnis abgesprochen werden.[79] Gleichwohl hielt das Gericht aber im Ergebnis am grundsätzlichen[80] Ausschluss der Anfechtungsklage fest, den es

---

[73] BVerwGE 115, 89 (91 f.).

[74] *Hufen*, JuS 2002, 1237 (1237 f.); ähnlich *Battis*, NJW 2002, 1085 (1089); vgl. auch *Grundmann*, NordÖR 2002, 106 ff.; *Hermanns*, NordÖR 2002, 108 ff.

[75] BVerwGE 118, 370 (372 f.). Dass das Gericht dies mit einer angeblich zwischenzeitlich erfolgten Billigung seiner früheren Rspr. durch das BVerfG begründete (ebenso *Hermanns*, NordÖR 2002, 108 [109]; *Battis*, DVBl. 2013, 673 [673]; *Özfirat-Skubinn*, Rechtswidrige Beamtenernennungen, bei denen der Rechtsschutz eines Mitbewerbers vereitelt wird – Wege zur Kompensation, 2011, S. 74), ist freilich insofern jedenfalls missverständlich, als das BVerfG in der angesprochenen Entscheidung (BVerfG NJW 1990, 501 ff. [erfolglose Verfassungsbeschwerde gegen BVerwGE 80, 127 ff.]) „zu diesen Bedenken in der Sache gar nicht Stellung genommen" (so wörtlich *Gundel*, Die Verwaltung Bd. 37 [2004], S. 401 [407]; ähnlich *Kenntner*, ZBR 2016, 181 [186]; *Hartung*, RiA 2017, 49 [51]), sondern lediglich mit Blick auf Art. 19 Abs. 4 GG entschieden hatte, dass eine mit der (nach Auffassung des BVerfG einfachgesetzlich begründeten und mithin von ihm nicht weiter zu hinterfragenden) Rspr. des BVerwG einhergehende Versagung des nachgehenden Rechtsschutzes für unterlegene Bewerber jedenfalls so lange verfassungsrechtlich unbedenklich sei, wie hinreichend effektiver vorbeugender Rechtsschutz gewährleistet sei.

[76] BVerwGE 80, 127 (130).

[77] BVerwGE 138, 102 (109 Rn. 28).

[78] BVerwGE 127, 42 (44 ff. Rn. 24 ff.); VGH Mannheim NVwZ-RR 2009, 720 (720); vgl. auch VGH München BayVBl. 2008, 436 (436); *Gundel*, Die Verwaltung Bd. 37 (2004), S. 401 (423) m. w. N.

[79] BVerwGE 138, 102 (105 ff. Rn. 17 ff.); OVG Lüneburg NordÖR 2011, 411 (411); *Munding*, DVBl. 2011, 1512 (1515).

[80] Im konkreten Fall nahm das Gericht freilich eine Durchbrechung dieses Grundsatzes wegen der Vereitelung einstweiligen Rechtsschutzes (vgl. noch u. C.I.4.) an.

nunmehr, wie es in Teilen der Literatur bereits zuvor erwartet worden war,[81] unmittelbar auf das Schlagwort der „Ämterstabilität" stützte.[82]

3. Bedeutung des Eilrechtsschutzes

a) Grundlegendes

Dass dem Eilrechtsschutz in Fällen der dienstrechtlichen Statusamtkonkurrenz noch größere Bedeutung zukommt als in anderen verwaltungsgerichtlichen Konkurrenzkonstellationen,[83] resultiert bereits aus dem vorstehend Ausgeführten. Denn wenn einerseits eine Verpflichtungsklage des übergangenen Bewerbers überhaupt nur Erfolg haben können soll, sofern keine wirksame Konkurrentenernennung vorliegt, andererseits aber nicht nur eine behördliche Rücknahme dieser Ernennung, sondern auch eine gegen sie erhobene Drittanfechtungsklage (und damit die gerichtliche Kassation) ausgeschlossen sein soll, bleibt dem unterlegenen Bewerber letztlich nur mehr, es gar nicht erst bis zur Ernennung seines Konkurrenten kommen zu lassen, sondern diese mit Mitteln des einstweiligen Rechtsschutzes zu verhindern.[84] Im Unterschied zu anderen verwaltungsrechtlichen Konkurrenzkonstellationen[85] verfolgt der unterlegene Bewerber hier somit nicht im Wege eines Antrages auf Erlass einer Regelungsanordnung den auch in der Hauptsache mit seiner Verpflichtungsklage geltend gemachten Anspruch auf Begünstigung bzw. Neubescheidung.[86] Weil der Anordnungsgrund in den Fällen dienstrechtlicher Statusamtkonkurrenz – anders als etwa in Marktzulassungsfällen – nicht im drohenden Zeitablauf, sondern in einer drohenden Hand-

81 *Wittkowski*, NJW 1993, 817 (818); *Busch*, DVBl. 1990, 106 (107); *Weiß*, ZBR 1989, 273 (275); *Ronellenfitsch*, VerwArch Bd. 82 (1991), S. 121 (140).

82 In BVerwGE 138, 102 (109 f. Rn. 29 ff.) aufgrund der Umstände des Einzelfalls (Annahme einer Ausnahme wegen Vereitelung effektiven vorbeugenden Rechtsschutzes) negativ formuliert: Der Grundsatz der Ämterstabilität stehe der Aufhebung (nur) nicht entgegen, wenn entweder ein „herkömmlicher gesetzlicher Rücknahmetatbestand erfüllt ist" oder Art. 19 Abs. 4 GG wegen der Vereitelung vorbeugenden Rechtsschutzes eine Aufhebung gebiete. Im Umkehrschluss bedeutet dies den Ausschluss der Ernennungsanfechtung „aus Gründen der Ämterstabilität" (BVerwGE 138, 102 [110 Rn. 31]), wenn keine dieser beiden Fallgruppen vorliegt. Den zur Stützung dieses (vermeintlichen) Grundsatzes der Ämterstabilität vertretenen Begründungsansätzen wird in Teil 3 dieser Arbeit nachgegangen.

83 S. o. B.IV.

84 Vgl. *Wedel/Muders*, ZRP 2021, 91 (92).

85 Zu diesen etwa *Schoch*, in: Schoch/Schneider, VwGO, Loseblatt, Stand 42. Lfg. Februar 2022, § 80 Rn. 74; vgl. schon o. B.IV.

86 Anders nur VG Münster, Beschl. v. 25.02.2015 – 4 L 25/15 – Rn. 1 ff., juris, das die Behörde (ultra petita) im Wege einer Regelungsanordnung zur Vornahme einer erneuten Auswahl verpflichtete.

lung der Behörde (konkret: der Ernennung des Konkurrenten) besteht,[87] handelt es sich vielmehr um den Fall einer Sicherungsanordnung. Mit seinem auf Untersagung der Ernennung bzw. auf Verpflichtung zum Freihalten der Stelle[88] gerichteten Antrag verfolgt der Antragsteller also ein Begehren, das in einem (hypothetischen) Hauptsacheverfahren mittels einer vorbeugenden Unterlassungsklage geltend zu machen wäre.

b) Folgen dieser Bedeutung des Eilrechtsschutzes

aa) Informations- und Wartepflichten

Eine wesentliche Folge dieser zentralen Bedeutung des Eilrechtsschutzes sind zunächst verschiedene Verfahrenspflichten, die die Rechtsprechung zur effektiven Wahrnehmbarkeit dieses Rechtsschutzes aus Art. 19 Abs. 4 GG entwickelt hat.[89] Dabei handelt es sich im Wesentlichen um Informations- und Wartepflichten. Zunächst muss jeder unterlegene Bewerber hinreichend konkret über die beabsichtigte Ernennung des ausgewählten Konkurrenten informiert werden.[90] Von dieser sog. Konkurrentenmitteilung an muss sodann eine mindestens zweiwöchige Wartefrist eingehalten werden,[91] die sich im Falle der Beantragung einer Sicherungsanordnung um die Dauer des Verfahrens verlängert.[92] Bei erstinstanzlicher Erfolglosigkeit des Antrages ist eine entsprechende, ebenfalls mindestens zweiwöchige[93] Frist zur Beschwerdeerhebung abzuwarten. Schließlich ist, wenn der Unterlegene auch in der Beschwerdeinstanz erfolglos blieb, noch die Monatsfrist des § 93 Abs. 1 BVerfGG zur Erhebung einer Verfassungsbeschwerde abzuwarten. Erst wenn diese Frist ereignislos verstrichen oder die Verfassungsbeschwerde erfolglos geblieben ist, darf der Dienstherr die Ernennung vornehmen.

---

87 *Munding*, DVBl. 2011, 1512 (1514); *Tegethoff*, JA 2004, 732 (734).

88 BVerwGE 118, 370 (372); 138, 102 (110 Rn. 31); BVerwG NVwZ 2004, 1257 (1257); *Weiß*, ZBR 1989, 273 (276).

89 Zur Frage der verfassungsrechtlichen Herleitung dieser Informationspflichten s. *Weckmann*, Die Rolle staatlicher Auswahlentscheidungen im Rechtsschutzsystem der „Konkurrentenverdrängungsklage", 2019, S. 89 ff.; unter besonderer Berücksichtigung der Spezifika in hochschulrechtlichen Berufungs- und Ernennungsverfahren *Noack*, NVwZ 2018, 1190 ff.

90 Da der Zweck dieser Pflichten darin liegt, dem Unterlegenen die (Entscheidung über die) Erhebung eines Antrages auf einstweiligen Rechtsschutz zu ermöglichen, muss er jedenfalls über die Person des zu Ernennenden und die tragenden Gründe der Entscheidung informiert werden, BVerwGE 138, 102 (112 Rn. 34); BVerwG NVwZ 2004, 1257 (1257); *Lindner*, NVwZ 2013, 547 (548); *Braun*, NJOZ 2019, 1585 (1590); *Mehde*, ZBR 2018, 373 (376).

91 BVerwGE 138, 102 (112 Rn. 34).

92 Gibt die Behörde keine sog. Stillhaltezusage ab, kann u. U. ein sog. Hängebeschluss erforderlich werden, *Puttler*, in: Sodan/Ziekow, VwGO, 5. Aufl. 2018, § 123 Rn. 94a.

93 § 147 Abs. 1 S. 1 VwGO.

bb) Erforderlichkeit umfassender Prüfung

Obschon (rechtlich betrachtet) Hauptsacheverfahren in Fällen von Statusamtkonkurrenzen somit keineswegs vollständig durch Verfahren des einstweiligen Rechtsschutzes ausgeschlossen oder verdrängt werden, sondern Letzteren im Wesentlichen nur eine diese sicherstellende Wirkung zukommt,[94] schwindet die praktische Bedeutung solcher Hauptsacheverfahren gleichwohl. Statusamtbezogene Konkurrentenstreitigkeiten werden, namentlich weil die Behörde aufgrund der gerichtlichen Würdigung im Eilverfahren das Auswahlverfahren eigenständig wieder aufnimmt,[95] „faktisch regelmäßig im Eilverfahren abschließend entschieden".[96] Nimmt das Eilverfahren also, weil wesentliche materielle Fragen im Zusammenhang mit dienstrechtlichen Konkurrentenstreitigkeiten regelmäßig in ihm entschieden werden (müssen), gewissermaßen Funktionen eines Hauptsacheverfahrens wahr,[97] darf es hinsichtlich Prüfungsmaßstab, -umfang und -tiefe nicht hinter einem Hauptsacheverfahren zurückbleiben.[98] Eine nur „summarische" Prüfung verbietet sich daher regelmäßig.[99]

cc) Bereichsspezifischer Bedeutungsverlust des BVerwG

Diese weitgehende Verlagerung auf den Eilrechtsschutz wirkt sich zudem hinsichtlich des möglichen Instanzenzuges aus. Gegen die in derlei Konkurrentenstreitigkeiten ergehenden Beschwerdeentscheidungen der Oberverwaltungsgerichte ist ein weiteres Rechtsmittel nicht gegeben. Problematisch ist daran freilich nicht, dass den unteren Instanzen somit „die Verantwortung für richtige Entscheidungen aufgebürdet" wird.[100] Vielmehr wird zu Recht bemängelt, dass

94 Zu weitgehend insoweit *Burghardt*, DVBl. 2018, 417 (417): Der Rechtsschutz bei Statusamtkonkurrenzen finde „ausschließlich im Eilverfahren" statt.

95 *Gundel*, Die Verwaltung Bd. 37 (2004), S. 401 (412); *Lemhöfer*, ZBR 2003, 14 (15).

96 *Wedel/Muders*, ZRP 2021, 91 (92); *Schöbener*, BayVBl. 2001, 321 (331); *J. Wieland*, in: Grupp/Ronellenfitsch, FS für Blümel, 1999, S. 647 (658 f.). Eine derartige Verlagerung des Rechtsschutzes in Verfahren des Eilrechtsschutzes, wurde in anderen Rechtsgebieten als „grotesk" bezeichnet; so mit Blick auf das Asylrecht *Schoch*, VerwArch Bd. 82 (1991), S. 145 (147); eine Übertragung auf den Konkurrentenstreit um Rundfunkfrequenzen ausdrücklich ablehnend auch OVG Berlin-Brandenburg, Beschl. v. 29.10.2018 – OVG 11 S 39.18 – juris.

97 BVerwGE 138, 102 (110 f. Rn. 32); *F. Wieland/Seulen*, DÖD 2011, 69 (71), mit Hinweisen zu daraus resultierenden Problemen bzgl. der Streitwertfestsetzung.

98 BVerwGE 138, 102 (110 f. Rn. 32); *Puttler*, in: Sodan/Ziekow, VwGO, 5. Aufl. 2018, § 123 Rn. 94a; vgl. zu einer Parallelkonstellation in Bezug auf Beförderungsdienstpostenübertragungen auch BVerwGE 147, 20 (23 Rn. 16).

99 OVG Koblenz NVwZ-RR 2015, 862 (862); VGH München DRiZ 2019, 146 (146); *Ibler*, Rechtspflegender Rechtsschutz im Verwaltungsrecht, 1999, S. 85; *von der Weiden*, ThürVBl. 2017, 210 (213 f.).

100 So indes *F. Wieland/Seulen*, DÖD 2011, 69 (71). Zutreffend dagegen bereits *Thal*, Das Dogma rechtsschutzverkürzender Ämterstabilität, 2016, S. 326.

das BVerwG seine rechts(anwendungs)vereinheitlichende Funktion[101] insoweit nur sehr eingeschränkt wahrnehmen kann.[102] Abgesehen von den wenigen Fällen, in denen es wegen der Vereitelung einstweiligen Rechtsschutzes ausnahmsweise doch zu einem Hauptsacheverfahren kommt,[103] ist dies letztlich nur möglich, wenn das BVerwG nach § 50 Abs. 1 Nr. 4 VwGO erstinstanzlich zuständig ist.[104] Gerade in dem mangels normativer Vorgaben stark durch Richterrecht geprägten Bereich der Konkurrentenstreitverfahren stößt dies zunehmend auf Kritik.[105]

4. Ausnahmen bei Vereitelung des vorbeugenden Rechtsschutzes

Abweichungen vom oben geschilderten Grundkonzept werden seit 2003 – zuvor wurde der unterlegene Bewerber auf Sekundärrechtsschutz verwiesen –[106] (nur) in Konstellationen anerkannt, in denen effektiver vorbeugender Rechtsschutz vereitelt wurde, also namentlich in Fällen, in denen der Dienstherr gegen die oben umrissenen Informations- bzw. Wartepflichten[107] verstieß. Zunächst nahm das BVerwG insofern einen dem übergangenen Bewerber zustehenden Anspruch auf Wiederherstellung an. Diesen habe der beklagte Dienstherr durch Schaffung eines (weiteren) entsprechenden Amtes zu erfüllen, da er sich auf das Fehlen einer besetzbaren Stelle nicht berufen könne, wenn er diese Situation selbst pflichtwidrig herbeigeführt habe.[108] Eine Schwäche[109] dieses Modells, den Dienstherrn

---

[101] *Czybulka/Hösch*, in: Sodan/Ziekow, VwGO, 5. Aufl. 2018, § 132 Rn. 4; *Rudisile*, in: Schoch/Schneider, VwGO, Loseblatt, Stand 42. Lfg. Februar 2022, Vor § 124 Rn. 8.

[102] *von der Weiden*, ThürVBl. 2017, 181 (181); *Gundel*, Die Verwaltung Bd. 37 (2004), S. 401 (411); *W.-R. Schenke*, NVwZ 2011, 321 (327); *Stuttmann*, NVwZ 2016, 1426 (1427); *Laubinger*, ZBR 2010, 289 (289).

[103] Etwa BVerwG NVwZ 2018, 1866 ff. Zu derlei Konstellationen noch sogleich u. C.I.4.

[104] BVerwGE 151, 14 ff. – Zum Streit über die Reichweite der Vorschrift (organisatorisch-technisches [Beschränkung auf die Behörde Bundesnachrichtendienst] vs. funktionelles [Einbeziehung auch anderer Nachrichtendienste] Verständnis) s. *Bier*, in: Schoch/Schneider, VwGO, Loseblatt, Stand 42. Lfg. Februar 2022, § 50 Rn. 14.

[105] *Kenntner*, NVwZ 2017, 417 (418); *Burghardt*, DVBl. 2018, 417 (418 ff.); *Wedel/Muders*, ZRP 2021, 91 (92).

[106] BVerwGE 80, 123 (124 f.); BVerwG NVwZ 2004, 1257 (1257 f.). Seit Schließung der Lücken des Primärrechtsschutzes durch Anerkennung der (sogleich im Text umrissenen) Ausnahmen vom Ausschluss nachgehenden Rechtsschutzes kommt dem Sekundärrechtsschutz kaum mehr Bedeutung zu (vgl. zur Bedeutung des in § 839 Abs. 3 BGB niedergelegten Rechtsgedankens schon BVerwGE 107, 29 [31]; *W. Roth*, ZBR 2001, 14 [16 ff.]).

[107] S. o. C.I.3.b)aa).

[108] BVerwGE 118, 370 (374 f.); dazu insbesondere *Özfirat-Skubinn*, Rechtswidrige Beamtenernennungen, bei denen der Rechtsschutz eines Mitbewerbers vereitelt wird – Wege zur Kompensation, 2011, S. 223 ff.; s. a. *Hoof*, ZBR 2007, 156 ff.

[109] Eine weitere Schwäche liegt freilich darin, dass ein solches zusätzliches Amt nicht

zur Schaffung eines Amtes zu verpflichten, das womöglich gerade deshalb nicht existiert, weil es nicht benötigt wird und somit auch nicht mit einem amtsangemessenen Aufgabenprofil ausgestattet werden kann, offenbarte sich anlässlich des Streites um die Besetzung des funktionsgebundenen und schlechterdings nicht verdoppelungsfähigen Amtes des Präsidenten des Oberlandesgerichts Koblenz im Jahre 2010.[110] Da der Dienstherr den von ihm favorisierten Bewerber unter Verletzung der oben dargestellten Wartepflichten ernannt hatte,[111] wäre er nach der in BVerwGE 118, 370ff. entwickelten Lösung[112] zur Schaffung eines zusätzlichen Amtes eines Präsidenten des Oberlandesgerichts zu verpflichten gewesen. Stattdessen erkannte das BVerwG für derlei Fälle nunmehr die Möglichkeit der Anfechtung der Konkurrentenernennung an.[113] Indem es aber den Ausnahmecharakter dieser Konstellation hervorhob,[114] betonte es dabei freilich zugleich den mit der sog. Ämterstabilität begründeten grundsätzlichen Ausschluss dieser Anfechtungsklagemöglichkeit.[115]

5. Begriffliches

Neben den schon oben genannten Begriffen, die in der allgemeinen Diskussion um verwaltungsrechtliche Konkurrentenklagen kursieren,[116] haben sich im dienstrechtlichen Kontext weitere Termini herausgebildet.[117] Den Terminus der beamtenrechtlichen Konkurrentenklage behält das BVerwG Fallgestaltungen vor, in denen sich ein unterlegener Bewerber um ein Einstellungs- oder Beförderungsamt unmittelbar gegen die Ernennung seines erfolgreichen Mitbewerbers richtet, also im Wege der Anfechtungsklage im Sinne der §§ 42 Abs. 1 Var. 1, 113

---

freihändig an den in einem anderen Besetzungsverfahren zu Unrecht unterlegenen Bewerber vergeben werden dürfte, sondern auch zu seiner Besetzung ein erneutes, am Grundsatz der Bestenauslese ausgerichtetes Auswahlverfahren durchzuführen wäre, BVerwGE 138, 102 (114 Rn. 40); *Munding*, DVBl. 2011, 1512 (1516); vgl. auch VGH Mannheim ZBR 2012, 93 (94).

[110] BVerwGE 138, 102 (114 Rn. 40). Eine ausführliche Schilderung der Vorgänge findet sich etwa bei *Schefzik*, VBlBW 2012, 411 (411f.); aus der allgemeinen Presse s. etwa *Holl*, F.A.Z. Nr. 264 v. 12.11.2011, S. 6; *ders.*, F.A.Z. Nr. 261 v. 09.11.2011, S. 5; *Bommarius*, Berliner Zeitung Nr. 260 v. 06.11.2010, S. 5; *Lehmann/Mück-Raab*, Der Tagesspiegel Nr. 21055 v. 04.08.2011, S. 4; *Klingelschmitt*, taz v. 13.11.2010, S. 4.

[111] Konkret wartete er die Monatsfrist zur Erhebung der Verfassungsbeschwerde nicht ab, sondern nahm die Ernennung bereits ca. eine halbe Stunde nach Übermittlung der zu Ungunsten des unterlegenen Bewerbers ausgefallenen Beschwerdeentscheidung des OVG vor, s. die Schilderung bei BVerwGE 138, 102 (104).

[112] BVerwGE 118, 370 (374f.).

[113] BVerwGE 138, 102 (114f. Rn. 40ff.); vgl. auch OVG Saarlouis NVwZ 2018, 759 (760).

[114] BVerwGE 138, 102 (110, 114 Rn. 31, 41).

[115] Vgl. *Battis*, DVBl. 2013, 673 (674); *Burmeister*, NdsVBl. 2012, 57 (62).

[116] S. o. B.I.

[117] Kritisch dazu bereits *Ronellenfitsch*, VerwArch Bd. 82 (1991), S. 121 (140f.).

Abs. 1 S. 1 VwGO die gerichtliche Kassation der Ernennung begehrt.[118] Zur Klarstellung und insbesondere zur Abgrenzung von der auf Verurteilung zur eigenen Ernennung bzw. Wiederholung der Auswahlentscheidung gerichteten Verpflichtungsklage, die in der Rechtsprechung keine eigene Bezeichnung erhalten hat,[119] wird sie oftmals auch als echte Konkurrentenklage[120] bezeichnet. Dieser Terminologie folgend wird auch im Fortgang dieser Untersuchung die gegen die Ernennung eines Konkurrenten gerichtete Anfechtungsklage als „echte", die auf Verurteilung zur eigenen Ernennung bzw. Wiederholung der Auswahlentscheidung gerichtete Verpflichtungsklage als „unechte Konkurrentenklage" bezeichnet.

II. Anwendungsfälle der dienstrechtlichen Sonderdogmatik

Praktiziert wird diese mit dem sog. Grundsatz der Ämterstabilität begründete Sonderdogmatik nicht nur im Beamten-,[121] sondern auch im Richterdienst-,[122] Soldaten-[123] und Notarrecht.[124] Anwendung findet sie insoweit jeweils in Fällen von Statusamtkonkurrenzen,[125] also in Konstellationen sog. Einstellungs- oder Beförderungskonkurrenz. Keine Bedeutung kommt ihr indes in Fällen der Kon-

---

[118] Vgl. BVerwGE 80, 127 (130); BVerwG DVBl. 1989, 1150 (1150). Ebenso *Schoch*, Vorläufiger Rechtsschutz und Risikoverteilung im Verwaltungsrecht, 1988, S. 686.

[119] In der Literatur wird sie mitunter als Konkurrentenklage im weiteren Sinne (*Özfirat-Skubinn*, Rechtswidrige Beamtenernennungen, bei denen der Rechtsschutz eines Mitbewerbers vereitelt wird – Wege zur Kompensation, 2011, S. 45) oder Bewerbungsklage (*Sodan*, in: Sodan/Ziekow, VwGO, 5. Aufl. 2018, § 42 Rn. 168) bezeichnet.

[120] Vgl. namentlich *Wichmann*, in: Wichmann/Langer, Öffentliches Dienstrecht, 8. Aufl. 2017, Rn. 314 f.; *Özfirat-Skubinn*, Rechtswidrige Beamtenernennungen, bei denen der Rechtsschutz eines Mitbewerbers vereitelt wird – Wege zur Kompensation, 2011, S. 45; *Siegmund-Schultze*, VerwArch Bd. 73 (1982), S. 137 (142 f.); *Busch*, DVBl. 1990, 106 (107); *Wittkowski*, NJW 1993, 817 (817); *Schöbener*, BayVBl. 2001, 321 (321). Von einer Konkurrentenklage im engeren Sinne spricht *Ronellenfitsch*, VerwArch Bd. 82 (1991), S. 121 (137).

[121] Beispielsweise BVerwG NJW 2017, 489 (491); OVG Münster NVwZ-RR 2016, 549 (549); OVG Saarlouis NVwZ 2018, 759 (760); *Thal*, Das Dogma rechtsschutzverkürzender Ämterstabilität, 2016, S. 30, spricht insofern vom „Hauptanwendungsfall".

[122] S. etwa BVerwGE 138, 102 (110 Rn. 31); VGH München DVBl. 2022, 379 (372); *Laubinger*, ZBR 2010, 289 (291); *Landau/Christ*, NJW 2003, 1648 f.; *Schlotterbohm*, ZBR 2015, 368 ff.; *Wedel/Muders*, ZRP 2021, 91 ff.

[123] VGH München Beschl. v. 12.09.2017 – 6 ZB 17.587 – Rn. 7, juris; vgl. auch BVerwGE 145, 237 (239); *Gronimus*, NZWehrr 1986, 54 (62 f.) m. w. N.

[124] BGHZ 160, 190 (194); BGH DNotZ 2005, 154 (154 f.); BGH NJW-RR 2011, 412 (413); *Custodis*, DNotZ 2017, 12 (23 f.).

[125] Exemplarisch BVerwGE 138, 102 (106 Rn. 20); *Kenntner*, ZBR 2016, 181 (181).

kurrenz um Dienstposten[126] zu[127] – auch nicht, wenn es sich dabei um Beförderungsdienstposten handelt. Dass sich der Rechtsschutz in Bezug auf Konkurrenzen um Letztere zwischenzeitlich[128] ebenfalls weitgehend in das Verfahren nach § 123 Abs. 1 VwGO verlagerte, hing weniger mit dem sog. Grundsatz der Ämterstabilität als vielmehr mit dem Bestreben unterlegener Bewerber zusammen, einen andernfalls drohenden sog. Erfahrungs- bzw. Bewährungsvorsprung ihrer Konkurrenten zu verhindern.[129]

D. Zusammenfassung

Dienstrechtliche Konkurrentenklagen um Statusämter lassen sich in echte Konkurrentenklagen (Anfechtungsklage gegen die Konkurrentenernennung) und unechte Konkurrentenklagen (Verpflichtungsklage) unterscheiden. Im Verhältnis zu anderen echten Konkurrenzkonstellation im engeren Sinne[130] auf dem Gebiet des Verwaltungsrechts[131] zeichnen sich die dienstrechtlichen Klagen durch eine

[126] Der auch als Amt im konkret-funktionellen Sinne bezeichnete Dienstposten beschreibt gemeinhin den speziellen Aufgabenkreis eines Beamten innerhalb einer Behörde, *Wichmann*, in: Wichmann/Langer, Öffentliches Dienstrecht, 8. Aufl. 2017, Rn. 50; *Schnellenbach*, Konkurrenzen im öffentlichen Dienst, 2. Aufl. 2018, Kap. 5 Rn. 1; *Battis*, in: Battis, BBG, 6. Aufl. 2022, § 10 Rn. 12; ähnlich *Kenntner*, ZBR 2016, 181 (181).

[127] Solche – meist als Umsetzungen bezeichneten (etwa BVerwGE 153, 246 [249 Rn. 17]; *Bodanowitz*, in: Schnellenbach/Bodanowitz, Beamtenrecht in der Praxis, 10. Aufl. 2020, § 4 Rn. 62) – Änderungen des Aufgabenkreises werden bereits nicht als Verwaltungsakt (BVerwGE 60, 144 [145 ff.]) und insbesondere auch nicht als stabil angesehen, BVerwGE 115, 58 (59); VGH Mannheim VBlBW 2017, 575 ff.; *Kenntner*, ZBR 2016, 181 (193); *H. Günther*, ZBR 2007, 195 (195); *K. Herrmann*, NVwZ 2017, 105 ff. Aufgrund der Reversibilität der Dienstpostenvergabe ist effektiver Rechtsschutz – der sich freilich nur im Falle der Vergabe von Erprobungs- oder Beförderungsdienstposten, nicht aber in Bezug auf sog. nicht förderliche Umsetzungen auf Art. 33 Abs. 2 GG stützen lässt (BVerwGE 153, 246 [249 ff. Rn. 16 ff.]) – auch nachträglich möglich, s. etwa OVG Münster NVwZ-RR 2004, 437 (439); OVG Magdeburg NVwZ-RR 2017, 335 (336). Auch in Bezug auf die Fälle der sog. Beförderungsdienstpostenkonkurrenz soll aber Erledigung durch Ernennung eintreten, BVerwG NVwZ-RR 2012, 241 (242).

[128] BVerwGE 147, 20 (21 ff. Rn. 11 ff.) – seit das BVerwG dem Problem des Erfahrungs- bzw. Bewährungsvorsprunges aber primär im Wege der sog. Ausblendung bzw. fiktiven Fortschreibung zu begegnen sucht (BVerwGE 155, 152 [160 f. Rn. 31 ff.]; s. auch *Kenntner*, ZBR 2016, 181 [194]), hat auch die Bedeutung dieser Fallgruppe abgenommen, m. w. N. *Grigoleit*, in: Battis, BBG, 6. Aufl. 2022, § 22 Rn. 37 f.

[129] *Grigoleit*, in: Battis, BBG, 6. Aufl. 2022, § 22 Rn. 37 f.; *Battis/Grigoleit/Hebeler*, NVwZ 2018, 207 (208).

[130] Vgl. o. A.

[131] Dazu o. B.

insoweit praktizierte Sonderdogmatik aus: Eine sonst als möglich erachtete Anfechtung der Begünstigung des Konkurrenten soll hier grundsätzlich nicht in Betracht kommen. Auch soll die auf erneute, nunmehr rechtmäßige Bescheidung gerichtete Verpflichtungsklage nur bis zum Wirksamwerden der Ernennung möglich sein. Inwieweit sich diese Besonderheiten rechtlich tragfähig begründen lassen, wird in den Teilen 2 und 3 dieser Arbeit näher untersucht.

Teil 2

Die Bedeutung der Ernennung für die Erfolgsaussichten der Verpflichtungsklage des unterlegenen Konkurrenten

Die sog. unechte Konkurrentenklage, also die Verpflichtungsklage, mit welcher der unterlegene Bewerber das auf seine eigene Begünstigung gerichtete Begehren verfolgt, soll nur Aussicht auf Erfolg haben können, solange der ausgewählte Konkurrent nicht ernannt wurde. Mit der Ernennung soll hingegen die sog. Rechtsschutzklappe fallen.[1] Zur Stützung dieser Auffassung werden unterschiedliche Begründungen vertreten, die nicht durchweg zu überzeugen vermögen.

A. Unstatthaftigkeitsthese

In der Literatur findet sich die Behauptung, dass die Verpflichtungsklage, um die es sich bei der unechten Konkurrentenklage handelt, mit der Ernennung des Konkurrenten wegen Unstatthaftigkeit unzulässig werde.[2] Diese Sichtweise vermag aus zweierlei Gründen nicht zu überzeugen: Zunächst kann unter Geltung des in § 40 Abs. 1 S. 1 VwGO normierten Prinzips der Rechtswegeröffnung durch Generalklausel (und somit nach Aufgabe des Enumerationsprinzips) die Statthaftigkeit eines Rechtsbehelfs nicht mehr als Sachentscheidungsvoraussetzung angesehen und die Unzulässigkeit einer Klage infolgedessen auch nicht auf ihre Unstatthaftigkeit gestützt werden.[3] Verdeutlicht wird dies durch den Umstand, dass die VwGO die Bestimmung der statthaften Klageart gar nicht dem Kläger, sondern dem Gericht auferlegt.[4] Während Erstgenannter lediglich den „Gegenstand des Klagebegehrens" zu bezeichnen hat (§ 82 Abs. 1 S. 1 VwGO), obliegt die davon ausgehende Ermittlung der statthaften Klageart nach

---

[1] S. o. C.I.1.b).

[2] Vgl. *Brinktrine*, JURA 2015, 1192 (1199).

[3] *Hufen*, Verwaltungsprozessrecht, 12. Aufl. 2021, § 13 Rn. 1; *ders.*, Ad Legendum 2017, 96 (96); vgl. auch *Ipsen*, Allgemeines Verwaltungsrecht, 11. Aufl. 2019, Rn. 1042 f.

[4] Vgl. *Peters/Kujath*, in: Sodan/Ziekow, VwGO, 5. Aufl. 2018, § 88 Rn. 39 ff., 44 ff.

der Intention des § 88 VwGO dem Gericht.[5] Dieser Aufgabenverteilung widerspräche es, wenn man eine fehlerhafte Bestimmung der statthaften Klageart dem (dazu gar nicht berufenen) Kläger anlastete, indem man seiner Klage die Zulässigkeit abspräche.[6] Überdies könnte die Ernennung als solche für sich genommen bereits gar nicht unmittelbar zur Unstatthaftigkeit der Verpflichtungsklage führen. Denn wenn bzw. weil sich die jeweils statthafte Klageart nach dem klägerischen Begehren bemisst, setzt das Unstatthaftwerden einer zunächst statthaften Klageart notwendigerweise eine Änderung des klägerischen Begehrens voraus. Eine solche Änderung des klägerischen Begehrens ist zwar beispielsweise als Reaktion auf die erfolgte Ernennung des Mitbewerbers möglich und mag in der Praxis häufig vorkommen. So mag ein Kläger etwa die Ernennung des Mitbewerbers zum Anlass nehmen, nurmehr die Feststellung der Rechtswidrigkeit seiner Ablehnung zu begehren (Klageänderung zur Fortsetzungsfeststellungsklage) oder die Verpflichtungsklage in der Hauptsache für erledigt zu erklären – verpflichtet ist er indes zu beidem nicht. Hält ein Kläger an seinem ursprünglichen Begehren, also der Verpflichtung des Dienstherrn zur Neubescheidung, fest, bleibt auch die Verpflichtungsklage – womit freilich nichts über deren Erfolgsaussichten gesagt ist –[7] weiterhin statthaft. Denn Maßstab für die Bestimmung der statthaften Klageart ist nicht das potentielle Begehren eines durchschnittlichen, vernünftigen oder idealen Klägers, sondern das tatsächliche Begehren des konkreten Klägers.[8]

B. Erledigungsthese

Insbesondere in der Rechtsprechung wurde und wird die im Zeitpunkt der Ernennung eintretende Erfolglosigkeit der unechten Konkurrentenklage immer wieder mit irgendeiner Form der „Erledigung“ zu begründen versucht.[9] Während teilweise gänzlich unerwähnt bleibt, was eigentlich Gegenstand der Erledigung sein soll,[10] wird gelegentlich auf die Ablehnungsentscheidung[11] bzw. den ablehnen-

---

[5] *Pietzcker/Marsch*, in: Schoch/Schneider, VwGO, Loseblatt, Stand 42. Lfg. Februar 2022, Vor § 42 Abs. 1 Rn. 28, 31.

[6] Richtigerweise stellt ein Fehler im Rahmen der Bestimmung der statthaften Klageart somit auch keinen Unzulässigkeits-, sondern einen Revisionsgrund dar, vgl. BVerwG NVwZ 1993, 62 (62 f.); *Porz*, in: Fehling/Kastner/Störmer, VerwR, 5. Aufl. 2021, § 88 VwGO Rn. 9.

[7] Vgl. etwa *Sodan*, in: Sodan/Ziekow, VwGO, 5. Aufl. 2018, § 42 Rn. 14.

[8] Vgl. *Porz*, in: Fehling/Kastner/Störmer, VerwR, 5. Aufl. 2021, § 88 VwGO Rn. 6.

[9] Vgl. die Nachweise in den Fn. 11 bis 15.

[10] Treffend *Laubinger*, ZBR 2010, 289 (297).

[11] BVerwG Urt. v. 21.11.1996 – 2 A 3.96 – Rn. 20, juris.

den Verwaltungsakt,[12] mitunter aber auch auf das Auswahl- und Besetzungsverfahren[13] oder den Rechtsstreit[14] bzw. die Klage[15] abgestellt. Überzeugen kann bei näherer Betrachtung nichts davon.

I. Keine Erfolglosigkeit wegen Erledigung der Ablehnungsentscheidung bzw. des ablehnenden Verwaltungsaktes

Die Aussage, dass die Ernennung des Mitbewerbers zu einer Erledigung des den unterlegenen Bewerbers ablehnenden Verwaltungsaktes führe,[16] ist auf Grundlage der ganz herrschenden Auffassung, dass der zur Erledigung eines Verwaltungsaktes erforderliche Wegfall seiner Regelungswirkung[17] u. a. dann eintritt, wenn er gegenstandslos wird,[18] nicht per se kritikwürdig. Denn ebendieses Schicksal dürfte den ablehnenden Verwaltungsakt im Augenblick der Ernennung ereilen. Weil der Kläger von diesem Zeitpunkt an jedenfalls aufgrund des Fehlens einer besetzbaren Stelle – und somit gerade ungeachtet des ablehnenden Verwaltungsaktes – ohnehin nicht mehr ernannt werden kann,[19] kommt es auf den ablehnenden Verwaltungsakt ab diesem Zeitpunkt nicht mehr entscheidend an. Jedoch kann aus diesem zutreffenden Befund keine Aussage in Bezug auf die Erfolgschancen der unechten Konkurrentenklage abgeleitet werden. Zwar mag der ablehnende Verwaltungsakt Anlass zur Erhebung der unechten Konkurrentenklage gewesen sein – ihr Gegenstand ist er gleichwohl nicht. Inwiefern die Erledigung eines Ablehnungsbescheides dem Erfolg einer Verpflichtungsklage entgegenstehen sollte, ist insbesondere angesichts des Umstands fraglich, dass die VwGO in Gestalt der Untätigkeitsklage auch eine Form der Verpflichtungsklage kennt, die gänzlich ohne ablehnenden Verwaltungsakt auskommt. Wenn aber selbst das gänzliche Fehlen eines ablehnenden Verwaltungsaktes der Möglichkeit einer Verpflichtungsklage nicht entgegensteht, ist kein Grund erkennbar, warum anderes gelten sollte, wenn sich ein immerhin zunächst ergangener ablehnender Verwaltungsakt später erledigt.

---

[12] BVerwGE 80, 127 (129 f.); BVerwG Beschl. v. 24.07.1984 – 2 B 77.83 – Rn. 3, juris.

[13] BVerwGE 118, 370 (371 f.) – im konkreten Fall verneint.

[14] BVerwGE 118, 370 (372); 136, 140 (145 Rn. 19); *Tegethoff*, JA 2004, 732 (733); *Zimmerling*, RiA 2002, 165 (170).

[15] *Brinktrine*, JURA 2015, 1192 (1199).

[16] BVerwGE 80, 127 (129 f.); BVerwG DVBl. 1989, 1150 (1150); Beschl. v. 24.07.1984 – 2 B 77.83 – Rn. 3, juris; Urt. v. 21.11.1996 – 2 A 3.96 – Rn. 20, juris.

[17] *Sachs*, in: Stelkens/Bonk/Sachs, VwVfG, 9. Aufl. 2018, § 43 Rn. 204; *Riese*, in: Schoch/Schneider, VwGO, Loseblatt, Stand 42. Lfg. Februar 2022, § 113 Rn. 112.

[18] *Sachs*, in: Stelkens/Bonk/Sachs, VwVfG, 9. Aufl. 2018, § 43 Rn. 212a.

[19] Vgl. noch eingehend u. D.

II. Keine Erfolglosigkeit wegen Erledigung des Verwaltungsverfahrens

Auch eine vermeintliche Erledigung des Auswahl- und Besetzungsverfahrens[20] kann keine Unzulässigkeit der Klage begründen. Zwar führt – aufgrund der Nichtförmlichkeit des Verwaltungsverfahrens – die Ernennung des Konkurrenten wegen Erledigung der Hauptsache (also des Verfahrensgegenstandes)[21] zur unmittelbaren[22] Beendigung des Verwaltungsverfahrens.[23] Da es jedoch gerade dem prozessualen Normalfall entspricht, dass ein Verwaltungsverfahren (durch Verwaltungsakterlass) endet, bevor überhaupt ein Klageverfahren angestrebt werden kann,[24] erschließt sich nicht, inwieweit diese Verfahrensbeendigung einem erfolgreichen Klageverfahren ursächlich[25] im Wege stehen sollte.

III. Keine Erfolglosigkeit wegen Erledigung des Rechtsstreits (in der Hauptsache)

Schließlich tritt durch die Ernennung des Konkurrenten auch keine Erledigung des Rechtstreits (in der Hauptsache)[26] ein. Zu einer solchen bedarf es stets übereinstimmender (ggf. teilweise nach § 161 Abs. 2 S. 2 VwGO fingierter) Erledig-

---

[20] Vgl. BVerwGE 118, 370 (371 f.), im konkreten Fall verneint wegen der Vereitelung vorbeugenden Rechtsschutzes.

[21] *Schmitz*, in: Stelkens/Bonk/Sachs, VwVfG, 9. Aufl. 2018, § 9 Rn. 199, 108; *Maurer/Waldhoff*, Allgemeines Verwaltungsrecht, 20. Aufl. 2020, § 19 Rn. 27, sprechen von der „Angelegenheit".

[22] Gegen die Erforderlichkeit einer förmlichen Einstellungsentscheidung etwa VGH München BayVBl 1988, 209; *Schmitz*, in: Stelkens/Bonk/Sachs, VwVfG, 9. Aufl. 2018, § 9 Rn. 199; Sennekamp, in: Mann/Uechtritz/Sennekamp, VwVfG, 2. Aufl. 2019, § 9 Rn. 35; anders *Schwarz*, in: Fehling/Kastner/Störmer, VerwR, 5. Aufl. 2021, § 9 VwVfG Rn. 72.

[23] *Schmitz*, in: Stelkens/Bonk/Sachs, VwVfG, 9. Aufl. 2018, § 9 Rn. 199; *Sennekamp*, in: Mann/Uechtritz/Sennekamp, VwVfG, 2. Aufl. 2019, § 9 Rn. 35. Generell zur Abschlussfunktion des Verwaltungsaktes s. etwa *U. Stelkens*, in: Stelkens/Bonk/Sachs, VwVfG, 9. Aufl. 2018, § 35 Rn. 43; *Maurer/Waldhoff*, Allgemeines Verwaltungsrecht, 20. Aufl. 2020, § 19 Rn. 27; vgl. ferner bereits *Brohm*, VVDStRL, Heft 30 (1972), S. 245 (286); *Häberle*, in: Schmitt Glaeser, FS Boorberg Verlag, 1977, S. 47 (78).

[24] So u. a. *Schmitz*, in: Stelkens/Bonk/Sachs, VwVfG, 9. Aufl. 2018, § 9 Rn. 193; anders (Verfahrensabschluss erst bei Eintritt der Bestandskraft) *Sennekamp*, in: Mann/Sennekamp/Uechtritz, VwVfG, 2. Aufl. 2019, § 9 Rn. 38; vgl. zum Streitstand auch *Ramsauer*, in: Kopp/Ramsauer, VwVfG, 23. Aufl. 2022, § 9 Rn. 61 f.

[25] Vielmehr ist denkbar, dass (aus anderen Gründen, s. noch u.) die Ernennung als gemeinsame Ursache sowohl zur Verfahrenserledigung führt als auch dem Erfolg der Klage entgegensteht.

[26] Vgl. zur Abgrenzung zwischen Erledigung der Hauptsache und Erledigung des Rechtsstreits in der Hauptsache sogleich B.IV.1.

terklärungen der Beteiligten,[27] die im Falle einer (bis zur Abweisung aufrechterhaltenen) unechten Konkurrentenklage gerade nicht vorliegen. Außerprozessuale Umstände wie die Ernennung des Konkurrenten können zwar Anlass zur Abgabe ebensolcher Erklärungen sein, führen für sich genommen aber (jedenfalls grundsätzlich)[28] nicht zur Erledigung des Rechtsstreits.[29]

IV. Keine Erfolglosigkeit wegen Erledigung der Hauptsache

1. Vorliegen einer Hauptsacheerledigung

In Abgrenzung zu den vorstehend erörterten Erledigungsbegriffen wird als Erledigung der Hauptsache im Verwaltungsprozessrecht ganz allgemein die Konstellation bezeichnet, dass ein nach Klageerhebung eingetretenes Ereignis dem Klagebegehren rechtlich oder tatsächlich die Grundlage entzieht und die Klage deshalb für den Kläger aussichtslos wird.[30] Ein solches Ereignis kann zwar vom Kläger zum Anlass genommen werden, den Rechtsstreit in der Hauptsache für erledigt zu erklären[31] oder im Wege der Klageänderung zur Fortsetzungsfeststellungsklage zu wechseln,[32] darf jedoch nicht damit gleichgesetzt werden.[33] Denn prozessual relevante Auswirkungen zeitigt in beiden Fällen allein die jeweilige Prozesshandlung (Klageänderung bzw. Erledigterklärung) und nicht bereits die Erledigung selbst.[34]

---

[27] *Neumann/Schaks*, in: Sodan/Ziekow, VwGO, 5. Aufl. 2018, § 161 Rn. 27; *Clausing*, in: Schoch/Schneider, VwGO, Loseblatt, Stand 42. Lfg. Februar 2022, § 161 Rn. 12 m. w. N.

[28] Eine hier nicht einschlägige Ausnahme wird lediglich für das Versterben eines Beteiligten diskutiert, sofern dessen höchstpersönliche Rechtsverhältnisse streitgegenständlich sind; dafür *W.-R. Schenke*, in: Kopp/Schenke, VwGO, 28. Aufl. 2022, § 61 Rn. 16; überzeugend dagegen etwa *Rudisile*, in: Schoch/Schneider, VwGO, Loseblatt, Stand 42. Lfg. Februar 2022, § 94 Rn. 107.

[29] Vgl. *Clausing*, in: Schoch/Schneider, VwGO, Loseblatt, Stand 42. Lfg. Februar 2022, § 161 Rn. 12.

[30] BVerwGE 87, 62 (64 f.); 114, 149 (151 f.); VGH München NVwZ 1986, 1032 (1032); *Clausing*, in: Schoch/Schneider, VwGO, Loseblatt, Stand 42. Lfg. Februar 2022, § 161 Rn. 9; *Neumann/Schaks*, in: Sodan/Ziekow, VwGO, 5. Aufl. 2018, § 161 Rn. 27, 131; *Kremer*, NVwZ 2003, 797 (798). Mitunter findet auch eine eher an die im Zivilprozessrecht Anwendung findende Definition (dort: Unzulässig- oder Unbegründetwerden einer urspr. zulässigen und begründeten Klage, vgl. *Schulz*, in: Krüger/Rauscher, MüKo ZPO, Bd. I, 6. Aufl. 2020, § 91a Rn. 82; *Flockenhaus*, in: Musielak/Voit, ZPO, 19. Aufl. 2022, § 91a Rn. 34) Verwendung: BVerwG NVwZ 1989, 48 (48); tendenziell auch *R. P. Schenke*, in: Kopp/Schenke, VwGO, 28. Aufl. 2022, § 161 Rn. 7.

[31] Dazu soeben III.

[32] Vgl. o. A.

[33] *Neumann/Schaks*, in: Sodan/Ziekow, VwGO, 5. Aufl. 2018, § 161 Rn. 27; *Clausing*, in: Schoch/Schneider, VwGO, Loseblatt, Stand 42. Lfg. Februar 2022, § 161 Rn. 8.

[34] Vgl. *Flockenhaus*, in: Musielak/Voit, ZPO, 19. Aufl. 2022, § 91a Rn. 10.

2. Nutzwert der Erkenntnis

Die möglichen Umstände, die zur Hauptsacheerledigung führen können, sind äußerst vielfältig und können sowohl die Zulässigkeit als auch die Begründetheit[35] betreffen.[36] Deshalb ist es auch verfehlt, wenn mitunter pauschal behauptet wird, die Erledigung der Hauptsache führe zum Entfallen des Rechtsschutzbedürfnisses[37] oder der Begründetheit.[38] Die Frage, welche Auswirkungen die Erledigung der Hauptsache auf die Klage hat, kann richtigerweise nicht allgemeinverbindlich beantwortet werden.[39] Vielmehr suggerieren derartige Formulierungen bereits ein unzutreffendes Kausalitätsverhältnis: Nicht die Erledigung führt zur Erfolglosigkeit der Klage, vielmehr führt das Entfallen einer Voraussetzung der Zulässigkeit (etwa des Rechtsschutzbedürfnisses) oder der Begründetheit (auch) zur Erledigung der Hauptsache.[40] Eine Klage, deren Hauptsache sich erledigt hat, kann demnach je nach Fallgestaltung als unzulässig oder unbegründet abzuweisen sein.[41] Für das weitere Schicksal der Klage kommt es dabei gar nicht auf die Erledigung der Hauptsache an. Dieser kommt vielmehr nur in Fällen der anschließenden Erledigterklärung bzw. Änderung der Klage hin zu einer Fortsetzungsfeststellungsklage Bedeutung zu.

V. Zwischenfazit zur Erledigungsthese

Die Ernennung des bevorzugten Konkurrenten führt zwar zur Erledigung des ablehnenden Verwaltungsaktes sowie des Auswahl- und Besetzungsverfahrens. Weder aber bedingt dies ursächlich die Erfolglosigkeit der unechten Konkurrentenklage noch resultiert selbige aus einer vermeintlichen Erledigung des Rechtsstreits (in der Hauptsache) oder der Hauptsache. Das beständige Abstellen auf irgendeine Form der Erledigung erweist sich vielmehr als dogmatisch unsauber und verzichtbar. Da es offenbar auf die Entscheidung in einem Verfahren zurück-

[35] Namentlich bei Untergang des geltend gemachten Anspruchs, *Clausing*, in: Schoch/Schneider, VwGO, Loseblatt, Stand 42. Lfg. Februar 2022, § 161 Rn. 10.

[36] Vgl. *R. P. Schenke*, in: Kopp/Schenke, VwGO, 28. Aufl. 2022, § 161 Rn. 7 mit Fn. 8.

[37] OVG Münster DÖV 2014, 47 (LS); *Clausing*, in: Schoch/Schneider, VwGO, Loseblatt, Stand 42. Lfg. Februar 2022, § 161 Rn. 12; *E. Klein*, DVBl. 1972, 572 (572); *Burgi*, DVBl. 1991, 193 (195); einschränkend („i. d. R.") *Pietzner*, VerwArch Bd. 75 (1984), S. 79 (85 f.).

[38] So offenbar *Grunsky*, Grundlagen des Verfahrensrechts, 1974, S. 120 (Fn. 75).

[39] *W.-R. Schenke*, in: Kopp/Schenke, VwGO, 28. Aufl. 2022, Vor § 40 Rn. 45.

[40] Insofern kann auch das durch die Ernennung bedingte Entfallen der Klagebefugnis (dazu noch u. D.II.) als ein zur Hauptsacheerledigung führender Umstand angesehen werden. Die Erfolglosigkeit der Klage beruht dann aber unmittelbar auf dem Fehlen der Klagebefugnis und nicht auf der Erledigung der Hauptsache.

[41] *W.-R. Schenke*, in: Kopp/Schenke, VwGO, 28. Aufl. 2022, Vor § 40 Rn. 45; tendenziell auch *R. P. Schenke*, in: Kopp/Schenke, VwGO, 28. Aufl. 2022, § 161 Rn. 7 mit Fn. 8.

geht, in dem eine ursprünglich gegen einen Ablehnungsbescheid (isoliert) erhobene Anfechtungsklage im Wege der Fortsetzungsfeststellungsklage fortgeführt wurde und somit der Eintritt der Erledigung als positive Voraussetzung zu prüfen war,[42] liegt es nahe, dass es sich dabei um historischen Ballast handelt.

C. Unmöglichkeitsthese

Jedenfalls im Ansatz überzeugender stellt sich demgegenüber der Versuch dar, die durch Ernennung bedingte Erfolglosigkeit der unechten Konkurrentenklage mit dem Rechtsgedanken der subjektiven rechtlichen Unmöglichkeit[43] zu begründen. Weil das in Rede stehende Amt infolge der Ernennung nicht mehr verfügbar und der Dienstherr gehindert sei, an diesem Umstand etwas zu ändern,[44] sei es ihm – so der Kern der Überlegung – unmöglich, einem im Zuge einer unechten Konkurrentenklage ggf. ergehenden Verpflichtungsurteil nachzukommen.[45] In ihrem Ausgangspunkt sind diese Überlegungen unbestreitbar richtig: In das Stadium vor Ernennung zurückversetzen könnte die Behörde das ursprüngliche Besetzungsverfahren (theoretisch) überhaupt nur im Wege der Rücknahme der Ernennung.[46] Da ihr diese indes aufgrund des sog. Numerus clausus

---

[42] BVerwG Urt. v. 07.12.1965 – 2 C 226.62 – Buchholz 310 § 113 VwGO Nr. 23.

[43] *Ultra posse nemo obligatur* – zur Geltung dieses Grundsatzes (auch) im Verwaltungsrecht vgl. etwa VGH München NVwZ 2007, 233 (234); NVwZ 2005, 1094 (1095); VG Köln CR 2019, 533 (535).

[44] VGH München NVwZ 1983, 755 (755); vgl. zu § 102b GüKG a. F. OVG Lüneburg NJW 1992, 1979 (1980).

[45] Vgl. insofern *Ronellenfitsch*, VerwArch Bd. 82 (1991), S. 121 (129).

[46] Entlassungen oder Zurruhesetzungen wären hierzu (so sie denn rechtlich überhaupt möglich wären, s. dazu sogleich) von vornherein nicht geeignet: Bei fortbestehendem Besetzungswillen müsste in diesen Konstellationen vielmehr ein neues, seinerseits am Maßstab des Art. 33 Abs. 2 GG ausgerichtetes und auch evtl. hinzugetretene Bewerber berücksichtigendes Verfahren durchgeführt werden, BVerwG Urt. v. 14.06.1966 – II C 89.64 – Buchholz 232 § 8 BBG Nr. 4, S. 12 (13); vgl. entsprechend zu einem Fall des freiwilligen Weggangs des Ernannten VGH Mannheim ZBR 2012, 93 (94). Eine Bindung an das alte Besetzungsverfahren bestünde insofern nicht, vgl. OVG Münster DÖD 2004, 205 (205 f.); *Munding*, DVBl. 2011, 1512 (1516). – Zudem sind auch derlei Entlassungen oder Zurruhesetzungen regelmäßig nicht möglich. Insbesondere liegen die Voraussetzungen einer (nach § 34 Abs. 1 S. 1 Nr. 2 BBG bzw. § 34 Abs. 3 S. 1 Nr. 2 BeamtStG höchstens während der Probezeit in Betracht kommenden) Entlassung nicht vor. Die insoweit allein maßgebliche Frage der (mangelnden) Bewährung ist ausschließlich auf Grundlage des während der Probezeit gezeigten Verhaltens (und damit gerade nicht aufgrund besserer Erkenntnis hinsichtlich der urspr. Auswahlentscheidung) zu beurteilen, BVerwGE 109, 68 (73); *Sauerland*, in: Brinktrine/Schollendorf, BeckOK Beamtenrecht Bund, Stand 27. Ed. 01.08.2022, § 34 BBG Rn. 18. Ähnliches gilt bzgl. der ohnehin nur bei politischen Beamten (bzw. Soldaten) bestehenden Möglichkeit der jederzeitigen Entlassung (wäh-

der fachgesetzlichen Aufhebungstatbestände verwehrt ist,[47] wäre es dem beklagten Dienstherrn rechtlich unmöglich, einen Anspruch auf erneute Auswahl- und Vergabeentscheidung zu erfüllen. Darauf kommt es indes gar nicht ursächlich an, da ein solcher Anspruch – wie nachfolgend (sogleich u. D.) gezeigt – infolge der Ernennung gar nicht mehr besteht.

D. Entfallen des verfolgten Anspruchs

I. Untergang des derivativen Bewerbungsverfahrensanspruchs durch (rechtswidrige) Vergabe des Amtes

Bei dem mit der sog. unechten Konkurrentenklage (weiter-)verfolgten Bewerbungsverfahrensanspruch handelt es sich insofern um einen derivativen Anspruch,[48] als sein Bestehen die Existenz und jedenfalls potentielle Besetzbarkeit des in Rede stehenden Amtes sowie den darauf gerichteten prinzipiellen Besetzungswillen[49] des Dienstherrn voraussetzt.[50] Entfällt nur eine dieser Vorausset-

rend der Probezeit) bzw. Versetzung in den einstweiligen Ruhestand: Auch von tatbestandlich weitgehend voraussetzungslosen Ermessensvorschriften wie §§ 36, 54 Abs. 1 BBG und § 30 Abs. 1 S. 1, Abs. 2 BeamtStG darf nur dem Zweck der Ermächtigung, der in der Gewährleistung „fortdauernder Übereinstimmung mit den grundsätzlichen politischen Ansichten und Zielen der Regierung“ (§ 30 Abs. 1 S. 1 BeamtStG) liegt, entsprechend Gebrauch gemacht werden, vgl. BVerwGE 115, 89 (96); *Brinktrine*, in: Brinktrine/Schollendorf, BeckOK Beamtenrecht Bund, Stand 27. Ed. 01.08.2022, § 30 BeamtStG Rn. 7. Auch wenn teilweise die fehlende fachlich-inhaltliche Expertise (*Steinbach*, ZBR 2017, 335 [336 f.]) bzw. mangelnde Eignung (*Hebeler*, in: Battis, BBG, 6. Aufl. 2022, § 54 Rn. 9) als insofern hinreichende Gründe angesehen werden, sind dies doch letztlich von der (noch) besseren Eignung eines anderen Kandidaten zu unterscheidende Umstände.

[47] Dazu noch u. Teil 3 A.II.

[48] *Brosius-Gersdorf*, in: Dreier, GG, Bd. II, 3. Aufl. 2015, Art. 33 Rn. 88; *Bickenbach*, in: von Münch/Kunig, GG, Bd. I, 7. Aufl. 2021, Art. 33 Rn. 49; vgl. auch *Dollinger/Umbach*, in: Umbach/Clemens, GG, Bd. I, 2002, Art. 33 Rn. 32; *von der Weiden*, ThürVBl. 2017, 181 (182); *Willke*, JZ 1980, 440 (440); vgl. auch *Sachs*, in: Stern, Staatsrecht, Bd. III/1, 1988, S. 705.

[49] Vgl. etwa zum Abbruch des Stellenbesetzungsverfahrens BVerwGE 101, 112 (115); 141, 361 (368 Rn. 27); *Jachmann-Michel/Kaiser*, in: von Mangoldt/Klein/Starck, GG, Bd. II, 7. Aufl. 2018, Art. 33 Rn. 16a m. w. N.

[50] BVerwGE 101, 112 (115); 156, 272 (278 Rn. 27); *Germelmann*, in: Friauf/Höfling, Berliner Kommentar, GG, Loseblatt, Stand Lfg. 2/22 Mai 2022, Art. 33 Rn. 27; *Lecheler*, in: Isensee/Kirchhof, Handbuch des Staatsrechts, Bd. V, 3. Aufl. 2007, § 110 Rn. 7; *Höfling*, in: Kahl/Waldhoff/Walter, Bonner Kommentar, GG, Loseblatt, Stand 215. Lfg. Juni 2022, Art. 33 Abs. 1 bis 3 Rn. 130; *Battis*, in: Sachs, GG, 9. Aufl. 2021, Art. 33 Rn. 20; *Jachmann-Michel/Kaiser*, in: von Mangoldt/Klein/Starck, GG, Bd. II, 7. Aufl. 2018, Art. 33 Rn. 12, 16a; *Merten*, in: Merten/Papier, Handbuch der Grundrechte, Bd. V, 2013, § 114 Rn. 15; *Thomsen*, in: Brinktrine/Schollendorf, BeckOK Beamtenrecht Bund, Stand 27. Ed. 01.08.2022, § 8 BBG Rn. 30;

zungen, geht der Anspruch unter. Im hier interessierenden Fall geschieht dies in Bezug auf die Besetzbarkeit des Amtes: Aufgrund der (ggf. sogar rechtswidrigen) Ernennung des Mitbewerbers ist das zu vergebende Amt nicht mehr verfügbar.[51] Diese Ernennung führt also dazu, dass der mit der unechten Konkurrentenklage verfolgte Bewerbungsverfahrensanspruch aus Art. 33 Abs. 2 GG untergeht.[52] Auf die Unmöglichkeit der Erfüllung dieses (nur hypothetischen) Anspruchs kommt es mithin gar nicht mehr entscheidend an. Auch kommt es nicht darauf an, ob dieser Anspruch – sei es durch behördliche Rücknahme oder gerichtliche Kassation der Ernennung – wieder aufleben könnte; entscheidend ist allein sein Bestehen bzw. Nichtbestehen bei Schluss der letzten mündlichen Verhandlung.[53]

II. Art der Erfolglosigkeit der Klage

Ob die unechte Konkurrentenklage nach Ernennung durch Prozess- oder durch Sachurteil abzuweisen ist, richtet sich danach, wie „offensichtlich und eindeutig"[54] das Entfallen des mit der Klage verfolgten Bewerbungsverfahrensanspruchs ist. Denn entweder ist die Klage unbegründet oder es fehlt bereits an der Klagebefugnis. Nach dem Maßstab der insoweit ganz vorherrschend vertretenen Möglichkeitstheorie kommt es im Falle einer Verpflichtungsklage letztlich nur darauf an, ob das Bestehen des behaupteten Anspruchs auf Grundlage des klägerischen Vortrags „nicht von vornherein ausgeschlossen" ist.[55] Zumindest in Konstellationen, in denen der Kläger die (wenngleich rechtswidrige) Ernennung

von Mutius, VerwArch Bd. 69 (1978), S. 103 (107); *Willke*, JZ 1980, 440 (440); *Kümper*, DÖV 2017, 414 (417).

[51] BVerwGE 80, 127 (130); BVerwG DVBl. 1989, 1150 (1150); BVerwG Beschl. v. 30.06. 1993 – 2 B 64.93 – Rn. 6, juris; *H. Günther*, DÖD 1990, 212 (212).

[52] Insoweit (obschon es sich im konkreten Fall um eine echte Konkurrentenklage [Anfechtungsklage] handelte, bei der gerade nicht der Bewerbungsverfahrensanspruch aus Art. 33 Abs. 2 GG verfolgt wird) zutreffend BVerwGE 138, 102 (109 Rn. 27); s. auch *Gundel*, Die Verwaltung Bd. 37 (2004), S. 401 (408).

[53] Vgl. *Riese*, in: Schoch/Schneider, VwGO, Loseblatt, Stand 42. Lfg. Februar 2022, § 113 Rn. 267; *Wolff*, in: Sodan/Ziekow, VwGO, 5. Aufl. 2018, § 113 Rn. 102.

[54] Statt vieler BVerwGE 151, 138 (151 Rn. 38); *Happ*, in: Eyermann, VwGO, 16. Aufl. 2022, § 42 Rn. 111 ff.

[55] *Wahl/Schütz*, in: Schoch/Schneider, VwGO, Loseblatt, Stand 42. Lfg. Februar 2022, § 42 Abs. 2 Rn. 71.

seines Konkurrenten nicht bestreitet,[56] dürfte dies jedoch regelmäßig[57] anzunehmen sein. Denn aufgrund der derivativen Natur des Bewerbungsverfahrensanspruchs führt allein dies zum Untergang des verfolgten Anspruchs. Ggf. komplexe Wertungsfragen im Hinblick auf die ausreichende Gewährung vorbeugenden Rechtsschutzes (und eine davon abhängende evtl. „Durchbrechung" des Grundsatzes der Ämterstabilität), wie sie auf Grundlage der vorherrschenden Doktrin im Rahmen der echten Konkurrentenklage zu klären sind, sind hier nicht anzustellen.

E. Zwischenergebnis

Auch wenn etliche der dazu angeführten Begründungen in der Sache nicht zu überzeugen vermögen, ist im Ergebnis anzuerkennen, dass eine wirksame Konkurrentenernennung dem Erfolg einer auf rechtmäßige Wiederholung der Auswahl- und Ernennungsentscheidung gerichteten Verpflichtungsklage (unechte Konkurrentenklage) entgegensteht.

---

[56] Auch wenn § 138 Abs. 3 ZPO im Verwaltungsprozess grundsätzlich nicht (nach § 173 S. 1 VwGO) anwendbar ist (*Meissner/Steinbeiß-Winkelmann*, in: Schoch/Schneider, VwGO, Loseblatt, Stand 42. Lfg. Februar 2022, § 173 Rn. 152), gilt wegen der im Rahmen des § 42 Abs. 2 VwGO maßgeblichen Darlegungslast („geltend macht", vgl. dazu auch *Happ*, in: Eyermann, VwGO, 16. Aufl. 2022, § 42 Rn. 112 f.) im Ergebnis Entsprechendes. Ob dieser Vortrag zutrifft, ist dann freilich im Rahmen der Begründetheit von Amts wegen zu ermitteln, vgl. *Gärditz*, in: Gärditz, VwGO, 2. Aufl. 2018, § 42 Rn. 107.

[57] Nur in Ausnahmekonstellationen, in denen aufgrund besonderer tatsächlicher Unklarheiten in Bezug auf das Vorliegen der Ernennung das Entfallen des Anspruchs nicht „offensichtlich und eindeutig" ist (beispielsweise bei Massenbeförderungen), kommt ggf. eine Abweisung durch Sachurteil in Betracht.

Teil 3

Die mangelnde Überzeugungskraft der zur Stützung des sogenannten Grundsatzes der Ämterstabilität vertretenen Ansätze

Mit den vorstehend gewonnenen Erkenntnissen geht freilich noch keine Aussage in Bezug auf die Möglichkeit einer sog. echten Konkurrentenklage einher. Deren grundsätzlicher Ausschluss wird seit 2010 regelmäßig allein mit dem Schlagwort vom Grundsatz der Ämterstabilität begründet.[1] Die zur Herleitung eines solchen Grundsatzes in Rechtsprechung und Literatur vertretenen (bzw. darüber hinaus denkbaren) Argumentationsansätze werden nachfolgend im Einzelnen dargestellt sowie jeweils auf ihre Schlüssigkeit und Überzeugungskraft untersucht.

A. Zur Bedeutung der begrenzten Rücknahmemöglichkeiten des einfachen Dienstrechts

Namentlich in der Literatur[2] wurde und wird zur Stützung des sog. Grundsatzes der Ämterstabilität regelmäßig auf Vorschriften wie §§ 11, 12 BeamtStG oder

---

[1] Vgl. o. Teil 1 C.I.2.b).

[2] In der Rechtsprechung finden sich nur vereinzelt entsprechende Aussagen, s. etwa VGH Mannheim NJW 1967, 2028 (2030). Insbesondere hat sich das BVerwG nie dementsprechend positioniert: In BVerwGE 80, 127 (130) verweist es zwar auf die (den §§ 11, 12 BeamtStG oder §§ 13, 14 BBG entsprechenden) Bestimmungen in §§ 18, 19 Nds. BeamtG a. F.; weil es sich aber um eine unechte Konkurrentenklage (Verpflichtungsklage) handelte, führt das Gericht ausdrücklich aus, dass „es im vorliegenden Fall keiner Entscheidung [bedürfe], ob und inwieweit dem bei einer Stellenbesetzung nicht berücksichtigten Beamten durch Klage gegen die Ernennung des vorgezogenen Beamten Rechtsschutz gewährt werden könnte“. In BVerwGE 115, 89 (91 f.) erwähnt das Gericht zwar unter Bezugnahme auf § 9 BRRG a. F. u. § 12 BBG a. F., dass der Dienstherr gehindert sei, eine von dem unterlegenen Mitbewerber angefochtene Ernennung zurückzunehmen, stellt dazu allerdings – da es sich abermals um eine unechte Konkurrentenklage handelte, jedoch nur als obiter dictum – sogleich klar, dass dies „aber ihre Anfechtung durch den unterlegenen Mitbewerber ebenso wenig aus[schließe] wie ihre gerichtliche Überprüfung“. In BVerwGE 118, 370 (372) – auch dieser Entscheidung lag keine echte Konkurrentenklage zugrunde – spricht das Gericht vage von der „Auslegung einfachen Rechts“, ohne konkrete Normen zu benennen. Vgl. eingehend zu Vorstehendem o. Teil 1 C.I.

§§ 13, 14 BBG, seltener auch auf (entsprechende) Regelungen wie § 50 BNotO, § 46 SG oder §§ 18, 19 DRiG verwiesen.[3] Aus den dort jeweils abschließend geregelten Fällen der Nichtig- bzw. Rücknehmbarkeit[4] von Ernennungen[5] – dem sog. Numerus clausus –[6] soll demnach auch die Erfolglosigkeit dienstrechtlicher Konkurrentenklagen abzuleiten sein.[7]

I. Die begründungsaktsbezogenen Fehlerfolgenregime des öffentlichen Dienstrechts

1. Mögliche Folgen fehlerhafter Ernennungen im Beamten- und Richterdienstrecht

Im Beamten- sowie im Richterdienstrecht[8] sind die in Bezug auf Ernennungen maßgeblichen Fehlerfolgenregime jeweils mehrstufig strukturiert. Auf einer ersten Ebene wird zwischen Nichternennungen (sogleich a)) sowie lediglich fehlerhaften Ernennungen (b)) unterschieden.

---

[3] *Frenz*, Verwaltungsgerichtlicher Rechtsschutz in Konkurrenzsituationen, 1999, S. 89; *Özfirat-Skubinn*, Rechtswidrige Beamtenernennungen, bei denen der Rechtsschutz eines Mitbewerbers vereitelt wird – Wege zur Kompensation, 2011, S. 101 f.; *Isensee*, in: Bachof/Heigl/Redeker, FG 25 Jahre BVerwG, 1978, S. 337 (354); *Tietgen*, in: von Caemmerer/Friesenhahn/Lange, FS 100 Jahre DJT, Bd. II, 1960, S. 325 (342); *Burmeister*, NdsVBl. 2012, 57 (62); *H. Geiger*, BayVBl. 2010, 517 (520); *H. Günther*, ZBR 1979, 93 (108 f.); *ders.*, ZBR 1990, 284 (291); *ders.*, RiA 2009, 49 (52); *Schick*, ZBR 1967, 297 (300); implizit (durch Bezugnahme – argumentum a fortiori – auf die Rspr. zur unechten Konkurrentenklage) wohl auch *Busch*, DVBl. 1990, 106 (107). Unklar *Lecheler*, in: Isensee/Kirchhof, Handbuch des Staatsrechts, Bd. V, 3. Aufl. 2007, § 110 Rn. 87, der sich zwar textlich auf den „Numerus clausus der Nichtigkeits- bzw. Rücknahmegründe" bezieht, dabei aber normativ auf „§ 49 BHO und entsprechende Vorschriften der Landeshaushaltordnungen" (zu deren [mangelnder] Bedeutung für Konkurrentenklagen s. u. C.) abstellt.

[4] Bzw. im Falle des § 46 SG: Entlassung.

[5] Bzw. im Falle des § 50 BNotO: Bestellungen.

[6] Zum Begriff s. *Lecheler*, in: Isensee/Kirchhof, Handbuch des Staatsrechts, Bd. V, 3. Aufl. 2007, § 110 Rn. 87; *Thal*, Das Dogma rechtsschutzverkürzender Ämterstabilität, 2016, S. 61 ff.; *Schmitt-Kammler*, DÖV 1980, 285 (288).

[7] *Özfirat-Skubinn*, Rechtswidrige Beamtenernennungen, bei denen der Rechtsschutz eines Mitbewerbers vereitelt wird – Wege zur Kompensation, 2011, S. 95 ff., S. 101 m. w. N.; wohl auch *Thomsen*, in: Brinktrine/Schollendorf, BeckOK Beamtenrecht Bund, Stand 27. Ed. 01.08. 2022, § 11 BeamtStG Rn. 1: „einfachgesetzliche Verankerung des Grundsatzes der Ämterstabilität"; lediglich hilfsweise bei VGH Mannheim NVwZ 1983, 41.

[8] Letztgenanntes weist zwar in § 18 DRiG (fragmentarische) eigene Regelungen auf, welche jedoch nur punktuell von den i. Ü. gem. §§ 46, 71 DRiG entsprechend anzuwendenden beamtenrechtlichen Vorschriften abweichen.

a) Nichternennungen

Als Nichternennungen werden gemeinhin solche (fehlgeschlagenen) Ernennungsversuche bezeichnet, denen eine derart wesentliche Tatbestandsvoraussetzung der Ernennung fehlt,[9] dass es sich bei ihnen nicht lediglich um mangelbehaftete Verwaltungsakte handelt, sondern ihnen die Verwaltungsaktqualität gänzlich fehlt. Es handelt sich bei ihnen also um sog. Nicht(verwaltungs)akte[10] im Sinne der allgemeinen verwaltungsrechtlichen Terminologie.[11] Als solche Nichtverwaltungsakte sind Fälle von Nichternennungen in aller Regel nicht speziell normiert,[12] sodass sie insbesondere in Konstellationen besonders gravierender Verstöße angenommen wurden, für die die Rechtsordnung weder die Nichtigkeits- noch die Aufhebbarkeitsfolge vorsah.[13] Da die aktuellen, im Nachgang zur Föderalismusreform des Jahres 2006 entstandenen beamtenrechtlichen Kodifikationen[14] für etliche solcher Konstellationen nunmehr ausdrücklich die Nichtigkeit der Ernennung anordnen,[15] hat sich die Relevanz dieser Fallgruppe zwar deutlich verringert.[16] Gänzlich obsolet geworden ist sie – jedenfalls im Beamtenrecht – gleichwohl nicht.[17] Namentlich in Konstellationen, in denen die Vornahme einer rechtlich schlechterdings nicht möglichen Ernennung versucht wurde, kann es auch weiterhin zu Nichternennungen kommen.[18]

---

[9] *Wichmann*, in: Wichmann/Langer, Öffentliches Dienstrecht, 8. Aufl. 2017, Rn. 137; *H. Günther*, DÖD 1990, 281 (286 ff.); *Münkler*, Der Nichtakt, 2015, S. 56.

[10] S. auch *H. Günther*, DÖD 1990, 281 (286) mit (inzwischen teils historischen) Beispielen. Vgl. zur anfänglichen Diskussion um die Unterscheidung zwischen Nichternennungen und nichtigen Ernennungen *Schröcker*, DVBl. 1957, 661 (661).

[11] Dazu etwa *Sachs*, in: Stelkens/Bonk/Sachs, VwVfG, 9. Aufl. 2018, § 44 Rn. 5.

[12] S. aber etwa § 5 Abs. 3 BRRG a. F. Zur insgesamt sehr zurückhaltenden und fragmentarischen Behandlung von Nicht(verwaltungs)akten in der Rechtsordnung *Sachs*, in: Stelkens/Bonk/Sachs, VwVfG, 9. Aufl. 2018, § 44 Rn. 5.

[13] Vgl. etwa § 5 Abs. 3 BRRG i. d. bis zum 31.03.2009 geltenden Fassung.

[14] Obschon der Katalog der Nichtigkeitsgründe im (älteren) § 18 DRiG hinter diesen neueren Aufzählungen in BBG und BeamtStG zurückbleibt, gilt im Richterdienstrecht aufgrund der in den §§ 46, 71 DRiG angeordneten entsprechenden Anwendbarkeit von § 13 BBG bzw. § 11 BeamtStG letztlich Ähnliches.

[15] Dazu sogleich A.I.1.b)aa) mit Fn. 24.

[16] *Münkler*, Der Nichtakt, 2015, S. 57 f.; *H. Günther*, RiA 2009, 49 (52); vgl. auch *Leppek*, ZBR 2010, 397 (404); *Schrapper/J.-M. Günther*, LBG NRW, 3. Aufl. 2021, § 17 Rn. 2.

[17] So aber *Battis*, in: Battis, BBG, 6. Aufl. 2022, § 13 Rn. 3.

[18] Vgl. *Thomsen*, in: Brinktrine/Schollendorf, BeckOK Beamtenrecht Bund, Stand 27. Ed. 01.08.2022, § 11 BeamtStG Rn. 7, der etwa den Versuch der Begründung eines gesetzlich nicht vorgesehenen Beamtenverhältnisses bzw. eines solchen zu einer nicht dienstherrnfähigen Person nennt.

b) Fehlerhafte Ernennungen

aa) Nichtige Ernennungen

Von den vorstehend genannten Nichternennungen sind nichtige Ernennungen zu unterscheiden,[19] also Konstellationen, in denen zwar ein Verwaltungsakt (Ernennung) vorliegt, dieser jedoch im Sinne von § 43 Abs. 3 VwVfG unwirksam ist, also keine Rechtswirkungen entfaltet.[20]

Die Nichtigkeitsfolge ist in den dienstrechtlichen Kodifikationen in der Regel für Konstellationen vorgesehen, in denen die Ernennung von einer sachlich unzuständigen Behörde vorgenommen wurde oder in denen dem zu Ernennenden die Fähigkeit zur Wahrnehmung öffentlicher Ämter fehlte.[21] Im Beamtenrecht wie auch im Richterdienstrecht[22] zählt inzwischen auch die ehemals zum Vorliegen einer Nichternennung führende[23] Fallgruppe dazu, dass zwingende Formerfordernisse der Ernennung nicht erfüllt wurden.[24]

Im Richterdienstrecht (§ 18 Abs. 2 Nr. 1 DRiG) kommt es – im Unterschied zum Beamtenrecht, wo dieser Umstand höchstens die Rücknehmbarkeit begründen kann (s. sogleich) – ferner zur Nichtigkeit der Ernennung, wenn der zu Ernennende nicht Deutscher bzw. Deutschen gleichgestellter anderer Staatsangehöriger war. Sofern es sich um ein Wahlamt handelt, kann noch die Fallgruppe einer unwirksamen Wahl hinzukommen.[25]

bb) Rücknehmbare Ernennungen

Dritte denkbare Folge der Fehlerhaftigkeit einer Ernennung ist ihre behördliche Aufhebbarkeit. Das Dienstrecht bezeichnet eine solche Aufhebung einer rechtswidrigen Ernennung durch den Dienstherrn – insoweit der allgemeinen verwal-

[19] Zur Entwicklung dieser Unterscheidung zwischen Nichtakten und nichtigen Verwaltungsakten s. *Münkler*, Der Nichtakt, 2015, S. 30 ff.

[20] Vgl. allgemein zu nichtigen Verwaltungsakten *Schemmer*, in: Bader/Ronellenfitsch, BeckOK VwVfG, Stand 56. Ed. 01.07.2022, § 44 Rn. 2 ff.

[21] So beispielsweise § 13 Abs. 1 BBG, § 11 Abs. 1 BeamtStG, vgl. auch *Wichmann*, in: Wichmann/Langer, Öffentliches Dienstrecht, 8. Aufl. 2017, Rn. 138.

[22] Vgl. soeben Fn. 14.

[23] Vgl. *Münkler*, Der Nichtakt, 2015, S. 57.

[24] § 13 Abs. 1 Nr. 1 BBG; § 11 Abs. 1 Nr. 1 BeamtStG.

[25] § 11 Abs. 1 Nr. 3 lit. c) BeamtStG. Für kommunale Wahlbeamte s. etwa § 118 Abs. 3 S. 3 und § 119 Abs. 2 S. 5 LBG NRW. Die fehlende Beteiligung des Richterwahlausschusses führt hingegen nur zur Rücknehmbarkeit, vgl. § 19 Abs. 1 Nr. 2 DRiG.

tungsrechtlichen Terminologie folgend –[26] als Rücknahme[27] und differenziert zwischen obligatorischen und fakultativen Rücknahmen.[28]

(1) Fälle obligatorischer Rücknahme

Gem. § 14 Abs. 1 BBG bzw. § 12 Abs. 1 BeamtStG ist eine Ernennung zurückzunehmen, wenn sie durch Zwang, arglistige Täuschung oder Bestechung herbeigeführt wurde,[29] ferner, wenn nicht bekannt war, dass die ernannte Person wegen eines Verbrechens oder Vergehens, das sie für die Berufung in das Beamtenverhältnis als unwürdig erscheinen lässt, rechtskräftig zu einer Strafe verurteilt war oder wird, oder wenn es dem Ernannten – sofern eine solche ausnahmsweise zwingend erforderlich ist – an der Deutscheneigenschaft mangelt. Weitgehend parallel dazu stellen sich die Regelungen in § 19 DRiG dar. § 12 Abs. 1 BeamtStG nennt in seiner Nr. 4 zudem die weitere Konstellation, dass eine durch Landesrecht vorgeschriebene Mitwirkung einer unabhängigen Stelle[30] oder Aufsichtsbehörde endgültig unterblieben ist.

(2) Fälle fakultativer Rücknahme

Im Ermessen der Behörde steht die Rücknahme der Ernennung gem. § 14 Abs. 2 BBG bzw. § 12 Abs. 2 BeamtStG hingegen, wenn nicht bekannt war, dass gegen die ernannte Person in einem Disziplinarverfahren auf Entfernung aus dem Beamtenverhältnis oder auf Aberkennung des Ruhegehalts erkannt worden war. Im Unterschied zu den Vorgängerregelungen in § 9 Abs. 2 BRRG und § 12 Abs. 2 BBG a. F.[31] sowie der Parallelbestimmung in § 19 Abs. 2 DRiG räumen die oben

---

[26] Vgl. § 48 VwVfG. S. zudem etwa *Sachs*, in: Stelkens/Bonk/Sachs, VwVfG, 9. Aufl. 2018, § 48 Rn. 13. Anderes gilt (entgegen *Leppek*, ZBR 2010, 397 [404]) hinsichtlich des Begriffs des Widerrufs, da das Dienstrecht eine behördliche Aufhebung *rechtmäßiger* Ernennungen im Sinne des § 49 VwVfG gerade nicht vorsieht, sondern auch im Hinblick auf die sog. Widerrufsbeamten lediglich die Möglichkeit der Entlassung (§ 37 Abs. 1 BBG und § 23 Abs. 4 S. 1 BeamtStG) kennt, *Reich*, BeamtStG, 3. Aufl. 2018, § 4 Rn. 13; *Seeck*, in: Metzler-Müller/Rieger/Seeck/Zentgraf, BeamtStG, 5. Aufl. 2020, § 23 Ziff. 5 (S. 267); *Rensch*, Die Exemtion des Öffentlichen Dienstrechts aus dem Allgemeinen Verwaltungsrecht, 2014, S. 240 f.

[27] § 14 BBG, § 12 BeamtStG. – Dem Widerruf, der – da er nicht auf *rechtswidrige* Verwaltungsakte gerichtet ist – bereits keine *Fehlerfolge* darstellt (vgl. *Suerbaum*, in: Mann/Sennekamp/Uechtritz, VwVfG, 2. Aufl. 2019, § 49 Rn. 5), kommt in Bezug auf Ernennungen keine Bedeutung zu, anders nur *Leppek*, ZBR 2010, 397 (404); dazu schon Fn. 26.

[28] *Wichmann*, in: Wichmann/Langer, Öffentliches Dienstrecht, 8. Aufl. 2017, Rn. 138 ff.; *H. Günther*, DÖD 1990, 281 (290 f.); *Leppek*, ZBR 2010, 397 (405).

[29] Hierzu *H. Günther*, DÖD 1990, 281 (291 ff.).

[30] Beispielsweise des Landespersonalausschusses, *Reich*, BeamtStG, 3. Aufl. 2018, § 12 Rn. 6.

[31] Dazu *Battis*, in: Battis, BBG, 6. Aufl. 2022, § 14 Rn. 13.

genannten Vorschriften der Behörde jedoch nurmehr ein intendiertes Ermessen ein („soll")[32] und ermöglichen ein Absehen von der Rücknahme somit nur noch in atypisch gelagerten Fällen.[33]

2. Besonderheiten in Bezug auf Soldaten und Notare

Kleinere Abweichungen von den vorstehend umrissenen Regelungsregimen des allgemeinen Beamten- bzw. Richterdienstrechts bestehen in Bezug auf Soldaten und Notare. Während Fälle von Nichternennungen bzw. – in Bezug auf Notare – Nichtbestellungen ebenso wie im Beamtenrecht zwar nicht gesetzlich geregelt, jedoch gleichwohl anerkannt sind,[34] kommt der Fallgruppe der nichtigen Ernennungen bzw. Bestellungen nahezu keine Bedeutung zu.[35]

Auch ist der Anwendungsbereich von behördlichen Rücknahmemöglichkeiten stark eingeschränkt: Die BNotO sieht eine Bestellungsrücknahme überhaupt nicht vor und das Soldatenrecht kennt die Rücknahme der Ernennung lediglich in Bezug auf den Sonderfall einer bereits bekanntgegebenen, aber noch nicht wirksam gewordenen Berufung in das Dienstverhältnis eines Soldaten auf Zeit (§ 41 Abs. 3 S. 2 SG). Gleichwohl bleiben die vorstehend umrissenen Konstellationen, die in Bezug auf Beamte Rücknahmetatbestände erfüllen würden – etwa das Bekanntwerden einer strafrechtlichen Verurteilung oder das Nichtvorliegen der Berufungs- bzw. Bestellungsvoraussetzungen – auch für Soldaten bzw. Notare nicht folgenlos. Im Gegensatz zur oben geschilderten Konzeption des Beamten- und Richterdienstrechts eröffnen sie den jeweiligen Behörden zwar nicht die Möglichkeit einer (ex tunc wirkenden)[36] Rücknahme, bilden aber die Voraussetzung für (jeweils ex nunc wirkende) Entlassungen[37] bzw. Amtsenthebungen.[38] Diese unterscheiden sich insofern von den im Beamtenrecht vorgesehenen Entlassungen,[39] als Letztgenannte ausschließlich an Umstände anknüpfen, die sich

---

[32] *H. Günther*, RiA 2009, 49 (55).

[33] *Battis*, in: Battis, BBG, 6. Aufl. 2022, § 14 Rn. 13.

[34] So wohl *Görk*, in: Schippel/Görk, BNotO, 10. Aufl. 2021, § 12 Rn. 9, für das gänzliche Fehlen einer Bestellungsurkunde; s. aber *ders.*, a. a. O., Rn. 10, zu einer lediglich nicht den Anforderungen entsprechenden Urkunde.

[35] Einzige Ausnahme bilden Ernennungsversuche durch unzuständige Stellen, für welche auch im Soldatenrecht die Nichtigkeitsfolge angenommen wird, *Poretschkin/Lucks*, SG, 11. Aufl. 2022, § 4 Rn. 12; *Sanne/Weniger*, SG, 2. Aufl. 2014, § 41 Rn. 10.

[36] *Battis*, in: Battis, BBG, 6. Aufl. 2022, § 14 Rn. 2; *Thomsen*, in: Brinktrine/Schollendorf BeckOK Beamtenrecht Bund, Stand 27. Ed. 01.08.2022, § 12 BeamtStG Rn. 29.

[37] So bei Soldaten, s. *Sanne/Weniger*, SG, 2. Aufl. 2014, § 41 Rn. 7; *Kastner*, in: Fehling/Kastner/Störmer, VerwR, 5. Aufl. 2021, § 48 VwVfG Rn. 91.

[38] So die Terminologie des § 50 BNotO; vgl. auch *Görk*, in: Schippel/Görk, BNotO, 10. Aufl. 2021, § 12 Rn. 10.

[39] Vgl. §§ 22 f. BeamtStG; §§ 31 ff. BBG.

erst während der Beschäftigungszeit ergeben haben und sich somit nicht als hier interessierende Regelungen der Folgen (anfänglich) fehlerhafter Ernennungen darstellen.

II. Die Bedeutung dieser Regelungsregime für Verwaltungsverfahren

1. Verdrängung der allgemeinen Bestimmungen zu Nichtigkeit, Widerruf und Rücknahme

Ungeachtet der vorstehend umrissenen Unterschiede in Detailfragen zeichnen sich die genannten Regelungsregime durch die große und hier wesentliche Gemeinsamkeit aus, dass sie der Anwendbarkeit allgemeiner Bestimmungen wie der §§ 44 ff., 48 f. VwVfG jeweils entgegenstehen.[40] Dabei handelt es sich freilich nicht um ein beamtenrechtliches Spezifikum,[41] sondern vielmehr um eine Folge der Lex-specialis-Regel bzw. des allgemeinen verwaltungsrechtlichen Subsidiaritätsgrundsatzes.[42] Aus der Geltung dieser allgemeinen Maßstäbe folgt auch, dass eine „entgegenstehende" Bestimmung im Sinne von § 1 Abs. 1 VwVfG bereits dann vorliegt, wenn sich dem Fachrecht im Wege der Auslegung eine „abweichende" Regelung[43] entnehmen lässt;[44] einer ausdrücklichen Abweichung von den Vorschriften des VwVfG bedarf es nicht.[45]

Dass die oben genannten Fachgesetze des Dienstrechts hinter den Möglichkeiten der §§ 48, 49 VwVfG zurückbleiben, bedeutet also keineswegs, dass sie lückenhaft wären und ein Rückgriff auf Vorschriften des VwVfG möglich bliebe.[46] Vielmehr ist eine behördliche Aufhebung fehlerhafter Ernennungen jen-

---

[40] BVerwGE 55, 212 (216); 81, 282 (284) jeweils zu Vorgänger- bzw. Landesregelungen; *Battis*, in: Battis, BBG, 6. Aufl. 2022, § 14 Rn. 1; *Reich*, BeamtStG, 3. Aufl. 2018, § 12 Rn. 1; *Lemhöfer*, in: Plog/Wiedow, BBG, Loseblatt, Stand 443. Lfg. September 2022, § 14 BBG Rn. 4.

[41] So aber tendenziell *Suerbaum*, in: Mann/Sennekamp/Uechtritz, VwVfG, 2. Aufl. 2019, § 48 Rn. 248, der maßgeblich auf die vermeintliche (s. u. B.) verfassungsrechtliche Gebotenheit dieses Regelungskonzepts abstellt.

[42] *H. Günther*, RiA 2009, 49 (52).

[43] *Schmitz*, in: Stelkens/Bonk/Sachs, VwVfG, 9. Aufl. 2018, § 1 Rn. 209.

[44] BVerwGE 105, 214 (216 f.); BVerwG NVwZ 1987, 488 (488); *Schmitz*, in: Stelkens/Bonk/Sachs, VwVfG, 9. Aufl. 2018, § 1 Rn. 223; *Kastner*, in: Fehling/Kastner/Störmer, VerwR, 5. Aufl. 2021, § 1 VwVfG Rn. 49; *Ramsauer*, in: Kopp/Ramsauer, VwVfG, 23. Aufl. 2022, § 48 Rn. 39; *Schönenbroicher*, in: Mann/Sennekamp/Uechtritz, VwVfG, 2. Aufl. 2019, § 1 Rn. 85.

[45] Solche sind sehr selten. Eines der wenigen Beispiele findet sich in § 119 Abs. 2 LMG NRW.

[46] Bei rein quantitativer Betrachtung stellt dieses Verständnis eine Ausnahme dar. Überwiegend wird in Konstellationen, in denen das Fachrecht hinter den §§ 48, 49 VwVfG zurückbleibt, ein Rückgriff auf letztgenannte Vorschriften als zulässig erachtet. Fälle der *vollständigen* Verdrängung dieser Vorschriften sind selten, vgl. *Peuker*, in: Knack/Henneke, VwVfG,

seits der spezialgesetzlich geregelten Fälle ausgeschlossen.[47] Die Rechtswidrigkeit einer Ernennung aus anderen als den in oben genannten Katalogen genannten Gründen – also namentlich auch wegen eines Verstoßes gegen den Grundsatz der Bestenauslese –[48] berechtigt die jeweilige Behörde also gerade nicht zur Rücknahme derselben.[49]

2. Zur Frage nach der Anwendbarkeit des § 50 VwVfG

Richtigerweise resultiert aus der Verdrängung der §§ 48 f. auch die Unanwendbarkeit des (Rechtsgedankens des) § 50 VwVfG,[50] nach welchem Behörden Verwaltungsakte leichter aufheben können, soweit sie dadurch einem Widerspruch

---

11. Aufl. 2020, § 48 Rn. 13. Angenommen werden sie etwa in Bezug auf § 13 HwO (dazu *Suerbaum*, in: Mann/Sennekamp/Uechtritz, VwVfG, 2. Aufl. 2019, § 48 Rn. 261), hinsichtlich aufsichtsbehördlicher Genehmigungen von Satzungen und Verordnungen (BVerwGE 90, 88 [90]; 75, 142 [146]; VGH München NVwZ 1983, 481) sowie bei Verwaltungsakten, die in besonderen (gerichtsförmig ausgestalteten) Streitentscheidungsverfahren ergangen sind (*Ramsauer*, in: Kopp/Ramsauer, VwVfG, 23. Aufl. 2022, § 48 Rn. 39). Bis 1998 enthielt zudem § 102b GüKG a. F. (Güterkraftverkehrsgesetz i. d. F. der Bekanntmachung vom 03.11.1993 [BGBl. I S. 1839, 1992], zuletzt geändert durch Art. 3 des Gesetzes vom 18.08.1997 [BGBl. I S. 2075]; außer Kraft getreten zum 01.07.1998 gem. Art. 9 Nr. 3 des Gesetzes zur Reform des Güterkraftverkehrsrechts vom 22.06.1998 [BGBl. I S. 1485]) Spezialregelungen zur Rücknahme von Genehmigungen und Erlaubnissen im Güterkraftverkehrsrecht, die § 48 VwVfG vollständig verdrängten, dazu OVG Lüneburg NJW 1992, 1979 (1980).

[47] Dies gilt – darauf sei der Vollständigkeit halber hingewiesen – nicht nur für das Beamten- und Richterdienstrecht, sondern (obschon die Regelungen in SG und BNotO kaum Rücknahmemöglichkeiten vorsehen, s. o. A.I.2.) auch in den Parallelkonstellationen des Soldaten- und Notarrechts, s. zum abschließenden Charakter der Rücknahmemöglichkeiten des SG etwa *Sanne/Weniger*, SG, 2. Aufl. 2014, § 41 Rn. 7; zu denjenigen der BNotO BGHZ 165, 139 (142); *Lerch*, in: Arndt/Lerch/Sandkühler, BNotO, 8. Aufl. 2016, § 50 Rn. 3; *Egerland*, Die Notarbestellung im hauptberuflichen Notariat, 2009, S. 106.

[48] Insofern abweichend nur *W. Jung*, Der Zugang zum öffentlichen Dienst nach Art. 33 II GG, 1978, S. 180: Die einschlägigen Vorschriften der Beamtengesetze müssten so ausgelegt werden, dass sie bzgl. der Aufhebung einer Ernennung wegen Verletzung des Art. 33 Abs. 2 GG nicht erschöpfend seien.

[49] Vgl. *Leppek*, ZBR 2010, 397 (401); *H. Günther*, RiA 2009, 49 (52). Das ist nach *Thal*, Das Dogma rechtsschutzverkürzender Ämterstabilität, 2016, S. 72 f., auch gerade systemgerecht, da der Dienstherr in der Praxis „einer der größten *Gefährder* der Verwirklichung der Bestenauslese“ (Kursivdruck im Original) sei. Inwieweit dem zuzustimmen ist, ist freilich fraglich, da eine (hypothetische) mit einem Verstoß gegen Art. 33 Abs. 2 GG begründete behördliche Rücknahmeentscheidung letztlich in gleichem Maße der gerichtlichen Kontrolle unterläge wie eine entsprechende Auswahlentscheidung.

[50] Anders *Laubinger*, ZBR 2010, 289 (294); *Ule/Laubinger*, Verwaltungsverfahrensrecht, 4. Aufl. 1995, § 64 Rn. 5; *Laubinger*, VerwArch Bd. 83 (1992), S. 246 (276); *Solte*, NJW 1980, 1027 (1035); *W.-R. Schenke*, in: Damrau/Kraft/Fürst, FS für Mühl, 1981, S. 571 (592 f.).

oder einer Klage abhelfen. Aufgrund der Akzessorietät dieser Vorschrift[51] stellt sich insoweit von vornherein nicht die Frage nach ihrer Verdrängung, sondern höchstens diejenige nach ihrer analogen Anwendbarkeit.[52] Denn da die Norm keinen eigenständigen Rücknahmetatbestand enthält, sondern lediglich denjenigen des § 48 VwVfG modifiziert, indem sie von bestimmten, dem Vertrauensschutz geschuldeten Einschränkungen dispensiert,[53] setzte ihre direkte Anwendbarkeit diejenige des § 48 VwVfG voraus. Auch die sich demnach allein stellende Frage nach der Analogiefähigkeit der Vorschrift ist indes aufgrund der mangelnden Vergleichbarkeit der jeweiligen Interessenlagen zu verneinen. Denn während § 50 VwVfG Situationen erfasst, in denen ein grundsätzlich einschlägiger Rücknahmetatbestand (§ 48 Abs. 1 S. 1 VwVfG) aus Vertrauensschutzgründen (§ 48 Abs. 1 S. 2, Abs. 2–4 VwVfG) ausgeschlossen ist,[54] fehlt es in der Situation der echten Konkurrentenklage bereits an der grundsätzlichen Rücknahmemöglichkeit.[55] Die Ernennungsrücknahme ist der Behörde nicht nur ausnahmsweise aus Gründen des Vertrauensschutzes, sondern (abgesehen von wenigen jeweils enumerativ aufgeführten Ausnahmen)[56] ganz grundsätzlich nicht gestattet, um die Unabhängigkeit und politische Neutralität des Beamten zu schützen bzw. zu gewährleisten.[57]

Die Richtigkeit des Vorstehenden unterstreicht folgende Kontrollüberlegung: Wendete man ausschließlich die in der Dispensierung von Vertrauensschutztatbeständen bestehende Rechtsfolge des § 50 VwVfG analog auf die dienstrechtliche Konstellation an, führte dies nicht zur Rücknehmbarkeit von Ernennungen, die gegen den Grundsatz der Bestenauslese verstoßen. Denn im Unterschied zum allgemeinen Verwaltungsrecht kennt das Dienstrecht keine allgemeine Rücknahmeregelung mit Einschränkungen im Sinne der § 48 Abs. 1 S. 2, Abs. 2–4 VwVfG, von denen dispensiert werden könnte. Die analoge Anwendung (nur) des § 50 VwVfG liefe also – in (fortbestehender) Ermangelung eines Rücknahmetatbestandes – ins Leere. Zur Möglichkeit der behördlichen Rücknahme solcher

[51] Vgl. *Suerbaum*, in: Mann/Sennekamp/Uechtritz, VwVfG, 2. Aufl. 2019, § 50 Rn. 10; *Ramsauer*, in: Kopp/Ramsauer, VwVfG, 23. Aufl. 2022, § 50 Rn. 3.

[52] Zur grundsätzlichen Analogiefähigkeit des § 50 VwVfG etwa *Suerbaum*, in: Mann/Sennekamp/Uechtritz, VwVfG, 2. Aufl. 2019, § 50 Rn. 4 ff.; *Sachs*, in: Stelkens/Bonk/Sachs, VwVfG, 9. Aufl. 2018, § 50 Rn. 1; *Kastner*, in: Fehling/Kastner/Störmer, VerwR, 5. Aufl. 2021, § 50 Rn. 2; *Falkenbach*, in: Bader/Ronellenfitsch, BeckOK VwVfG, Stand 56. Ed. 01.07.2022, § 50 Rn. 3; kritisch nur *Baumeister*, in: Obermayer/Funke-Kaiser, VwVfG, 5. Aufl. 2018, § 50 Rn. 14.

[53] *Suerbaum*, in: Mann/Sennekamp/Uechtritz, VwVfG, 2. Aufl. 2019, § 50 Rn. 10, 50.

[54] *Suerbaum*, in: Mann/Sennekamp/Uechtritz, VwVfG, 2. Aufl. 2019, § 50 Rn. 10.

[55] S. o. A.II.1. Vgl. auch *Pogrzeba*, Konkurrentenklagen im Beamtenrecht?,1983, S. 80.

[56] S. o. A.I.1.b)bb).

[57] Dazu auch noch u. B.IV.2.b)bb).

Ernennungen gelangte man vielmehr erst, wenn man neben § 50 VwVfG auch den eigentlichen Rücknahmetatbestand (also § 48 Abs. 1 S. 1 VwVfG) analog anwendete. Der analogen Anwendung des § 48 Abs. 1 S. 1 VwVfG steht aber entgegen, dass dessen direkte Anwendung just aufgrund der abschließenden Natur des dienstrechtlichen Rücknahmeregimes ausgeschlossen ist,[58] es insofern also offensichtlich an einer planwidrigen Regelungslücke fehlt.

3. Zusammenfassung

Die oben dargestellten dienstrechtlichen Spezialregime schließen nicht nur den Rückgriff auf die §§ 48, 49 VwVfG aus, sondern stehen auch einer analogen Anwendung des § 50 VwVfG entgegen. Der Behörde ist es somit nicht möglich, eine Ernennung aus anderen als den jeweils fachgesetzlich vorgesehenen Gründen – namentlich wegen eines Verstoßes gegen Art. 33 Abs. 2 GG – aufzuheben.

III. Die Bedeutung des Numerus clausus behördlicher Aufhebungstatbestände für gerichtliche Verfahren in Konkurrentenstreitigkeiten

Damit ist indes noch keine Aussage über die Bedeutung von Vorschriften wie §§ 11, 12 BeamtStG, §§ 13, 14 BBG, § 50 BNotO, § 46 SG oder §§ 18, 19 DRiG in gerichtlichen Konkurrentenstreitverfahren getroffen.[59] Richtigerweise ist eine pauschale Aussage hierzu auch gar nicht möglich. Vielmehr muss zwischen den verschiedenen Rechtsschutzkonstellationen differenziert werden.

1. Die Bedeutung des Numerus clausus für unechte Konkurrentenklagen

In Bezug auf unechte Konkurrentenklagen, also hinsichtlich der auf die Wiederholung der Auswahl gerichteten Verpflichtungsklagen,[60] kommt dem sog. Numerus clausus der dienstrechtlichen Rücknahmetatbestände keine tragende Bedeutung zu. Denn der mit der unechten Konkurrentenklage verfolgte Bewerbungsverfahrensanspruch entfällt aufgrund seiner derivativen Natur bereits durch Besetzung der in Rede stehenden Stelle.[61] Zwar ist der Numerus clausus ursächlich dafür, dass es der Behörde unmöglich ist, den Anspruch aus eigener Kraft,

[58] So die ganz einhellige Auffassung, vgl. dazu o. A.II.1.

[59] Vgl. zur Notwendigkeit einer derartigen Differenzierung bereits *Lecheler*, DÖV 1983, 953 (956); *ders.*, in: Isensee/Kirchhof, Handbuch des Staatsrechts, Bd. V, 3. Aufl. 2007, § 110 Rn. 87.

[60] S. o. Teil 1 C.I.5.

[61] S. o. Teil 2 D.I.

nämlich durch Rücknahme der fehlerhaften Ernennung,[62] wieder aufleben zu lassen.[63] Für die Entscheidung über eine unechte Konkurrentenklage ist dies aber nicht maßgeblich.[64] Die Begründetheit der Verpflichtungsklage hängt allein vom Bestehen bzw. Nichtbestehen des geltend gemachten Anspruchs bei Schluss der letzten mündlichen Verhandlung ab.[65] Die evtl. Möglichkeit seines späteren Wiederauflebens ist insofern ohne Bedeutung.[66]

2. Die Bedeutung des Numerus clausus für echte Konkurrentenklagen

Ableitungen in Bezug auf die echte Konkurrentenklage, die sich als unmittelbar gegen die Ernennung des Konkurrenten gerichtete Anfechtungsklage strukturell erheblich von der unechten Konkurrentenklage unterscheidet,[67] folgen aus dem Vorstehenden indes nicht.[68] Inwieweit die – seit Aufgabe der These von der Ernennung als einem den Kläger „nicht betreffenden Verwaltungsakt"[69] unmittelbar mit dem Schlagwort der Ämterstabilität begründete –[70] restriktive Rechtsprechung zur echten Konkurrentenklage auf den Numerus clausus der Rücknahmegründe gestützt werden kann, bedarf einer gesonderten Betrachtung. Dabei kommt insbesondere der jeweils zugrunde gelegten dogmatischen Konzeption der Anfechtungsklage maßgebliche Bedeutung zu. Denn während Vorschriften wie §§ 11, 12 BeamtStG, §§ 13, 14 BBG, § 50 BNotO, § 46 SG oder §§ 18, 19 DRiG unter den Prämissen der sog. Anspruchskonzeption (sogleich a)) durchaus

---

[62] Andere Wege (Entlassung, Versetzung, Schaffung neuer Stelle) kommen von vornherein nicht in Betracht, s. o. Teil 2 C. mit Fn. 46.

[63] Insoweit richtig BVerwGE 80, 127 (130).

[64] Anders BVerwGE 118, 370 (372): Die Verpflichtungsklage scheitere, „weil Beförderung und Besetzung der Stelle nicht mehr rückgängig gemacht werden dürfen".

[65] BVerwGE 89, 354 (356); BVerwG NJW 1990, 1378 (1379); *Wolff*, in: Sodan/Ziekow, VwGO, 5. Aufl. 2018, § 113 Rn. 102 ff.; *Ehlers*, in: Schoch/Schneider, VwGO, Loseblatt, Stand 42. Lfg. Februar 2022, Vor § 40 Rn. 19; *Schübel-Pfister*, in: Eyermann, VwGO, 16. Aufl. 2022; § 113 Rn. 57; *Hufen*, Verwaltungsprozessrecht, 12. Aufl. 2021, § 10 Rn. 3.

[66] Die Wiederauflebensmöglichkeit erlangt nur insofern Bedeutung, als die Entscheidung über die unechte Konkurrentenklage gem. § 94 VwGO zurückzustellen ist, falls eine echte Konkurrentenklage, die (nicht nur nach hier vertretener Auffassung, sondern jedenfalls in Fällen sog. Rechtsschutzvereitelung auch auf Grundlage der aktuellen Rspr., vgl. o. Teil 1 C.I.4.) zur Aufhebung der Ernennung und damit zum Wiederaufleben des Bewerbungsverfahrensanspruchs führen kann, anhängig ist.

[67] Vgl. *Kenntner*, ZBR 2016, 181 (186). S. o. Teil 1 C.I.5.

[68] Anders *Wittkowski*, NJW 1993, 817 (818): Es sei „kein sachlicher Grund erkennbar, warum dieser […] Grundsatz für [echte] Konkurrentenklagen nicht anwendbar sein sollte".

[69] So insbesondere noch BVerwGE 80, 127 (130); BVerwG Urt. v. 09.03.1989 – 2 C 4.87 – Buchholz 232 § 23 BBG Nr. 36, S. 8. Nach ersten Zweifeln (obiter dictum) in BVerwGE 115, 89 (91 f.) aufgegeben in BVerwGE 138, 102 (109 Rn. 28). Dazu bereits o. Teil 1 C.I.2.b).

[70] BVerwGE 138, 102 (109 f. Rn. 29 ff.).

dem Erfolg der echten Konkurrentenklage entgegenstehen können, ist dies auf Grundlage eines wortlautbasierten Verständnisses der Anfechtungsklage zu verneinen (s. u. b)).

a) Beurteilung auf Grundlage des sogenannten Anspruchsmodells

Auf Grundlage des sog. Anspruchsmodells[71] lässt sich die Erfolglosigkeit einer echten Konkurrentenklage schlüssig mit dem Numerus clausus der Rücknahmetatbestände begründen.

aa) Prämissen dieser Lehre

Nach dieser jedenfalls von nicht unerheblichen Teilen der Lehre[72] postulierten Konzeption soll es sich bei der Anfechtungsklage um ein Instrument zur Durchsetzung eines gegen den Beklagten gerichteten[73] materiellen Aufhebungsanspruchs handeln.[74]

(1) Eingeschränkte Bedeutung des § 113 Abs. 1 S. 1 VwGO

Da die Begründetheit einer Anfechtungsklage nach dieser Auffassung allein vom Bestehen dieses materiellen Aufhebungsanspruchs abhängen soll,[75] misst sie

---

[71] Bezeichnung nach *Buchheim*, Actio, Anspruch, subjektives Recht, 2017, S. 12 ff.

[72] Zum genaueren Überblick über das Meinungsbild noch u. A.III.2.c)aa).

[73] *Baumeister*, Der Beseitigungsanspruch als Fehlerfolge des rechtswidrigen Verwaltungsakts, 2006, S. 10; *Sennekamp*, in: Fehling/Kastner/Störmer, VerwR, 5. Aufl. 2021, § 42 VwGO Rn. 8; *R. P. Schenke*, in: *Kopp/Schenke,* VwGO, 28. Aufl. 2022, § 42 Rn. 2; *Funke*, JZ 2015, 369 (370); *Hößlein*, JZ 2007, 271 (272 ff.). Explizit zur echten Konkurrentenklage im Beamtenrecht *W.-R. Schenke*, NVwZ 2011, 321 (322).

[74] *Grzeszick*, Rechte und Ansprüche, 2002, S. 68; *Baumeister*, Der Beseitigungsanspruch als Fehlerfolge des rechtswidrigen Verwaltungsakts, 2006, S. 225; *M. Fischer*, Die verwaltungsprozessuale Klage im Kraftfeld zwischen materiellem Recht und Prozessrecht, 2011, S. 168; *R. P. Schenke*, in: Kopp/Schenke, VwGO, 28. Aufl. 2022, § 42 Rn. 2; *Emmenegger*, in: Fehling/Kastner/Störmer, VerwR, 5. Aufl. 2021, § 113 VwGO, Rn. 10; *Sennekamp*, in: Fehling/Kastner/Störmer, VerwR, 5. Aufl. 2021, § 42 VwGO Rn. 8; *Wolff*, in: Sodan/Ziekow, VwGO, 5. Aufl. 2018, § 113 Rn. 10 ff.; *Weyreuther*, in: Erichsen/Hoppe/von Mutius, FS für Menger, 1985, S. 681 (686); *Kaniess*, Der Streitgegenstandsbegriff in der VwGO, 2012, S. 124; *Hufen*, DVBl. 1988, 69 ff.; *T. Horn*, DÖV 1990, 864 (866); *W.-R. Schenke*, NVwZ 1993, 718 (721 f.); *ders.*, NVwZ 2015, 1341 (1347); oft zurückgeführt auf *Rupp*, Grundfragen der heutigen Verwaltungsrechtslehre, 2. Aufl. 1991, S. 146 ff., der jedoch (im Sinne der glossatorischen Methode) gerade in der Normierung der Anfechtungsklage in § 113 Abs. 1 S. 1 VwGO (als *actio*) ein Indiz für das Bestehen eines materiellen Aufhebungsanspruchs (*ius*) erblickt (S. 174 f.), sich also nicht über das positive Prozessrecht hinwegzusetzen, sondern dieses einzubinden versucht.

[75] OVG Münster NJW 1975, 2086 (2086); *W.-R. Schenke*, NVwZ 2011, 321 (322); auch schon *Lüke*, JuS 1967, 1 (2) m. w. N. in Fn. 14. Ähnlich auch *Lorenz*, Verwaltungsprozessrecht, 2000, S. 245; *Weyreuther*, in: Erichsen/Hoppe/von Mutius, FS für Menger, 1985, S. 681 (686 f.).

dem § 113 Abs. 1 S. 1 VwGO höchstens[76] noch die Bedeutung einer Tenorierungsvorschrift bei.[77] Als solche sei die Norm überdies zu weit formuliert und dahingehend teleologisch zu reduzieren, dass das Gericht die dort normativ vorgesehene Rechtsfolge der Aufhebung des angegriffenen Verwaltungsaktes nur auszusprechen habe, soweit ein materieller Aufhebungsanspruch im vorgenannten Sinne bestehe.[78]

(2) Der materielle Aufhebungsanspruch

(a) Grundlegendes

Bei dem nach dieser Ansicht mit einer Anfechtungsklage geltend gemachten materiellen Aufhebungsanspruch soll es sich um eine Ausprägung des ungeschriebenen, allgemeinen Beseitigungsanspruchs handeln,[79] zu dessen Herleitung freilich verschiedene Begründungsstränge (teils kumulativ)[80] vertreten werden.[81] Exemplarisch[82] und ohne Anspruch auf Vollständigkeit seien insofern das Prinzip der Gesetzmäßigkeit der Verwaltung (Art. 20 Abs. 3 GG),[83] das Rechtsstaat-

---

[76] Besonders drastisch *M. Fischer*, Die verwaltungsprozessuale Klage im Kraftfeld zwischen materiellem Recht und Prozessrecht, 2011, S. 168: „völlige Irrelevanz des Wortlauts von § 113 Abs. 1 S. 1 VwGO".

[77] *Wolff*, in: Sodan/Ziekow, VwGO, 5. Aufl. 2018, § 113 Rn. 10.

[78] *W.-R. Schenke/R. P. Schenke*, in: Kopp/Schenke, VwGO, 28. Aufl. 2022, § 113 Rn. 6; *W.-R. Schenke*, Verwaltungsprozessrecht, 17. Aufl. 2021, Rn. 809; *ders.*, in: Geis/Lorenz, FS für Maurer, 2001, S. 723 (754); *Wernsmann*, DVBl. 2005, 276 (281 f.); *Weckmann*, Die Rolle staatlicher Auswahlentscheidungen im Rechtsschutzsystem der „Konkurrentenverdrängungsklage", 2019, S. 89.

[79] *Weyreuther*, in: Erichsen/Hoppe/von Mutius, FS für Menger, 1985, S. 681 (686); *W.-R. Schenke*, in: Geis/Lorenz, FS für Maurer, 2001, S. 723 (734); *ders.*, NVwZ 1993, 718 (721 f.); *Sennekamp*, in: Fehling/Kastner/Störmer, VerwR, 5. Aufl. 2021, § 42 VwGO Rn. 8; *R. P. Schenke*, in: Kopp/Schenke, VwGO, 28. Aufl. 2022, § 42 Rn. 2 m. w. N. Vgl. auch schon *Rupp*, Grundfragen der heutigen Verwaltungsrechtslehre, 2. Aufl. 1991, S. 174 ff., 249 ff., 259.

[80] In BVerwGE 94, 100 (103) stellt das Gericht neben dem Rechtsstaatsprinzip („Grundsätze des materiellen Rechtsstaates"), und den Grundrechten auch auf die maßgebliche Bestimmung durch Richterrecht sowie „gewohnheitsrechtliche Gesichtspunkte" ab.

[81] *Baumeister*, Der Beseitigungsanspruch als Fehlerfolge des rechtswidrigen Verwaltungsakts, 2006, S. 6 ff.; *Faber*, Verwaltungsrecht, 4. Aufl. 1995, S. 219; *Pietzko*, Der materiell-rechtliche Folgenbeseitigungsanspruch, 1994, S. 58 ff.; *Funke*, JZ 2015, 369 (370).

[82] Umfangreiche Zusammenstellung bei *Kreßel*, Öffentliches Haftungsrecht und sozialrechtlicher Herstellungsanspruch, 1990, S. 27 ff. Vgl. auch die Darstelllungen bei *Baumeister*, Der Beseitigungsanspruch als Fehlerfolge des rechtswidrigen Verwaltungsakts, 2006, S. 6 ff.; *Faber*, Verwaltungsrecht, 4. Aufl. 1995, S. 219; *Pietzko*, Der materiell-rechtliche Folgenbeseitigungsanspruch, 1994, S. 58 ff.; *Funke*, JZ 2015, 369 (370 mit Fn. 13).

[83] *Bachof*, Die verwaltungsgerichtliche Klage auf Vornahme einer Amtshandlung, 2. Aufl. 1968, S. 128; *Bettermann*, in: Bettermann/Nipperdey/Scheuner, Die Grundrechte, Bd. III/2, 2. Aufl. 1972, S. 779 (803 f.).

sprinzip,[84] die Freiheitsgrundrechte,[85] die Rechtsschutzgarantie (Art. 19 Abs. 4 GG),[86] die Staatshaftung im Sinne des Art. 34 GG,[87] die Rechtsgedanken der §§ 823, 1004 BGB,[88] eine „Grundnorm auf Wiedergutmachung“[89] sowie eine aktionenrechtliche[90] Ableitung, also der Schluss von der jeweiligen prozessualen Regelung auf einen damit zu verfolgenden Anspruch,[91] genannt. Der (vermeintlich) mit der Anfechtungsklage verfolgte Aufhebungsanspruch ist also von dem mit der Verpflichtungsklage verfolgten (Leistungs-)Anspruch zu unterscheiden.[92] Im Fall der Konkurrentenklage ist dies besonders eindrücklich. Denn während der mit der unechten Konkurrentenklage verfolgte Bewerbungsverfahrensanspruch aufgrund seiner derivativen Natur im Zuge der Ernennung untergeht,[93] entsteht der Aufhebungsanspruch überhaupt erst durch die in der rechtswidrigen Ernennung vorliegenden Verletzung des Klägers in seinem subjektiven Recht aus Art. 33 Abs. 2 GG.

(b) Voraussetzungen

Ungeachtet der konkurrierenden Ansätze zur Herleitung dieses Anspruchs herrscht über die Voraussetzungen seines Entstehens weitgehende Einigkeit: In augenfälliger Übereinstimmung mit dem Wortlaut des § 113 Abs. 1 S. 1 VwGO

---

84 BVerwGE 69, 366 (370); vgl. bereits *Naumann*, in: Bachof/Draht/Gönnenwein/Walz, GS für W. Jellinek, 2. Aufl. 1975, S. 391 (398 f.).

85 *Weyreuther*, in: 47. DJT, Bd. I, 1969, S. B 78 ff. Speziell hinsichtlich des (vermeintlich) mit der Anfechtungsklage verfolgten Aufhebungsanspruchs auch *Haack*, VerwArch Bd. 109 (2018), S. 503 (514 f.).

86 *Heidenhain*, Amtshaftung und Entschädigung aus enteignungsgleichem Eingriff, 1965, S. 141 f.; ähnlich *Schöne*, DÖV 1954, 552 (555): aufgrund von Art. 19 Abs. 4 GG könnten „die in der Rechtsordnung allgemein gegebenen Ansprüche“ – konkret stellt er auf §§ 823, 1004 BGB (s. dazu auch die Herleitung *Bettermann*s, sogleich Fn. 88) ab – „auch gegenüber Eingriffen der öffentlichen Gewalt geltend“ gemacht werden.

87 *Haas*, System der öffentlichrechtlichen Entschädigungspflichten, 1955, S. 63 ff.

88 VGH München BayVBl. 1990, 627 (628); OVG Münster DVBl. 1977, 259 (259); *Bettermann*, DÖV 1955, 528 (534 ff.); *ders.*, DVBl. 1953, 163 (164); jeweils zum Folgenbeseitigungsanspruch.

89 *Menger*, in: Bachof/Draht/Gönnenwein/Walz, GS für W. Jellinek, 2. Aufl. 1975, S. 347 (350).

90 *Faber*, Verwaltungsrecht, 4. Aufl. 1995, S. 219. Aus diesem Grunde abgelehnt etwa von *Bettermann*, in: Bettermann/Nipperdey/Scheuner, Die Grundrechte, Bd. III/2, 2. Aufl. 1972, S. 779 (803); dezidiert kritisch auch *Funke*, JZ 2015, 369 (370): „prätorischer Fehlschluß“.

91 *Rupp*, Grundfragen der heutigen Verwaltungsrechtslehre, 2. Aufl. 1991, S. 174; in Bezug auf den Vollzugsfolgenbeseitigungsanspruch vgl. auch *Ossenbühl/Cornils*, Staatshaftungsrecht, 6. Aufl. 2013, S. 360.

92 *Kischel*, Folgen von Begründungsfehlern, 2004, S. 89; *Funke*, JZ 2015, 369 (371 f.) m. w. N.; vgl. auch *Rupp*, Grundfragen der heutigen Verwaltungsrechtslehre, 2. Aufl. 1991, S. 158.

93 S. o. Teil 2 D.I.

soll es dafür auf die Rechtswidrigkeit des jeweiligen Verwaltungsaktes sowie die dadurch bewirkte Rechtsverletzung auf Seiten des Klägers ankommen.[94] Namentlich diese Parallele führt denn auch dazu, dass der Streit zwischen Anspruchsmodell und wortlautbasiertem Verständnis in den meisten Konstellationen „ohne praktische Entscheidungsrelevanz" bleibt.[95]

Indes besteht diese Parallelität lediglich zwischen dem Wortlaut des § 113 Abs. 1 S. 1 VwGO einerseits und den grundsätzlichen Entstehungsvoraussetzungen des materiellen Aufhebungsanspruchs andererseits. Die konzeptionellen Unterschiede zwischen dem wortlautbasierten Verständnis und dem Anspruchsmodell wirken sich hingegen namentlich dort aus, wo es um den Ausschluss des Anspruches geht.[96] Denn da die Begründetheit der Anfechtungsklage auf Grundlage des Anspruchsmodells das Bestehen eines – und das ist der entscheidende Umstand – gegen den Beklagten gerichteten[97] materiellen Aufhebungsanspruchs erfordern soll, kommen neben den ausdrücklich gesetzlich normierten Ausschlussgründen[98] insbesondere auch solche in Betracht, die sich aus in der Person des Beklagten liegenden Gründen ergeben, namentlich also die subjektive Unmöglichkeit.[99]

---

94 *Riese*, in: Schoch/Schneider, VwGO, Loseblatt, Stand 42. Lfg. Februar 2022, § 113 Rn. 7; *W.-R. Schenke*, in: Geis/Lorenz, FS für Maurer, 2001, S. 723 (734); *Kischel*, Folgen von Begründungsfehlern, 2004, S. 89. In der Formulierung leicht abweichend, in der Sache aber ebenso *Heidenhain*, Amtshaftung und Entschädigung aus enteignungsgleichem Eingriff, 1965, S. 144.

95 *Kischel*, Folgen von Begründungsfehlern, 2004, S. 89; ähnlich *W.-R. Schenke*, in: Geis/Lorenz, FS für Maurer, 2001, S. 723 (727).

96 *W.-R. Schenke*, in: Geis/Lorenz, FS für Maurer, 2001, S. 723 (754).

97 OVG Münster NJW 1975, 2086 (2086); *Baumeister*, Der Beseitigungsanspruch als Fehlerfolge des rechtswidrigen Verwaltungsakts, 2006, S. 10; *Faber*, Verwaltungsrecht, 4. Aufl. 1995, S. 219; *Pietzko*, Der materiell-rechtliche Folgenbeseitigungsanspruch, 1994, S. 58 ff.; *Lorenz*, Verwaltungsprozessrecht, 2000, S. 245; *Sennekamp*, in: Fehling/Kastner/Störmer, VerwR, 5. Aufl. 2021, § 42 VwGO Rn. 8; *R. P. Schenke*, in: *Kopp/Schenke,* VwGO, 28. Aufl. 2022, § 42 Rn. 2; *Funke*, JZ 2015, 369 (370).

98 Etwa § 46 VwVfG oder § 75 Abs. 1a VwVfG; s. *Riese*, in: Schoch/Schneider, VwGO, Loseblatt, Stand 42. Lfg. Februar 2022, § 113 Rn. 47 ff.

99 BVerwGE 94, 100 (112); *Baldus/Grzeszick/Wienhues*, Staatshaftungsrecht, 5. Aufl. 2018, Rn. 58; vgl. auch *Ossenbühl/Cornils*, Staatshaftungsrecht, 6. Aufl. 2013, S. 384. Zur Anwendung des Rechtsgedankens *ultra posse nemo obligatur* in verschiedenen verwaltungsrechtlichen Situationen, vgl. VGH München NVwZ 2007, 233 (234); VGH München NVwZ 2005, 1094 (1095) (jeweils zu Luftreinhalteplänen); VG Köln CR 2019, 533 (535) (zur kurzfristigen Umprogrammierung des sog. Wahl-O-Maten; im Fall verneint). Zum „Vorbehalt des Möglichen" im Verfassungsrecht s. *Depenheuer*, in: Isensee/Kirchhof, Handbuch des Staatsrechts, Bd. XII, 3. Aufl. 2014, § 269.

bb) Anwendung dieser Lehre auf die echte Konkurrentenklage

(1) Rechtliche Unmöglichkeit der Erfüllung des Aufhebungsanspruchs?

Wendet man diese Prämissen des Anspruchsmodells auf die Situation der echten Konkurrentenklage an, kommt somit der Fallgruppe der subjektiven rechtlichen Unmöglichkeit[100] Bedeutung zu.[101] Denn während der beklagte Dienstherr gegenüber dem (im Auswahlverfahren zu Unrecht unterlegenen) Kläger zur Aufhebung der rechtswidrigen und diesen in seinem Recht aus Art. 33 Abs. 2 GG verletzenden Ernennung verpflichtet ist, ist er wegen seiner Bindung an den Numerus clausus der Rücknahmegründe im Verhältnis zum (zu Unrecht) ernannten Konkurrenten eben dazu nicht berechtigt.[102] Das zugrundeliegende Dilemma der Diskrepanz zwischen rechtlichem Dürfen und rechtlichem Müssen in Dreieckskonstellationen wird meist im Hinblick auf Folgenbeseitigungsansprüche erörtert[103] und lässt sich zumindest theoretisch (nur) in zwei Richtungen auflösen, nämlich indem man jeweils einem der kollidierenden Maßstäbe Vorrang einräumt.

(a) Primat des rechtlichen Müssens

Vereinzelt wird insoweit die Auffassung vertreten, dass – womit letztlich kein Fall der rechtlichen Unmöglichkeit vorläge – die Ermächtigung der Behörde in dem einen Verhältnis unmittelbar aus ihrer Verpflichtung im jeweils anderen Ver-

---

100 Teilweise (in Bezug auf den Folgenbeseitigungsanspruch) auch als Unzulässigkeit bezeichnet, s. etwa *Korte*, in: Wolff/Bachof/Stober/Kluth, Verwaltungsrecht I, 13. Aufl. 2019, § 52 Rn. 15.

101 Von einem rechtlich unmöglichen Klageziel der echten Konkurrentenklage sprechen etwa *Özfirat-Skubinn*, Rechtswidrige Beamtenernennungen, bei denen der Rechtsschutz eines Mitbewerbers vereitelt wird – Wege zur Kompensation, 2011, S. 102, sowie *Kernbach*, Die Rechtsschutzmöglichkeiten des unterlegenen Konkurrenten im beamtenrechtlichen Ernennungsverfahren, 1994, S. 94 f.

102 S. o. A.II.1.

103 *Grzeszick*, Rechte und Ansprüche, 2002, S. 379, etwa verwendet das gängige Beispiel des Räumungsbegehrens nach der Aufhebung einer Obdachloseneinweisung; *Ossenbühl/Cornils*, Staatshaftungsrecht, 6. Aufl. 2013, S. 384 f., verweisen daneben noch auf das Verlangen eines Nachbars nach bauordnungsbehördlichem Einschreiten (Abrissverfügung) gegen ein infolge einer erfolgreichen Drittanfechtungsklage nunmehr formell illegales Gebäude; s. auch *Baldus*, in: Baldus/Grzeszick/Wienhues, Staatshaftungsrecht, 5. Aufl. 2018, Rn. 58 ff.; *Bachof*, Die verwaltungsgerichtliche Klage auf Vornahme einer Amtshandlung, 2. Aufl. 1968, S. 133 f.; *Pietzko*, Der materiell-rechtliche Folgenbeseitigungsanspruch, 1994, S. 511 f.; *Korte*, in: Wolff/Bachof/Stober/Kluth, Verwaltungsrecht I, 13. Aufl. 2019, § 52 Rn. 15 f. Zur Übertragbarkeit auf andere Formen des öffentlich-rechtlichen Beseitigungsanspruchs *Baumeister*, Der Beseitigungsanspruch als Fehlerfolge des rechtswidrigen Verwaltungsakts, 2006, S. 7.

hältnis folge.[104] Begründet wird dies teilweise mit der vermeintlich kategorischen Natur des Aufhebungsanspruchs,[105] teilweise mit dem Wertungsargument, dass der rechtswidrige Besitzstand des Begünstigten nicht stärker geschützt sein dürfe als der rechtmäßige Besitzstand des Belasteten.[106] Angewandt auf die hier in Rede stehende Konstellation führte diese Sichtweise dazu, dass der Ausschluss der echten Konkurrentenklage auch auf Grundlage des Anspruchsmodells nicht mit dem Numerus clausus der Rücknahmegründe begründet werden könnte, da die Behörde über dessen Regelungen hinaus zur Rücknahme berechtigt wäre, soweit sie gegenüber dem unterlegenen Bewerber und Kläger zur Aufhebung verpflichtet wäre.[107]

(b) Primat des rechtlichen Dürfens

Die ganz überwiegende Gegenauffassung lehnt den vorgenannten Ansatz indes unter Verweis auf den Grundsatz vom Vorbehalt des Gesetzes ab.[108] Infolgedessen sollen öffentlich-rechtliche Beseitigungsansprüche wegen rechtlicher Unmöglichkeit ausgeschlossen sein, wenn bzw. soweit der verpflichtete Rechtsträger nicht „die Rechtsmacht besitzt, den ursprünglichen Zustand wiederherzustellen".[109] Während diese Ansicht in etlichen Konstellationen lediglich zur Folge hat, dass die Behörde auf die jeweilige Generalklausel[110] zurückgreifen

---

104 *Kreßel*, Öffentliches Haftungsrecht und sozialrechtlicher Herstellungsanspruch, 1990, S. 72; *W.-R. Schenke*, DVBl. 1990, 328 (330 f.); *T. Horn*, DÖV 1989, 976 (980 f.); *Hößlein*, JZ 2007, 271 (276). S. zudem die Nachweise in Fn. 105 und 106.

105 *Schmidt-Preuß*, Kollidierende Privatinteressen im Verwaltungsrecht, 2. Aufl. 2005, S. 450.

106 *T. Horn*, DÖV 1989, 976 (981). So auch noch *Stober*, in: Wolff/Bachof/Stober/Kluth, Verwaltungsrecht I, 12. Aufl. 2007, § 52 Rn. 34; anders nun aber *Korte*, in: Wolff/Bachof/Stober/Kluth, Verwaltungsrecht I, 13. Aufl. 2019, § 52 Rn. 16.

107 In diesem Sinne namentlich *W.-R. Schenke*, in: Butzer/Kaltenborn/Meyer, FS für Schnapp, 2008, S. 655 (680); zur Parallelkonstellation bzgl. § 102b GüKG a. F. (dazu o. A.III.2.c)aa)(2)(b)(cc)) vgl. *dens.*, NVwZ 1993, 718 (725).

108 VGH Kassel NVwZ 1995, 300 (301 f.); OVG Magdeburg DVBl. 1996, 162 (162), *Grzeszick*, Rechte und Ansprüche, 2002, S. 379 ff.; *Baldus*, in: Baldus/Grzeszick/Wienhues, Staatshaftungsrecht, 5. Aufl. 2018, Rn. 58 ff.; *Weyreuther*, in: 47. DJT, Bd. I, 1969, S. B 107 ff.; *J. Wieland*, Die Verwaltung Bd. 32 (1999), S. 217 (220); *Wernsmann*, Die Verwaltung Bd. 36 (2003), S. 67 (74 f.); *Ossenbühl/Cornils*, Staatshaftungsrecht, 6. Aufl. 2013, S. 385. Vgl. auch VGH Mannheim NJW 1990, 2770 (2771), wo das Gericht jedoch den Rückgriff auf die polizeirechtliche Generalklausel für möglich erachtete und daher i. E. keinen Fall der Unmöglichkeit annahm.

109 BVerwGE 94, 100 (112); *Pietzko*, Der materiell-rechtliche Folgenbeseitigungsanspruch, 1994, S. 509 ff.; *T. Schneider*, Folgenbeseitigung im Verwaltungsrecht, 1994, S. 148; s. auch *Kreßel*, Öffentliches Haftungsrecht und sozialrechtlicher Herstellungsanspruch, 1990, S. 73 ff., der (da er das Anspruchsmodell ablehnt) daraus jedoch nicht die Erfolglosigkeit der echten Konkurrentenklage ableitet, a. a. O., S. 75 f.

110 In den auf den Folgenbeseitigungsanspruch bezogenen Beispielfällen sind dies regelmä-

muss,[111] um den (Folgen-)Beseitigungsanspruch erfüllen zu können, führt sie in Fällen, in denen – wie in der Situation der echten Konkurrentenklage – keine einschlägige Ermächtigungsnorm besteht bzw. § 48 Abs. 1 VwVfG als allgemeine Rücknahmevorschrift unanwendbar ist, zum Ausschluss des Anspruchs wegen rechtlicher Unmöglichkeit.[112]

(c) Stellungnahme

Nicht zuletzt aufgrund ihrer Unvereinbarkeit mit dem Grundsatz vom Vorbehalt des Gesetzes konnte sich die zuerst umrissene Ansicht überzeugenderweise nicht durchsetzen. Ihre Schwäche, Ermächtigungsnormen für behördliches Handeln zu fingieren, deren Schaffung der Gesetzgeber (evtl. bewusst) unterließ, illustriert gerade der hier in Rede stehende Fall der Konkurrentenklage eindrucksvoll.[113] Zudem muss auch die zuletzt genannte Auffassung nicht zu unbilligen Ergebnissen führen: Anstelle des (rechtlich unmöglichen) Folgenbeseitigungsanspruchs wird der betroffene Bürger lediglich auf Ersatzansprüche verwiesen.[114] Zudem vermag die dem Grundsatz vom Vorbehalt des Gesetzes Vorrang einräumende Sichtweise überhaupt nur auf Grundlage des (letztlich aus anderen Gründen abzulehnenden)[115] Anspruchsmodells nachteilige Auswirkungen auf die Erfolgschancen der Anfechtungsklage zu zeitigen. Versteht man die Anfechtungsklage hingegen stärker wortlautorientiert, stellen die Maßstäbe behördlicher Aufhebungsmöglichkeiten von vornherein keine Einschränkung des gerichtlichen Rechtsschutzes dar.[116]

ßig die polizei- bzw. ordnungsrechtlichen Generalklauseln, *Ossenbühl/Cornils*, Staatshaftungsrecht, 6. Aufl. 2013, S. 385. Steht hingegen der Aufhebungsanspruch in Rede, kommt regelmäßig der (nur in wenigen Konstellationen durch Spezialregelungen ausgeschlossene, dazu o. A.II.1. mit Fn. 46) § 48 VwVfG in Betracht. Darin liegt auch die Schwäche des von *Kenntner*, NVwZ 2017, 417 (420), bemühten Vergleichs der dienstrechtlichen Konkurrenten- mit der baurechtlichen Nachbarklage begründet: Während die Aufhebung einer gegen nachbarschützende Vorschriften verstoßenden Baugenehmigung nach § 48 Abs. 1 VwVfG im Ermessen der Bauaufsichtsbehörde steht, ist dem Dienstherrn die Aufhebung der gegen den Grundsatz der Bestenauslese verstoßenden Ernennung wegen des Numerus clausus der Rücknahmegründe untersagt (s. o. A.II.1.).

[111] *Ossenbühl/Cornils*, Staatshaftungsrecht, 6. Aufl. 2013, S. 385; *Korte*, in: Wolff/Bachof/Stober/Kluth, Verwaltungsrecht I, 13. Aufl. 2019, § 52 Rn. 6.

[112] Die Existenz solcher Konstellationen verkennt offenbar *Grzeszick*, Rechte und Ansprüche, 2002, S. 382 f., wenn er die Bedeutung der vorstehend erörterten Frage mit dem pauschalen Argument verneint, dass „die Rechtsordnung genügende gesetzliche Grundlagen bereithält".

[113] Zur abschließenden Natur der dienstrechtlichen Rücknahmeregime s. o. A.II.1.

[114] *Ossenbühl/Cornils*, Staatshaftungsrecht, 6. Aufl. 2013, S. 386.

[115] Dazu noch u. A.III.2.c), insbesondere A.III.2.c)bb).

[116] S. u. A.III.2.b).

(2) Unzulässigkeit oder Unbegründetheit?

Führt somit der Numerus clausus der Rücknahmetatbestände in Verbindung mit dem Grundsatz vom Vorbehalt des Gesetzes zum Ausschluss des Aufhebungsanspruchs, wäre eine echte Konkurrentenklage unter den Prämissen des Anspruchsmodells jedenfalls unbegründet. Oftmals wird echten Konkurrentenklagen indes bereits die Zulässigkeit abgesprochen. Dem Umstand, dass dies in der Rechtsprechung zumeist ohne Angabe einer konkreten, vermeintlich nicht erfüllten Sachentscheidungsvoraussetzung geschieht,[117] sollte an dieser Stelle keine zu große Bedeutung beigemessen werden, da regelmäßig offenbleibt, ob die Gerichte überhaupt dem Anspruchsmodell anhängen.[118] Die einschlägige Literatur stellt hingegen praktisch durchweg auf ein Fehlen des allgemeinen Rechtsschutzbedürfnisses ab.[119]

(a) Vermeintliches Fehlen des Rechtsschutzbedürfnisses

(aa) Differenzierung zwischen Nutzlosigkeit und Aussichtslosigkeit der Klage

Diese Einschätzung dürfte jedoch – wenn man sie nicht von vornherein als rein ergebnisorientiert abtun möchte –[120] auf einer Gleichsetzung zweier in Wahrheit unterschiedlicher Fallgruppen beruhen, nämlich der Nutzlosigkeit der Klage einerseits und ihrer Aussichtslosigkeit andererseits.[121] Während der als Grund für

---

[117] So auch *Stein*, Die Sachentscheidungsvoraussetzung des allgemeinen Rechtsschutzbedürfnisses im Verwaltungsprozeß, 2000, S. 196 f.

[118] Vgl. dazu noch u. A.III.2.c)aa)(2).

[119] *Kernbach*, Die Rechtsschutzmöglichkeiten des unterlegenen Konkurrenten im beamtenrechtlichen Ernennungsverfahren,1994, S. 82, 94 f.; *Özfirat-Skubinn*, Rechtswidrige Beamtenernennungen, bei denen der Rechtsschutz eines Mitbewerbers vereitelt wird – Wege zur Kompensation, 2011, S. 102; s. auch *Ronellenfitsch*, VerwArch Bd. 82 (1991), S. 121 (128).

[120] So offenbar *W.-R. Schenke*, in: Geis/Lorenz, FS für Maurer, 2001, S. 723 (753): Die Befürchtung sei, dass, wenn man die echte Konkurrentenklage für zulässig erachte, sie dann auch für begründet halten müsste, sofern man sich nicht [wie es bei Anwendung der Anspruchskonzeption praktiziert wird, d. Verf.] über den Wortlaut des § 113 Abs. 1 S. 1 VwGO hinwegsetzen wolle.

[121] Besonders deutlich *Özfirat-Skubinn*, Rechtswidrige Beamtenernennungen, bei denen der Rechtsschutz eines Mitbewerbers vereitelt wird – Wege zur Kompensation, 2011, S. 102 mit Fn. 314, die zunächst auf die Erfolglosigkeit der konkreten Klage (wegen Unmöglichkeit) abstellt und dann unter Verweis auf Konstellationen, in denen die Klage „den Kläger *auch im Erfolgsfall* [!] in der Sache seinem Ziel nicht näher bringt“ (Hervorhebung nur hier), das Rechtsschutzbedürfnis verneint. Vgl. auch *Sodan*, in: Sodan/Ziekow, VwGO, 5. Aufl. 2018, § 42 Rn. 350: in den dort für die Nutzlosigkeit der Klage angeführten Fällen („wenn ein zu beseitigender Nachteil nicht vorliegt oder sich ein bestehender Nachteil nicht beheben lässt“) scheitert die Klage doch ohnehin an anderen Umständen. Im erstgenannten Fall fehlt es an der

das Entfallen des Rechtsschutzbedürfnisses weithin anerkannte[122] Fall der Nutzlosigkeit einer Klage den Umstand beschreibt, dass der Kläger seinem eigentlichen (nicht mit dem konkret in Rede stehenden Rechtsbehelf verfolgten) Rechtsschutzziel auch bei unterstelltem Erfolg der Klage nicht näherkäme,[123] beschreibt der Begriff der Aussichtslosigkeit die Erfolgschancen der jeweils in Rede stehenden Klage selbst, ist also letztlich nichts anderes als eine negative Prognose hinsichtlich des Prozessausgangs.[124]

(bb) Keine Nutzlosigkeit der echten Konkurrentenklage

Der Einwand der Nutzlosigkeit wird der echten Konkurrentenklage indes nicht per se[125] entgegengehalten werden können. Denn bei (unterstelltem) Erfolg der echten Konkurrentenklage wäre die Stelle, deren (erneute) Vergabe der Kläger (ggf. im Wege einer unechten Konkurrentenklage) begehrt, wieder frei, sodass sein Anspruch aus Art. 33 Abs. 2 GG wieder auflebte.[126] Damit wäre der Kläger seinem eigentlichen Rechtsschutzziel erheblich nähergekommen.[127]

(cc) Beschränkte Relevanz der Frage der Aussichtslosigkeit für das Vorliegen des Rechtsschutzbedürfnisses

Auf Grundlage des Anspruchsmodells, das – wie eben gezeigt – zum Ausschluss des vermeintlich mit der Anfechtungsklage verfolgten Aufhebungsanspruchs

Klagebefugnis, im letzteren an der Begründetheit (vgl. dazu u.). Saubere Differenzierung etwa bei *Bock*, Das Rechtsschutzbedürfnis im Verwaltungsprozeß, 1971, S. 65 f.

122 Etwa *Ehlers*, in: Schoch/Schneider, VwGO, Loseblatt, Stand 42. Lfg. Februar 2022, Vor § 40 Rn. 94; *W.-R. Schenke*, in: Kopp/Schenke, VwGO, 28. Aufl. 2022, Vor § 40 Rn. 38 ff.; *Wöckel*, in: Eyermann, VwGO, 16. Aufl. 2022; Vor § 40 Rn. 16; *Schmitt Glaeser/H.-D. Horn*, Verwaltungsprozeßrecht, 15. Aufl. 2000, Rn. 131; *Ronellenfitsch*, VerwArch Bd. 82 (1991), S. 121 (126); s. zudem die Nachweise sogleich in Fn. 123.

123 *Bock*, Das Rechtsschutzbedürfnis im Verwaltungsprozeß, 1971, S. 63 ff.; *Stein*, Die Sachentscheidungsvoraussetzung des allgemeinen Rechtsschutzbedürfnisses im Verwaltungsprozeß, 2000, S. 167 f.; *Christonakis*, Das verwaltungsprozessuale Rechtsschutzinteresse, 2004, S. 345; *Ehlers*, in: Schoch/Schneider, VwGO, Loseblatt, Stand 42. Lfg. Februar 2022, Vor § 40 Rn. 94; *Wöckel*, in: Eyermann, VwGO, 16. Aufl. 2022, Vor § 40 Rn. 16.

124 Vgl. insbesondere zur Aussichtslosigkeit wegen Unmöglichkeit *Stein*, Die Sachentscheidungsvoraussetzung des allgemeinen Rechtsschutzbedürfnisses im Verwaltungsprozeß, 2000, S. 196 ff.

125 Denkbar ist dies freilich, wenn der Kläger (aufgrund seiner evidenten Ungeeignetheit) keinerlei Chance hat, bei einer erneuten Auswahlentscheidung erfolgreich zu sein, also eine (nach der insoweit vorgreiflichen [§ 94 VwGO] echten Konkurrentenklage zu bescheidende) *unechte* Konkurrentenklage (Verpflichtungsklage) aussichtslos wäre; so für Konkurrenzkonstellationen im Krankenhausrecht *Rennert*, GesR 2008, 344 (347).

126 Vgl. *W.-R. Schenke*, in: Damrau/Kraft/Fürst, FS für Mühl, 1981, S. 571 (593 f.).

127 Vgl. o. Teil 1 C.I.1.

führt, könnte in der Konstellation der echten Konkurrentenklage jedoch ein Fall der Aussichtslosigkeit angenommen werden. Dass eine derartige Aussichtslosigkeit eines Rechtsbehelfs das Entfallen des Rechtsschutzbedürfnisses bewirken soll, überzeugt bei genauerer Betrachtung jedoch keineswegs.[128] Wie wenig schlechte Erfolgsaussichten einer Klage per se zum Fehlen des Rechtsschutzbedürfnisses führen können, veranschaulicht die Kontrollüberlegung, dass andernfalls alle unbegründeten Klagen zugleich unzulässig sein müssten, abweisende Sachurteile also praktisch ausgeschlossen wären. Zudem würden, spräche man allen nicht hinreichend erfolgversprechenden Klagen unter Rückgriff auf die Fallgruppe der Aussichtslosigkeit das (als Sachentscheidungsvoraussetzung eigentlich subsidiäre)[129] allgemeine Rechtsschutzbedürfnis ab, die übrigen Sachentscheidungsvoraussetzungen (namentlich die Klagebefugnis)[130] obsolet. Das auf die Aussichtslosigkeit eines Rechtsbehelfs gestützte Entfallen des Rechtsschutzbedürfnisses ist somit ganz allgemein abzulehnen.

(b) Keine Unzulässigkeit wegen fehlender Klagebefugnis

Maßgebliche Sachurteilsvoraussetzung zur Ausscheidung offensichtlich unbegründeter Klagen ist nach der Konzeption der VwGO vielmehr die Klagebefugnis. Dass es im Falle der Anfechtungsklage insofern aber nicht auf die Möglichkeit des Bestehens eines Aufhebungsanspruchs, sondern – wie von § 42 Abs. 2 VwGO formuliert – auf die Möglichkeit der Verletzung des Klägers in eigenen Rechten ankommt,[131] wird jedoch – soweit ersichtlich – nicht einmal von den Verfechtern des Anspruchsmodells bestritten, die sich über die parallele Formulierung in § 113 Abs. 1 S. 1 VwGO hinwegsetzen.[132] Da aber eine Rechtsverlet-

128 *Bock*, Das Rechtsschutzbedürfnis im Verwaltungsprozeß, 1971, S. 65 f.; *Christonakis*, Das verwaltungsprozessuale Rechtsschutzinteresse, 2004, S. 46; *Wöckel*, in: Eyermann, VwGO, 16. Aufl. 2022, Vor § 40 Rn. 20; vgl. auch *Hufen*, Verwaltungsprozessrecht, 12. Aufl. 2021, § 23 Rn. 13 ff. Differenzierend *Stein*, Die Sachentscheidungsvoraussetzung des allgemeinen Rechtsschutzbedürfnisses im Verwaltungsprozeß, 2000, S. 200, demzufolge das Rechtschutzbedürfnis zwar entfalle, wenn die Klage auf einen per se unmöglichen Rechtsfolgenausspruch gerichtet sei, nicht aber, wenn sich die Aussichtslosigkeit der Klage aus einem nur im konkreten Fall bestehenden rechtsvernichtenden Leistungsstörungstatbestand ergibt.

129 *Ehlers*, in: Schoch/Schneider, VwGO, Loseblatt, Stand 42. Lfg. Februar 2022, Vor § 40 Rn. 77.

130 Vgl. *Christonakis*, Das verwaltungsprozessuale Rechtsschutzinteresse, 2004, S. 46.

131 *R. P. Schenke*, in: Kopp/Schenke, VwGO, 28. Aufl. 2022, § 42 Rn. 66; *Sodan*, in: Sodan/Ziekow, VwGO, 5. Aufl. 2018, § 42 Rn. 279 ff.; *Wysk*, in: Wysk, VwGO, 3. Aufl. 2020, § 42 Rn. 110.

132 S. höchstens *Baßlsperger*, PersV 2016, 244 (248), der jedoch nicht nur die Konstellationen der Anfechtungs- und der Verpflichtungsklage vermengt, wenn er ausführt, dass, da „die Ernennung des unterlegenen Bewerbers [...] nicht mehr ‚*möglich*' war, [...] dessen Anfech-

zung des Klägers in der Konstellation der echten Konkurrentenklage nicht in jedem Falle offensichtlich ausgeschlossen ist,[133] fehlt es insofern auch regelmäßig nicht an der Klagebefugnis.

(c) Unbegründetheit echter Konkurrentenklagen auf Grundlage des Anspruchsmodells

Da Gegenstand der oben erörterten Unmöglichkeit die Erfüllung eines Aufhebungsanspruchs – und damit ein materiell-rechtlicher Umstand – ist,[134] spricht Vieles dafür, Klagen, mit denen Ansprüche geltend gemacht werden, die wegen Unmöglichkeit nicht bestehen, (vorbehaltlich anderweitiger Umstände) als zwar zulässig, aber unbegründet abzuweisen. Entsprechendes muss auf Grundlage des Anspruchsmodells also auch für die echte Konkurrentenklage gelten.

cc) Zwischenergebnis

Auf Grundlage des Anspruchsmodells der Anfechtungsklage ließe sich somit zwar die Erfolglosigkeit der echten Konkurrentenklage herleiten, dies aber nur in Form ihrer Unbegründetheit, nicht der Unzulässigkeit.[135]

b) Beurteilung auf Grundlage eines wortlautbasierten Verständnisses der Anfechtungsklage

Anderes gilt indes auf Grundlage eines dem Wortlaut des § 113 Abs. 1 S. 1 VwGO Rechnung tragenden Verständnisses der Anfechtungsklage. In prägnanter Kürze bestimmt die Norm, dass das Gericht den mit der Anfechtungsklage angegriffenen Verwaltungsakt aufhebe, soweit dieser „rechtswidrig und der Kläger dadurch in seinen Rechten verletzt" sei. Orientiert man sich streng an diesem Wortlaut und geht somit von der Prämisse aus, dass – soweit nicht im Einzelfall anderes bestimmt ist –[136] die Begründetheit der Anfechtungsklage nur von der Erfüllung der beiden Tatbestandsmerkmale Rechtswidrigkeit und Rechtsverletzung abhängt,[137] verbleiben nur zwei denkbare Konstellationen, in denen die eingeschränkten

tungsklage gegen den erfolgreichen Konkurrenten [sic] nach der […] ‚*Möglichkeitstheorie*' bereits an der fehlenden Klagebefugnis" scheitere (Hervorhebungen im Original).

[133] Vgl. *W.-R. Schenke*, in: Geis/Lorenz, FS für Maurer, 2001, S. 723 (753).

[134] *Stein*, Die Sachentscheidungsvoraussetzung des allgemeinen Rechtsschutzbedürfnisses im Verwaltungsprozess, 2000, S. 198.

[135] Vgl. *W.-R. Schenke*, in: Geis/Lorenz, FS für Maurer, 2001, S. 723 (753).

[136] Dazu u. bb).

[137] Dies entspricht der von *Buchheim*, Actio, Anspruch, subjektives Recht, 2017, passim, als *aktionenrechtliche Perspektive* bezeichneten Sichtweise. In diesem Sinne etwa auch *Wernsmann*, Die Verwaltung Bd. 36 (2003), S. 67 (74 f.).

Rücknahmemöglichkeiten des Dienstrechts (also der sog. Numerus clausus) die prinzipielle Erfolglosigkeit der echten Konkurrentenklage begründen könnten.[138] Entweder müssten die in Rede stehenden dienstrechtlichen Vorschriften zu den nach § 113 Abs. 1 S. 1 VwGO (grundsätzlich) als Prüfungsmaßstab einschlägigen Normen gehören (sogleich aa)) oder sie müssten eine Abweichung von ebenjenem Prüfungsmaßstab statuieren (u. bb)). Beides ist nicht der Fall.

aa) Keine Relevanz als Prüfungsmaßstab

Immer wieder wird versucht, eine Relevanz des Numerus clausus der dienstrechtlichen Rücknahmetatbestände für gerichtliche Entscheidungen über echte Konkurrentenklagen mit dem Schlagwort der Bindung (auch) der (Verwaltungs-)Gerichte an materielles Recht zu begründen.[139] So unbestreitbar richtig die Ausgangsthese in Anbetracht des Art. 20 Abs. 3 GG auch ist, so wenig überzeugt jedoch der daraus gezogene Schluss.[140] Denn aufgrund der unterschiedlichen Funktionen, die Verwaltung und (Verwaltungs-)Justiz im gewaltenteiligen Staat zukommen, divergieren auch die sich aus deren Rechtsbindung jeweils ergebenden Folgen.[141] Während – um es mit *Albert von Mutius*' prägnanten Worten zu sagen – die „den Verwaltungsbehörden und den Verwaltungsgerichten gleichermaßen an die Hand gegebenen Entscheidungsnormen" für die Verwaltung „als zukunftsorientierte Handlungsanweisung" fungieren, bilden sie für die Verwaltungsgerichte die „Kontrollmaßstäbe für den nachgesuchten reaktiven Rechtsschutz".[142] Angewandt auf die Konstellation der echten Konkurrentenklage heißt dies: Da Gegenstand der gerichtlichen Kontrolle (also „der Verwaltungsakt" im Sinne des § 113 Abs. 1 S. 1 VwGO) nicht eine behördliche Rücknahme einer Ernennung, sondern eine Ernennung selbst ist, bilden auch nicht diejenigen Normen, die die Ernennungsrücknahme regeln, den Maßstab der gerichtlichen Prüfung, sondern vielmehr die die Ernennung selbst betreffenden Bestimmungen des materiellen Rechts.[143] Obgleich somit zwar Bestimmungen wie § 14 BBG

---

138 *Brohm*, in: Erichsen/Hoppe/von Mutius, FS für Menger, 1985, S. 235 (251); *Laubinger*, ZBR 2010, 289 (294); *Kenntner*, NVwZ 2017, 417 (420).

139 Namentlich *H. Günther*, ZBR 1979, 93 (110); *ders.*, ZBR 1990, 284 (290); *Fehn/Opfergelt*, JURA 1985, 639 (643); *Remmel*, RiA 1982, 1 (11); *Schmitt-Kammler*, DÖV 1980, 285 (288).

140 *Lecheler*, DÖV 1983, 953 (956); *Schoch*, Vorläufiger Rechtsschutz und Risikoverteilung im Verwaltungsrecht, 1988, S. 689.

141 Anschaulich *Laubinger*, ZBR 2010, 289 (294): „Exekutive und Judikative kann man nicht über einen Leisten schlagen."

142 *von Mutius*, in: Erichsen/Hoppe/von Mutius, FS für Menger, 1985, S. 575 (593 f.).

143 *Schoch*, Vorläufiger Rechtsschutz und Risikoverteilung im Verwaltungsrecht, 1988, S. 688 f.; *Laubinger*, ZBR 2010, 289 (294); vgl. auch *Lecheler*, DÖV 1983, 953 (956); *Hartung*, RiA 2017, 49 (51); *Kreßel*, Öffentliches Haftungsrecht und sozialrechtlicher Herstellungsanspruch, 1990, S. 75 f.

und § 12 BeamtStG keine Relevanz für die echte Konkurrentenklage zukommt, wird § 113 Abs. 1 S. 1 VwGO dadurch keineswegs zu einer „von den Regeln des materiellen Rechts unabhängigen Ermächtigungsgrundlage".[144] Denn vielmehr sind es Normen wie insbesondere Art. 33 Abs. 2 GG und dessen einfachgesetzliche Wiederholungen (etwa § 9 BBG oder § 9 BeamtStG), die den Prüfungsmaßstab der echten Konkurrentenklage bilden.[145]

bb) Keine Bestimmung eines von § 113 Abs. 1 S. 1 VwGO abweichenden Prüfungsmaßstabes

Gehört der Numerus clausus der Rücknahmegründe somit nicht zu den Bestimmungen, die nach § 113 Abs. 1 S. 1 VwGO den Prüfungsmaßstab für echte Konkurrentenklagen bilden, ließe sich die behauptete Erfolglosigkeit solcher Klagen (auf Grundlage des wortlautbasierten Verständnisses) nur noch mit diesem begründen, wenn er einen von § 113 Abs. 1 S. 1 VwGO abweichenden Prüfungsmaßstab bestimmte.[146] Derartiges dürfte wohl auch gemeint sein, wenn gelegentlich vage von einem „mittelbare[n] Aussagegehalt jener Normen"[147] oder deren „[E]instrahlen" auf die Anwendung des § 113 Abs. 1 S. 1 VwGO[148] die Rede ist.

(1) Vorbemerkung: Die prinzipielle Möglichkeit der Bestimmung eines abweichenden Prüfungsmaßstabes

Eine derartige Bestimmung eines von § 113 Abs. 1 S. 1 VwGO abweichenden Prüfungsmaßstabes ist auch auf Grundlage des wortlautbasierten Verständnisses der Anfechtungsklage durchaus möglich.[149] Exemplarisch kann nicht nur auf Regelungen zu Verbandsklagerechten[150] verwiesen werden, die bereichsspezifisch vom grundsätzlichen Erfordernis der subjektiven Rechtsverletzung auf Klägerseite dispensieren und so die Hürden für eine gerichtliche Kassation gegenüber dem Maßstab des § 113 Abs. 1 S. 1 VwGO absenken. Auch existieren mit Bestimmungen wie § 46 VwVfG oder § 75 Abs. 1a VwVfG, die die gerichtliche

[144] So aber *Fehn/Opfergelt*, JURA 1985, 639 (643).

[145] Vgl. *Kreßel*, Öffentliches Haftungsrecht und sozialrechtlicher Herstellungsanspruch, 1990, S. 75 f.

[146] So muss wohl auch *Kernbach*, Die Rechtsschutzmöglichkeiten des unterlegenen Konkurrenten im beamtenrechtlichen Ernennungsverfahren, 1994, S. 92 f., verstanden werden, der jedoch § 59 BRRG a. F. maßgebliche Bedeutung beimaß; s. dazu noch u. A.III.2.b)bb)(4)(b)(bb).

[147] *H. Günther*, ZBR 2007, 195 (196 mit Fn. 13); ähnlich bereits *ders.*, ZBR 1979, 93 (108 ff.); *ders.*, ZBR 1990, 284 (291).

[148] *Wernsmann*, DVBl. 2005, 276 (282).

[149] Vgl. *Riese*, in: Schoch/Schneider, VwGO, Loseblatt, Stand 42. Lfg. Februar 2022, § 113 Rn. 6.

[150] Etwa § 2 Abs. 1 S. 1 UmwRG, § 64 Abs. 1 BNatSchG.

Aufhebbarkeit in bestimmten Konstellationen trotz des Vorliegens der von § 113 Abs. 1 S. 1 VwGO aufgestellten Voraussetzungen erschweren bzw. ausschließen,[151] Beispiele[152] für die gegenläufige und hier in Rede stehende Tendenz. Den dienstrechtlichen Rücknahmebestimmung kann – wie nachfolgend dargelegt – eine derartige Modifikation des von § 113 Abs. 1 S. 1 VwGO formulierten Prüfungsmaßstabes indes nicht entnommen werden: Weder ordnen sie (wie § 46 VwVfG oder § 75 Abs. 1a VwVfG) eine partielle Abweichung von den dort normierten Voraussetzungen an noch verdrängen sie (im Wege der Spezialität) bereichsspezifisch den § 113 Abs. 1 S. 1 VwGO.

(2) Grammatikalische Auslegung

Unbestritten verwenden die dienstrechtlichen Bestimmungen, indem sie durchweg von Rücknahme, jedoch gerade nicht von (anderen Formen der) Aufhebung sprechen, einen Begriff, der nach der – auch schon vor Kodifikation des VwVfG –[153] gebräuchlichen verwaltungsrechtlichen Terminologie[154] auf behördliche Aufhebungen rechtswidriger Verwaltungsakte beschränkt war und ist.[155] Dies darf allerdings nicht zu der Annahme verleiten, dass bereits dadurch anderweitige Aufhebungsformen einschließlich der gerichtlichen Kassation[156] ausgeschlossen seien.[157] Denn unmittelbarer Aussagegehalt des Wortlauts von Bestimmungen wie § 14 BBG und § 12 BeamtStG ist ausschließlich die positive Statu-

---

[151] Wegen Verwendung des Oberbegriffs „Aufhebung“, *Sachs*, in: Stelkens/Bonk/Sachs, VwVfG, 9. Aufl. 2018, § 48 Rn. 14; *Kastner*, in: Fehling/Kastner/Störmer, 5. Aufl. 2021, VerwR, § 48 VwVfG Rn. 9; *J. Müller*, in: Bader/Ronellenfitsch, BeckOK VwVfG, Stand 56. Ed. 01.07. 2022, § 48 Rn. 1; *Maurer/Waldhoff*, Allgemeines Verwaltungsrecht, 20. Aufl. 2020, § 11 Rn. 4 f. Die genannten Normen bestimmen die Begründetheitsvoraussetzungen der Anfechtungsklage abweichend von § 113 Abs. 1 S. 1 VwGO; so etwa in Bezug auf § 75 Abs. 1a VwVfG explizit *Seibert*, NVwZ 2018, 97 (97).

[152] Ferner verwiesen werden könnte beispielsweise auf materielle Präklusionsregelungen wie § 73 Abs. 4 S. 3 VwVfG.

[153] Der Entwurf der Bundesregierung zum VwVfG aus dem Jahre 1973 bezieht sich etwa auf die in den 1950er-Jahren maßgeblich von *Haueisen*, NJW 1954, 1425 (1425); *dems.*, NJW 1955, 1457 (1457); *dems.*, DVBl. 1957, 506 (506); *dems.*, NJW 1958, 642 (643), geprägte Terminologie und bezeichnet diese m. w. N. als herrschend, BT-Drs. 7/910, S. 67. Dazu auch *Sachs*, in: Stelkens/Bonk/Sachs, VwVfG, 9. Aufl. 2018, § 48 Rn. 13.

[154] Zu dieser etwa *Sachs*, in: Stelkens/Bonk/Sachs, VwVfG, 9. Aufl. 2018, § 48 Rn. 13 f.; *Kastner*, in: Fehling/Kastner/Störmer, VerwR, 5. Aufl. 2021, § 48 VwVfG Rn. 10.

[155] Vgl. *H. Günther*, ZBR 1990, 284 (291): „wortlautbeschränkte Adressierung an die Verwaltung“.

[156] Anschaulich *Lecheler*, DÖV 1983, 953 (956): „Von der Aufhebungsbefugnis der Verwaltungs*gerichte* ist nicht die Rede“ (Hervorhebung im Original); vgl. auch bereits *H. Günther*, ZBR 1979, 93 (109).

[157] *W.-R. Schenke*, in: Butzer/Kaltenborn/Meyer, FS für Schnapp, 2008, S. 655 (678).

ierung gewisser Aufhebungsmöglichkeiten. Insofern unterscheiden sie sich von Regelungen wie den oben genannten §§ 46, 75 Abs. 1a VwVfG, die ausdrücklich bestimmen, dass eine „Aufhebung“ in bestimmten Fallgestaltungen „nicht […] beansprucht“ werden kann oder bestimmte Arten der Rechtswidrigkeit eines Verwaltungsaktes „nur“ zur „Aufhebung“ desselben führen, wenn zusätzliche Umstände vorliegen. Während derlei Regelungen die Existenz (weitergehender) Aufhebungstatbestände voraussetzen und diese ihrerseits einschränken, sind die dienstrechtlichen Rücknahmevorschriften genau gegenläufig, nämlich als Berechtigung zur (behördlichen) Aufhebung formuliert.[158] Allein dem Wortlaut der dienstrechtlichen Rücknahmetatbestände kann also jedenfalls keine Aussage über das Verhältnis zu § 113 Abs. 1 S. 1 VwGO entnommen werden, weshalb dieser zumindest nicht für eine Modifikation oder Verdrängung des § 113 Abs. 1 S. 1 VwGO streitet.[159]

(3) Systematische Auslegung

Auch spricht das Ergebnis der systematischen Auslegung nicht dafür, dass der Numerus clausus der Rücknahmegründe den gerichtlichen Prüfungsmaßstab bei echten Konkurrentenklagen gegenüber demjenigen des § 113 Abs. 1 S. 1 VwGO modifiziert bzw. ebenjenen verdrängt.

(a) Bedeutung entsprechender Regelungen hinsichtlich anderer Konstellationen

(aa) Gegenüberstellung mit §§ 46 und 75 Abs. 1a VwVfG

Erkenntnisreich ist insofern namentlich die Gegenüberstellung der hiesigen Situation einerseits mit den Konstellationen der §§ 46 und 75 Abs. 1a VwVfG andererseits. Letztgenannte Vorschriften erfassen, da sie auf den Oberbegriff der Aufhebung abstellen, nicht nur behördliche Rücknahmen und Widerrufe, sondern schließen in den von ihnen jeweils tatbestandlich erfassten Fällen auch die nach § 113 Abs. 1 S. 1 VwGO grundsätzlich mögliche gerichtliche Kassation aus.[160] Nicht nur kommt eine analoge Anwendung dieser Regelungen auf die Konstel-

---

158 Vgl. *Kenntner*, NVwZ 2017, 417 (420); *Lecheler*, DÖV 1983, 953 (956). So folgt denn auch die Verdrängung des § 48 VwVfG durch die dienstrechtlichen Rücknahmeregime (o. A.II.1.) nicht bereits aus der grammatikalischen, sondern erst aus der systematischen Auslegung.

159 *H. Günther*, ZBR 1990, 284 (291): „wortlautbeschränkte Adressierung an die Verwaltung“; ähnlich bereits *ders.*, ZBR 1979, 93 (109).

160 Allg. Meinung, s. zu § 46 VwVfG etwa *Ramsauer*, in: Kopp/Ramsauer, VwVfG, 23. Aufl. 2022, § 46 Rn. 37 ff.; *Schwarz*, in: Fehling/Kastner/Störmer, VerwR, 5. Aufl. 2021, § 46 VwVfG Rn. 33; *Emmenegger*, in: Mann/Sennekamp/Uechtritz, VwVfG, 2. Aufl. 2019, § 46 Rn. 102; zu § 75 Abs. 1a VwVfG etwa *Neumann/Külpmann*, in: Stelkens/Bonk/Sachs, VwVfG, 9. Aufl. 2018, § 75 Rn. 43; *Deutsch*, in: Mann/Sennekamp/Uechtritz, VwVfG, 2. Aufl. 2019, § 75 Rn. 108.

lation der echten Konkurrentenklage in Ermangelung der Vergleichbarkeit der jeweiligen Interessenlagen nicht in Betracht.[161] Vielmehr streitet ihre Existenz im Sinne eines Umkehrschlusses sogar gegen die These, dass den Vorschriften des Numerus clausus, die den (punktuellen) Ausschluss (auch) der gerichtlichen Aufhebbarkeit – auch nach zwischenzeitlichen Reformen –[162] gerade nicht ausdrücklich vorsehen,[163] diese Wirkung gleichwohl beigemessen werden sollte.

(bb) Gegenüberstellung mit § 168 Abs. 2 S. 1 GWB

Ähnliches gilt – wenngleich auf einem etwas höheren Abstraktionsniveau – für den Vergleich mit § 168 Abs. 2 S. 1 GWB. Zwar handelt es sich bei dieser Bestimmung nicht um eine Modifikation des § 113 Abs. 1 S. 1 VwGO, sondern um eine Regelung zum vergaberechtlichen Rechtsschutz. Indem sie aber die der Vergabekammer nach § 168 Abs. 1 S. 1 GWB grundsätzlich zustehende Kompetenz, rechtswidrige Entscheidungen der Vergabestelle im Anfechtungsfalle aufzuheben,[164] ausschließt, soweit es sich bei der angefochtenen Entscheidung um eine (wirksame) Zuschlagserteilung handelt,[165] betrifft sie eine der Anfechtungs- bzw. echten Konkurrentenklage durchaus ähnliche Konstellation im vergaberechtlichen Rechtsschutzsystem.[166] Nicht nur scheidet auch in Bezug auf diese Bestimmung eine analoge Anwendung, die – soweit ersichtlich – auch nicht ernst-

161 Während die genannten Regelungen des VwVfG jeweils Konstellationen erfassen, in denen für die Sachentscheidung letztlich unerhebliche Fehler (bei § 46 VwVfG: „Entscheidung in der Sache nicht beeinflusst"; bei § 75 Abs. 1a VwVfG: „auf das Abwägungsergebnis [nicht] von Einfluss gewesen"), nicht den Bestand des in der Sache richtigen Verwaltungsaktes gefährden sollen, betrifft der Fehler im hier interessierenden Fall gerade die materiell-rechtliche Kernfrage der Entscheidung.

162 Auch insoweit lohnt der Vergleich zum Planfeststellungsrecht: Der heute in § 75 Abs. 1a VwVfG normierte Gedanke wurde zunächst vom BVerwG entwickelt, ehe er (anfangs bereichsspezifisch) vom Gesetzgeber positiviert wurde; dazu *Deutsch*, in: Mann/Sennekamp/Uechtritz, VwVfG, 2. Aufl. 2019, § 75 Rn. 107. In Bezug auf den seit Langem von der Rspr. praktizierten Grundsatz der Ämterstabilität sind derartige Tendenzen hingegen gerade nicht erkennbar.

163 Vgl. o. A.III.2.b)bb)(2).

164 Vgl. § 168 Abs. 1 S. 1 GWB, wonach die Vergabekammer die „geeigneten Maßnahmen" trifft, „um eine Rechtsverletzung zu beseitigen"; dazu etwa *Nowak*, in: Pünder/Schellenberg, Vergaberecht, 3. Aufl. 2019, § 168 GWB Rn. 11 ff. Zum Verständnis dieser Norm als Befugnis der Vergabekammer (auch) zur Aufhebung von Entscheidungen der Vergabestelle s. *Fett*, in: Säcker, MüKo Wettbewerbsrecht, Bd. III, 2. Aufl. 2018, § 168 GWB Rn. 41 m. w. N.

165 Der unterlegene Bieter ist in solchen Fällen (wie es auch im Dienstrecht behauptet wird) auf Schadensersatz beschränkt, vgl. *Fett*, in: Säcker, MüKo Wettbewerbsrecht, Bd. III, 2. Aufl. 2018, § 168 GWB Rn. 37; zur Vorgängerregelung in § 114 Abs. 2 S. 1 GWB a. F. bereits *U. Kramer/André*, JuS 2009, 906 (910).

166 Vgl. *Kenntner*, ZBR 2016, 181 (189); *ders.*, NVwZ 2017, 417 (420); *Gundel*, Die Verwaltung Bd. 37 (2004), S. 401 (420 ff.).

haft vorgeschlagen wird,[167] aus, weil es abermals an der Vergleichbarkeit der Interessenlagen mangelt.[168] Vielmehr spricht auch hier der Umstand, dass der Gesetzgeber den Ausschluss der quasigerichtlichen Aufhebbarkeit in diesem Fall ausdrücklich normiert hat, gegen die Annahme, dass im Dienstrecht ein weitgehend vergleichbares Rechtsschutzkonzept[169] praktiziert werden sollte, ohne dass dies insoweit gesetzlich ausdrücklich angeordnet ist.

(b) Unanwendbarkeit des (Rechtsgedankens des) § 50 VwVfG

Schließlich sei in systematischer Hinsicht noch auf die Frage eingegangen, welche Bedeutung dem Umstand beizumessen ist, dass in der Konstellation der echten Konkurrentenklage weder § 50 VwVfG noch sein Rechtsgedanke anwendbar ist und das Fachrecht keine einschlägige Bestimmung enthält.[170] Denn auch unter Bezugnahme auf diesen Umstand wurde vereinzelt versucht, die Beschränkung der gerichtlichen Aufhebungsmöglichkeiten auf die in den dienstrechtlichen Rücknahmebestimmungen enumerativ genannten Fälle zu begründen.[171] Dass dies nicht zu überzeugen vermag, beruht maßgeblich darauf, dass von der Unanwendbarkeit des § 50 VwVfG bzw. dem Fehlen entsprechender Vorschriften im jeweiligen Fachrecht nicht auf den Ausschluss der gerichtlichen Aufhebbarkeit in anderen als den in den oben genannten Katalogen genannten Fällen geschlossen werden kann. Denn § 50 VwVfG erfasst zwar behördliche Rücknahmen, die anlässlich eines (Widerspruchs- oder) Klageverfahrens erfolgen, nicht aber die gerichtliche Aufhebung selbst.[172] Die für die Schaffung der Vorschrift angeführte Begründung, dass „die Behörde nicht gezwungen sein [sollte], untätig die gerichtliche Entscheidung im Verwaltungsprozeß abzuwarten“, wenn sie

---

167 Zwar stellt namentlich *Kenntner*, ZBR 2016, 181 (189); *ders*., NVwZ 2017, 417 (420), der eine Bedeutung des Numerus clausus für die echte Konkurrentenklage i. E. annimmt, u. a. auch auf § 168 Abs. 2 S. 1 GWB ab. Eine tragende Bedeutung kommt der Norm in seiner Argumentation jedoch nicht zu.

168 Während § 168 Abs. 2 S. 1 GWB den Bestand eines privatrechtlichen Geschäfts schützen soll – zur Bedeutung des Grundsatzes *pacta sunt servanda* im vergaberechtlichen Rechtsschutzsystem s. etwa *T. Schneider*, Primärrechtsschutz nach Zuschlagserteilung bei einer Vergabe öffentlicher Aufträge, 2007, S. 133 f.; *U. Kramer/André*, JuS 2009, 906 (907) – betrifft die echte dienstrechtliche Konkurrentenklage ein maßgeblich von Art. 33 Abs. 2 GG determiniertes öffentlich-rechtliches Handeln.

169 *Gundel*, Die Verwaltung Bd. 37 (2004), S. 401 (421).

170 Vgl. hierzu (sowie zur Gegenauffassung *Laubinger*s) oben A.II.2.

171 Insbesondere *Füßer*, DÖV 1997, 816 (822): Da § 50 VwVfG unanwendbar sei, sei auch eine gerichtliche Aufhebung wegen schlichter Rechtswidrigkeit ausgeschlossen. Tendenziell (etwas vorsichtiger) auch *Wernsmann*, DVBl. 2005, 276 (281). Deutlich dagegen *Schoch*, Vorläufiger Rechtsschutz und Risikoverteilung im Verwaltungsrecht, 1988, S. 688: „in die Irre gehende[r] Disput um die Anwendbarkeit des § 50 VwVfG“.

172 *Cornils*, Die Verwaltung Bd. 33 (2000), S. 485 (488); *Erichsen*, JURA 1981, 534 (545).

die Rechtswidrigkeit eines angegriffenen Verwaltungsaktes (zwischenzeitlich) selbst erkannte,[173] zeigt deutlich, dass die gerichtliche Aufhebungsbefugnis als existent vorausgesetzt wurde. Somit sollten die behördlichen Befugnisse zwar erweitert und grundsätzlich der gerichtlichen Kassationskompetenz angenähert werden. Dass aber ein völliger Gleichklang mit den gerichtlichen Befugnissen nicht intendiert war, folgt bereits aus der Subsidiarität des VwVfG und seines Rücknahmeregimes. Zudem kann aus dem Umstand, dass die behördlichen Rücknahmemöglichkeiten grundsätzlich den gerichtlichen angenähert werden sollten, nicht abgeleitet werden, dass – vice versa – in Fällen, in denen der Gesetzgeber die behördlichen Befugnisse nicht erweiterte, er damit auch die gerichtlichen Befugnisse (auf das für behördliche Aufhebungen geltende Maß) einschränken wollte.

Die Unanwendbarkeit des § 50 VwVfG bzw. das Fehlen einer ihm entsprechenden Vorschrift bedeutet daher nur, dass die behördlichen Aufhebungsbefugnisse auch bei Rechtshängigkeit einer Klage den strengen Einschränkungen des Numerus clausus unterliegen, die Behörde also auch im Falle einer rechtshängigen echten Konkurrentenklage die rechtswidrige Ernennung (jedenfalls wegen des der Klage zugrunde liegenden Verstoßes gegen Art. 33 Abs. 2 GG) nicht selbst zurücknehmen kann.[174] Zwingende Folgerungen auf die gerichtlichen Aufhebungsmöglichkeiten ergeben sich aus diesem Umstand indes nicht.

Allenfalls könnte diesem Umstand eine gewisse Indizwirkung zugesprochen werden: Ein – wohl bewusster –[175] Verzicht des Gesetzgebers auf dem § 50 VwVfG entsprechende fachrechtliche Vorschriften könnte möglicherweise darauf zurückzuführen sein, dass er bereits die von einer solchen Vorschrift tatbestandlich vorausgesetzte Konstellation einer von einem Dritten mit Aussicht auf Erfolg[176] gegen die Ernennung eines Anderen erhobenen Anfechtungsklage

---

173 BT-Drs. 7/91, S. 74.

174 Aus diesem Grund wird auch die (prinzipiell auch in Fällen der Anfechtungsklage überwiegend bejahte) Möglichkeit des Anerkenntnisurteils verneint, vgl. *Neumann/Schaks*, in: Sodan/Ziekow, VwGO, 5. Aufl. 2018, § 156 Rn. 8; *Olbertz*, in: Schoch/Schneider, VwGO, Loseblatt, Stand 42. Lfg. Februar 2022, § 156 Rn. 5.

175 Gegen ein unbewusstes Auslassen spricht nicht nur der verfassungsrechtliche Hintergrund (dazu sogleich), sondern auch der Umstand, dass der Gesetzgeber die Rücknahmeregime im Zuge der Neukodifikationen im Nachgang der Föderalismusreform weitgehend unverändert übernahm, obschon ihm nunmehr (anders als noch bei Schaffung der Vorgängerregelungen) das Problem bzgl. des § 50 VwVfG bekannt gewesen sein musste, vgl. zu Letztgenanntem auch *Laubinger*, ZBR 2010, 289 (294 mit Fn. 61).

176 Jedenfalls nach überwiegender Auffassung folgt aus der Vorgabe, dass dem Rechtsbehelf durch die Aufhebung „abgeholfen" werden muss, dass dieser zulässig und begründet sein muss, vgl. *Sachs*, in: Stelkens/Bonk/Sachs, VwVfG, 9. Aufl. 2018, § 50 Rn. 93; *Ramsauer*, in: Kopp/Ramsauer, VwVfG, 23. Aufl. 2022, § 50 Rn. 21 ff.; *Suerbaum*, in: Mann/Sennekamp/Uechtritz, VwVfG, 2. Aufl. 2019, § 50, Rn. 22 ff. Vereinzelt wird auch lediglich gefordert, dass der Rechts-

gerade deshalb für ausgeschlossen hielt, weil er von der Geltung des Grundsatzes der Ämterstabilität ausging.[177] Indes ist dies nur eine denkbare Erklärung. Mindestens ebenso gut ließe sich dieser Verzicht damit begründen, dass der Gesetzgeber ganz bewusst zwischen behördlichen und gerichtlichen Aufhebungsbefugnissen differenzieren wollte – wofür namentlich spräche, dass die hergebrachten Grundsätze im Sinne des Art. 33 Abs. 5 GG eine erschwerte Aufhebbarkeit von Ernennungen durch den Dienstherrn nicht zum Selbstzweck gebieten, sondern diese im Interesse der Neutralität und Unabhängigkeit dazu dienen soll, Beamte vor willkürlichen Entlassungen durch den Dienstherrn zu schützen.[178]

(c) Vergleich zu § 48 Abs. 2 VwVfG

Eine gewisse Ähnlichkeit besteht auch zwischen dem Numerus clausus und § 48 Abs. 2 VwVfG. In beiden Fällen findet jeweils in Bezug auf bestimmte Konstellationen eine Verschärfung der Rücknahmevorschriften gegenüber den Maßstäben der allgemeinen Rücknahmebestimmungen des VwVfG statt: Der Numerus clausus hebt die Hürden für die Aufhebung eines rechtswidrigen Verwaltungsaktes für die spezielle Konstellation an, in der es sich bei dem betreffenden Verwaltungsakt um eine Ernennung handelt. § 48 Abs. 2 VwVfG verschärft die Voraussetzungen der Aufhebung, wenn der in Rede stehende Verwaltungsakt „eine einmalige oder laufende Geldleistung oder teilbare Sachleistung gewährt oder hierfür Voraussetzung ist". Wer den erstgenannten (dienstrechtlichen) Normen eine Bedeutung im Anfechtungsprozess zukommen lassen möchte, müsste bzgl. des § 48 Abs. 2 VwVfG wohl konsequenterweise ebenso verfahren und dem Verwaltungsgericht die Möglichkeit der Kassation von bspw. Subventionsbescheiden[179] verwehren, wenn nur das Vertrauen des Adressaten im Einzelfall schutzwürdig ist. Dies wird – soweit ersichtlich – nicht vertreten.

(d) Zwischenergebnis zur systematischen Auslegung

Die systematische Auslegung bietet somit keine Anhaltspunkte dafür, dass die dienstrechtlichen Rücknahmevorschriften den gerichtlichen Prüfungsmaßstab

behelf nicht offensichtlich unzulässig oder unbegründet ist, eingehend und mit umfangreichen Nachweisen zum Meinungsbild *Lege*, in: Reich, FS 100 Jahre SächsOVG, 2002, S. 359 (365 ff.).

177 So namentlich *Wernsmann*, DVBl. 2005, 276 (281).

178 Vgl. dazu u. B.IV.2.b)bb).

179 Zum Anwendungsbereich des § 48 Abs. 2 S. 1 VwVfG etwa *Sachs*, in: Stelkens/Bonk/Sachs, VwVfG, 9. Aufl. 2018, § 48 Rn. 127; als weitere Beispiele nennt *J. Müller*, in: Bader/Ronellenfitsch, BeckOK VwVfG, Stand 56. Ed. 01.07.2022, § 48 Rn. 49, etwa Beihilfe- oder Trennungsgeldzahlungen, Mittel zur Parteienfinanzierung und Sozialleistungen. Vgl. in diesem Zusammenhang auch *Kenntner*, NVwZ 2017, 417 (420), der jedoch auf (unter § 48 Abs. 1, 3 VwVfG fallende) Baugenehmigungen abstellt; dazu auch o. Fn. 110.

modifizieren. Der Vergleich mit ähnlich gelagerten, jedoch ausdrücklich gesetzlich geregelten Konstellationen spricht vielmehr eher gegen diese These.

(4) Historisch-genetische Auslegung

Auch die Genese der Vorschriften legt nicht nahe, dass durch sie die gerichtliche Kassationsmöglichkeit eingeschränkt werden soll.[180] Anhaltspunkte dafür, dass Bestimmungen wie § 12 BeamtStG oder § 14 BBG diese Bedeutung zukommen sollte, lassen sich weder den historischen Vorgängerregelungen noch den Materialien zur Entstehung dieser oder der heute geltenden Vorschriften entnehmen.[181]

(a) Erstmalige Kodifikation im Deutschen Beamtengesetz von 1937

Die Wurzeln der heutigen dienstrechtlichen Rücknahmeregelungen reichen zurück auf den im Jahre 1937 in Kraft getretenen § 32 DBG,[182] der erstmals die Folgen fehlerhafter Ernennungen gesetzlich regelte und dazu die bis heute Gültigkeit besitzende Differenzierung zwischen ipso iure nichtigen (§ 32 Abs. 1 DBG) und durch Behördenhandeln vernichtbaren (§ 32 Abs. 2 u. 3 DBG) Ernennungen etablierte. Auch wenn – wobei es sich um einen rein sprachlichen Unterschied gegenüber der heutigen Terminologie handelt –[183] § 32 DBG die zuletzt genannte Konstellation noch nicht als Rücknahme,[184] sondern als Nichtigerklärung bezeichnete,[185] differenzierten seine Abs. 2 u. 3 bereits zwischen obligatorischen[186] und fakultativen[187] Nichtigerklärungen.[188]

---

[180] So aber *Fehn/Opfergelt*, JURA 1985, 639 (643); zustimmend auch *Wernsmann*, DVBl. 2005, 276 (282).

[181] Aufgrund ihres Vorbildcharakters wird nachfolgend primär auf die originär beamtenrechtlichen Vorschriften eingegangen. Die einschlägigen Bestimmungen des Soldaten- oder Richterdienstrechts sind diesen weitgehend nachgebildet, vgl. im Detail o. A.I.1. und 2.

[182] Deutsches Beamtengesetz vom 26.01.1937 (RGBl. I, S. 39).

[183] Vgl. BT-Drs. 1/2846, S. 38; *Schröcker*, DVBl. 1957, 661 (661 Fn. 2).

[184] Dieser sprach der historische Gesetzgeber – entgegen dem heutigen Begriffsverständnis (vgl. § 12 Abs. 1 BeamtStG [„mit Wirkung für die Vergangenheit"], § 14 Abs. 1 BBG [„mit Wirkung auch für die Vergangenheit"] oder auch allgemein § 48 Abs. 1 VwVfG [„mit Wirkung für die Zukunft oder für die Vergangenheit"]) – lediglich eine Ex-nunc-Wirkung zu, welche er jedoch, insbesondere, da „dann dem Ernannten bis zur Rücknahme auch das bereits gezahlte Gehalt hätte belassen werden müssen" für „nicht zweckmäßig" erachtete, vgl. die beispielsweise bei *Hans Daniels*, Deutsches Beamtengesetz, 1937, S. 25 f., wiedergegebene Begründung.

[185] Dieser kam nach zeitgenössischem Verständnis die vom Gesetzgeber intendierte Ex-tunc-Wirkung zu, s. Nachweise soeben in Fn. 184.

[186] § 32 Abs. 2 DBG: „ist für nichtig zu erklären".

[187] § 32 Abs. 3 DBG: „kann [...] für nichtig erklärt werden".

[188] *H. Günther*, DÖD 1990, 281 (283). Auch die Existenz der – regelmäßig nicht gesetzlich geregelten (s. o. A.I.1.a) mit Fn. 12) – Nichternennungen war seinerzeit anerkannt, vgl. *Hey-*

Obgleich der historische Gesetzgeber bei dieser erstmaligen Kodifizierung beamtenrechtlicher Ernennungsfehlerfolgen in der dokumentierten[189] und grammatikalisch deutlich zum Ausdruck gebrachten[190] Intention handelte, eine abschließende Regelung zu treffen,[191] kann daraus nicht abgeleitet werden, dass er damit auch die echte Konkurrentenklage ausschließen wollte. Vielmehr hatte er hierzu keinerlei Anlass, da solche Klagen in Ermangelung sowohl der dazu notwendigen prozessualen Instrumente als auch des mit ihnen zu verfolgenden subjektiven Rechts seinerzeit schlechterdings undenkbar waren.[192] Dass der historische Gesetzgeber aber etwas ausschließen wollte, dessen Möglichkeit ohnehin außerhalb seiner Vorstellungswelt lag,[193] vermag kaum zu überzeugen.[194]

(b) Die beamtenrechtlichen Kodifikationen der 1950er-Jahre

(aa) Die §§ 11 f. BBG und §§ 8 f. BRRG

Jedenfalls in Bezug auf die prinzipielle (Un-)Vorstellbarkeit einer echten Konkurrentenklage etwas weniger eindeutig stellte sich die Situation in den 1950er-Jahren dar, als die vorkonstitutionellen Fehlerfolgenregelungen des § 32 DBG mit lediglich marginalen Modifikationen, aber unter Beibehaltung ihrer bisherigen Strukturen[195] in die neuen Bestimmungen der §§ 11 f. BBG[196] und §§ 8 f. BRRG[197] überführt wurden. Zwar lässt sich den Gesetzgebungsmaterialien[198]

---

land, Deutsches Beamtenrecht, 1938, S. 99; *Brand*, Das Deutsche Beamtengesetz, 4. Aufl. 1942, §§ 32–34 Anm. 10.

[189] S. insbesondere die etwa bei *Hans Daniels*, Deutsches Beamtengesetz, 1937, S. 25 f., sowie *Fischbach*, Deutsches Beamtengesetz, 1937, § 32 Anm. I, II (S. 340 ff.), jeweils abgedruckte Begründung zu § 32 DBG.

[190] § 32 Abs. 3 DBG besagte im Anschluss an die Aufführung der zur Nichtigkeit bzw. obligatorischen Nichtigerklärung führenden Tatbestände in den Abs. 1 u. 2, eine Ernennung könne „sonst nur" in einem der nachfolgend enumerativ genannten Fälle für nichtig erklärt werden.

[191] So auch die zeitgenössische Deutung. Zum Verständnis des § 32 DBG als bewusste Reaktion auf die bis dato insoweit bestehenden Streitfragen s. insbesondere *Heyland*, Deutsches Beamtenrecht, 1938, S. 93 f.

[192] S. dazu noch u. B.III.2.a).

[193] Die „Möglichkeit einer Klage gegen Ernennungen [müsse seinerzeit] als reichlich abwegig empfunden" worden sein, konzedieren etwa auch *Fehn/Opfergelt*, JURA 1985, 639 (643), die sich i. Ü. gleichwohl konträr zur hier vertretenen Auffassung positionieren.

[194] *Solte*, NJW 1980, 1027 (1033).

[195] Statt vieler *H. Günther*, DÖD 1990, 281 (294).

[196] Bundesbeamtengesetz vom 14.07.1953, BGBl. I S. 551.

[197] Rahmengesetz zur Vereinheitlichung des Beamtenrechts (Beamtenrechtsrahmengesetz – BRRG) vom 01.07.1957, BGBl. I S. 667.

[198] S. zum BBG insbesondere BT-Drs. 1/2846 (Regierungsentwurf); BT-PlPr. 1/185, S. 7839 ff. (erste Beratung); BT-Drs. 1/4246 (Bericht des Ausschusses für Beamtenrecht); BT-PlPr. 1/266, S. 13038 ff. (zweite Beratung); BT-PlPr. 1/267, S. 13122 ff. (dritte Beratung). Zum BRRG ins-

nicht entnehmen, ob der historische Gesetzgeber – was Voraussetzung dafür gewesen wäre, dass er sie durch die oben genannten Normen hätte ausschließen wollen – von der prinzipiellen Möglichkeit einer echten Konkurrentenklage ausging.[199] Allerdings wurde jedenfalls das Bestehen einer entsprechenden subjektiven Rechtsposition des Bewerbers (konkret: des Bewerbungsverfahrensanspruchs aus Art. 33 Abs. 2 GG), also eine notwendige Bedingung für die Möglichkeit einer solchen Klage, zu dieser Zeit nicht mehr einhellig abgelehnt.[200] Während die Frage nach der Möglichkeit der (echten) Konkurrentenklage (bzw. des Ausschlusses derselben) wegen deren insgesamt noch sehr geringer Bedeutung[201] in den Beratungen offenbar keine Rolle spielte, zeigen die Gesetzgebungsmaterialien deutlich, dass der Gesetzeber bzgl. der neuen §§ 11 f. BBG bzw. §§ 8 f. BeamtStG ausschließlich in der Intention handelte, das Fehlerfolgenregime des § 32 DBG – dem, wie oben gezeigt, keine die echte Konkurrentenklage ausschließende Wirkung beigemessen werde konnte – zu übernehmen.[202] Anhaltspunkte für eine vom Gesetzgeber intendierte Erweiterung seines Anwendungsbereiches bestehen hingegen nicht.[203]

(bb) Zur (früheren) Bedeutung des § 59 BRRG a. F.

Nichts anderes folgte aus dem bis zum 31.03.2009 geltenden § 59 BRRG.[204] Da er besagte, dass die

> „rechtliche Stellung des Beamten […] unter anderen Voraussetzungen oder in anderen Formen als denen, die in diesem Gesetz bestimmt oder zugelassen sind, nicht verändert werden"

---

besondere BT-Drs. 2/1549 (Regierungsentwurf); BR-PlPr. 140, S. 93 ff. (Beratung des Bundesrates); BT-Drs. 2/3043 sowie BT-Drs. 2/3363 (Berichte des Ausschusses für Beamtenrecht); BT-PlPr. 2/204, S. 11627 (zweite und dritte Beratung).

199 Insofern zumindest skeptisch *Solte*, NJW 1980, 1027 (1033). Bundesinnenminister *Lehr* betonte im Rahmen der ersten Lesung des BBG lediglich ganz allgemein das Offenstehen des Rechtsweges für Beamte, BT-PlPr. 1/185, S. 7840 (7844).

200 Dafür namentlich *Maunz*, in: Maunz/Dürig, GG, Loseblatt, Grundwerk 1958, Art. 33 Rn. 11; vgl. auch *Tietgen*, in: von Caemmerer/Friesenhahn/Lange, FS 100 Jahre DJT, Bd. II, 1960, S. 325 (337 ff.), mit eingehender Darstellung der Entwicklungen in Rspr. und Lehre (325 ff.). Anders etwa *F. Klein*, in: von Mangoldt/Klein, Das Bonner Grundgesetz, Bd. II, 2. Aufl. 1966, Art. 33 Anm. IV.1 (S. 805), Anm. IV.5. (S. 808); vgl. auch den (nur knapp abgelehnten) Streichungsantrag im Parlamentarischen Rat, der sich darauf stützte, dass die Norm „praktisch einen klagbaren Anspruch doch nicht begründen dürfte", JöR NF Bd. 1 (1951, Nachdruck 2010), S. 311.

201 *Laubinger*, ZBR 2010, 289 (294).

202 Vgl. BT-Drs. 1/2846, S. 38. Insgesamt zur Anknüpfung an das DBG auch Bundesinnenminister *Lehr*, BT-PlPr. 1/185, S. 7840. Ferner *H. Günther*, ZBR 1979, 93 (110); *ders.*, DÖD 1990, 281 (284); ähnlich sogar *Fehn/Opfergelt*, JURA 1985, 639 (643).

203 *Solte*, NJW 1980, 1027 (1033).

204 Aufgehoben mit Wirkung zum 01.04.2009 durch § 63 Abs. 2 BeamtStG vom 17.06.2008 (BGBl. I S. 1010).

könne, musste sie zweifelsohne als Ausdruck des Numerus-clausus-Prinzips verstanden werden. Auch verwundert es bei Fokussierung auf den soeben zitierten Wortlaut der Norm nicht, dass auch sie mitunter zur Begründung des Ausschlusses der echten Konkurrentenklage herangezogen wurde.[205] Indes stritt bereits die gesetzliche Systematik entscheidend gegen ein solches Verständnis. Denn während das BRRG in seinen §§ 121 ff. auch „Vorschriften, die einheitlich und unmittelbar gelten",[206] enthielt, ressortierte § 59 BRRG zum ersten Kapitel des Gesetzes, welches ausweislich seiner amtlichen Überschrift lediglich „Vorschriften für die Landesgesetzgebung"[207] enthielt. Somit kam § 59 BRRG nicht nur keinerlei Bedeutung in Bezug auf Bundesbeamte zu; aufgrund seiner rahmenrechtlichen Natur[208] war er auch im Hinblick auf Landesbeamte nicht unmittelbar anwendbar,[209] sondern beschränkte insoweit lediglich den Gestaltungsspielraum der Landesgesetzgeber.[210] Aussagen in Bezug auf die Möglichkeit einer echten Konkurrentenklage konnten auch dieser Vorschrift also nicht entnommen werden.

(c) Aktuelle Regelungen: BBG 2009 und BeamtStG 2008

Auch in Bezug auf die Reformgesetzgebung der Jahre 2008 und 2009 sind Anhaltspunkte für eine bewusste Abkehr von diesen Vorgängerregelungen nicht ersichtlich. Während § 59 BRRG aufgrund des Wegfalls der kompetenzrechtlichen Kategorie der Rahmengesetzgebung im Zuge der Reform ersatzlos gestrichen wurde, betonen die Entwurfsbegründungen zu § 12 BeamtStG bzw. § 14 BBG abermals die Kontinuität zu ihren Vorgängerregelungen[211] und schweigen – wie auch die weiteren Gesetzgebungsmaterialien –[212] zur Frage (des Ausschlusses)

---

[205] Dafür namentlich *Kernbach*, Die Rechtsschutzmöglichkeiten des unterlegenen Konkurrenten im beamtenrechtlichen Ernennungsverfahren, 1994, S. 89 ff., 92; vgl. auch *H. Günther*, ZBR 1990, 284 (291).

[206] Überschrift des (noch geltenden) zweiten Kapitels, s. vor § 121 BRRG.

[207] Überschrift des (im Jahre 2009 aufgehobenen) ersten Kapitels, s. vor § 1 BRRG a. F.

[208] Ausdrücklich § 1 S. 1 BRRG a. F.: „Die Vorschriften dieses Kapitels sind Rahmenvorschriften für die Landesgesetzgebung."

[209] *Ule*, Beamtenrecht, 1970, § 1 BRRG Rn. 5.

[210] *Laubinger*, ZBR 2010, 289 (294).

[211] BT-Drs. 16/4027, S. 24; BT-Drs. 16/7076 S. 102 f. Vgl. auch *Leppek*, ZBR 2010, 397 (404). Zur weitgehenden Übernahme der Vorgängerregelungen s. etwa auch *Lemhöfer*, in: Plog/Wiedow, BBG, Loseblatt, Stand 443. Lfg. September 2022, § 14 BBG Rn. 1 ff.

[212] Zum BBG (als Art. 1 des Gesetzes zur Neuordnung und Modernisierung des Bundesdienstrechts vom 05.02.2009, BGBl. I, S. 150) s. insbesondere BT-Drs. 16/7076 (Regierungsentwurf); BT-PlPr. 16/126, S. 13224 (erste Beratung); BT-Drs. 16/10850 (Bericht des Innenausschusses); BT-PlPr. 16/186, S. 19900 ff. (zweite und dritte Beratung). Zum BeamtStG insbesondere BT-Drs. 16/4027 (Regierungsentwurf); BT-PlPr. 16/76, S. 7578 f. (erste Beratung);

der Konkurrentenklage.[213] Soweit später gelegentlich behauptet wurde, dieses Schweigen des Gesetzgebers müsse insofern als „beredt“ – und damit im Sinne einer stillschweigenden Billigung – verstanden werden, als ihm bei Neuregelung des Beamtenrechts bekannt gewesen sein müsse, dass diesen Normen der Grundsatz der Ämterstabilität entnommen werde,[214] vermag dies nicht zu überzeugen. Neben dem Umstand, dass das BVerfG einer derartigen Deutung gesetzgeberischen Schweigens in anderem Zusammenhang bereits vehement widersprochen hat,[215] streitet hier insbesondere auch dagegen, dass schon die dem Argument zugrundeliegende Prämisse (zumindest in dieser Pauschalität) nicht zutrifft. Jedenfalls[216] das BVerwG stützte seine, die echte Konkurrentenklage verhindernde Rechtsprechung bis dato gerade nicht auf den Numerus clausus der Rücknahmegründe, sondern sprach derartigen Klagen mit der Formel von der Ernennung als einem den Kläger „nicht betreffenden Verwaltungsakt“[217] die Klagebefugnis ab. Nicht nur gab das Gericht diese Rechtsprechung erst im Jahr 2010 und somit nach Inkrafttreten der §§ 12 BeamtStG, 14 BBG auf.[218] Vielmehr positionierte es sich noch wenige Jahre vor den hier in Rede stehenden Reformen dezidiert kritisch zu der Ableitbarkeit eines Ausschlusses der echten Konkurrentenklage aus dem (alten) Numerus clausus.[219] Warum man also, wenn man dem diesbezüglichen Schweigen des Reformgesetzgebers überhaupt einen Erklärungswert beimessen wollte,[220] dieses gerade als Argument für die gegenteilige Auffassung deuten sollte, bleibt unklar.

BT-Drs. 16/7508 (Bericht des Innenausschusses); BT-Drs. 16/8910 (Vorschlag des Vermittlungsausschusses); BT-PlPr. 16/133, S. 13994 (zweite und dritte Beratung); BR-PlPr. 841, S. 9 (Anrufung des Vermittlungsausschusses); BT-PlPr. 16/157, S. 16501 und BR-PlPr. 843, S. 99 f. (Abstimmungen über Vorschlag des Vermittlungsausschusses).

[213] So auch *Hartung*, RiA 2017, 49 (51).

[214] *Kenntner* ZBR 2016, 181 (189); *W.-R. Schenke*, NVwZ 2011, 321 (325).

[215] BVerfGE 122, 248 (248).

[216] Dass diese Ansicht unter Geltung des alten Rechts vereinzelt vertreten wurde, soll nicht ausgeschlossen werden. Es ist gleichwohl bezeichnend, dass die in Fn. 214 genannten Stimmen insoweit keine Nachweise nennen.

[217] BVerwGE 80, 127 (130); BVerwG DVBl. 1989, 1150 (1150); jeweils als obiter dicta. Vgl. auch BVerwG Beschl. v. 30.06.1993 – 2 B 64.93 – Buchholz 232 § 8 BBG Nr. 49, S. 10.

[218] BVerwGE 138, 102 (105 ff. Rn. 17 ff., 109 Rn. 28).

[219] BVerwGE 115, 89 (91 f.): Dass der Dienstherr gehindert sei, eine Ernennung zurückzunehmen, wenn die beamtenrechtlichen Voraussetzungen dafür nicht gegeben seien, schließe „aber ihre Anfechtung durch den unterlegenen Mitbewerber ebenso wenig aus wie ihre gerichtliche Überprüfung“. Im Unterschied zu den seinerzeit im Anschluss an diese Aussage geäußerten verfassungsrechtlichen Bedenken distanzierte sich das Gericht auch in BVerwGE 118, 370 (372 f.) – einer Entscheidung, der ohnehin eine unechte Konkurrentenklage zu Grunde lag – nicht von dieser Passage.

[220] Dagegen auch *Hartung*, RiA 2017, 49 (51): Die an der Gesetzgebung beteiligten Organe würden sich wundern, „welche – weitgehenden und zudem der generellen Vorschrift des § 113

(d) Zwischenergebnis zur historisch-genetischen Auslegung

Weder die historische Entwicklung der einschlägigen Vorgängerregelungen noch die Genese der heute geltenden Normen streitet somit für eine die echte Konkurrentenklage ausschließende Wirkung des sog. Numerus clausus der dienstrechtlichen Rücknahmetatbestände.

(5) Teleologische Auslegung

Während in subjektiv-teleologischer Hinsicht letztlich nur darauf verwiesen werden kann, dass keine Anhaltspunkte für einen auf den Ausschluss der echten Konkurrentenklage gerichteten Willen des historischen Gesetzgebers bestehen,[221] birgt die sog. objektiv-teleologische Auslegung auch in Bezug auf die hier zu klärende Frage die ihr stets immanente Gefahr, das (subjektiv) jeweils präferierte Auslegungsergebnis als vermeintlich objektiven Zweck (bzw. „Willen") des Gesetzes vorauszusetzen[222] und sich so dem Risiko eines Zirkelschlusses[223] auszusetzen.[224] Im Interesse der Objektivierung der zur Auswahl unter verschiedenen denkbaren Normzwecken heranzuziehenden Maßstäbe kommt daher namentlich dem Kohärenzgedanken – insbesondere in seiner verfassungsorientierten Ausprägung – besondere Bedeutung zu.[225] Dieser besagt – in gewisser Parallelität zur sog. verfassungsorientierten Auslegung –,[226] dass jeweils demjenigen

Abs. 1 Satz 1 VwGO widersprechenden – stillschweigenden Annahmen ihnen […] unterstellt werden".

[221] S. o. A.III.2.b)bb)(4).

[222] *Rüthers*, Die heimliche Revolution vom Rechtsstaat zum Richterstaat, 2. Aufl. 2016, S. 189; *Rüthers/Fischer/Birk*, Rechtstheorie, 12. Aufl. 2022, Rn. 797; *F. Reimer*, Juristische Methodenlehre, 2. Aufl. 2020, Rn. 364; *E. A. Kramer*, Juristische Methodenlehre, 6. Aufl. 2019, S. 177: „vorverständnisgeprägt"; *Zeller*, Auslegung von Gesetz und Vertrag, 1989, S. 370 f.; *Tomandl*, ÖJZ 2011, 539 (542 ff.). Aus philosophischer Perspektive s. namentlich *Gadamer*, Wahrheit und Methode, 4. Aufl. 1975, S. 250 ff.

[223] Zu der der Hermeneutik immanenten Zirkularität grundlegend *Heidegger*, Sein und Zeit, 19. Aufl. 2006, S. 312 ff., der in dieser „Reflexion" freilich (auch) einen positiven ontologischen Sinn erblickt. Dazu auch *Gadamer*, Wahrheit und Methode, 4. Aufl. 1975, S. 250 ff., insbesondere 261 ff.

[224] Auch durch Vergewisserung seiner Existenz mag dieses Risiko zwar minimiert, jedoch nie zur Gänze ausgeräumt werden, vgl. *Gadamer*, Wahrheit und Methode, 4. Aufl. 1975, S. 251, 253 f.; vgl. (zur literaturwissenschaftlichen Parallelproblematik) auch *Staiger*, Die Kunst der Interpretation, 3. Aufl. 1961, S. 11 ff.

[225] Vgl. *Looschelders/W. Roth*, Juristische Methodik im Prozeß der Rechtsanwendung, 1996, S. 177: Vereinbarkeit mit höherrangigem Recht als absolutes Kohärenzkriterium bei der Auswahl zwischen den denkbaren Wertentscheidungen im Rahmen der teleologischen Auslegung.

[226] Dazu etwa *Canaris*, in: Honsell/Zäch/Hasenböhler/Harrer/Rhinow, FS für E. A. Kramer, 2004, S. 141 (142); vgl. auch *Zippelius*, in: Starck, FG 25 Jahre BVerfG, Bd. II, 1976, S. 108 (110 f.): „Vermutung für ein verfassungskonformes Funktionieren der Gesetzgebung".

denkbaren Normzweck Vorzug eingeräumt werden solle, der sich möglichst schlüssig in die Gesamtrechtsordnung einfügt und insbesondere mit höherrangigem Recht im Einklang steht.[227] Im Sinne eines Minimalkonsenses der denkbaren Normzwecke ließe sich somit formulieren, dass der Zweck eines Gesetzes (jedenfalls) darin liegen dürfte, die ihm verfassungsrechtlich zukommenden Aufgaben zu erfüllen, das Gesetz also (jedenfalls) das leisten will, was es verfassungsrechtlich leisten muss.[228]

Angewandt auf die Frage nach dem Ausschluss der echten Konkurrentenklage mittels einer durch die dienstrechtlichen Rücknahmeregime bewirkten Modifikation des gerichtlichen Prüfungsumfangs führt auch dieses Vorgehen freilich nur bedingt weiter. Denn dass gerichtlicher Rechtsschutz gegen rechtswidrige Ernennungen gerade durch nachgehende Kassation derselben möglich sein muss, verlangen weder Art. 33 Abs. 2 GG noch Art. 19 Abs. 4 GG. Jedoch ist andersherum zu konstatieren, dass das Verfassungsrecht – insbesondere Art. 33 Abs. 5 GG – auch nicht die absolute Beständigkeit von Ernennungen fordert. Es verlangt lediglich den Schutz des Beamten vor seiner Entlassung durch den Dienstherrn, steht aber weder der Beendigung des Dienstverhältnisses noch der Aufhebung seines rechtswidrigen Begründungsaktes in einem gerichtlichen Verfahren entgegen.[229] Auch wenn die teleologische Betrachtung somit nicht klar gegen ein auch den gerichtlichen Prüfungsumfang modifizierendes Verständnis der dienstrechtlichen Rücknahmeregime streitet – dafür streitet sie jedenfalls ebenso wenig.[230]

(6) Zwischenergebnis zur Frage der abweichenden Bestimmung des Prüfungsumfangs

Die Auslegung liefert somit keine Anhaltspunkte dafür, dass der abschließende Katalog der dienstrechtlichen Rücknahmebestimmungen auch den Prüfungsmaßstab für die Begründetheit der Anfechtungsklage gegenüber § 113 Abs. 1 S. 1 VwGO modifiziert. Zwar fällt das Auslegungsergebnis damit prima facie auch nicht klar zu Gunsten der Gegenauffassung aus. Es gilt aber (jedenfalls

---

227 *Looschelders/W. Roth*, Juristische Methodik im Prozeß der Rechtsanwendung, 1996, S. 171 ff., 177.

228 Vgl. *Looschelders/W. Roth*, Juristische Methodik im Prozeß der Rechtsanwendung, 1996, S. 177: Vereinbarkeit mit höherrangigem Recht als absolutes Kohärenzkriterium bei der Auswahl zwischen den denkbaren Wertentscheidungen im Rahmen der teleologischen Auslegung.

229 S. dazu noch u. B.IV.2.b).

230 Anders nur *Frenz*, Verwaltungsgerichtlicher Rechtsschutz in Konkurrenzsituationen, 1999, S. 89, der – offenbar ausgehend von seinem Verständnis der Ämterstabilität als eines Gutes von Verfassungsrang (Funktionsfähigkeit des öffentlichen Dienstes, dazu u. D.) – ausführt, die Beschränkung der Nichtigkeit und Rücknehmbarkeit von Ernennungen binde „aufgrund ihres Zwecks" auch die Gerichte.

ausgehend von dem hier zu Grunde gelegten wortlautbasierten Verständnis der Anfechtungsklage) zu beachten, dass die Rechtsordnung mit § 113 Abs. 1 S. 1 VwGO bereits eine grundsätzliche Positionierung enthält,[231] von der eine Abweichung festgestellt werden müsste. In Anbetracht dessen erweist sich das Ergebnis deutlich weniger offen, als es zunächst scheinen mag: Da es keine Argumente für eine solche Abweichung gibt, bleibt es bei dem in § 113 Abs. 1 S. 1 VwGO niedergelegten Grundsatz.

cc) Zusammenfassung

Auf Grundlage eines wortlautbasierten Verständnisses der Anfechtungsklage kann eine Erfolglosigkeit der echten Konkurrentenklage nicht unter Rückgriff auf den sog. Numerus clausus der Rücknahmetatbestände begründet werden.[232] Denn weder zählen diese Normen zum gerichtlichen Prüfungsmaßstab nach § 113 Abs. 1 S. 1 VwGO noch bestimmen sie einen davon abweichenden Prüfungsmaßstab.

c) Anspruchsmodell versus wortlautbasiertes Verständnis

Wenngleich der Streit über das dogmatische Verständnis der Anfechtungsklage oft ohne praktische Relevanz bleibt und er daher nur selten offen geführt wird, bedarf er in der Konstellation der echten Konkurrentenklage der Entscheidung. Denn hier führen die beiden widerstreitenden Konzeptionen zu unterschiedlichen Resultaten. Während die vielfach postulierte Erfolglosigkeit solcher Klagen auf Grundlage des oben umrissenen Anspruchsmodells der Anfechtungsklage schlüssig mit dem Numerus clausus der dienstrechtlichen Rücknahmetatbestände begründet werden kann,[233] kommt diesen Bestimmungen unter den Prämissen eines vom Wortlaut des § 113 Abs. 1 S. 1 VwGO ausgehenden Konzepts der Anfechtungsklage keine Bedeutung für die Entscheidung über echte Konkurrentenklagen zu.[234]

aa) Überblick über das Meinungsbild

Gerade weil der Streit oft ohne praktische Relevanz bleibt und er deshalb nur sehr vereinzelt offen und in seiner grundlegenden Dimension geführt wird,[235] fällt es schwer, klare Fronten auszumachen.

---

[231] *W.-R. Schenke*, in: Butzer/Kaltenborn/Meyer, FS für Schnapp, 2008, S. 655 (679).

[232] So i. E. auch *P. M. Huber*, Konkurrenzschutz im Verwaltungsrecht, 1991, S. 457.

[233] Oben A.III.2.a).

[234] Oben A.III.2.b).

[235] Ausnahmen finden sich bei *Funke*, JZ 2015, 369 ff., sowie *Buchheim*, Actio, Anspruch, subjektives Recht, 2017, passim.

(1) Meinungsbild in der Literatur

In der Literatur dürfte das Anspruchsmodell gegenwärtig die vorherrschende Auffassung sein.[236] Jedenfalls wirkt es so, weil insbesondere monographische Darstellungen[237] und Kommentierungen[238] überwiegend dieser Sichtweise folgen, sich aber nur vereinzelt Stimmen finden, die sich dezidiert kritisch damit befassen.[239] Sofern sich andere Autoren im Sinne des wortlautbasierten Verständnisses positionieren, kritisieren sie das Anspruchsmodell in der Regel nicht offensiv,[240] sondern beschränken sich darauf, die Anfechtungsklage auf Grundlage des gesetzlichen Wortlauts darzustellen, ohne auf konkurrierende dogmatische Konzepte überhaupt einzugehen.[241]

(2) Positionierungen der Rechtsprechung

In der Rechtsprechung ist indes eine mehr oder weniger dominierende Festlegung auf das Anspruchsmodell bisher nicht erkennbar. Insofern gilt – aufgrund der nicht in der Beantwortung akademischer Fragen, sondern der Lösung konkreter Streitfälle liegenden Funktion der Rechtsprechung –[242] der obige Hinweis auf die nur selten gegebene Entscheidungserheblichkeit des Streites freilich in besonderem Maße:[243] Da die beiden Modelle nur in sehr wenigen Fällen über-

---

[236] So auch *Buchheim*, Actio, Anspruch, subjektives Recht, 2017, S. 12; ähnlich („seit längerem anerkannt") auch *Funke*, JZ 2015, 369 (370); anders offenbar noch *W.-R. Schenke*, in: Geis/Lorenz, FS für Maurer, 2001, S. 723 (726): die Auffassung, dass ein materieller Aufhebungsanspruch vor Ablauf der Anfechtungsfrist überhaupt bestehe [also eine notwendige Voraussetzung dafür, dass dieser mit der Anfechtungsklage verfolgt werden könnte, d. Verf.], sei eine Mindermeinung in der Literatur.

[237] *Baumeister*, Der Beseitigungsanspruch als Fehlerfolge des rechtswidrigen Verwaltungsakts, 2006, S. 10, 225; *Grzeszick*, Rechte und Ansprüche, 2002, S. 68; *M. Fischer*, Die verwaltungsprozessuale Klage im Kraftfeld zwischen materiellem Recht und Prozessrecht, 2011, S. 168;

[238] *Wolff*, in: Sodan/Ziekow, VwGO, 5. Aufl. 2018, § 113 Rn. 10ff.; *R. P. Schenke*, in: *Kopp/Schenke,* VwGO, 28. Aufl. 2022, § 42 Rn. 2; *Emmenegger*, in: Fehling/Kastner/Störmer, VerwR, 5. Aufl. 2021, § 113 VwGO, Rn. 10; *Sennekamp*, in: Fehling/Kastner/Störmer, VerwR, 5. Aufl. 2021, § 42 VwGO Rn. 8.

[239] *Buchheim*, Actio, Anspruch, subjektives Recht, 2017, passim.

[240] Einen ähnlichen Befund formuliert *Kaniess*, Der Streitgegenstandsbegriff in der VwGO, 2012, S. 124.

[241] Etwa *Schübel-Pfister*, in: Eyermann, VwGO, 16. Aufl. 2022, § 113 Rn. 23ff.; *Bamberger*, in: Wysk, VwGO, 3. Aufl. 2020, § 113 Rn. 2ff. S. auch *Wernsmann*, Die Verwaltung Bd. 36 (2003), S. 67 (74f.).

[242] Vgl. *Schulze-Fielitz*, in: Dreier, GG, Bd. III, 3. Aufl. 2018, Art. 92 Rn. 40; *Schmidt-Jortzig*, NJW 1991, 2377 (2378). Zur konstitutionellen Uneinheitlichkeit der Rechtsprechung aufgrund richterlicher Unabhängigkeit vgl. auch BVerfGE 78, 123 (126); 87, 273 (278).

[243] *Kischel*, Folgen von Begründungsfehlern, 2004, S. 89, attestiert der Frage daher auch

haupt zu unterschiedlichen Ergebnissen führen, bedarf es einer diesbezüglichen Festlegung der Rechtsprechung zumeist schlicht nicht.

(a) Positionierungen des BVerwG

(aa) Vermeintliche Positionierung des BVerwG im Sinne des Anspruchsmodells

Eine Passage, die von Verfechtern des Anspruchsmodells gerne als einschlägige Positionierung des BVerwG verstanden wird,[244] findet sich in einer Entscheidung aus dem Jahre 1976. Dort heißt es:

> „Für Anfechtungsklagen wie für Verpflichtungsklagen ergibt sich aus dem Prozeßrecht, daß ein Kläger mit seinem Aufhebungsbegehren bzw. mit seinem Verpflichtungsbegehren nur dann durchdringen kann, *wenn* er zu dem Zeitpunkt, in dem die gerichtliche Entscheidung ergeht, einen Anspruch auf die erstrebte Aufhebung bzw. auf die mit der Verpflichtungsklage verfolgte Leistung hat. Nach dem materiellen Recht beantwortet sich dagegen die Frage, *ob* ein solcher Anspruch (noch) besteht, d. h. für den Fall der Anfechtungsklage, ob der angefochtene Verwaltungsakt objektiv rechtswidrig ist und den Kläger in seinen subjektiven Rechten verletzt“.[245]

Obschon das Gericht in dieser Passage freilich im Hinblick auf die Anfechtungsklage von einem „Anspruch auf die erstrebte Aufhebung“ und der diesbezüglichen Bedeutung des materiellen Rechts spricht, dürfte es bei Lichte betrachtet eine Überstrapazierung derselben bedeuten, sie als Bekenntnis zum sog. Anspruchsmodell zu deuten. Zunächst gilt zu beachten, dass Gegenstand des der Entscheidung zugrundeliegenden Verfahrens – weshalb es sich bei den in Bezug auf die Anfechtungsklage formulierten Aussagen lediglich um obiter dicta handelt – keine Anfechtungs-, sondern eine Verpflichtungsklage war. Die in Rede stehende Passage betrifft denn auch nicht die Frage nach der dogmatischen Konzeption der Anfechtungsklage, sondern diejenige nach der (in zeitlicher Hinsicht) maßgeblichen Sach- und Rechtslage für die Entscheidung über eine Verpflichtungsklage.

Zudem lässt die zitierte Aussage auch ungeachtet ihrer fehlenden Entscheidungserheblichkeit im konkreten Fall keineswegs darauf schließen, dass das Gericht die Anfechtungsklage als Instrument zur Durchsetzung eines gegen den Beklagten gerichteten Anspruchs auf behördliche Aufhebung (im Sinne des Anspruchsmodells) versteht. Denn ob „der angefochtene Verwaltungsakt objektiv

---

eine „sehr geringe Resonanz […] in der Rechtsprechung“. Ähnlich *W.-R. Schenke*, in: Geis/Lorenz, FS für Maurer, 2001, S. 723 (727).

[244] Etwa bei *Pietzcker/Marsch*, in: Schoch/Schneider, VwGO, Loseblatt, Stand 42. Lfg. Februar 2022, § 42 Abs. 1 Rn. 3; *Wolff*, in: Sodan/Ziekow, VwGO, 5. Aufl. 2018, § 113 Rn. 10; *Scherzberg*, BayVBl. 1992, 426 (429); *Sennekamp*, in: Fehling/Kastner/Störmer, VerwR, 5. Aufl. 2021, § 42 Rn. 8.

[245] BVerwGE 51, 15 (24), Kursivdruck nur hier, im Original durch Sperrsatz hervorgehoben.

rechtswidrig ist und den Kläger in seinen subjektiven Rechten verletzt",[246] ist nicht nur im Hinblick auf die Existenz eines materiellen Aufhebungsanspruchs, sondern wegen der entsprechenden Formulierung der Voraussetzungen in § 113 Abs. 1 S. 1 VwGO auch auf Grundlage des wortlautbasierten Verständnisses relevant. Und dass das Gericht von einem „Anspruch" sprach, kann – ungeachtet der Möglichkeit, dass dies evtl. dem Umstand geschuldet war, dass es sich in der Sache zu einer Verpflichtungsklage äußerte – auch in einem prozessualen Sinne gemeint gewesen sein.

(bb) Differenzierung zwischen behördlichen und gerichtlichen Befugnissen

Überdies äußerte das BVerwG – wenngleich abermals als obiter dictum – in einer deutlich jüngeren Entscheidung, die zudem eine dienstrechtliche Konkurrenzkonstellation betraf,[247] erhebliche Zweifel an einem Kernaspekt des Anspruchsmodells: Während von dessen Verfechtern ein Gleichlauf behördlicher und gerichtlicher Aufhebungsbefugnisse postuliert wird, weil mit der Anfechtungsklage ein gegen den Beklagten gerichteter[248] Aufhebungsanspruch verfolgt werde, sympathisierte das Gericht offen mit einer diesbezüglichen Differenzierung, indem es formulierte, zwar könne

„der Dienstherr gehindert sein, eine von dem unterlegenen Mitbewerber angefochtene Ernennung zurückzunehmen, wenn die beamtenrechtlichen Voraussetzungen dafür nicht gegeben sind (vgl. § 9 BRRG, § 12 BBG). Das schließt aber ihre Anfechtung durch den unterlegenen Mitbewerber ebenso wenig aus wie ihre gerichtliche Überprüfung."[249]

Jedenfalls als Indiz gegen eine Festlegung des BVerwG auf die Anspruchskonzeption kann schließlich gewertet werden, dass das Gericht den in der Entscheidung BVerwGE 138, 102 ff. angenommenen exzeptionellen Erfolg der echten Konkurrentenklage (wegen Rechtsschutzvereitelung)[250] auch gerade nicht mit dem gegen den Dienstherrn bestehenden Aufhebungsanspruch begründete.[251]

(b) Ausgewählte Instanzrechtsprechung

Auch ist in der – hier nur fragmentarisch dargestellten – Instanzrechtsprechung insofern kein einheitliches Meinungsbild feststellbar.

---

246 BVerwGE 51, 15 (24).
247 BVerwGE 115, 89 ff. Vgl. zu dieser Entscheidung schon o. Teil 1 C.I.2.b).
248 S. o. A.III.2.a)aa) mit Fn. 73.
249 BVerwGE 115, 89 (91 f.).
250 Vgl. zu der Entscheidung schon o. Teil 1 C.I.4.
251 Dies kritisiert *W.-R. Schenke*, NVwZ 2011, 321 (322).

(aa) Entscheidung des OVG Münster zum kommunalrechtlichen Vertretungsverbot

So positionierte sich etwa das OVG Münster in den 1970er-Jahren einmal (vermeintlich) ausdrücklich im Sinne des Anspruchsmodells.[252] Inwieweit den damals getätigten Aussagen in hiesigem Zusammenhang jedoch Erkenntniswert beizumessen ist, ist insofern fraglich, als die Entscheidung – auch wenn das Gericht vordergründig darauf abstellte – im Kern nicht die dogmatische Konzeption der Anfechtungsklage, sondern die (primär nach teleologischen Maßstäben zu ermittelnde) Reichweite eines kommunalrechtlichen Vertretungsverbotes betraf. Auf Grundlage des damals geltenden § 24 Abs. 1 S. 2 GemO NRW a. F.[253] war fraglich, ob es sich bei der verwaltungsgerichtlichen Anfechtung eines Erschließungsbeitragsbescheides um eine (nach dieser Bestimmung unzulässige) Geltendmachung eines Anspruches gegen die Gemeinde handelte. Anstatt dies – überzeugender –[254] mit dem Zweck des Vertretungsverbotes[255] zu begründen, stellte das OVG für die Bejahung der Frage auf die Lehre vom materiellen Aufhebungsanspruch ab.

(bb) Rechtsprechung des OVG Münster zu beamtenrechtlichen Konkurrentenklagen

Auch der originär auf die Behandlung von Konkurrentenklagen bezogenen Rechtsprechung des OVG Münster kann insofern keine eindeutige Positionierung entnommen werden. Zwar verneint das Gericht unter Verweis auf den sog. Grundsatz der Ämterstabilität grundsätzlich die Möglichkeit echter Konkurrentenklagen. Dies ließe sich nach dem oben Ausgeführten gerade nur unter Zugrun-

---

[252] OVG Münster NJW 1975, 2086 (2086).

[253] Entspricht dem heutigen § 32 Abs. 1 S. 2 GO NRW.

[254] Die vom OVG Münster bemühte Argumentation stößt jedenfalls in Bezug auf – wohl ebenfalls vom Vertretungsverbot erfasste, s. *Bätge*, Kommunalrecht Nordrhein-Westfalen, 5. Aufl. 2019, Rn. 232 – (Fortsetzungs-)Feststellungsklagen an ihre Grenzen. Da sich eine früher vereinzelt vertretene Auffassung, wonach mit Feststellungsklagen ein materieller Anerkenntnisanspruch geltend gemacht werde, nie durchzusetzen vermochte (dazu *Trzaskalik*, Die Rechtsschutzzone der Feststellungsklage im Zivil- und Verwaltungsprozeß, 1978, S. 12), führte die Begründung des OVG zu dem (auch angesichts des Zwecks des Vertretungsverbotes, dazu sogleich Fn. 255) wenig schlüssigen Ergebnis, dass das Vertretungsverbot zwar der Anfechtung eines Verwaltungsaktes entgegenstünde, nicht aber der Erhebung einer Fortsetzungsfeststellungsklage nach dessen Erledigung.

[255] Dieser liegt zum einen darin, die Gemeindeverwaltung von Einflüssen freizuhalten, die eine objektive, unparteiische und einwandfreie Führung der Gemeindegeschäfte gefährden könnten; zudem soll das Vertretungsverbot Interessenkonflikten vorbeugen, s. *Lange*, Kommunalrecht, 2. Aufl. 2019, Kap. 5 Rn. 164; *C. Geiger*, in: Articus/Schneider, GO NRW, 5. Aufl. 2016, § 32 Anm. 1; vgl. auch BVerfGE 52, 42 (54 f.).

delegung des Anspruchsmodells, nicht aber auf Basis eines wortlautbasierten Verständnisses begründen. Hinsichtlich der Frage, ob eine im Einzelfall mögliche Durchbrechung dieses Grundsatzes im Falle der Rechtsschutzvereitelung die Schuldhaftigkeit derselben voraussetzt,[256] spricht es aber – was seinerseits klar auf ein wortlautbasiertes Verständnis hindeutet – von der „für die gerichtliche Aufhebung eines Verwaltungsakts maßgeblichen Bestimmung des § 113 Abs. 1 Satz 1 VwGO".[257]

(cc) Rechtsprechung zu § 102b GüKG a. F.

Andere Oberverwaltungsgerichte haben sich bzgl. der ehemals im Hinblick auf § 102b GüKG a. F. bestehenden Parallelkonstellation[258] deutlich im Sinne des wortlautbasierten Verständnisses der Anfechtungsklage positioniert. So wiesen namentlich das OVG Magdeburg[259] und das OVG Lüneburg[260] zwar unechte Konkurrentenklagen (Verpflichtungsklagen) jeweils mit der Begründung ab, dass den Beklagten die begehrte Neubescheidung eines Antrages auf Erteilung einer Güterfernverkehrsgenehmigung wegen Erschöpfung des Kontingents und ihrer Bindung an die abschließend in § 102b GüKG a. F. normierten Rücknahmetatbestände nicht möglich sei. Sie verbanden dies aber jeweils mit dem Hinweis, dass das nur gelte, solange nicht der Kläger

> „einen erfolgreichen Konkurrenten nachträglich verdrängt, indem er […] die diesem erteilte Genehmigung im Wege der [echten, d. Verf.] Konkurrentenklage anficht und so für den Bekl. wieder verfügbar macht."[261]

Während die Gerichte also die Behörde als an den abschließenden Katalog der Rücknahmetatbestände des § 102b GüKG a. F. gebunden erachteten, maßen sie diesem für die gerichtliche Entscheidung in Anfechtungsklagen – ganz im Sinne des wortlautbasierten Verständnisses derselben – keine Bedeutung bei.

(c) Zusammenfassung

In der Gesamtschau wird man somit nicht von einer eindeutigen Festlegung der Rechtsprechung, jedenfalls nicht von einer solchen auf die Anspruchskonzeption, ausgehen können.

---

256 Vgl. zu dieser Frage schon o. Teil 1 A.I. mit Fn. 20.

257 OVG Münster Urt. v. 17.06.2019 – 6 A 1133/17 – Rn. 171, juris.

258 Zu dieser o. Fn. 46.

259 NVwZ 1996, 815 (815).

260 NJW 1992, 1979 (1980).

261 OVG Magdeburg NVwZ 1996, 815 (815); knapper, aber in der Sache ebenso bereits OVG Lüneburg NJW 1992, 1979 (1980); s. zu beiden Entscheidungen auch *J. Wieland*, Die Verwaltung Bd. 32 (1999), S. 217 (220).

bb) Die Vorzugswürdigkeit des wortlautbasierten Verständnisses

Die Überlegenheit des wortlautbasierten Verständnisses der Anfechtungsklage wurde andernorts bereits eingehend belegt.[262] Im Folgenden sollen daher nurmehr einige Vorzüge dieser Konzeption dargestellt und einige der gängigsten gegen dieses Verständnis erhobenen Einwände widerlegt werden.

(1) Vorbemerkung

Zunächst sei insofern aber klargestellt, dass, wenn hier dem wortlautbasierten Verständnis der Anfechtungsklage Vorzug gegenüber dem Anspruchsmodell gegeben wird, damit keineswegs die Existenz des materiellen Aufhebungsanspruchs bestritten werden soll.[263] Dass es sich bei ihm – wie auch dem Folgen- oder Vollzugsfolgenbeseitigungsanspruch –[264] um eine Ausprägung des allgemeinen Beseitigungsanspruchs handelt, der als Reaktionsanspruch aus der Verletzung von Primärrechten (wie namentlich dem grundrechtlichen status negativus)[265] resultiert,[266] soll keineswegs in Abrede gestellt werden – und muss es auch nicht: Zwar zöge die (hypothetische) Negierung der Existenz des materiellen Aufhebungsanspruchs zweifellos (auch) die Ablehnung des Anspruchsmodells nach sich. Andersherum resultiert aus der hier präferierten Ablehnung des Anspruchsmodells der Anfechtungsklage aber keineswegs zwingend die Negierung der Existenz des materiellen Aufhebungsanspruchs. Vielmehr kann die Anfechtungsklage auch auf Grundlage des wortlautbasierten Verständnisses als ein Instrument verstanden werden, das (jedenfalls im Regelfall) der Durchsetzung eines solchen Aufhebungsanspruchs „dient".[267] Sie ist lediglich nicht vom Bestehen (bzw. der Durchsetzbarkeit) eines gegen den Beklagten gerichteten Aufhebungsanspruchs abhängig, sodass sich Unterschiede nur in wenigen Konstellationen, aber namentlich dann ergeben, wenn dieser Anspruch (z. B. wegen subjektiver Unmöglichkeit) ausgeschlossen ist.

---

[262] S. nur *Buchheim*, Actio, Anspruch, subjektives Recht, 2017, S. 136 ff.; zu Schwächen des Anspruchsmodells s. a. a. O., S. 18 ff.

[263] Vgl. auch *P. Reimer*, Die Verwaltung Bd. 50 (2017), S. 395 (397 mit Fn. 12). Tendenziell gegen die (pauschale) Existenz eines solchen Anspruchs wohl *Ludwigs*, DVBl. 2008, 1164 ff.

[264] Die genannten Ansprüche unterscheiden sich nur durch die Natur des sie auslösenden Verletzungsaktes: Während dies im Falle des Folgenbeseitigungsanspruchs schlicht-hoheitliches Handeln ist, ist es beim Aufhebungsanspruch ein Verwaltungsakt und beim Vollzugsfolgenbeseitigungsanspruch die Vollziehung eines solchen.

[265] Der primärrechtliche Unterlassungsanspruch wäre faktisch weitgehend entwertet, wenn der Staat ihn folgenlos missachten könnte.

[266] Vgl. *Funke*, JZ 2015, 369 (370).

[267] Vgl. *Funke*, JZ 2015, 369 (370).

(2) Bedeutung des materiellen Aufhebungsanspruchs für die Begründetheit der Anfechtungsklage

Ausgehend von der Existenz des gegen den jeweils die Rechtsverletzung zu verantwortenden staatlichen Akteur gerichteten materiellen Aufhebungsanspruchs ist dessen Bedeutung für die Begründetheit[268] der Anfechtungsklage zu untersuchen.

(a) Wortlaut als Ausgangspunkt der Auslegung

Dass der Wortlaut des § 113 Abs. 1 S. 1 VwGO oder anderer in Zusammenhang mit der Anfechtungsklage stehender Bestimmungen keine Anhaltspunkte für das Anspruchsmodell enthält, wird selbst von dessen Verfechtern recht offen eingeräumt, wenn sie etwa die „völlige Irrelevanz des Wortlauts von § 113 Abs. 1 S. 1 VwGO" postulieren,[269] die teleologische Reduktion der Vorschrift fordern[270] oder ihr lediglich die Bedeutung einer Tenorierungsvorschrift beimessen.[271] Besonders deutlich wird dieser Befund, wenn man den Wortlaut des § 113 Abs. 1 S. 1 VwGO mit demjenigen von § 894 S. 1 ZPO vergleicht. Denn geht man mit dem Anspruchsmodell davon aus, dass mit der Anfechtungsklage eigentlich ein gegen den Beklagten bestehender Aufhebungsanspruch geltend gemacht wird, wäre sie der Sache nach eine Leistungsklage,[272] bei deren Erfolg lediglich aus Gründen der Prozessökonomie nicht die Verpflichtung des Beklagten zur Aufhebung des angegriffenen Verwaltungsaktes tenoriert,[273] sondern die vom Beklagten geschuldete Aufhebung – so wie es § 894 S. 1 ZPO im Hinblick auf die zivilrechtliche Verurteilung zur Abgabe einer Willenserklärung bestimmt – unmittelbar durch Urteilsspruch fingiert wird.[274] Ungeachtet des – freilich nicht grammatikalischen –

---

[268] Dass ihm für die Zulässigkeit keine Relevanz zukommt, dürfte außer Frage stehen. Insbesondere stellen auch die Vertreter der Anspruchskonzeption (soweit erkennbar) hinsichtlich der Klagebefugnis nur auf die Möglichkeit der Rechtsverletzung, nicht aber auf die Möglichkeit des Bestehens eines Aufhebungsanspruchs ab.

[269] *M. Fischer*, Die verwaltungsprozessuale Klage im Kraftfeld zwischen materiellem Recht und Prozessrecht, 2011, S. 168: „völlige Irrelevanz des Wortlauts von § 113 Abs. 1 S. 1 VwGO".

[270] *W.-R. Schenke/R. P. Schenke*, in: Kopp/Schenke, VwGO, 28. Aufl. 2022, § 113 Rn. 6; *W.-R. Schenke*, Verwaltungsprozessrecht, 17. Aufl. 2021, Rn. 809; *ders.*, in: Geis/Lorenz, FS für Maurer, 2001, S. 723 (754); *Wernsmann*, DVBl. 2005, 276 (281 f.); *Weckmann*, Die Rolle staatlicher Auswahlentscheidungen im Rechtsschutzsystem der „Konkurrentenverdrängungsklage", 2019, S. 89.

[271] *Wolff*, in: Sodan/Ziekow, VwGO, 5. Aufl. 2018, § 113 Rn. 10.

[272] „Spezialfall der Verpflichtungsklage", *Kaniess*, Der Streitgegenstandsbegriff in der VwGO, 2012, S. 124.

[273] *Kaniess*, Der Streitgegenstandsbegriff in der VwGO, 2012, S. 124; *Weyreuther*, in: 47. DJT, Bd. I, 1969, S. B 78 (B 46); *W.-R. Schenke*, in: Geis/Lorenz, FS für Maurer, 2001, S. 723 (754); *ders.*, NVwZ 1993, 718 (726).

[274] Vgl. *Bettermann*, DVBl. 1953, 163 (164).

Arguments, dass gegen die Übertragung des Rechtsgedankens des § 894 S. 1 ZPO bereits der absolute Ausnahmecharakter dieser Bestimmung spricht,[275] fällt in originär grammatikalisch-semantischer Hinsicht auf, dass § 113 Abs. 1 S. 1 VwGO gerade nicht im Sinne von § 894 S. 1 ZPO dahingehend formuliert ist, dass der Verwaltungsakt kraft Urteils als durch den Beklagten aufgehoben „gilt", sondern die Bestimmung von einer autonomen Aufhebung durch das Gericht spricht („hebt das Gericht den Verwaltungsakt [...] auf").

(b) Historie und Genese

Auch bieten weder die historische Entwicklung der Anfechtungsklage noch die Genese des § 113 Abs. 1 S. 1 VwGO Stützen für das Anspruchsmodell. So veranschaulicht bereits das – im Unterschied zum Zivilprozessrecht – im Verwaltungsprozessrecht noch bis zur Einführung der VwGO geltende Enumerativsystem plastisch, dass dieses traditionell von einem eher aktionenrechtlichen Verständnis geprägt war.[276] Namentlich die Anfechtungsklage entwickelte sich nicht durch Übernahme von Strukturen des durch Leistungsklagen geprägten Zivil-(prozess)rechts, sondern aus der rechtsmittelähnlichen Administrativjustiz.[277] Auch finden sich keine Anhaltspunkte dafür, dass der Gesetzgeber bei bzw. durch Schaffung der VwGO von diesem Verständnis abrücken wollte. Vielmehr wurde die Abkehr vom Enumerativprinzip (nur) als im Interesse des Art. 19 Abs. 4 GG erfolgende Abrundung der bereits zuvor gesetzlich anerkannten Zuständigkeiten der Verwaltungsgerichte angesehen.[278] Die Anfechtungsklage wurde in Abgrenzung zu der als „Unterart der Leistungsklage" qualifizierten Verpflichtungsklage als (echte) Gestaltungsklage betrachtet.[279] Und bei der Formulierung des § 113 VwGO vermied der historische Gesetzgeber nicht nur bzgl. der Anfechtungs-

[275] Dieser führte namentlich dazu, dass – genau gegenläufig zu der in Bezug auf § 113 Abs. 1 S. 1 VwGO vertretenen Argumentation – jedenfalls anfänglich auch vertreten wurde, dass es sich bei auf Abgabe einer Willenserklärung gerichteten Klage ungeachtet ihrer Ausgestaltung als Leistungsklage durch die ZPO der Sache nach eigentlich um eine Gestaltungsklage handele, *Kipp*, Die Verurtheilung zur Abgabe von Willenserklärungen und zu Rechtshandlungen, 1892, S. 15 f.; *Langheineken*, Der Urteilsanspruch, 1899, S. 252 ff.; *Larenz*, NJW 1951, 497 (499); *Bötticher*, Die Wandlung als Gestaltungsakt, 1938, S. 33.

[276] *Buchheim*, Actio, Anspruch, subjektives Recht, 2017, S. 175.

[277] *Buchmann*, Die Anfechtungsklage des thüringischen Verwaltungsrechts in Lehre und Rechtsprechung, 1929, S. 17 f., kategorisierte die Anfechtungsklage wie selbstverständlich als Rechtsmittel – sie sei „etwa in der Mitte zwischen Berufung und Revision" angesiedelt (a. a. O., S. 132). Vgl. auch *Gabler*, Über die Anfechtungsklage des sächsischen Gesetzes über die Verwaltungsrechtspflege vom 19. Juli 1900, 1911, S. 17 f.

[278] BT-Drs. 3/55, S. 30; *Buchheim*, Actio, Anspruch, subjektives Recht, 2017, S. 176.

[279] BT-Drs. 3/55, S. 32. Vgl. auch *Bettermann*, in: Külz/Naumann, FS 10 Jahre BVerwG, Bd. II, 1963, S. 449 (454).

klage jede auf die Annahme einer (bloßen) Aufhebungsfiktion hindeutende Formulierung. Vielmehr verzichtete er sogar hinsichtlich der als Leistungsklage verstandenen[280] Verpflichtungsklage darauf, das Bestehen eines Anspruchs ausdrücklich als Begründetheitsvoraussetzung zu normieren, indem er stattdessen in Anlehnung an die in § 113 Abs. 1 S. 1 VwGO normierten Voraussetzungen der Anfechtungsklage formulierte, dass die „Ablehnung oder Unterlassung des Verwaltungsakts rechtswidrig und der Kläger dadurch in seinen Rechten verletzt" sein müsse.[281]

(c) Keine teleologische Erforderlichkeit des Anspruchsmodells

Ungeachtet der hinsichtlich der sog. objektiv-teleologischen Methode ohnehin gebotenen Vorsicht[282] ist ein Verständnis der Anfechtungsklage im Sinne des Anspruchsmodells auch nicht wegen ihres Sinns und Zwecks geboten.[283]

(aa) Maßgebliche Bedeutung des materiellen Rechts für die Begründetheit der Anfechtungsklage auch auf Grundlage des wortlautbasierten Verständnisses

Entgegen anderslautender Kritik gerät § 113 Abs. 1 S. 1 VwGO auf Grundlage des wortlautbasierten Verständnisses auch keineswegs zu einer „von den Regeln des materiellen Rechts unabhängigen Ermächtigungsgrundlage".[284] Indem nämlich die Begründetheit der Anfechtungsklage (in weitgehender Übereinstimmung mit den Tatbestandsvoraussetzungen des ungeschriebenen materiellen Aufhebungsanspruchs)[285] die Rechtswidrigkeit des angefochtenen Verwaltungsaktes sowie die dadurch bewirkte Verletzung des Klägers in seinen subjektiven Rech-

---

280 BT-Drs. 3/55, S. 32.

281 Inwiefern diese Formulierungsparallelen *für* das Anspruchsmodell streiten sollen (so beiläufig *Kaniess*, Der Streitgegenstandsbegriff in der VwGO, 2012, S. 124) erschließt sich nicht.

282 Zu der dieser Auslegungsmethode immanenten Gefahr, ein (subjektiv) präferiertes Auslegungsergebnis als vermeintlich objektiven Zweck (bzw. „Willen") des Gesetzes vorauszusetzen s. etwa *Rüthers*, Die heimliche Revolution vom Rechtsstaat zum Richterstaat, 2. Aufl. 2016, S. 189; *Rüthers/Fischer/Birk*, Rechtstheorie, 12. Aufl. 2022, Rn. 797; *F. Reimer*, Juristische Methodenlehre, 2. Aufl. 2020, Rn. 364; *E. A. Kramer*, Juristische Methodenlehre, 6. Aufl. 2019, S. 177; *Zeller*, Auslegung von Gesetz und Vertrag, 1989, S. 370 f.; *Tomandl*, ÖJZ 2011, 539 (542 ff.); vgl. auch o. A.III.2.b)bb)(5) mit Fn. 222 ff.

283 In diesem Sinne aber etwa *W.-R. Schenke/R. P. Schenke*, in: Kopp/Schenke, VwGO, 28. Aufl. 2022, § 113 Rn. 6; *W.-R. Schenke*, Verwaltungsprozessrecht, 17. Aufl. 2021, Rn. 809; *ders.*, in: Geis/Lorenz, FS für Maurer, 2001, S. 723 (754); *Wernsmann*, DVBl. 2005, 276 (281 f.); *Weckmann*, Die Rolle staatlicher Auswahlentscheidungen im Rechtsschutzsystem der „Konkurrentenverdrängungsklage", 2019, S. 89.

284 So aber *Fehn/Opfergelt*, JURA 1985, 639 (643).

285 Zu diesen o. A.III.2.a)aa)(2)(b).

ten verlangt, ist sie in zweifacher Hinsicht materiellrechtlich determiniert. Auch wenn ihr Erfolg nach dem wortlautbasierten Verständnis nicht vom Bestehen eines solchen abhängt, so „dient" sie doch – jedenfalls in den meisten Fällen – der praktischen Realisierung bzw. „Durchsetzung eines ungeschriebenen, materiellrechtlichen" Aufhebungsanspruchs.[286]

(bb) Zu Divergenzen zwischen behördlichen und gerichtlichen Aufhebungsmöglichkeiten

Unabhängig ist die gerichtliche Kassationsbefugnis somit nicht pauschal vom materiellen Recht, sondern lediglich von den behördlichen Aufhebungskompetenzen. Warum dies aber ein Argument gegen das wortlautbasierte Verständnis sein sollte, erschließt sich nicht. Denn obschon Gerichte staatliche Gewalt ausüben, fungieren sie im Prozess als außenstehende Dritte. Anschaulich – wenngleich in anderem Kontext – formulierte dazu *Michael Sachs*, dass der Staat in seinen Gerichten „aus sich selbst heraus[tritt]" und diese „allein der Rechtsordnung verpflichtete[n] Instanzen" selbst dann „unbeteiligt sind, wenn an dem zu entscheidenden Rechtsverhältnis ihr staatl. Rechtsträger beteiligt ist".[287] Nur folgerichtig ist es mithin, wenn auch in anderen Zusammenhängen kein Anstoß an Divergenzen zwischen behördlichen und gerichtlichen Aufhebungskompetenzen genommen wird. Nicht nur können etwa Behörden – im Unterschied zu Gerichten – auch zur Aufhebung rechtmäßiger Verwaltungsakte (Widerruf im Sinne von § 49 VwVfG) berechtigt sein. Auch kann[288] nach Ablauf der Klagefrist[289] die Verwaltung (etwa nach § 48 Abs. 1 S. 1 VwGO) noch zur Rücknahme rechtswidriger Verwaltungsakte berechtigt und ggf. sogar verpflichtet sein, wohingegen den Gerichten die Kassation – da eine Anfechtungsklage mangels Fristwahrung unzulässig wäre – versagt ist.[290]

286 Vgl. *Funke*, JZ 2015, 369 (370).

287 *Sachs*, in: Stelkens/Bonk/Sachs, VwVfG, 9. Aufl. 2018, § 43 Rn. 94.

288 Natürlich nur im Rahmen ihrer Möglichkeiten. In Bezug auf die echte Konkurrentenklage also wegen des Numerus clausus nicht.

289 Der materielle Aufhebungsanspruch wird von der Klagefrist nicht berührt, sondern unterliegt (als materieller Anspruch) der Verjährung analog §§ 194 ff. BGB, vgl. (zu Unterlassungsansprüchen) *Kranz*, NVwZ 2018, 864 (864 ff.); (zu Erstattungsansprüchen) BVerwGE 128, 99 (110 f.). Die jeweils sachnächsten Vorschriften sind entsprechend heranzuziehen, BVerwGE 158, 199 (203 Rn. 18).

290 Eine potentiell mögliche Beteiligung der Verwaltungsgerichte ist von vornherein darauf beschränkt, den Beklagten im Falle der Erhebung einer entsprechenden Klage – während der Verpflichtungsklage vor Ablauf der Anfechtungsfrist (aufgrund der effektiveren Möglichkeit der Rechtsdurchsetzung im Wege der Anfechtungsklage) regelmäßig das Rechtsschutzbedürfnis fehlt, lebt dieses mit Eintritt der Bestandskraft wieder auf, *Pietzcker/Marsch*, in: Schoch/Schneider, VwGO, Loseblatt, Stand 42. Lfg. Februar 2022, § 42 Abs. 1 Rn. 118 – zum Erlass

Eine gewisse Parallele findet sich zudem im (freilich eine Sonderstellung einnehmenden) Verfassungsprozessrecht: Auch wenn die Verfassungsbeschwerde ebenfalls der Durchsetzung eines aus der Verletzung eines Grundrechtes folgenden Reaktionsanspruchs dient,[291] steht insofern vollkommen außer Frage, dass die Möglichkeiten des Bundesverfassungsgerichts, angegriffene Einzelakte im Erfolgsfalle aufzuheben,[292] losgelöst von den (regelmäßig jedenfalls stark eingeschränkten) behördlichen bzw. (fach-)gerichtlichen Fähigkeiten zur Selbstkorrektur bestehen.[293]

(d) Unabhängigkeit der Anfechtungsklage von Bestehen bzw. Durchsetzbarkeit eines Aufhebungsanspruchs als verfassungsrechtliches Gebot

Die oben gewonnene Erkenntnis, die Anfechtungsklage sei auf Grundlage des wortlautbasierten Verständnisses zwar nicht vom materiellen Recht, jedoch vom Bestehen eines gegen den Beklagten gerichteten materiellen Aufhebungsanspruchs unabhängig, fügt sich überdies schlüssig in die verfassungsrechtlichen Vorgaben.[294] Denn Art. 19 Abs. 4 GG gebietet effektiven Rechtsschutz nicht erst für den Fall, dass die öffentliche Gewalt einen bestehenden Anspruch nicht erfüllt, sondern bei jeder Form staatlicher Rechtsverletzung.[295] Während diese Unterscheidung in Leistungsklagekonstellationen keine signifikanten Auswirkungen zeitigt, da das durch die öffentliche Gewalt (durch Unterlassung) verletzte und das durch die Klage geltend gemachte subjektive öffentliche Recht identisch sind, unterscheiden sich diese Rechte in der Konstellation der Anfechtungsklage.[296] Ob (namentlich in Form des ungeschriebenen materiellen Aufhebungs-

---

eines Aufhebungsbescheides zu verpflichten, *Sennekamp*, in: Fehling/Kastner/Störmer, VerwR, 5. Aufl. 2021, § 42 VwGO Rn. 38 m. w. N.; VGH Mannheim NVwZ 1990, 985 ff.; *W.-R. Schenke*, in: Kahl/Waldhoff/Walter, Bonner Kommentar, GG, Loseblatt, Stand 215. Lfg. Juni 2022, Art. 19 Abs. 4 Rn. 547. Teilweise wird ihnen gar diese Befugnis abgesprochen, *Faber*, Verwaltungsrecht, 4. Aufl. 1995, S. 223: nach Ablauf der Klagefrist verlöre der Aufhebungsanspruch seine „Durchsetzbarkeit mit den Rechtsbehelfen der VwGO".

291 Vgl. *Dreier*, in: Dreier, GG, Bd. I, 3. Aufl. 2013, Vor Art. 1 Rn. 66.

292 § 95 Abs. 2 BVerfGG; dazu etwa *Hömig*, in: Schmidt-Bleibtreu/Klein/Bethge, BVerfGG, Loseblatt, Stand 61. Lfg. Juli 2021, § 95 Rn. 19, 21.

293 *Funke*, JZ 2015, 369 (370).

294 Vgl. zu § 113 Abs. 1 S. 1 VwGO als Umsetzung des in Art. 19 Abs. 4 GG verbrieften Gebotes eines effektiven Rechtsschutzes etwa *Gärditz*, in: Gärditz, VwGO, 2. Aufl. 2018, § 42 Rn. 15.

295 *Lorenz*, Der Rechtsschutz des Bürgers und die Rechtsweggarantie, 1973, S. 53; *ders.*, in: Erichsen/Hoppe/von Mutius, FS für Menger, 1985, S. 143 (150, 155); *Papier*, in: Isensee/Kirchhof, Handbuch des Staatsrechts, Bd. VIII, 3. Aufl. 2010, § 177 Rn. 47; *Buchheim*, Actio, Anspruch, subjektives Recht, 2017, S. 165 ff.

296 Vgl. o. A.III.2.a)aa)(2)(a) mit Fn. 92.

anspruchs) aus der Verletzung des Primärrechts ein auf Beseitigung der Rechtsverletzung gerichtetes Sekundärrecht entsteht, ist indes für die Auslösung der Rechtsschutzgarantie nach Art. 19 Abs. 4 GG unerheblich. Effektiver Rechtsschutz – der freilich nicht zwingend in der unmittelbaren gerichtlichen Kassation des Verletzungsaktes bestehen muss –[297] ist verfassungsrechtlich unabhängig vom Bestehen eines sekundärrechtlichen Aufhebungsanspruchs gefordert.

(3) Ergebnis

Auch wenn von der Entscheidung zwischen wortlautbasiertem Verständnis und Anspruchsmodell der Anfechtungsklage nicht weniger als die dogmatische Konzeption einer der wichtigsten verwaltungsprozessualen Klagearten[298] abhängt, sollte die Bedeutung dieser Frage aus zwei Gründen nicht überschätzt werden. Zum einen werden Unterschiede nur in den wenigen Konstellationen relevant, in denen die behördlichen Aufhebungsmöglichkeiten aufgrund besonders restriktiver und dem Rückgriff auf § 48 VwVfG entgegenstehender[299] Fachgesetze stark limitiert sind. Zum anderen wird die Existenz eines ungeschriebenen Aufhebungsanspruchs durch das vorzugswürdige wortlautbasierte Verständnis der Anfechtungsklage keineswegs in Abrede gestellt.[300]

---

[297] *Lorenz*, in: Erichsen/Hoppe/von Mutius, FS für Menger, 1985, S. 145 (155); *Papier*, in: Isensee/Kirchhof, Handbuch des Staatsrechts, Bd. VIII, 3. Aufl. 2010, § 177 Rn. 90; tendenziell strenger *Ibler*, in: Friauf/Höfling, Berliner Kommentar, GG, Loseblatt, Stand Lfg. 2/22 Mai 2022, Art. 19 IV Rn. 107, 195. Für die gewählte Konstruktion spricht, dass die Kassationsbefugnis der Verwaltungsgerichte gewissermaßen als Kompensation für die Selbsttitulierungsbefugnis der Behörde fungiert, vgl. *Buchheim*, Actio, Anspruch, subjektives Recht, 2017, S. 178; *P. M. Huber*, Konkurrenzschutz im Verwaltungsrecht, 1991, S. 457; *Lorenz*, Verwaltungsprozessrecht, 2000, S. 237; *Faber*, Verwaltungsrecht, 4. Aufl. 1996, S. 187 f. Dementsprechend finden Anfechtungsklagen auch in anderen Konstellationen mit einseitigen Regelungskompetenzen Verwendung, vgl. etwa zur „Substitution der fehlenden Richtigkeitsgewähr [...] durch das Institut der Inhaltskontrolle" im Aktienrecht, wo die Hauptversammlung mit ihrer Mehrheit und gegen den Willen eines einzelnen Aktionärs wirksame und gültige Entscheidungen treffen kann, *Dornbach*, Die aktienrechtliche Anfechtungsklage zwischen subjektivem Rechtsschutz und objektiver Rechtskontrolle, 2013, S. 153; zur ähnlichen Konstellation im Wohnungseigentumsrecht s. *Depenheuer*, Partner im Gespräch Bd. 42 (1993), S. 7 (19 ff.). In den genannten privatrechtlichen Konstellationen folgt die Erforderlichkeit eines effektiven Rechtsschutzes gegen diese einseitigen Regelungsbefugnisse freilich nicht aus Art. 19 Abs. 4 GG, sondern aus Art. 14 Abs. 1 GG, *Dornbach*, a. a. O., S. 220, unter Bezug auf BVerfGE 12, 263 (283); 100, 289 (303 f.).

[298] *Pietzcker/Marsch*, in: Schoch/Schneider, VwGO, Stand 42. Lfg. Februar 2022, § 42 Abs. 1 Rn. 1.

[299] Eine derart exklusive Wirkung spezieller Rücknahmeregime wird nur selten angenommen, vgl. dazu bereits o. A.II.1. mit Fn. 46.

[300] Vielmehr ließe sich sogar gegenläufig formulieren, dass das wortlautbasierte Verständnis die Idee des aus der Lehre von den subjektiven öffentlichen Rechten entwickelten Aufhebungs-

IV. Zwischenergebnis

Der abschließende Katalog von Rücknahmetatbeständen, die Behörden in Bezug auf Ernennungen zur Verfügung stehen, ist nicht geeignet, den unter dem Schlagwort vom Grundsatz der Ämterstabilität praktizierten Ausschluss der echten dienstrechtlichen Konkurrentenklage dogmatisch zu stützen.[301] Denn als einschlägige Begründung taugt dieser sog. Numerus clausus nur unter der Prämisse, dass mit der verwaltungsgerichtlichen Anfechtungsklage ein gegen den jeweiligen Beklagten gerichteter Aufhebungsanspruch geltend gemacht wird, die Anfechtungsklage also erfolglos bleiben muss, wenn bzw. soweit dem Beklagten die (behördliche) Aufhebung des angefochtenen Verwaltungsaktes (hier: der Konkurrentenernennung) subjektiv unmöglich ist. Diese Konzeption der Anfechtungsklage vermag indes nicht zu überzeugen. Stattdessen sind die Verwaltungsgerichte unabhängig von behördlichen Aufhebungstatbeständen nach § 113 Abs. 1 S. 1 VwGO berechtigt und verpflichtet, einen angefochtenen Verwaltungsakt aufzuheben, soweit er „rechtswidrig und der Kläger dadurch in seinen Rechten verletzt ist". Beide Voraussetzungen – Rechtswidrigkeit und klägerseitige Rechtsverletzung – sind erfüllt, wenn der Kläger unter Verstoß gegen den Grundsatz der Bestenauslese (Art. 33 Abs. 2 GG, § 9 BBG, § 9 BeamtStG) übergangen wurde.

B. Zur Bedeutung des Art. 33 Abs. 5 GG und der hergebrachten Grundsätze des Berufsbeamtentums

Sein vornehmliches Vorkommen im Bereich des Beamtenrechts sowie seine Bezeichnung als Grundsatz mögen dazu beigetragen haben,[302] dass zur Stützung des sog. Grundsatzes der Ämterstabilität und der damit begründeten Abweisung echter Konkurrentenklagen immer wieder (auch) unmittelbar auf Art. 33 Abs. 5 GG und die dort in Bezug genommenen „hergebrachten Grundsätze des Berufsbeamtentums" abgestellt wurde und wird.[303] Nicht immer zweifelsfrei erkennbar

---

anspruchs konsequent zu Ende denkt, weil es den – jedenfalls nach vorherrschenden Auffassungen – verfassungsrechtlich begründeten Anspruch nicht aufgrund einfachgesetzlicher Beschränkungen behördlicher Handlungsmöglichkeiten für ausgeschlossen erachtet.

301 *Gundel*, Die Verwaltung Bd. 37 (2004), S. 401 (417).

302 Weniger diplomatisch *Laubinger*, ZBR 2010, 289 (295), der den Versuch, den Grundsatz der Ämterstabilität unter Rückgriff auf Art. 33 Abs. 5 GG zu rechtfertigen, als „reine Zweckerfindung" geißelt.

303 Vgl. *Dollinger/Umbach*, in: Umbach/Clemens, GG, Bd. I, 2002, Art. 33 Rn. 62 ff.; *Wernsmann*, DVBl. 2005, 276 (281 f.); *Fehn/Opfergelt*, JURA 1985, 639 (643); *Schmidt-Preuß*, Kollidierende Privatinteressen im Verwaltungsrecht, 2. Aufl. 2005, S. 476; *Brinktrine*, JURA

ist dabei freilich, ob der Grundsatz der Ämterstabilität hiesigen Verständnisses[304] von den Vertretern derartiger Argumente als eigenständiger hergebrachter Grundsatz[305] oder als unselbstständiger Teilaspekt eines weiter gefassten hergebrachten Grundsatzes – namentlich des sog. Lebenszeitprinzips – angesehen wird.[306]

Nach kurzen Vorbemerkungen (I.) zum Verhältnis zwischen dem hier sowie dem vorstehend (unter A.) behandelten, einfachgesetzlich fundierten Begründungsansatz (1.) einerseits sowie zur beschränkten Reichweite sämtlicher auf Art. 33 Abs. 5 GG gestützter Begründungsansätze (2.) andererseits werden im Folgenden zunächst die Anforderungen an hergebrachte Grundsätze im Sinne dieser Verfassungsbestimmung herausgearbeitet (II.), ehe anschließend untersucht wird, ob der sog. Grundsatz der Ämterstabilität als solcher (III.) oder als Ausprägung eines anderen (weiter gefassten) Grundsatzes (IV.) von der Vorschrift erfasst wird. Abschließend wird (hilfsweise) der Frage nachgegangen, inwieweit ein entsprechender hergebrachter Grundsatz überhaupt unmittelbare Grundlage eines klageabweisenden Urteils sein könnte (V.).

I. Vorbemerkungen

1. Zum Verhältnis zwischen einfachgesetzlich fundierten und auf Art. 33 Abs. 5 GG gestützten Begründungsmustern

Einleitend sei erwähnt, dass die hier unter A. und B. dargestellten Argumentationsansätze – ihre isolierte Richtigkeit insoweit unterstellt – logisch stringent überhaupt nur alternativ, nicht aber kumulativ zur Stützung des Grundsatzes der

---

2015, 1192 (1195); *Rensch*, Die Exemtion des Öffentlichen Dienstrechts aus dem Allgemeinen Verwaltungsrecht, 2014, S. 200ff.; eher beiläufig *Munding*, DVBl. 2011, 1512 (1518); hilfsweise (neben einem vorrangigen Abstellen auf den Numerus clausus der Aufhebungs- und Nichtigkeitsgründe) VGH Mannheim NVwZ 1983, 41; ähnlich VG München Urt. v. 19.10. 2004 – M 5 K 03.1841 – Rn. 28, juris. S. ferner die Nachweise in den Fn. 305 und 306. Das BVerwG hingegen hat – entgegen der Deutung von *Rensch*, a.a.O., S. 201 (mit Fn. 594), die die konjunktivische Formulierung des Gerichts verkennt – diese Frage in BVerwGE 138, 102 (113 Rn. 38) ausdrücklich offen gelassen.

[304] S. dazu o. Einführung A.II.

[305] So evtl. *Badura*, in: Dürig/Herzog/Scholz, GG, Loseblatt, Stand 97. Lfg. Januar 2022, Art. 33 Rn. 38, der sein zugrundeliegendes Begriffsverständnis indes nicht offenlegt. Ähnliches gilt bzgl. *Munding*, DVBl. 2011, 1512 (1518).

[306] So etwa ausdrücklich *Brinktrine*, JURA 2015, 1192 (1195). Trotz terminologischen Abstellens auf das „Prinzip der Ämterstabilität, einem hergebrachten Grundsatz im Sinne des Art. 33 Abs. 5 GG" so auch letztlich *Seitz*, Die arbeitsrechtliche Konkurrentenklage, 1995, S. 44, da er diesen Begriff eher im Sinne des weiter gefassten Grundsatzes, dass die rechtliche Stellung des Beamten nur in den gesetzlich bestimmten Fällen verändert werden darf (dazu gleich IV.2.), versteht; ebenso *Peter*, JuS 1992, 1042 (1044).

Ämterstabilität vertreten werden könnten. Geht man von einem (unter A. abgelehnten) einfachgesetzlich fundierten Grundsatz der Ämterstabilität aus, kann den hier (unter B.) diskutierten verfassungsrechtlichen Überlegungen aufgrund des Anwendungsvorrangs des einfachen Rechts[307] jedenfalls keine tragende[308] Bedeutung mehr zukommen. Eines „Durchgriffs" der Fachgerichte auf Art. 33 Abs. 5 GG und die dort angesprochenen Grundsätze bedürfte es unter dieser Prämisse nicht nur nicht – vielmehr wären die Gerichte zu einem solchen, ihre Bindung (auch) an das einfache Recht unterlaufenden Vorgehen nicht befugt.[309]

2. Zur beschränkten Reichweite sämtlicher auf Art. 33 Abs. 5 GG beruhender Argumente

Zudem ist (noch vor einer inhaltlichen Auseinandersetzung mit diesen) auf die beschränkte Reichweite sämtlicher Begründungsansätze hinzuweisen, die zur Stützung des Grundsatzes der Ämterstabilität auf den Schutz der hergebrachten Grundsätze des Berufsbeamtentums durch Art. 33 Abs. 5 GG abstellen. Denn selbst auf Grundlage der Prämisse, dass der Grundsatz der Ämterstabilität – ob nun als eigenständiger Grundsatz oder als Ausprägung eines anderen hergebrachten Grundsatzes – von Art. 33 Abs. 5 GG erfasst sei, könnte dies nur seine Anwendung in Bezug auf Beamte und Richter erklären. In Bezug auf verschiedene weitere Beschäftigtengruppen, hinsichtlich derer der Grundsatz der Ämterstabilität praktiziert wird[310] – namentlich Soldaten und Notaren –, vermag Art. 33 Abs. 5 GG von vornherein keine taugliche Stütze zu bieten.

a) Personeller Anwendungsbereich des Art. 33 Abs. 5 GG

Ursächlich hierfür ist der Umstand, dass nach jedenfalls heute praktisch unbestrittener und – wie sogleich gezeigt wird – im Ergebnis zutreffender Auffassung die in Art. 33 Abs. 5 GG statuierte Bindung an die „hergebrachten Grundsätze" gerade nicht für das gesamte Recht des öffentlichen Dienstes,[311] sondern ledig-

---

307 Dazu etwa *Dreier*, Die Verwaltung Bd. 36 (2003), S. 105 (106); *Hermes*, VVDStRL Bd. 61 (2002), S. 119 (141); *Ruffert*, in: Voßkuhle/Eifert/Möllers, Grundlagen des Verwaltungsrechts, Bd. I, 3. Aufl. 2022, § 7 Rn. 53; *Wittreck*, Ad Legendum 2018, 217 ff. S. auch noch u. B.V.2.

308 Relevanz könnte den auf Art. 33 Abs. 5 GG gestützten Begründungsansätzen neben dem oben geschilderten Argumentationsstrang (dessen Richtigkeit insoweit unterstellt) höchstens noch mittelbar zukommen, um die mit der Praktizierung des Grundsatzes der Ämterstabilität einhergehende Verkürzung des Leistungsgrundsatzes (Art. 33 Abs. 2 GG) auf verfassungsrechtlicher Ebene zu rechtfertigen.

309 S. u. B.V.2.a) sowie B.V.2.b)bb).

310 S. o. Teil 1 C.II.

311 So noch *Wacke*, AöR Bd. 76 (1950/1951), S. 385 (388); *ders.*, Grundlagen des öffentli-

lich für dasjenige der Beamten[312] und Richter[313] gilt.[314] Während über diesen Befund heute im Ergebnis weitgehend Einigkeit besteht, divergieren die zu seiner Herleitung angeführten Begründungen erheblich und können nur zum Teil überzeugen.

aa) Semantische Argumentation

So muss etwa der Auffassung widersprochen werden, es ergebe sich bereits unmittelbar aus dem Wortlaut des Art. 33 Abs. 5 GG, dass sich die Vorschrift nur auf das Beamtenrecht beziehe.[315] Nicht nur spricht gegen diese Auffassung bereits der Umstand, dass Art. 33 Abs. 5 GG den Terminus „Beamtenrecht" gar nicht verwendet, sondern stattdessen phänomenologisch auf das „Beamtentum" als Institut abstellt.[316] Vielmehr wird auch dieses Institut des Beamtentums gerade nicht als dasjenige bezeichnet, das – was zugegebenermaßen in Form von Beamtenrecht erfolgen müsste – „zu regeln und fortzuentwickeln" sei. Da der Wortlaut der Vorschrift vielmehr einschränkungslos das „Recht des öffentlichen Dienstes" als Objekt des Regelungs- und Fortentwicklungsauftrages bezeichnet[317] und das Beamtentum insoweit nur als diejenige Einrichtung benennt, deren

---

chen Dienstrechts, 1967, S. 27 ff.; jedenfalls auch Angestellte einbeziehend *Thieme*, Der öffentliche Dienst in der Verfassungsordnung des Grundgesetzes, 1961, S. 35 ff.

312 BVerfGE 3, 162 (186); 15, 167 (196); 16, 94 (110 f.); *Bickenbach*, in: von Münch/Kunig, GG, Bd. I, 7. Aufl. 2021, Art. 33 Rn. 121.

313 BVerfGE 12, 81 (87); 38, 139 (151); 55, 372 (391); 56, 146 (162); *Jachmann-Michel/Kaiser*, in: von Mangoldt/Klein/Starck, GG, Bd. II, 7. Aufl. 2018, Art. 33 Rn. 42 m. w. N.; *Battis*, in: Sachs, GG, 9. Aufl. 2021, Art. 33 Rn. 69; *Hense*, in: Epping/Hillgruber, BeckOK GG, Stand 52. Ed. 15.08.2022, Art. 33 Rn. 36; *Badura*, in: Dürig/Herzog/Scholz, GG, Loseblatt, Stand 97. Lfg. Januar 2021, Art. 33 Rn. 54. Gegen die Einbeziehung der Richter (aber zirkelschlüssig) *Czybulka*, Zur Problematik des Artikels 33 Abs. 5 des Grundgesetzes, 1973, S. 3 ff. *Beilke*, … und fortzuentwickeln, 2011, S. 18, nennt für seine (missverständliche?) Behauptung Art. 33 Abs. 5 GG erfasse „nach herrschender Ansicht nur die Beamten" weder Begründung noch Nachweise.

314 Jedenfalls missverständlich ist es, wenn mitunter (vgl. etwa die Formulierung bei *Dollinger/Umbach*, in: Umbach/Clemens, GG, Bd. I, 2002, Art. 33 Rn. 103) ausgeführt wird, Art. 33 Abs. 5 GG erfasse auch Hochschullehrer. Denn richtigerweise gilt dies nicht pauschal, sondern nur für beamtete Hochschullehrer und folgt auch insoweit gerade nicht aus deren Hochschullehrer-, sondern aus ihrer Beamteneigenschaft. Richtig ist freilich, dass nicht sämtliche hergebrachten Grundsätze des Beamtentums gleichermaßen auch für (beamtete) Hochschullehrer Anwendung finden, sondern in Einzelaspekten Besonderheiten gelten, die entweder ihrerseits hergebracht (BVerfGE 35, 23 [30 f.]) oder durch Art. 5 Abs. 3 GG geboten sind, vgl. *Pieper*, in: Schmidt-Bleibtreu/Hofmann/Henneke, GG, 15. Aufl. 2022, Art. 33 Rn. 138.

315 Dafür *Jachmann-Michel/Kaiser*, in: von Mangoldt/Klein/Starck, GG, Bd. II, 7. Aufl. 2018, Art. 33 Rn. 42.

316 Vgl. zu dieser Unterscheidung noch u. B.II.1.b)aa).

317 Vgl. etwa *W. G. Leisner*, in: Sodan, GG, 4. Aufl. 2018, Art. 33 Rn. 23. In historisch-gene-

Grundsätze dabei Berücksichtigung zu finden haben, könnte das semantische Argument vielmehr gegen die (im Ergebnis zutreffende, dazu sogleich) Beschränkung auf Beamte und Richter angeführt werden.[318]

bb) Systematik

Fruchtbarer erweist sich hingegen eine systematische Untersuchung.

(1) Zusammenhang zum öffentlich-rechtlichen Dienst- und Treueverhältnis im Sinne von Art. 33 Abs. 4 GG

Zwar können auch Ansätze, die die Beschränkung des personellen Anwendungsbereichs des Art. 33 Abs. 5 GG auf Beamte und Richter mit dem engen systematischen Zusammenhang zwischen Art. 33 Abs. 4 und Abs. 5 GG zu begründen suchen,[319] nicht überzeugen. Sie leiden bereits insofern unter einem Mangel an innerer Konsistenz, als sie bestehende Inkongruenzen, die namentlich in Bezug auf Soldaten, welche zwar (ebenfalls) „in einem öffentlich-rechtlichen Dienst- und Treueverhältnis" im Sinne des Art. 33 Abs. 4 GG stehen,[320] jedoch nicht von Art. 33 Abs. 5 GG erfasst sein sollen,[321] nicht schlüssig aufzulösen vermögen.

(2) Missachtung der Systematik: Isolierte Begriffsverständnisse

Auch überzeugt es in systematischer Hinsicht ebenfalls nicht,[322] wenn gelegentlich vorgebracht wird, das Grundgesetz verwende den Begriff „öffentlicher

---

tischer Hinsicht mag ergänzt werden, dass die Formulierung „Recht des öffentlichen Dienstes" erstmals im Redaktionsausschuss aufkam. Zuvor diskutierte Fassungen der Vorschrift gaben zumeist gar nicht explizit an, wobei bzw. wofür die hergebrachten Grundsätze des Berufsbeamtentums bindend sein sollten, vgl. *Brosius-Gersdorf*, in: Dreier, GG, Bd. II, 3. Aufl. 2015, Art. 33 Rn. 39 ff. m. w. N.

[318] So noch *Wacke*, Grundlagen des öffentlichen Dienstrechts, 1967, S. 27 ff.; *F. Klein*, in: von Mangoldt/Klein, Das Bonner Grundgesetz, Bd. II, 2. Aufl. 1966, Art. 33 Anm. 1 (S. 813), bezeichnete den Wortlaut des Art. 33 Abs. 5 GG denn auch als „insofern wenig glücklich" geraten. Vgl. auch *W. G. Leisner*, in: Sodan, GG, 4. Aufl. 2018, Art. 33 Rn. 23; *Germelmann*, in: Friauf/Höfling, Berliner Kommentar, GG, Loseblatt, Stand Lfg. 2/22 Mai 2022, Art. 33 Rn. 102.

[319] *Brosius-Gersdorf*, in: Dreier, GG, Bd. II, 3. Aufl. 2015, Art. 33 Rn. 172; *Domgörgen*, in: Hömig/Wolff, GG, 13. Aufl. 2022, Art. 33 Rn. 18; in diesem Sinne auch BVerfGE 3, 162 (186).

[320] *Jarass*, in: Jarass/Pieroth, GG, 17. Aufl. 2022, Art. 33 Rn. 44; *Brosius-Gersdorf*, in: Dreier, GG, Bd. II, 3. Aufl. 2015, Art. 33 Rn. 160. Letztgenannte will überdies (vice versa) Richter zwar in den Anwendungsbereich des Abs. 5, nicht jedoch in denjenigen des Abs. 4 einbeziehen, a. a. O., Rn. 160 und 172.

[321] *Domgörgen*, in: Hömig/Wolff, GG, 13. Aufl. 2022, Art. 33 Rn. 18; *Jarass*, in: Jarass/Pieroth, GG, 17. Aufl. 2022, Art. 33 Rn. 51; *Brosius-Gersdorf*, in: Dreier, GG, Bd. II, 3. Aufl. 2015, Art. 33 Rn. 173.

[322] Vgl. schon *Wacke*, Grundlagen des öffentlichen Dienstrechts, 1967, S. 28.

Dienst" in drei aufeinanderfolgenden Absätzen (Abs. 3 bis 5) des Art. 33 GG in drei verschiedenen Sinnen,[323] meine also mit dem jeweils identischen Terminus in Abs. 3 alle (öffentlich- oder zivilrechtlich) Beschäftigten des Staates,[324] in Abs. 4 nur Beamte, Richter und Soldaten,[325] in Abs. 5 hingegen ausschließlich Beamte und Richter.[326] Jedenfalls im Kontext des Art. 33 GG[327] ist eine derartige Differenzierung zwischen einem öffentlichen Dienst „im engeren Sinne" und einem solchen „im weiteren Sinne"[328] verfehlt. Vielmehr erfasst der Begriff des öffentlichen Dienstes insoweit stets gleichermaßen „den Kreis derjenigen Personen, die unmittelbar in einem Dienstverhältnis zu einer öffentlich-rechtlichen Anstalt, Körperschaft oder Stiftung stehen",[329] also insbesondere Beamte, Richter, Soldaten sowie Arbeitnehmer und andere privatrechtlich Beschäftigte.

(3) Unterschiedliche Teilmengen eines einheitlich verstandenen öffentlichen Dienstes

Dennoch trifft der Befund, dass die drei oben genannten Absätze des Art. 33 GG unterschiedliche Beschäftigtengruppen betreffen, im Ergebnis zu. Dies resultiert aber richtigerweise nicht aus drei divergierenden Verständnissen des stets identischen Begriffes, sondern daraus, dass die einzelnen Absätze des Art. 33 GG jeweils unterschiedlich umgrenzte Teilmengen eines umfassend verstandenen öffentlichen Dienstes behandeln. Während Art. 33 Abs. 3 GG insoweit keinerlei Einschränkung enthält und daher richtigerweise alle Angehörigen des öffentli-

---

[323] *Leppek*, Beamtenrecht, 13. Aufl. 2019, Rn. 1; ähnlich *Merten*, in: Magiera/Siedentopf, Das Recht des öffentlichen Dienstes in den Mitgliedstaaten der Europäischen Gemeinschaft, 1994, S. 181 (185).

[324] *Jarass*, in: Jarass/Pieroth, GG, 17. Aufl. 2022, Art. 33 Rn. 33 i. V. m. Rn. 12; *Pieper*, in: Schmidt-Bleibtreu/Hofmann/Henneke, GG, 15. Aufl. 2022, Art. 33 Rn. 94.

[325] *Jarass*, in: Jarass/Pieroth, GG, 17. Aufl. 2022, Art. 33 Rn. 44; *F. Kirchhof*, in: Isensee/Kirchhof, Handbuch des Staatsrechts, Bd. IV, 3. Aufl. 2006, § 84 Rn. 72. Hingegen nur auf Beamte abstellend *Pieper*, in: Schmidt-Bleibtreu/Hofmann/Henneke, GG, 15. Aufl. 2022, Art. 33 Rn. 105.

[326] *Jarass*, in: Jarass/Pieroth, GG, 17. Aufl. 2022, Art. 33 Rn. 49 ff.; *Pieper*, in: Schmidt-Bleibtreu/Hofmann/Henneke, GG, 15. Aufl. 2022, Art. 33 Rn. 136.

[327] Anderes mag bzgl. Art. 131 GG gelten, wo mitunter auch Minister einbezogen wurden bzw. werden, s. BGH VerwRspr. 1955, 670 (671); *Brosius-Gersdorf*, in: Dreier, GG, Bd. III, 3. Aufl. 2018, Art. 131 Rn. 10; *Kunig/Bickenbach*, in: von Münch/Kunig, GG, Bd. II, 7. Aufl. 2021, Art. 131 Rn. 7; anders noch (auf dem Stand der Erstbearbeitung von 1951) *Holtkotten*, in: Kahl/Waldhoff/Walter, Bonner Kommentar, GG, Loseblatt, Stand 215. Lfg. Juni 2022, Art. 131 Anm. II (S. 16).

[328] So etwa *Leppek*, Beamtenrecht, 13. Aufl. 2019, Rn. 2.

[329] *Lecheler*, in: Isensee/Kirchhof, Handbuch des Staatsrechts, Bd. V, 3. Aufl. 2007, § 110 Rn. 2. Unter Verweis auf die (freilich bereichsspezifische) Legaldefinition in § 8 Abs. 3 S. 2 AbgG auch *Kawik*, RiA 2018, 11 (12).

chen Dienstes erfasst, beschränkt sich der Funktionsvorbehalt des Art. 33 Abs. 4 GG auf diejenigen Angehörigen des öffentlichen Dienstes, die in einem „öffentlich-rechtlichen Dienst- und Treueverhältnis“ stehen, schließt also – was im Ergebnis unstreitig ist – insbesondere privatrechtlich Beschäftigte aus.[330]

Weniger offensichtlich gestaltet sich die Situation hinsichtlich des hier relevanten Art. 33 Abs. 5 GG,[331] der anders als Abs. 4 keinen einschränkenden Relativsatz enthält, aus dem sich unmittelbar ergeben könnte, hinsichtlich welcher Teilmenge des öffentlichen Dienstes er die Berücksichtigung der hergebrachten Grundsätze des Berufsbeamtentums verlangt. Das oben erwähnte Ergebnis, dass Art. 33 Abs. 5 GG nur für das Beamten- und Richterdienstrecht gilt, lässt sich aber in zwei (nachfolgend umrissenen) Schritten herleiten.

(a) Grundsätzliche Beschränkung auf Beamte

In einem ersten Schritt kann eine grundsätzliche Beschränkung auf Beamte begründet werden. Diese erklärt sich daraus, dass auch der oft als „Zweispurigkeit“[332] bezeichnete Umstand, dass das öffentliche Dienstrecht zwischen Beamten und anderen Beschäftigen differenziert, seinerseits ein hergebrachter Grundsatz im Sinne des Art. 33 Abs. 5 GG ist.[333] Den „Grundsätze[n] des Berufsbeamtentums“ im Sinne der Norm ist also immanent, dass sie (grundsätzlich) nur für Beamte gelten.[334] Für andere Beschäftigtengruppen des öffentlichen Dienstes gelten diese, in Bezug auf sie nicht hergebrachten Grundsätze nicht und evtl. bestehende (eigene) hergebrachte Grundsätze dieser Beschäftigtengruppen sind

---

330 Vgl. *Brosius-Gersdorf*, in: Dreier, GG, Bd. II, 3. Aufl. 2015, Art. 33 Rn. 160; *Domgörgen*, in: Hömig/Wolff, GG, 13. Aufl. 2022, Art. 33 Rn. 18; *Jarass*, in: Jarass/Pieroth, GG, 17. Aufl. 2022, Art. 33 Rn. 44.

331 *Schick*, in: Forsthoff/von Münch/Schick/Thieme/Ule/Mayer, Verfassungsrechtliche Grenzen einer Reform des öffentlichen Dienstrechts, 1973, S. 171 (186).

332 *J. Jung*, Die Zweispurigkeit des öffentlichen Dienstes, 1971, passim; *Leisner-Egensperger*, Die Verwaltung Bd. 51 (2018), S. 1 (1, 9 f.); *Grigoleit*, in: Stern/Becker, Grundrechte-Kommentar, 3. Aufl. 2019, Art. 33 Rn. 46.

333 *von Münch*, in: Forsthoff/von Münch/Schick/Thieme/Ule/Mayer, Verfassungsrechtliche Grenzen einer Reform des öffentlichen Dienstrechts, 1973, S. 71 (134) m. w. N.; vgl. auch *J. Jung*, Die Zweispurigkeit des öffentlichen Dienstes, 1971, S. 144; *Isensee*, in: Benda/Maihofer/Vogel, Handbuch des Verfassungsrechts, 2. Aufl. 1994, § 32 Rn. 3; *Leisner-Egensperger*, Die Verwaltung Bd. 51 (2018), S. 1 (1): „Strukturmerkmal“; ähnlich schon *Merkl*, VVDStRL Heft 7 (1932), S. 55 (79): „überkommene Ordnung“; zur ähnlichen „dualen Konzeption“ des österreichischen B-VG vgl. etwa *Baumgartner*, Die Verwaltung Bd. 51 (2018), S. 39 (55 ff.) m. w. N.; Parallelen hinsichtlich Geschichte und Struktur des deutschen sowie österreichischen Dienstrechts betonend bereits *Merkl*, a. a. O., S. 55.

334 Ähnlich auch noch *Kunig*, in: von Münch/Kunig, GG, Bd. I, 6. Aufl. 2012, Art. 33 Rn. 57; vgl. auch *Germelmann*, in: Friauf/Höfling, Berliner Kommentar, GG, Loseblatt, Stand Lfg. 2/22 Mai 2022, Art. 33 Rn. 102.

nach Art. 33 Abs. 5 GG gerade nicht zu berücksichtigen. Selbst wenn man also die Existenz hergebrachter Grundsätze etwa des Berufssoldatentums[335] oder des Rechts der Angestellten im öffentlichen Dienst[336] annehmen wollte, unterlägen diese nach der Semantik des Art. 33 Abs. 5 GG gerade nicht dem Schutz der Norm.

(b) Einbeziehung der Richter

Angesichts dieser im ersten Schritt vollführten grundsätzlichen Beschränkung auf Beamte mag die eingangs erwähnte Einbeziehung der Richterschaft in den personellen Anwendungsbereich des Art. 33 Abs. 5 GG prima facie inkonsequent erscheinen. Auch begründete das BVerfG selbige nur wenig erhellend mit dem „Zusammenhang, in dem die Vorschrift steht",[337] während die Literatur dieser Auffassung zwar weithin folgt, dabei jedoch meist[338] gänzlich auf eine Begründung verzichtet.[339] Indes lässt sich die Einbeziehung der Richter in den Anwendungsbereich des Art. 33 Abs. 5 GG durchaus dogmatisch tragfähig begründen. Sie erklärt sich schlüssig daraus, dass Richter bis zum Inkrafttreten des Grundgesetzes keine eigenständige Beschäftigtenkategorie innerhalb des öffentlichen Dienstes bildeten, sondern als sog. richterliche Beamte Teil der Beamtenschaft waren.[340] Auch die in Bezug auf Richter hergebrachten Grundsätze entstanden somit als beamtenrechtliche Grundsätze, sind also im Sinne des Art. 33 Abs. 5 GG ebenfalls solche „des Berufsbeamtentums". Auch sie sind, soweit sie tradiert

---

335 Ablehnend bereits BVerfGE 3, 288 (334 f.).

336 Für die Existenz eines „in wesentlichen Grundzügen übereinstimmende[n] deutsche[n] Dienstvertragsrecht[s] der Behördenangestellten" jedenfalls seit Geltung des Reichsangestelltentarifvertrages von 1924 namentlich *Wacke*, Das Dienstrecht der Behördenangestellten, 1933, S. V.

337 BVerfGE 12, 81 (87); vgl. auch BVerfGE 38, 139 (151). Sofern damit der systematische „Zusammenhang" von Art. 33 Abs. 4 und Abs. 5 GG gemeint sein sollte, gelten die soeben unter (1) geschilderten Einwände freilich entsprechend.

338 *Jarass*, in: Jarass/Pieroth, GG, 17. Aufl. 2022, Art. 33 Rn. 50, deutet immerhin das pragmatische Argument an, dass die (auch) durch Art. 97 GG garantierte richterliche Unabhängigkeit auf diese Weise subjektiv-rechtlich durchsetzbar gemacht werde.

339 *Pieper*, in: Schmidt-Bleibtreu/Hofmann/Henneke, GG, 15. Aufl. 2022, Art. 33 Rn. 139; *Battis*, in: Sachs, GG, 9. Aufl. 2021, Art. 33 Rn. 69; *Hense*, in: Epping/Hillgruber, BeckOK GG, Stand 52. Ed. 15.08.2022, Art. 33 Rn. 36. Anders *Czybulka*, Zur Problematik des Artikels 33 Abs. 5 des Grundgesetzes, 1973, S. 3 ff.

340 *Schmidt-Räntsch*, DRiG, 6. Aufl. 2009, Vor § 8 Rn. 2; *A. Wagner*, Der Richter, 1959, S. 83, 127. Auch unter Geltung des Grundgesetzes war dies anfänglich noch umstr., vgl. dazu *Ule*, in: Bettermann/Nipperdey, Die Grundrechte, Bd. IV/2, 2. Aufl. 1972, S. 537 (551 mit Fn. 39); instruktiv zum damaligen Meinungsbild BayVerfGH DÖV 1961, 143 (144) m. w. N.; ferner *Thieme*, Der öffentliche Dienst in der Verfassungsordnung des Grundgesetzes (Art. 33 GG), 1961, S. 35; *J. Jung*, Die Zweispurigkeit des öffentlichen Dienstes, 1971, S. 29.

sind[341] – also gerade in Bezug auf Richter –, bei der Regelung des öffentlichen Dienstrechts – konkret also: des Richterdienstrechts – zu berücksichtigen.

b) Verbleibender Anwendungsbereich für einen auf Art. 33 Abs. 5 GG gestützten Grundsatz der Ämterstabilität

Nachdem Art. 33 Abs. 5 GG eine Berücksichtigung hergebrachter Grundsätze somit ausschließlich in Bezug auf Beamte und Richter verlangt, könnten auch die darauf gestützten Begründungsansätze eines Grundsatzes der Ämterstabilität dessen Anwendung höchstens insoweit begründen. Seine derzeit praktizierte Anwendung in Bezug auf weitere Beschäftigtengruppen – namentlich auf Notare[342] und Soldaten –[343] vermag Art. 33 Abs. 5 GG hingegen von vornherein nicht zu stützen.

II. Fundamentalität und Traditionalität als Anforderungen an hergebrachte Grundsätze im Sinne des Art. 33 Abs. 5 GG

Soweit eine auf Art. 33 Abs. 5 GG gestützte Herleitung des Grundsatzes der Ämterstabilität somit überhaupt in Betracht kommt, hängt deren Gelingen maßgeblich von dem Bestehen eines entsprechenden hergebrachten Grundsatzes ab, weshalb es zunächst gilt, die insoweit relevanten Maßstäbe zu bestimmen.

Art. 33 Abs. 5 GG bewirkt keineswegs eine – wie es gelegentlich formuliert wird – „Zementierung alles Althergebrachten".[344] Stattdessen gibt die Norm den durch sie Verpflichteten[345] lediglich auf, bei der Reglung und Fortentwicklung des öffentlichen Dienstrechts gewisse „Grundsätze des Berufsbeamtentums" zu berücksichtigen, sofern diese „hergebracht[...]" sind. Diese beiden Tatbestandsmerkmale werden zwar im Hinblick auf Art. 33 Abs. 5 GG oftmals besonders

---

341 Vgl. noch *Kunig*, in: von Münch/Kunig, GG, Bd. I, 6. Aufl. 2012, Art. 33 Rn. 57: Hergebrachte Grundsätze im Sinne des Art. 33 Abs. 5 GG seien dort zu entfalten, wo sie ihre Bedeutung erlangt hätten.

342 Die bis Ende 2017 bzgl. der baden-württembergischen Amts- bzw. Richternotare (zu letztgenannter Bezeichnung BVerfG NJW 2008, 638 [639]) bestehende Besonderheit ist mit verfassungsgemäßer (s. BVerfG NVwZ 2017, 871 ff.) Abschaffung dieses Instituts (Änderung des § 114 BNotO zum 01.01.2018 durch Art. 2 des Gesetzes zur Änderung der Bundesnotarordnung und anderer Gesetze v. 15.07.2009, BGBl. I, S. 1798 ff.) entfallen. Die sonstigen (also Anwalts- bzw. hauptamtlichen) Notare unterfallen nicht Art. 33 Abs. 5 GG, *Jarass*, in: Jarass/Pieroth, GG, 17. Aufl. 2022, Art. 33 Rn. 51. Vgl. aber BVerfGE 131, 130 (140 f.): Regelungen „in Anlehnung an Art. 33 Abs. 5 GG".

343 S. o. Teil 1 C.II.

344 So aber etwa *Bull*, DÖV 1995, 592 (596); ähnlich bereits *Thieme*, in: 48. DJT, 1970, S. D 3 (D 12): „Verfassungsbefehl, die Vergangenheit zu konservieren"; zutreffend hingegen *Lecheler*, ZBR 2007, 18 (20).

345 S. dazu noch u. B.V.1.b)bb)(1)(a).

hervorgehoben und insoweit gemeinhin als Fundamentalität und Traditionalität bezeichnet,[346] stellen jedoch keine Spezifika nur dieser Verfassungsbestimmung dar. Vielmehr ist es übereinstimmendes Wesensmerkmal aller Einrichtungsgarantien, dass „gewisse typische Merkmale, wie sie sich in der geschichtlichen Entwicklung als charakteristisch herausgebildet haben, durch diese Art von Garantie vor einer Beseitigung geschützt werden".[347]

1. Fundamentalität

Das Erfordernis der sog. Fundamentalität ist im Wortlaut des Art. 33 Abs. 5 GG durch die Beschränkung auf „Grundsätze des Berufsbeamtentums" niedergelegt. Bei genauerer Betrachtung kann es freilich wiederum in zwei Bestandteile untergliedert werden.

a) Grundsatzcharakter

Eine erste Eingrenzung erfolgt durch die Beschränkung auf „Grundsätze". Zur Definition dieses Begriffs, werden mannigfaltige Formulierungen wie „Kernbestand von Strukturprinzipien",[348] „Wesensgehalt",[349] „Fundamentalsätze",[350] „allgemeine, leitende Rechtssätze",[351] „Struktur der Institution [des Berufsbeamten-

---

[346] BVerfGE 145, 249 (275 f. Rn. 54); *Brosius-Gersdorf*, in: Dreier, GG, Bd. II, 3. Aufl. 2015, Art. 33 Rn. 178; *Grigoleit*, in: Stern/Becker, Grundrechte-Kommentar, 3. Aufl. 2019, Art. 33 Rn. 71; *Merten*, in: Grupp/Ronellenfitsch, FS für Blümel, 1999, S. 340; *Krause*, Die hergebrachten Grundsätze des Berufsbeamtentums, 2008, S. 5 f.; vgl. bereits *Lecheler*, AöR Bd. 103 (1978), S. 349 (351). Ohne Abweichung in der Sache wird statt von *Fundamentalität* mitunter auch von *Substanzialität* (BVerfGE 145, 1 [8 Rn. 17]; *Hense*, in: Epping/Hillgruber, BeckOK GG, Stand 52. Ed. 15.08.2022, Art. 33 Rn. 37; *Lindner*, ZBR 2017, 181 ff.), vereinzelt auch von *Essentialität* (*Thal*, Das Dogma rechtsschutzverkürzender Ämterstabilität, 2016, S. 91) oder (obschon der Wortstamm „-abilität" freilich eher auf eine Fähigkeit hindeutet, vgl. lat. *habilitas*, engl. *ability;* vgl. auch Strauss/Schmidt/Brückner/Nortmeyer/Vietze, Deutsches Fremdwörterbuch, Bd. VII, 2. Aufl. 2011, S. 1 [1], Lemma: habilitieren) von *Substanziabilität* (so nur *Battis*, in: Sachs, GG, 9. Aufl. 2021, Art. 33 Rn. 67) gesprochen.

[347] Grundlegend *C. Schmitt*, in: C. Schmitt, Verfassungsrechtliche Aufsätze aus den Jahren 1924–1954, 2. Aufl. 1958 (Nachdruck 1973), S. 140 (146); aufgreifend *Schmidt-Jortzig*, Die Einrichtungsgarantien der Verfassung, 1979, S. 42.

[348] BVerfGE 8, 332 (343); 15, 167 (195); 46, 97 (117); 58, 68 (76); 83, 89 (98); 121, 205 (219); 117, 372 (379); 117, 330 (344); 107, 218 (237); 106, 225 (232).

[349] *Mayer*, in: Forsthoff/Hörstel, FS für Gehlen, 1974, S. 227 (230).

[350] *Jüsgen*, DÖV 1951, 474 (474).

[351] *Schick*, in: Forsthoff/von Münch/Schick/Thieme/Ule/Mayer, Verfassungsrechtliche Grenzen einer Reform des öffentlichen Dienstrechts, 1973, S. 171 (198); *Krause*, Die hergebrachten Grundsätze des Berufsbeamtentums, 2008, S. 5; jeweils in Anlehnung die Weimarer Staatsrechtslehre, vgl. *Anschütz*, Die Verfassung des Deutschen Reichs, 14. Aufl. 1933 (Nachdruck 1968), Art. 10 Anm. 1 (S. 88).

tums]“ oder „Gestaltmerkmal [des Beamtentypus]“[352] vorgeschlagen, die sich jedoch letztlich nur in der Formulierung, nicht aber in der Sache unterscheiden.[353] Gemein ist allen Definitionsansätzen, dass es um die Gewinnung von fundamentalen Prinzipien geht, also solchen Merkmalen, die das relevante Bild des Beamtentums[354] in seiner Gestalt maßgeblich prägen.[355] Ungeachtet ihrer eventuellen Traditionalität von vornherein ausgeschlossen sind somit untergeordnete Detailregelungen ohne Grundsatzcharakter.[356] So überzeugend diese Abgrenzung abstrakt auch wirkt, so problematisch ist freilich ihre Anwendung im Einzelfall, denn – wie es *Ruland* anschaulich formulierte – „Grundsätze schweben nicht in der Luft“, sondern sind in aller Regel aus einer Vielzahl von Detailregelungen, welche für sich genommen keinen Grundsatzcharakter aufweisen „herauszufiltern“.[357] Um festzustellen, ob solche im Wege der Abstraktion gewonnenen (Rechts-)Sätze prägende Strukturmerkmale im oben umrissenen Sinne sind, fragt nicht nur das BVerfG[358] im Sinne einer Conditio-sine-qua-non-Formel, ob sie „nicht hinweggedacht werden können, ohne dass damit zugleich die Einrichtung selbst in ihrem Charakter grundlegend verändert würde“.[359] Da dieses Vorgehen deutliche Parallelen zur sog. Subtraktionstheorie aufweist, die das BVerfG bereits seit den 1950er-Jahren zur Abgrenzung des Kernbereiches anderer Einrichtungsgarantien, namentlich derjenigen der kommunalen Selbstverwaltung,[360] anwandte,[361] kann dagegen im Grundsatz freilich die gleiche Kritik erhoben werden wie seinerzeit bereits

[352] Beide *Isensee*, Beamtenstreik, 1971, S. 55.

[353] So schon *Ruland*, ZRP 1983, 278 (279).

[354] Zu diesem sogleich b)bb).

[355] Vgl. BVerfGE 141, 56 (69 Rn. 34); *Bickenbach*, in: von Münch/Kunig, GG, Bd. I, 7. Aufl. 2021, Art. 33 Rn. 133.

[356] BVerfGE 145, 249 (276 Rn. 54); *Brosius-Gersdorf*, in: Dreier, GG, Bd. II, 3. Aufl. 2015, Art. 33 Rn. 178; *Hebeler*, NVwZ 2006, 1254 (1255); *Merten*, ZBR 1999, 1 (1 f.).

[357] *Ruland*, ZRP 1983, 278 (279 f.).

[358] Ganz ähnlich etwa *Mayer*, in: Forsthoff/Hörstel, FS für Gehlen, 1974, S. 227 (232): „Strukturprinzipien dieser Institution, […] die nicht hinweggedacht werden können […]“; *F. Klein*, in: von Mangoldt/Klein, Das Bonner Grundgesetz, Bd. II, 2. Aufl. 1966, Art. 33 Anm. 3. b) (S. 814): „Leitsätze […], die nicht beseitigt werden könnten, ohne daß das Berufsbeamtentum an der Wurzel getroffen und damit vernichtet würde“. Ähnlich auch *Wichmann*, in: Wichmann/Langer, Öffentliches Dienstrecht, 8. Aufl. 2016, Rn. 23; *Voßkuhle*, in: Voßkuhle/Eifert/Möllers, Grundlagen des Verwaltungsrechts, Bd. II, 3. Aufl. 2022, § 41 Rn. 72.

[359] Seit BVerfGE 141, 56 (69 Rn. 34); s. auch BVerfGE 149, 382 (391 Rn. 15); 150, 169 (178 Rn. 25); dazu *Lindner*, DVBl. 2016, 816 (818).

[360] Dazu inzwischen auch (wieder) ganz deutlich BVerfGE 147, 185 (215 Rn. 59): Wesentliche Gewährleistungsinhalte des Art. 28 Abs. 2 GG seien solche, „die nicht hinweggedacht werden können, ohne dass die institutionelle Garantie der kommunalen Selbstverwaltung substantiell verändert würde“.

[361] Vgl. etwa BVerwGE 6, 19 (25); 6, 342 (345).

gegen jene.[362] Positiv hervorzuheben ist insofern jedoch nicht nur, dass das BVerfG auf diese Weise – nicht nur begrifflich – seine Maßstäbe bei der Kernbereichsbestimmung von Einrichtungsgarantien angleicht und somit einer kasuistischen Entwicklung und der unter Umständen drohenden Herausbildung von Sonderdogmatiken entgegenwirkt,[363] sondern auch, dass das maßgebliche Abstellen des BVerfG auf funktional-institutionelle Gesichtspunkte auf diese Weise deutlich zum Ausdruck kommt.[364]

b) Berufsbeamtentum als Bezugsgegenstand

aa) Differenzierung zwischen Beamtentum und Beamtenrecht

Der Umstand, dass der Gegenstand, auf dessen Grundsätze die Vorschrift Bezug nimmt, nicht das (Berufs-)Beamtenrecht, sondern das Berufsbeamtentum ist, wird regelmäßig betont.[365] Bei aller Richtigkeit dieser Feststellung sollte ihre Relevanz indes nicht überschätzt werden. Denn Bedeutung käme ihr angesichts des Umstandes, dass Einrichtungsgarantien notwendigerweise „Rechtseinrichtung[en]",[366] also „normative Tatbestände"[367] schützen,[368] lediglich auf Grundlage eines sehr engen, gesetzespositivistischen Begriffsverständnisses von „Recht" zu, das alle nicht gesetzesförmigen Rechtsquellen (bspw.[369] Gewohnheits-[370] oder Richterrecht[371]) ausschließt.

---

[362] Kritisch dazu etwa bereits *Schmidt-Jortzig*, Die Einrichtungsgarantien der Verfassung, 1979, S. 39 f.: „Salamitaktik".

[363] Das verbindende Element von Einrichtungsgarantien insoweit herausstellend auch BVerfGE 149, 382 (391 Rn. 15); 150, 169 (178 Rn. 25).

[364] *Lindner*, DVBl. 2016, 816 (818).

[365] Etwa BVerfGE 117, 330 (349); 141, 56 (69 Rn. 34); 148, 296 (345 Rn. 119); *Burghart*, in: Leibholz/Rinck, GG, Loseblatt, Stand 86. Lfg. April 2022, Art. 33 Rn. 111; *Mayer*, in: Forsthoff/Hörstel, FS für Gehlen, 1974, S. 227 (229 f.); *Thieme*, Der öffentliche Dienst in der Verfassungsordnung des Grundgesetzes, 1961, S. 32, 43 f.; *Lindner*, DVBl. 2016, 816 (818); *Domgörgen*, in: Hömig/Wolff, GG, 13. Aufl. 2022, Art. 33 Rn. 18.

[366] *Stern*, Staatsrecht, Bd. III/1, 1988, S. 785; *Mainzer*, Die dogmatische Figur der Einrichtungsgarantie, 2003, S. 115.

[367] *Scholz*, Die Koalitionsfreiheit als Verfassungsproblem, 1971, S. 241; ähnlich auch *H. Lenz*, JZ 1963, 338 (345): „normativ formierte und umgrenzte Ordnungsgefüge"; *Mainzer*, Die dogmatische Figur der Einrichtungsgarantie, 2003, S. 115: „(einfachgesetzlicher) Normenkomplex".

[368] *Schmidt-Jortzig*, Die Einrichtungsgarantien der Verfassung, 1979, S. 28 f.

[369] Nach *soziologischem* Verständnis zählt beispielsweise auch eine bloße *communis opinio doctorum* zu den Rechtsquellen, *Tuschak*, Die herrschende Meinung als Indikator europäischer Rechtskultur, 2009, S. 26; *Röhl/Röhl*, Allgemeine Rechtslehre, 3. Aufl. 2008, S. 570, unter Betonung des diesbezüglichen Unterschiedes zwischen soziologischer und normativer Rechtsquellenlehre; allgemein zum soziologischen Rechtsquellenverständnis ebd., S. 519.

[370] Zur (nicht nur soziologischen) Rechtsquellenqualität des Gewohnheitsrechts etwa *Röhl/Röhl*, Allgemeine Rechtslehre, 3. Aufl. 2008, S. 554.

[371] Für ein weites, auch das Richterrecht einbeziehende Begriffsverständnis s. exemplarisch

Infolge des begrifflichen Abstellens des Art. 33 Abs. 5 GG auf das Beamtentum anstelle des Beamtenrechts kann die seit Jahrhunderten geführte Diskussion um den Begriff vom „Recht“[372] jedoch dahinstehen und der Wert der oben erwähnten Feststellung beschränkt sich darauf, herauszustellen, dass – unabhängig von dem insoweit jeweils präferierten Begriffsverständnis – jedenfalls auf der Ebene der Fundamentalität[373] eine Beschränkung auf gesetzlich positivierte Grundsätze des Beamtentums nicht begründet werden kann.

bb) Das maßgebliche Bild des Beamtentums

Die Ermittlung der wesensprägenden Grundsätze des somit maßgeblichen Beamtentums setzt notwendigerweise ein gesichertes Verständnis ebendieses Phänomens voraus.

(1) Die Bestimmung der geschützten Einrichtung als Methodenfrage

Die sich insoweit im Kontext des Art. 33 Abs. 5 GG stellenden Fragen unterscheiden sich strukturell nicht von den in Bezug auf andere Einrichtungsgarantien geführten Diskussionen. Denn Inhalt und Reichweite einer jeden Einrichtungsgarantie hängen maßgeblich von der jeweils zugrunde gelegten Definition bzw. dem jeweiligen Verständnis der garantierten Einrichtung ab. Dabei handelt es sich bei den Schwierigkeiten in Bezug auf die Bestimmung der Definition der jeweils geschützten Einrichtung in erster Linie um ein Methodenproblem.[374] Ge-

---

Abel, Die Bedeutung der Lehre von den Einrichtungsgarantien für die Auslegung des Bonner Grundgesetzes, 1964, S. 46, der die geschützte Einrichtung als „Komplex von Rechtsnormen“ beschreibt, bei denen es sich jedoch gerade „nicht um gesetzliches Recht handeln“ müsse; s. auch *Müller/Christensen*, Juristische Methodik, Bd. I, 11. Aufl. 2013, S. 210. Vgl. ferner *Maunz*, in: Maunz/Dürig, GG, Loseblatt, Grundwerk 1958, Art. 33 Rn. 54, der zu „Rechtssätze[n]“ in diesem Sinne auch die Rechtsprechung zählte. Gegen eine eigenständige Bedeutung des Richterrechts neben dem Gewohnheitsrecht *Röhl/Röhl*, Allgemeine Rechtslehre, 3. Aufl. 2008, S. 571.

372 S. schon *Kant*, Critik der reinen Vernunft, 2. Aufl. 1787, S. 759 (Anm.), abgedruckt bei: Weischedel, Immanuel Kant, Werke in sechs Bänden, Bd. II, 7. Aufl. 2011, S. 625: „Noch suchen die Juristen eine Definition zu ihrem Begriffe vom Recht.“ Aus der jüngeren Literatur etwa *Hoerster*, Was ist Recht?, 2006; *Volkmann*, JöR Bd. 64 (2016), S. 281 ff.; *von der Pfordten*, JZ 2008, 641 ff.; *Dreier*, NJW 1986, 890 ff.; vgl. auch *Pawlowski*, Methodenlehre für Juristen, 3. Aufl. 1999, Rn. 5 ff.

373 Zur ähnlichen Problematik bzgl. des Merkmals der Traditionalität s. u. B.II.2.c)bb).

374 So *Gärditz*, FF 2018, 8 (10 f.), in Bezug auf die einschlägige Diskussion zum Ehebegriff des Art. 6 Abs. 1 GG. – Das Problem tritt zudem nicht nur im Zusammenhang mit Einrichtungsgarantien auf; es handelt sich vielmehr um die insgesamt streitige Frage, ob Normen entstehungszeitlich oder geltungszeitlich auszulegen sind, dazu *Tomandl*, ÖJZ 2011, 539 (540 f.); *E. A. Kramer*, Juristische Methodenlehre, 6. Aufl. 2019, S. 135.

mein ist den diesbezüglichen Diskussionen, dass zwar stets nahezu[375] einhellig dem historischen, vom Verfassungsgeber vorgefundenen und von diesem daher (jedenfalls implizit) vorausgesetzten Begriffsverständnis grundlegende Bedeutung zugesprochen,[376] dies jedoch regelmäßig mit der Relativierung verbunden wird, dass selbiges nicht allein maßgeblich sei.[377]

Der Ausgangspunkt, also die (gegenüber den allgemeinen Auslegungsmaßstäben stärkere)[378] Betonung der Relevanz des historischen Begriffsverständnisses[379] vermag zu überzeugen. Denn ein Außerachtlassen ebendieses Verständnisses, wie es mit der Anwendung der gegenläufigen – in diesem Kontext[380] heute praktisch einhellig abgelehnten –[381] objektiv-teleologischen Methode[382] einherginge,[383] gäbe die (dann nur noch vermeintlich) geschützte Einrichtung letztlich der Beliebigkeit des jeweiligen Zeitgeistes preis.[384] Problematischer erscheint hingegen die oben angesprochene Relativierung der (nur grundsätzlichen) Bedeutung des historischen Begriffsverständnisses. Diese mag zwar den praktischen Umgang mit Einrichtungsgarantien durch die mit ihr einhergehende Ein-

[375] Zur objektiv-teleologischen Gegenauffassung sogleich im Text.

[376] *Kloepfer*, in: Merten/Papier, Handbuch der Grundrechte, Bd. II. 2006, § 43 Rn. 34 f.; entsprechend zu Art. 128 ff. WRV bereits *Gerber*, VVDStRL Heft 7 (1932), S. 2 (26). Vgl. exemplarisch etwa zu „Ehe“ und „Familie“ im Rahmen des Art. 6 Abs. 1 GG *von Coelln*, in: Sachs, GG, 9. Aufl. 2021, Art. 6 Rn. 3.

[377] *Kloepfer*, in: Merten/Papier, Handbuch der Grundrechte, Bd. II. 2006, § 43 Rn. 34 f.; *Stern*, Staatsrecht, Bd. III/1, 1988, S. 870.

[378] Zur Auslegung als „gegenwarts- bzw. zukunftsbezogenes Geschäft“ s. *E. A. Kramer*, Juristische Methodenlehre, 6. Aufl. 2019, S. 155. Vgl. aber zur zunehmenden Tendenz des BVerfG von der sog. objektiv-teleologischen hin zur historischen (subjektiv-teleologischen) Auslegung noch u. Fn. 941.

[379] Für das Einlassen auf das historische Verständnis plädiert etwa *Gadamer*, Wahrheit und Methode, 4. Aufl. 1975, S. 251, 253 f.

[380] Soweit nicht Einrichtungsgarantien in Rede stehen, kommt der objektiv-teleologischen Methode durchaus noch erhebliche Bedeutung zu, vgl. dazu sowie zu den diesbezüglichen Gefahren und den daraus resultierenden Einschränkungen *E. A. Kramer*, Juristische Methodenlehre, 6. Aufl. 2019, S. 149 ff.; *Tomandl*, ÖJZ 2011, 539 (541). Vgl. auch bereits o. A.III.2.b)bb)(5) mit Fn. 222 ff.

[381] *Kloepfer*, in: Merten/Papier, Handbuch der Grundrechte, Bd. II, 2006, § 43 Rn. 33 ff. Nur vereinzelt wurde dieser Ansatz in jüngerer Vergangenheit in Bezug auf die Einrichtungsgarantien des Art. 6 Abs. 1 GG wieder aufgegriffen: Nach *Brosius-Gersdorf*, NJW 2015, 3557 (3560), könnten „beschränkte historische Vorstellungen“ der Auslegung des verfassungsrechtlichen Ehebegriffs nicht entgegenstehen. Dagegen etwa *Wasmuth*, NJ 2017, 353 (357 f.); *von Coelln*, NJ 2018, 1 (3); s. auch *Gärditz*, FF 2018, 8 (10 f.).

[382] Dafür namentlich *Bleckmann*, Staatsrecht II, 4. Aufl. 1997, § 11 Rn. 116.

[383] *Kloepfer*, in: Merten/Papier, Handbuch der Grundrechte, Bd. II. 2006, § 43 Rn. 34 f.

[384] Nur konsequent also letztlich die Forderung *Lecheler*s, AöR Bd. 103 (1978), S. 349 (353), „wer dies [die grundlegende Bedeutung des historischen Begriffsverständnisses, d. Verf.] ablehnt, sollte die in der Verfassung garantierte Institution offen zu beseitigen suchen“.

räumung eines gewissen Maßes an Flexibilität erleichtern, lässt sich im Rahmen der Einrichtungsdefinition jedoch nicht dogmatisch begründen. Überzeugender dürfte es daher sein, dem praktischen Bedürfnis nach einer gewissen Offenheit von Einrichtungsgarantien nicht auf der Ebene der Einrichtungsdefinition, sondern beim Merkmal der Grundsätzlichkeit[385] bzw. der Rechtsfolge, also dem Beachtungsgebot[386] Rechnung zu tragen.

(2) Relevanz des Werturteils des Verfassungsgebers

Jedenfalls in Bezug auf den hier interessierenden Art. 33 Abs. 5 GG hat das vom BVerfG praktizierte Vorgehen Nachahmung in der Fachgerichtsbarkeit[387] sowie Zustimmung in weiten Teilen der Literatur[388] erfahren. Danach ist nicht pauschal auf das Beamtentum in seinem historischen Bestand abzustellen, sondern letztlich denjenigen Eigenschaften des historischen Beamtentums besondere Bedeutung beizumessen, die den Verfassungsgeber einst dazu bewogen, diese Einrichtung in die Verfassungsordnung des Grundgesetzes zu übernehmen. Bezogen auf das Berufsbeamtentum waren dies – ausweislich der Materialien des parlamentarischen Rates und wie auch das BVerfG der Sache nach ausführt[389] – namentlich[390] „seine große Bedeutung im Interesse der Stabilisierung des Staates",[391] die „unabhängigen, für die Gesetzmäßigkeit der Verwaltung" sorgenden Amtsträger[392] sowie deren „Neutralität gegenüber den widerstreitenden Interessen".[393] Das BVerfG gelangt auf diese Weise zu dem Befund, dass „[d]ie Mütter und Väter des Grundgesetzes […] das Berufsbeamtentum […] als ein Instrument zur Sicherung von Rechtsstaat und Gesetzmäßigkeit der Verwaltung" verstanden.[394] Dieses Resümee vermag nicht allein angesichts der engen historischen Verknüpfung zwischen der Entwicklung des Rechtsstaates und derjenigen des Berufsbe-

---

385 Dazu oben a).

386 Dazu unten B.V.1.b)bb)(1)(b).

387 BVerwGE 129, 272 (280 Rn. 48); 155, 300 (310 Rn. 45).

388 *Battis/Grigoleit*, ZBR 2008, 1 (3); *Lecheler*, AöR Bd. 103 (1978), S. 349 (352). Zur Erforderlichkeit eines neutralen Beamtentums gerade im Parteienstaat schon *Forsthoff*, DÖV 1951, 460 (461).

389 BVerfGE 119, 247 (261 f.); nachfolgend auch BVerwGE 129, 272 (282 Rn. 54).

390 *Merten*, ZBR 1999, 1 (3).

391 *F. W. Wagner*, in: Deutscher Bundestag/Bundesarchiv, Der Parlamentarische Rat 1948–1949, Bd. III, 1986, S. 497.

392 *Strauß*, in: Deutscher Bundestag/Bundesarchiv, Der Parlamentarische Rat 1948–1949, Bd. III, 1986, S. 497.

393 *Reif*, in: Deutscher Bundestag/Bundesarchiv, Der Parlamentarische Rat 1948–1949, Bd. III, 1986, S. 500.

394 Plastisch die Formulierung bei BVerfGE 119, 247 (261 f.).

amtentums zu überzeugen.[395] Auch wird es durch den Gedanken gestützt, dass Einrichtungsgarantien „nicht um ihrer selbst willen“,[396] sondern – wie es *Merten* explizit in Bezug auf das Berufsbeamtentum formulierte – „wegen erwiesener Bewährung“[397] in die Verfassung aufgenommen wurden. Mithin überzeugt es auch, wenn das BVerfG im Wege dieses subjektiv-teleologischen Vorgehens, das gerade denjenigen Eigenarten des historischen Beamtentums besonderes Gewicht beimisst, die den Verfassungsgeber dazu bewogen, es in Form einer Einrichtungsgarantie zu schützen,[398] zu seiner Definition des Beamtentums als einer Institution gelangt,

> „die, gegründet auf Sachwissen, fachliche Leistung und loyale Pflichterfüllung, eine stabile Verwaltung sichern und damit einen ausgleichenden Faktor gegenüber den das Staatswesen gestaltenden politischen Kräften bilden soll“.[399]

(3) Kein Widerspruch: Die subjektivrechtliche Dimension

Auch steht dieser Konzeption, die die den staatlichen Eigeninteressen dienende Funktion des Beamtentums besonders betont,[400] nicht entgegen, dass das BVerfG Art. 33 Abs. 5 GG bereits in den 1950er-Jahren eine subjektivrechtliche Dimension beimaß.[401] Denn im Gegensatz zu den primär subjektivrechtlich ausgerich-

---

[395] BVerwGE 129, 272 (280 Rn. 48); 155, 300 (310 Rn. 45); vgl. bereits *Gerber*, in: VVDStRL, Heft 7 (1932), S. 2 (3 f.).

[396] BVerfGE 119, 247 (261); *Grigoleit*, in: Stern/Becker, Grundrechte-Kommentar, 3. Aufl. 2019, Art. 33 Rn. 47; jeweils zu Art. 33 Abs. 5 GG.

[397] *Merten*, ZBR 1999, 1 (3); *ders.*, in: Merten/Papier, Handbuch der Grundrechte, Bd. V, 2013, § 114 Rn. 48; ähnlich schon *Stern*, in: 48. DJT, 1970, S. O 60 (O 61). Zu dem mit der Schaffung von Einrichtungsgarantien einhergehenden Werturteil bereits *Lecheler*, AöR Bd. 103 (1978), S. 349 (353); vgl. auch u. B.II.2.a)cc)(2) mit Fn. 447.

[398] Ähnlich schon *Isensee*, in: Benda/Maihofer/Vogel, Handbuch des Verfassungsrechts, 2. Aufl. 1994, § 32 Rn. 65; *Jüsgen*, DÖV 1951, 474 (475); *Merten*, ZBR 1999, 1 (2 f.).

[399] Die st. Rspr. (BVerfGE 119, 247 [260 f.]; 121, 205 [219]; 140, 240 [290 Rn. 101]) geht zurück auf BVerfGE 7, 155 (162), wo das Gericht jedoch noch eine leicht abweichende Formulierung verwendete; vgl. ferner die lediglich verkürzten Formulierungen in BVerfGE 70, 251 (267); 39, 196 (201); 44, 249 (265); 117, 372 (380).

[400] Vgl. *Merten*, in: Merten/Papier, Handbuch der Grundrechte, Bd. V, 2013, § 114 Rn. 48: Der Parlamentarische Rat habe „am Staatsbeamten um des Staates, nicht um des Beamten willen“ festgehalten; tendenziell ähnlich bereits *Stern*, in: 48. DJT, 1970, S. O 60 (O 60), der insofern namentlich die Verortung des Art. 33 Abs. 5 GG im organisatorischen, also (in Abgrenzung zu Vorgängerbestimmungen der WRV) gerade nicht im grundrechtlichen Teil hervorhebt.

[401] St. Rspr. seit BVerfGE 8, 1 (11 f., 17 f.); s. BVerfGE 106, 225 (231 f.); 107, 218 (236 f.); 117, 330 (344); 130, 263 (292). Zustimmend *Jachmann-Michel/Kaiser*, in: von Mangoldt/Klein/Starck, GG, Bd. II, 7. Aufl. 2018, Art. 33 Abs. 5 Rn. 40; *Battis*, in: Sachs, GG, 9. Aufl. 2021, Art. 33 Rn. 65; *Grigoleit*, in: Stern/Becker, Grundrechte-Kommentar, 3. Aufl. 2019, Art. 33 Rn. 67; dagegen noch *Kunig*, in: von Münch/Kunig, GG, Bd. I, 6. Aufl. 2012, Art. 33 Rn. 55.

teten Grundrechten[402] ist Art. 33 Abs. 5 GG auch eingedenk dieser, in den Beratungen des Parlamentarischen Rates noch nicht ersichtlich erörterten,[403] ihm jedoch später zugedachten subjektivrechtlichen Dimension gerade nicht als „eigennütziges Privileg der Beamten" konzipiert.[404] Dass vielmehr weiterhin die funktionell-institutionelle Bedeutung überwiegt, wird schon daran deutlich, dass das BVerfG sein auch subjektivrechtliches Verständnis der Vorschrift gerade auf die sog. *Thoma*'sche Auslegungsregel stützt,[405] nach der von mehreren in Betracht kommenden Auslegungsmöglichkeiten stets derjenigen der Vorzug zu geben sei, „die die juristische Wirkungskraft der betreffenden Norm am stärksten entfaltet."[406] Die subjektivrechtliche Dimension des Art. 33 Abs. 5 GG stellt sich somit als derivativ und akzessorisch dar.[407] Auf diese Norm gestützter subjektiver Rechtsschutz des Beamten ist demnach nur möglich, soweit die Nichtberücksichtigung hergebrachter Grundsätze die Existenz oder doch jedenfalls die Funktionsfähigkeit der Institution insgesamt beeinträchtigt.[408] Er ist im Gegenschluss also dort ausgeschlossen, wo der Beamte nur eigennützige Interessen verfolgt. Wenn entsprechende Beschwerdeführer daher gelegentlich als „Sachwalter der

---

S. insgesamt zum Verhältnis von organisatorischen Einrichtungsgarantien und subjektiven Rechtspositionen *Waechter*, Die Verwaltung Bd. 29 (1996), S. 47 (53 f.).

402 Vgl. nur *Stern*, in: Stern/Becker, Grundrechte-Kommentar, 3. Aufl. 2019, Einl. Rn. 51; *Sachs*, in: Sachs, GG, 9. Aufl. 2021, Vor Art. 1 Rn. 28. Das BVerfG spricht gelegentlich von der „Konzeption der Grundrechte als Abwehrrechte", BVerfG (K) NJW 2001, 2078 (2079); NJW 2010, 141 (142).

403 Vgl. auch BVerfGE 8, 1 (12): Die Entstehungsgeschichte zeige deutlich, „daß das Grundgesetz – im Gegensatz zu Art. 129 WRV – nicht vom Schutz *subjektiver Rechte der Beamten*, sondern von der *Erhaltung der Einrichtung eines Berufsbeamtentums* im Interesse der Allgemeinheit" ausgehe (Hervorhebungen im Original).

404 So auch *Badura*, in: Dürig/Herzog/Scholz, GG, Loseblatt, Stand 97. Lfg. Januar 2022, Art. 33 Rn. 52; ähnlich *Grigoleit*, in: Stern/Becker, Grundrechte-Kommentar, 3. Aufl. 2019, Art. 33 Rn. 47.

405 BVerfGE 43, 154 (167). Deutlich zurückhaltender, jedoch im Grundsatz bereits angelegt in BVerfGE 8, 1 (17): Wenn Art. 33 Abs. 5 GG die Gewähr für die Einhaltung bestimmter eng begrenzter verfassungsrechtlicher Mindestanforderungen bieten wolle, läge die Annahme eines entsprechenden Individualrechts der „hauptsächlich und unmittelbar Betroffenen" nahe.

406 *Thoma*, in: Nipperdey, Die Grundrechte und Grundpflichten der Reichsverfassung, Bd. I, 1930 (Nachdruck 1975), S. 1 (9).

407 So *Merten*, ZBR 1999, 1 (2). Vgl. schon C. *Schmitt*, in: C. Schmitt, Verfassungsrechtliche Aufsätze aus den Jahren 1924–1954, 2. Aufl. 1958 (Nachdruck 1973), S. 140 (149): die Gewährung subjektiver Rechte könne zwar mit Gewährleistung der Institution zusammenfallen, sei dieser jedoch untergeordnet und habe ihr zu dienen.

408 *W. G. Leisner*, in: Sodan, GG, 4. Aufl. 2018, Art. 33 Rn. 27; ähnlich *Jachmann-Michel/Kaiser*, in: von Mangoldt/Klein/Starck, GG, Bd. II, 7. Aufl. 2018, Art. 33 Abs. 5 Rn. 40; entsprechend zu subjektiven Schutzberechtigungen aus Einrichtungsgarantien insgesamt *Steinbeiß-Winkelmann*, Grundrechtliche Freiheit und staatliche Freiheitsordnung, 1986, S. 123; aufgreifend *Stern*, Staatsrecht, Bd. III/1, 1988, S. 875.

institutionellen Garantie"[409] bezeichnet werden, mag das zwar vielfach nicht deren tatsächlicher Motivlage entsprechen,[410] enthält aber insofern einen wahren Kern, als auch die subjektivrechtliche „Aufladung" des Art. 33 Abs. 5 GG gerade kein Selbstzweck,[411] sondern vielmehr ihrerseits ein Mittel zur Forcierung der hinsichtlich der hergebrachten Grundsätze bestehenden Berücksichtigungspflicht ist.[412]

(4) Zusammenfassung zum maßgeblichen Bild des Berufsbeamtentums

Das maßgebliche Bild des Beamtentums erklärt sich aus seiner funktionell-institutionellen Bedeutung. Maßgeblich ist daher insbesondere seine für das Staatsganze stabilisierend wirkende Funktion, als neutrale und sachkundige Institution einen Ausgleich zu den (wechselnden) politischen Kräften an der Staats- und Verwaltungsspitze zu bilden.[413]

c) Zusammenfassung zum Merkmal der Fundamentalität

Die das Beamtentum im vorstehend umrissenen Sinne wesensmäßig ausmachenden Kernprinzipien sind „Grundsätze des Berufsbeamtentums" im Sinne von Art. 33 Abs. 5 GG.

2. Traditionalität

Weiter eingeschränkt wird der Kreis der von Art. 33 Abs. 5 GG erfassten Strukturprinzipien durch das Merkmal der Traditionalität, also die Beschränkung auf solche Grundsätze des Berufsbeamtentums, die hergebracht sind. Die maßgeblich auf eine Entscheidung des BVerfG aus dem Jahre 1958 zurückgehende Auffassung, diese Voraussetzung erfüllten ausschließlich solche Grundsätze, die „allgemein oder doch ganz überwiegend und während eines längeren, traditions-

---

409 *W. G. Leisner*, in: Sodan, GG, 4. Aufl. 2018, Art. 33 Rn. 27.

410 In diesem Sinne namentlich *Bull*, in: Bultmann/Grigoleit/Gusy/Kersten/Otto/Preschel, FS für Battis, 2014, S. 533 (535): Die „Sorge um die Wahrung von Besitzständen" würde „auf diese Weise als Bemühung um das Gemeinwohl ideell überhöht".

411 Zur insgesamt altruistischen Natur des Amtes s. *Isensee*, ZBR 2004, 3 (7).

412 *Menger*, VerwArch Bd. 69 (1978), S. 221 (227). Insofern bestehen freilich strukturelle Parallelen zu Tendenzen in unionsrechtlich determinierten Rechtsgebieten, in denen bestimmte Klagerechte (teils unabhängig von der Verletzung subjektiver Rechte) primär zu dem Zweck bestehen, die Durchsetzung des objektiven Rechts zu fördern, vgl. exemplarisch zum Umweltrecht etwa *Schenderlein*, Rechtsschutz und Partizipation im Umweltrecht, 2013, S. 171 f.; *Epiney*, NVwZ 1999, 485 (488); zum Kartellrecht etwa *W.-H. Roth*, ZHR Bd. 179 (2015), S. 668 (669); zum Vergaberecht *U. Kramer/André*, JuS 2009, 906 (906 f.).

413 Vgl. dazu etwa BVerfGE 7, 155 (162); 70, 251 (258, 267); BVerfG NVwZ 2018, 1044 (1045).

bildenden Zeitraums […] als verbindlich anerkannt und gewahrt worden sind",[414] findet bis heute ganz überwiegend Zustimmung.[415] In dieser Eintracht dürfte es auch begründet liegen, dass eine weitere Auseinandersetzung mit diesen nach wie vor konkretisierungsbedürftigen Kriterien – Wie lang ist ein längerer, traditionsbildender Zeitraum? Wann ist ein Grundsatz „als verbindlich anerkannt"? – kaum stattfindet.[416] Diesen Fragen wird nachfolgend in drei Schritten nachgegangen: Im Anschluss an einleitende Überlegungen zu der Frage, aus welcher (zeitlichen) Perspektive die Erfüllung des Traditionalitätsmerkmals überhaupt zu untersuchen ist (a)) widmet sich die Arbeit zunächst dem Zeit- (b)) und anschließend dem Umstandsmoment (c)) der Traditionalität.

a) Die Perspektivenfrage: dynamisches oder statisches Traditionalitätsverständnis?

Die erste grundlegende Weichenstellung bei der Auseinandersetzung mit dem Merkmal der Traditionalität betrifft die Frage, aus welcher zeitlichen Perspektive sich ein Grundsatz als hergebracht erweisen muss. Insofern sind eine dynamische und eine statische Sichtweise denkbar.

---

414 So wörtlich BVerfGE 106, 225 (232); 107, 218 (237); 117, 330 (344 f.); 117, 372 (379); 121, 205 (219). Mit leichter sprachlicher Abweichung („Tradition bildenden" statt „traditionsbildenden") st. Rspr. seit BVerfGE 8, 332 (343); s. etwa BVerfGE 15, 167 (195 f.); 46, 97 (117); 58, 68 (76 f.); 83, 89 (98).

415 *Badura*, in: Dürig/Herzog/Scholz, GG, Loseblatt, Stand 97. Lfg. Januar 2022, Art. 33 Rn. 65; *Grigoleit*, in: Stern/Becker, Grundrechte-Kommentar, 3. Aufl. 2019, Art. 33 Rn. 71; *Dollinger/Umbach*, in: Umbach/Clemens, GG, Bd. I, 2002, Art. 33 Rn. 90; *Jarass*, in: Jarass/Pieroth, GG, 17. Aufl. 2022, Art. 33 Rn. 53; *Domgörgen*, in: Hömig/Wolff, GG, 13. Aufl. 2022, Art. 33 Rn. 18.

416 Selbst in der Entscheidungspraxis des BVerfG divergieren die insoweit angelegten Maßstäbe erheblich: Während der Befund, dass der in Rede stehende Grundsatz hergebracht sei, in älteren Entscheidungen mitunter gar nicht weiter begründet wurde (BVerfGE 4, 115 [135]; 8, 1 [6]; 8, 58 [160]; mit dem bloßen Hinweis, etwas sei „seit jeher" anerkannt gewesen auch BVerfGE 70, 251 [267]), verweisen neuere Entscheidungen – mitunter ergänzt um Hinweise auf jeweils aktuelle Literaturfundstellen (s. etwa BVerfGE 141, 56 [71 Rn. 37] mit Verweis auf die ihrerseits lediglich auf BVerfGE 70, 251 [266] rekurrierenden Ausführungen bei *Masing*, in: Dreier, GG, Bd. II, 2. Aufl. 2006, Art. 33 Rn. 91, und *Jachmann*, in: von Mangoldt/Klein/Starck, GG, Bd. II, 6. Aufl. 2010, Art. 33 Rn. 52) – oft auf ältere Judikate (BVerfGE 43, 154 [165]; 61, 43 [57 f.]; 56, 146 [163 f.]; 141, 56 [71 Rn. 37]), was auf Grundlage des auch vom BVerfG geteilten statischen Traditionalitätsverständnisses (BVerfGE 25, 142, [148], dazu noch sogleich B.II.2.a)bb)) in Ermangelung vorkonstitutioneller Primärquellen freilich nicht den selbst postulierten Anforderungen genügt. Daneben gibt es auch Entscheidungen des BVerfG in denen umfangreich die jeweilige Rechtsentwicklung vom Kaiserreich bis zur Bundesrepublik nachgezeichnet wird (etwa BVerfGE 11, 203 [210 ff.]; 12, 81 [88 ff.]; 37, 167 [174 ff.]; 152, 345 [359 ff. Rn. 37 ff.]).

aa) Dynamisches Traditionalitätsverständnis

Auf Grundlage des maßgeblich von *Franz Mayer* geprägten,[417] heute nur noch vereinzelt vertretenen[418] dynamischen Traditionalitätsverständnisses beurteilt sich die Qualifizierung eines Grundsatzes als hergebracht stets aus der Warte des jeweils handelnden Adressaten[419] des Regelungs- und Fortentwicklungsauftrages. Demnach hätten die Beamtenrechtsgesetzgeber stets all solche Grundsätze zu berücksichtigen, die sich im Zeitpunkt ihres jeweiligen Tätigwerdens als hergebracht erweisen,[420] also irgendwann vor diesem Zeitpunkt bereits für einen längeren, traditionsbildenden Zeitraum als verbindlich anerkannt und gewahrt worden sind. Dies hätte insbesondere zur Folge, dass auch sich erst in nachkonstitutioneller Zeit herausgebildete Grundsätze derart verfestigen könnten, dass auch sie bei der späteren Regelung und Fortentwicklung des Beamtenrechts zu berücksichtigen wären.[421]

bb) Statisches Traditionalitätsverständnis

Demgegenüber wird Art. 33 Abs. 5 GG heute ganz überwiegend als statische Verweisung in die vorkonstitutionelle Vergangenheit verstanden.[422] Die Qualifizierung eines Grundsatzes als hergebracht soll sich nach diesem Verständnis allein aus der Perspektive des Verfassungsgebers bemessen, so dass von Art. 33 Abs. 5 GG ausschließlich solche Grundsätze erfasst sein sollen, hinsichtlich de-

---

417 *Mayer*, in: Forsthoff/Hörstel, FS für Gehlen, 1974, S. 227 (232); *ders.*, in: Carstens/Maihofer/Krause/Krüger/Mayer/Meyer/Kienbaum, Beamtenstatus – Ärgernis oder Verpflichtung?, 1978, S. 93 (98 f.).

418 *Werres/Boewe*, Beamtenrecht, 4. Aufl. 2021, Rn. 56; *Werres*, Beamtenverfassungsrecht, 2011, Rn. 39; *Bäcker*, AöR Bd. 135 (2010), S. 78 (98); *Merten*, in: Magiera/Siedentopf, Das Recht des öffentlichen Dienstes in den Mitgliedstaaten der Europäischen Gemeinschaft, 1994, S. 181 (188); *ders.*, in: Merten/Papier, Handbuch der Grundrechte, Bd. V, 2013, § 114 Rn. 74; *Lecheler*, in: Isensee/Kirchhof, Handbuch des Staatsrechts, Bd. III, 2. Aufl. 1988, § 72 Rn. 64; anders aber nunmehr *ders.*, in: Isensee/Kirchhof, Handbuch des Staatsrechts, Bd. V, 3. Aufl. 2007, § 110 Rn. 53.

419 Zur Frage, wer Adressat des Regelungs- und Fortentwicklungsauftrages ist, s. unten B.V.1.b)bb)(1).

420 Die „für ihn jeweils hergebrachten Grundsätze", *Mayer*, in: Carstens/Maihofer/Krause/Krüger/Mayer/Meyer/Kienbaum, Beamtenstatus – Ärgernis oder Verpflichtung?, 1978, S. 93 (99); ähnlich *Thieme*, in: Forsthoff/von Münch/Schick/Thieme/Ule/Mayer, Verfassungsrechtliche Grenzen einer Reform des öffentlichen Dienstrechts, 1973, S. 301 (327).

421 Vgl. dazu auch noch unten B.II.2.a)cc)(4).

422 *Lecheler*, AöR Bd. 103 (1978), S. 349 (353); *Summer*, ZBR 1992, 1 (2); *Bickenbach*, in: von Münch/Kunig, GG, Bd. I, 7. Aufl. 2021, Art. 33 Rn. 134; ähnlich auch *Grigoleit*, in: Stern/Becker, Grundrechte-Kommentar, 3. Aufl. 2019, Art. 33 Rn. 71; *Dollinger/Umbach*, in: Umbach/Clemens, GG, Bd. I, 2002, Art. 33 Rn. 90.

rer der Zeitraum, währenddessen sie „allgemein oder doch ganz überwiegend […] als verbindlich anerkannt und gewahrt worden sind“[423] in der vorkonstitutionellen Vergangenheit lag. Die Herausbildung neuer hergebrachter Grundsätze unter der Geltung des Grundgesetzes wäre infolgedessen ausgeschlossen.

cc) Das Spannungsfeld zwischen Entwicklungsoffenheit und Einrichtungsgarantie

Für ein dynamisches und somit gegen ein statisches Traditionalitätsverständnis im soeben geschilderten Sinne wurde und wird gelegentlich der Einwand vorgebracht, Letztgenanntes führe zu einer dem Fortentwicklungsauftrag zuwiderlaufenden „Versteinerung“ des Beamtenrechts.[424] Die völlige Ausblendung der beamtenrechtlichen Entwicklungen seit Inkrafttreten des Grundgesetzes[425] bewirke demnach eine „Zementierung alles Althergebrachten“.[426]

(1) Wider den Einwand der Versteinerung

Obschon dieser Kritik ein wahrer Kern innewohnt (zu diesem sogleich (2)), vermag sie doch letztlich nicht zu überzeugen. Auch bei Zugrundelegung des oben geschilderten statischen Verständnisses genießt vorkonstitutionelles Beamtenrecht keinen absoluten Schutz, steht eine Petrifikation also nicht zu befürchten. Denn die durch Art. 33 Abs. 5 GG zweifellos bewirkte Bindung ist in zweifacher Hinsicht eine bloß relative.[427] Zunächst ist daran zu erinnern, dass sich die Bindung lediglich auf „Grundsätze“, nach dem oben Gesagten also nur auf einen „Kernbestand von Strukturprinzipien“[428] erstreckt. Sowohl hinsichtlich der genauen Ausgestaltung dieser Grundsätze als auch in Bezug auf die Regelung solcher Aspekte des Beamtenrechts, bzgl. derer keine hergebrachten Grundsätze bestehen, ist der Gesetzgeber nicht stärker gebunden als bei jeder anderen gesetzlichen Regelung.

---

[423] BVerfGE 8, 332 (343); 15, 167 (195 f.); 46, 97 (117); 58, 68 (76 f.); 83, 89 (98); 106, 225 (232); 107, 218 (237); 117, 330 (344 f.); 117, 372 (379); 121, 205 (219).

[424] *Werres/Boewe*, Beamtenrecht, 4. Aufl. 2021, Rn. 56. Ähnlich (freilich ohne Bezugnahme auf den erst 2006 expressis verbis ergänzten Fortentwicklungsauftrag) auch noch *Lecheler*, in: Isensee/Kirchhof, Handbuch des Staatsrechts, Bd. III, 2. Aufl. 1988, § 72 Rn. 64; anders aber *ders.*, in: Isensee/Kirchhof, Handbuch des Staatsrechts, Bd. V, 3. Aufl. 2007, § 110 Rn. 53.

[425] Daher für eine Berücksichtigungspflicht auch nachkonstitutioneller Grundsätze de constitutione ferenda *Grigoleit*, in: Stern/Becker, Grundrechte-Kommentar, 3. Aufl. 2019, Art. 33 Rn. 71.

[426] *Bull*, DÖV 1995, 592 (596).

[427] *Ruland*, ZRP 1983, 278 (279).

[428] BVerfGE 8, 332 (343); 15, 167 (195); 46, 97 (117); 58, 68 (76); 83, 89 (98); 106, 225 (232); 107, 218 (237); 117, 330 (344); 117, 372 (379); 121, 205 (219).

Hinzu kommt – insofern handelt es sich freilich um einen Vorgriff auf Fragen der Rechtsfolgenseite –, dass auch die in Bezug auf diese Grundsätze bestehende Bindung nicht absolut zu verstehen ist, da Art. 33 Abs. 5 GG lediglich eine *Berücksichtigung* dieser Grundsätze verlangt.[429]

Das GG erlaubt – und erlaubte auch schon vor der Aufnahme der Worte „und fortzuentwickeln" in den Wortlaut des Art. 33 Abs. 5 GG im Jahr 2006 –[430] eine stete Fortentwicklung des Beamtenrechts.[431] Art. 33 Abs. 5 GG lässt dem Gesetzgeber bei der Ausgestaltung einen weiten Spielraum und versetzt ihn so gerade in die Lage „einer Versteinerung bestehender Rechtsstrukturen entgegenzuwirken".[432] Illustriert werden mag dies etwa am Beispiel der Gewährung von Beihilfe im Krankheitsfall, die – auf Grundlage des vorherrschenden statischen Traditionalitätsverständnisses – als solche kein im Sinne des Art. 33 Abs. 5 GG hergebrachter Grundsatz ist.[433] Zu berücksichtigen hat der Gesetzgeber jedoch die hergebrachten Grundsätze des Alimentations- und des Fürsorgeprinzips.[434] Er muss also gewährleisten, dass der „amtsangemessene Lebensunterhalt des Beamten und seiner Familie auch bei Eintritt besonderer finanzieller Belastungen durch Krankheits-, Pflege-, Geburts- oder Todesfälle nicht gefährdet wird".[435] Aus diesem Grunde verstieße zwar eine ersatzlose Abschaffung der Beihilfegewährung gegen Art. 33 Abs. 5 GG. Jedenfalls dem Grunde nach unbedenklich ist aber wohl eine Ablösung des derzeit noch vorherrschenden Mischsystems[436]

---

[429] S. dazu (sowie zu der vom BVerfG vorgenommenen Differenzierung zwischen zu „beachtenden" und lediglich zu „berücksichtigen" Grundsätzen) noch u. B.V.1.b)bb)(1)(b).

[430] Der Änderung wird daher nur deklaratorische Bedeutung beigemessen, vgl. *Grigoleit*, in: Stern/Becker, Grundrechte-Kommentar, 3. Aufl. 2019, Art. 33 Rn. 7; *Battis*, in: Sachs, GG, 9. Aufl. 2021, Art. 33 Rn. 68; *Bickenbach*, in: von Münch/Kunig, GG, Bd. I, 7. Aufl. 2021, Art. 33 Rn. 157; *Jachmann-Michel/Kaiser*, in: von Mangoldt/Klein/Starck, GG, Bd. II, 7. Aufl. 2018, Art. 33 Rn. 54; *Voßkuhle*, in: Voßkuhle/Eifert/Möllers, Grundlagen des Verwaltungsrechts, Bd. II, 3. Aufl. 2022, § 41 Rn. 74; *Knopp/Schröder*, NJ 2007, 97 (98); *Lecheler*, ZBR 2007, 18 (23). Anders *Beilke*, … und fortzuentwickeln, 2011, S. 193 ff.; *Höfling/Burkiczak*, DÖV 2007, 328 (333 f.).

[431] BVerfGE 117, 330 (348); entspr. zur urspr. Fassung des Art. 33 Abs. 5 GG schon BVerfGE 97, 350 (376 f.), vgl. auch BVerfGE 43, 154 (168); 67, 1 (14).

[432] BVerfGE 70, 69 (79); ähnlich *Lecheler*, in: Isensee/Kirchhof, Handbuch des Staatsrechts, Bd. V, 3. Aufl. 2007, § 110 Rn. 53.

[433] St. Rspr., s. BVerfGE 58, 68 (77); 83, 89 (98); 106, 225 (232); BVerfG NJW 2008, 137 (138); BVerfG NVwZ 2008, 1004 (1004); BVerwG NVwZ 2008, 1129 (1130); BVerfG BayVBl. 2009, 243 (243). Anders *Mayer*, in: Forsthoff/Hörstel, FS für Gehlen, 1974, S. 227 (232); *Merten*, in: Merten/Papier, Handbuch der Grundrechte, Bd. V, 2013, § 114 Rn. 75.

[434] BVerfGE 83, 89 (98); 106, 225 (232 f.); *Grigoleit*, in: Stern/Becker, Grundrechte-Kommentar, 3. Aufl. 2019, Art. 33 Rn. 88.

[435] BVerfG (K) NJW 2008, 137 (138); sehr ähnlich bereits BVerfGE 106, 225 (232); vgl. auch BVerfGE 83, 89 (98 ff.).

[436] BVerwG NVwZ-RR 2014, 609 (611).

aus privat finanzierter Vorsorge und individueller Beihilfe durch andere geeignete Instrumente. So dürfte etwa das erstmals[437] im Jahr 2018 in Hamburg[438] geschaffene Wahlrecht zwischen klassischer (individueller) Beihilfe im konkreten Krankheitsfall und einer Form pauschalisierter Beihilfegewährung im Stile der Arbeitgeberbeiträge zur (gesetzlichen oder privaten) Krankenversicherung gleichermaßen von der Ausgestaltungsfreiheit des Gesetzgebers umfasst sein[439] wie auch die Rückkehr zu Modellen,[440] bei welchen den Beamten (ebenfalls pauschale) Zuschüsse zu ihren Bezügen gewährt wurden, aus denen diese selbst entsprechende Rückstellungen für den Krankheitsfall zu bilden hatten.[441]

Angesichts dieser durch vorstehendes Beispiel illustrierten weitgehenden Ausgestaltungsfreiheit steht die gelegentlich beschworene Gefahr einer „Versteinerung" des Beamtenrechts auch auf Grundlage des statischen Traditionalitätsverständnisses nicht zu befürchten.

(2) Beschränkung des Gesetzgebers als Zweck der Einrichtungsgarantie

Obschon eine Petrifikation des einfachen Beamtenrechts demnach nicht droht, ist den Verfechtern eines dynamischen Traditionalitätsverständnisses freilich zuzugestehen, dass mit der grundsätzlichen Bindung an vorkonstitutionelle Grundsätze – auch eingedenk der vorstehend geschilderten Relativierung derselben – durchaus eine gewisse Einschränkung der Beamtenrechtsgesetzgeber einhergeht. Diese war vom Parlamentarischen Rat jedoch explizit so gewollt. Ganz bewusst und in Anlehnung an die historische Qualifizierung der Art. 129 f. WRV[442] hat

---

437 Inzwischen sind andere Bundesländer dem Beispiel des sog. Hamburger Modells gefolgt, vgl. etwa die entsprechenden Regelungen in § 62 Abs. 6 BbgLBG (eingefügt durch das Gesetz zur Einführung einer pauschalen Beihilfe v. 05.06.2019, GVBl. I Nr. 19) oder § 80 Abs. 7 BremBG (eingefügt durch das 19. Gesetz zur Änderung dienstrechtlicher Vorschriften v. 14.05.2019, Brem.GBl. S. 331).

438 § 80 Abs. 11 HmbBG; eingefügt durch das Gesetz über die Einführung einer pauschalen Beihilfe zur Flexibilisierung der Krankheitsvorsorge v. 29.05.2018, HmbGVBl. S. 199; vgl. dazu auch bereits den Entwurf auf Bürgerschafts-Drs. 21/11426.

439 *Grigoleit*, in: Stern/Becker, Grundrechte-Kommentar, 3. Aufl. 2019, Art. 33 Rn. 88; *Steiner*, NZS 2018, 713 (714 f.).

440 Vgl. namentlich die Beihilfengrundsätze (BGr) in der Fassung des Erlasses vom 25.06. 1942, Reichshaushalts- und Besoldungsblatt (RBB), S. 157. Zuvor bestand ein Rechtsanspruch auf Beihilfegewährung ausdrücklich nicht und die Gewährung im Einzelfall erforderte neben einer Bedürfnisprüfung das Bereitstehen entsprechender Mittel, vgl. Erlass vom 21.04.1923, RBB, S. 115, sowie Erlass vom 11.12.1928, RBB, S. 197.

441 Instruktiv zur Entwicklung der beamtenrechtlichen Krankenfürsorge BayVerfGH DÖV 1959, 307 (307 f.); *Beck*, Die Krankenfürsorge der Beamten, 1979, S. 16 ff., 54 ff., 91 ff.

442 S. dazu etwa *C. Schmitt*, Verfassungslehre, 1928 (Nachdruck 2017), S. 172; *Anschütz*, Die Verfassung des Deutschen Reichs, 14. Aufl. 1933 (Nachdruck 1968), Art. 129 Anm. 2 (S. 591); *Gerber*, VVDStRL Heft 7 (1932), S. 2 (5 f.); *Giese*, Die Verfassung des Deutschen

er – was letztlich auch von Verfechtern eines dynamischen Traditionalitätsverständnisses nicht in Abrede gestellt wird –[443] das Berufsbeamtentum in Art. 33 Abs. 4 und Abs. 5 GG als institutionelle Garantie[444] ausgestaltet,[445] also eine Regelungsform gewählt, deren Zweck gerade darin liegt, den Wesenskern der jeweiligen Einrichtung vor der Einwirkung des einfachen Gesetzgebers zu immunisieren.[446] Diesem Zweck liefe es erkennbar zuwider, wenn es nunmehr dem einfachen Gesetzgeber möglich wäre, diesen Wesenskern durch Etablierung neuer, ihrerseits ebenfalls zu berücksichtigender Grundsätze zu erweitern und dadurch die Bedeutung der – mit diesen neuen Grundsätzen in Ausgleich zu bringenden – vorkonstitutionellen Grundsätze jedenfalls zu relativieren.

Zudem wohnt der Schaffung von Einrichtungsgarantien stets ein Werturteil des jeweiligen Verfassungsgebers inne: Durch die Aufnahme derartiger Garantien in den Verfassungstext sollen gerade solche Einrichtungen geschützt werden, die sich – nach Auffassung des Verfassungsgebers – im Rechtsleben als besonders wertvoll und infolgedessen bewahrenswert erwiesen haben.[447] Ein solches

---

Reiches, 8. Aufl. 1931, Art. 129 Anm. 1 (S. 275); *ders.*, VVDStRL Heft 7 (1932), S. 124: Es bestehe insofern „in dieser Versammlung das weitestgehende Einverständnis“.

443 *Mayer*, in: Forsthoff/Hörstel, FS für Gehlen, 1974, S. 227 (229); i. E. ähnlich *A. Leisner*, Kontinuität als Verfassungsprinzip, 2002, S. 342, die die Bindung an nachkonstitutionelle Grundsätze jedoch begrifflich nicht als Traditionalität, sondern als Kontinuität erfasst.

444 Zur Qualifizierung als institutionelle Garantie etwa BVerfGE 3, 58 (137); 62, 374 (382); 70, 69 (79); *Bickenbach*, in: von Münch/Kunig, GG, Bd. I, 7. Aufl. 2021, Art. 33 Rn. 95; *Jachmann-Michel/Kaiser*, in: von Mangoldt/Klein/Starck, GG, Bd. II, 7. Aufl. 2018, Art. 33 Rn. 40. Aufgrund deutlich engerer Begriffskonzeption anders freilich *Mager*, Einrichtungsgarantien, 2003, S. 408 f. Zu parallelen Garantien in den Verfassungen des Freistaates Bayern und des Saarlandes *Lindner*, ZBR 2018, 181 (183 f.).

445 S. exemplarisch den Zwischenbericht des Zuständigkeitsausschusses (Stand 22.10.1948), Drs. PR 10.48 – 228, S. 4 (zitiert nach *H.-P. Schneider*, Das Grundgesetz, Bd. X, 1996, S. 433): „positiv beurteilt, ist die Frage der […] Institutionellen Garantie des Berufsbeamtentums“; ferner die zusammenfassende Einschätzung des Vorsitzenden Dr. *Strauß* (SPD) in der 15. Sitzung des Zuständigkeitsausschusses (17.11.1948): „Wir waren uns […] einig, daß wir […] den Grundsatz des Berufsbeamtentums institutionell verankern wollten“ (in: Deutscher Bundestag/Bundesarchiv, Der Parlamentarische Rat 1948–1949, Bd. III, 1986, S. 588). Vgl. auch die den jeweiligen Entwurfsfassungen beigefügten Klammerzusätze „Institutionelle Garantie des Berufsbeamtentums“, *H.-P. Schneider*, Das Grundgesetz, Bd. X, 1996, S. 471, 477.

446 Vgl. allgemein zu dieser Funktion von Einrichtungsgarantien *Schmidt-Jortzig*, Die Einrichtungsgarantien der Verfassung, 1979, S. 33 f.; *C. Schmitt*, Verfassungslehre, 1928 (Nachdruck 2017), S. 180; *Kloepfer*, in: Merten/Papier, Handbuch der Grundrechte, Bd. II, 2006, § 43 Rn. 34 f.; speziell zu Art. 33 Abs. 5 GG auch *Lecheler*, in: Badura/Dreier, FS 50 Jahre BVerfG, Bd. II, 2001, S. 359 (364); *Landau/Steinkühler*, DVBl. 2007, 133 (136).

447 *Lecheler*, AöR Bd. 103 (1978), S. 349 (353); vgl. schon *C. Schmitt*, Verfassungslehre, 1928 (Nachdruck 2017), S. 180. Zum Kriterium der „historischen Erfahrung“ bei *Carl Schmitt* auch *Mager*, Einrichtungsgarantien, 2003, S. 26. Zu diesem Aspekt in Bezug auf Art. 33 Abs. 5 GG bereits oben B.II.1.b)bb)(2).

Werturteil abzugeben, ist einem Verfassungsgeber aber freilich nur in Bezug auf ihm bekannte, also notwendigerweise „bereits vorhandene, historisch geprägte“[448] Einrichtungen, nicht jedoch hinsichtlich zukünftiger, ihm noch unbekannter Entwicklungen möglich.[449] Um es konkret auf Art. 33 Abs. 5 GG bezogen zu formulieren: Das mit der institutionellen Gewährleistung des Berufsbeamtentums einhergehende Werturteil, dass sich dieses im Rechtsleben bewährt habe,[450] konnte der Verfassungsgeber des Jahres 1949 nur hinsichtlich des ihm bekannten, also des durch vorkonstitutionelle Grundsätze geprägten Berufsbeamtentums abgeben, nicht aber hinsichtlich zukünftiger Entwicklungen desselben.

(3) Versteinerungsgefahr auf Grundlage eines dynamischen Verständnisses

Der Einwand einer drohenden Versteinerung des Beamtenrechts eignet sich somit nicht nur nicht zur Disqualifizierung des statischen Traditionalitätsverständnisses, sondern kann stattdessen sogar – freilich mit leicht abweichendem Bedeutungsgehalt – gegen ein dynamisches Traditionalitätsverständnis angeführt werden:[451] Hätte der heutige Beamtenrechtsgesetzgeber jeweils auch all solche Grundsätze zu berücksichtigen, die sich erst nach 1949 entwickelten,[452] führte dies dazu, dass nachkonstitutionelles einfaches Beamtenrecht durch bloßen Zeitablauf (zwar nicht unmittelbar in den Rang von Verfassungsrecht erhoben,[453] jedoch gleichwohl) zu nicht ganz unerheblichen Teilen der Disposition des einfachen Änderungsgesetzgebers entzogen würde. Da aber ein gegenläufiges Unbeachtlichwerden älterer Grundsätze, welches in Entsprechung zu den oben geschilderten Entstehungsvoraussetzungen erfordern würde, dass hergebrachte Grundsätze über einen längeren, traditionsbildenden Zeitraum (entgegen der Anordnung des Art. 33 Abs. 5 GG) nicht beachtet wurden, nicht in Betracht kommen dürfte – andernfalls würde der Gesetzgeber für seinen andauernden Verfassungsbruch mit der Legalisierung das dadurch herbeigeführten Zustandes be-

---

448 *Stern*, Staatsrecht, Bd. III/1, 1988, S. 788.

449 Vgl. m. w. N. *Abel*, Die Bedeutung der Lehre von den Einrichtungsgarantien für die Auslegung des Bonner Grundgesetzes, 1964, S. 56 f.

450 Zum Festhalten des Parlamentarischen Rates am Berufsbeamtentum „wegen erwiesener Bewährung“ schon *Merten*, ZBR 1999, 1 (2 f.) m. w. N.

451 Vgl. im Ansatz auch noch *Lecheler*, in: Friauf/Höfling, Berliner Kommentar, GG, Loseblatt, Stand Lfg. 1/21 Mai 2021, Art. 33 Rn. 65.

452 Als Beispiel für einen solchen neuen Grundsatz wird mitunter auf das Beihilferecht verwiesen, *Mayer*, in: Forsthoff/Hörstel, FS für Gehlen, 1974, S. 227 (232); vgl. auch *Merten*, in: Merten/Papier, Handbuch der Grundrechte, Bd. V, 2013, § 114 Rn. 75; zur gegenläufigen h. M. vgl. o. B.II.2.a)cc)(1).

453 So aber in letzter Konsequenz gar *Mayer*, in: Forsthoff/Hörstel, FS für Gehlen, 1974, S. 227 (232, 236). Nach hiesiger Auffassung kommt Verfassungsrang nur Art. 33 Abs. 5 GG, nicht jedoch den von dieser Norm erfassten hergebrachten Grundsätzen zu, dazu unten B.V.1.

lohnt –[454] wüchse der Bestand von zu berücksichtigenden Grundsätzen letztlich stetig an. Dies bedeutete eine zunehmende Einengung des gesetzgeberischen Gestaltungsspielraumes.

(4) Entstehung neuer Grundsätze des Berufsbeamtentums nicht ausgeschlossen

Mit der somit gewonnenen Erkenntnis, dass es sich bei Art. 33 Abs. 5 GG um eine statische Verweisung in die vorkonstitutionelle Vergangenheit handelt, konfligiert schließlich auch nicht die häufig zu lesende Aussage, Art. 33 Abs. 5 GG stehe der Entstehung neuer Grundsätze des Berufsbeamtentums nicht entgegen.[455] Richtigerweise ist Maßstab für die Möglichkeit der Entstehung neuer Grundsätze nämlich nicht das hier gegenständliche Merkmal der Traditionalität, sondern die durch die Berücksichtigungspflicht statuierte Bindungswirkung.[456] Insofern trifft die Aussage – so viel dürfte bei allem Streit um die Reichweite des Berücksichtigungsgebotes feststehen – trotz ihrer Pauschalität zu. Sie bedeutet in diesem Kontext aber lediglich, dass sich – solange diese mit der Bindung an hergebrachte Grundsätze vereinbar sind –[457] auch neue Strukturen des Beamtenrechts herausbilden können bzw. dürfen.[458] Diese unterliegen dann aber nicht dem Schutz des Art. 33 Abs. 5 GG, sondern stehen, da sie nicht „hergebracht" sind und dies auch niemals werden können, zur Disposition späterer Gesetzgeber.[459] Schlagwortartig ließe sich daher zusammenfassen, dass sich zwar durchaus neue „Grundsätze des Berufsbeamtentums", jedoch gerade keine neuen „hergebrachten" Grundsätze desselben herausbilden können.

---

[454] „Ex iniuria ius non oritur." – Die Konstellation ähnelt derjenigen von derogativem Verfassungsgewohnheitsrecht contra constitutionem (dazu *Herdegen*, in: Dürig/Herzog/Scholz, GG, Loseblatt, Stand 97. Lfg. Januar 2022, Art. 79 Rn. 30; *Tomuschat*, Verfassungsgewohnheitsrecht?, 1972, S. 63 ff.) bzw. der sog. gegenläufigen betrieblichen Übung im Arbeitsrecht (unter ausdrücklicher Aufgabe seiner früheren Rspr. nun gegen die Möglichkeit einer solchen BAGE 130, 21 [24 ff. Rn. 12 ff.]) und ist gleichermaßen abzulehnen. Vgl. (in anderem Kontext) auch BVerfGE 116, 24 (49): „Eine Rechtsordnung, die sich ernst nimmt, darf nicht Prämien auf die Missachtung ihrer selbst setzen".

[455] Beispielsweise *Grigoleit*, in: Stern/Becker, Grundrechte-Kommentar, 3. Aufl. 2019, Art. 33 Rn. 71; ähnlich *Lecheler*, in: Isensee/Kirchhof, Handbuch des Staatsrechts, Bd. V, 3. Aufl. 2007, § 110 Rn. 53.

[456] Zu dieser u. B.V.1.b)bb)(1)(b).

[457] *Kenntner*, DVBl. 2007, 1321 (1322).

[458] Im Merkmal „berücksichtigen" sei die Entwicklungsoffenheit angelegt, BVerfGE 117, 330 (348).

[459] *Grigoleit*, in: Stern/Becker, Grundrechte-Kommentar, 3. Aufl. 2019, Art. 33 Rn. 71. Abermals in Bezug auf die Beihilfegewährung im Krankheitsfall vgl. etwa BVerfGE 58, 68 (77); 83, 89 (98 f.) m. w. N.; *W. G. Leisner*, in: Sodan, GG, 4. Aufl. 2018, Art. 33 Rn. 38; im Ergebnis freilich strenger *A. Leisner*, Kontinuität als Verfassungsprinzip, 2001, S. 342: Art. 33 Abs. 5 GG gewährleiste über die (statische) Tradition hinaus auch (dynamische) Kontinuität.

dd) Zwischenfazit zur Perspektivenfrage

Im Ergebnis erweist sich demnach nur ein statisches Traditionalitätsverständnis als überzeugend, so dass die Frage, ob ein Grundsatz „hergebracht“ ist, in jedem Fall aus der Warte des Verfassungsgebers zu beantworten ist. Nur solche Grundsätze, die während eines bei Inkrafttreten des Grundgesetzes abgeschlossenen „längeren, traditionsbildenden Zeitraums [...] als verbindlich anerkannt und gewahrt worden sind“[460] können „hergebracht“ im Sinne des Art. 33 Abs. 5 GG sein.

Damit ist im Übrigen nicht nur die Perspektivenfrage beantwortet. Vielmehr ergibt sich aus dem vorstehenden Befund auch eine erste Erkenntnis in Bezug auf Lage und Dauer des traditionsbildenden Zeitraums. Da nur vorkonstitutionelle Grundsätze hergebracht sein können, steht der letzte Tag vor dem Inkrafttreten des Grundgesetzes, also der 23.05.1949[461] als absolutes Ende des Anerkennungszeitraumes fest.

b) Das Zeitmoment: Zur Bestimmung des „längeren traditionsbildenden Zeitraumes“

Ausgehend von diesem Verständnis des Art. 33 Abs. 5 GG als statische Verweisung in die vorkonstitutionelle Vergangenheit, muss in einem zweiten Schritt untersucht werden, auf welche Epoche der langen Geschichte des (vorkonstitutionellen) deutschen Berufsbeamtentums[462] zur Führung des Traditionalitätsnachweises abzustellen ist.[463]

aa) Die grundsätzliche Bedeutung der Geltungszeit der Weimarer Reichsverfassung

In einer (singulär gebliebenen) Entscheidung aus dem Jahre 1974 sprach das BVerfG zwar von den „für die Ausbildung eines hergebrachten Grundsatzes entscheidenden 60 Jahren vor 1933“.[464] Es führte jedoch weder eine Begründung für diese konkrete Spezifizierung an noch kam es in seiner späteren Rechtsprechung auf sie zurück. Vielmehr stellt das Gericht zur Definition des Zeitmoments der Traditionalität – in Übereinstimmung mit der ihm insofern folgenden ganz über-

---

460 BVerfGE 106, 225 (232); 107, 218 (237); 117, 330 (344 f.); 117, 372 (379); 121, 205 (219). Mit lediglich leichten sprachlichen Abweichungen bereits BVerfGE 8, 332 (343); 15, 167 (195 f.); 46, 97 (117); 58, 68 (76 f.); 83, 89 (98).

461 Dazu u. Fn. 533.

462 Vgl. dazu etwa *Thiele*, Die Entwicklung des deutschen Berufsbeamtentums, 1981, S. 10 ff.; *Krause*, Die hergebrachten Grundsätze des Berufsbeamtentums, 2008, passim; *Hattenhauer*, Geschichte des deutschen Beamtentums, 2. Aufl. 1993, passim.

463 Vgl. noch *Kunig*, in: von Münch/Kunig, GG, Bd. I, 6. Aufl. 2012, Art. 33 Rn. 61.

464 BVerfGE 38, 1 (11).

wiegenden Ansicht in der Literatur –[465] in ständiger Rechtsprechung[466] auf die deutlich unbestimmtere Formel von der Wahrung und Anerkennung des jeweiligen Grundsatzes „während eines längeren, traditionsbildenden Zeitraums, mindestens unter der Reichsverfassung von Weimar“ ab.

Dieses maßgebliche Abstellen auf die Geltungszeit der Weimarer Reichsverfassung vermag in mehrfacher Hinsicht zu überzeugen. Nicht nur fügt es sich schlüssig in das allgemeine Bestreben des Parlamentarischen Rates ein, sich von der nationalsozialistischen Gewalt- und Willkürherrschaft abzugrenzen[467] und mit der freiheitlich-demokratischen Grundordnung grundgesetzlicher Prägung gerade

> „an die Tradition des ‚liberalen bürgerlichen Rechtsstaats‘ an[zuknüpfen], wie er sich im 19. Jahrhundert allmählich herausgebildet hat und wie er in Deutschland schließlich in der Weimarer Verfassung verwirklicht worden ist“.[468]

Auch überzeugt es aus spezifisch beamtenrechtlicher Perspektive. Denn auf diese Weise wird nicht nur das dem „Staats-Beamtentum“[469] demokratisch-rechtsstaatlicher Prägung konträre „Regime-Beamtentum“[470] der nationalsozialisti-

[465] *Badura*, in: Dürig/Herzog/Scholz, GG, Loseblatt, Stand 97. Lfg. Januar 2022, Art. 33 Rn. 65; *Grigoleit*, in: Stern/Becker, Grundrechte-Kommentar, 3. Aufl. 2019, Art. 33 Rn. 71; *Dollinger/Umbach*, in: Umbach/Clemens, GG, Bd. I, 2002, Art. 33 Rn. 90; *Jarass*, in: Jarass/Pieroth, GG, 17. Aufl. 2022, Art. 33 Rn. 53; *Domgörgen*, in: Hömig/Wolff, GG, 13. Aufl. 2022, Art. 33 Rn. 18.

[466] So BVerfGE 106, 225 (232); 107, 218 (237); 117, 330 (344 f.); 117, 372 (379); 121, 205 (219). Sprachlich marginal anders noch BVerfGE 8, 332 (343); 15, 167 (195 f.); 46, 97 (117); 58, 68 (76 f.); 83, 89 (98). Ohne Bezugnahme auf die Weimarer Reichsverfassung aber neuerdings BVerfGE 145, 1 (8 Rn. 16).

[467] *Lechler*, in: Badura/Dreier, FS 50 Jahre BVerfG, Bd. II, 2001, S. 359 (362) m. w. N. Allgemein zum Grundgesetz als „Gegenentwurf“ zur nationalsozialistischen Zeit auch BVerfGE 124, 300 (328).

[468] BVerfGE 5, 85 (197); vgl. zu strukturellen Parallelen bei der Auslegung der „herkömmlichen“ Dienstpflicht im Sinne von Art. 12 Abs. 2 GG BVerfGE 92, 91 (111); zur Bedeutung des in Art. 123 Abs. 1 GG fundierten Rechtsgedankens bei der Anwendung des Art. 33 Abs. 5 GG s. noch *Kunig*, in: von Münch/Kunig, GG, Bd. I, 6. Aufl. 2012, Art. 33 Rn. 61.

[469] Der in der Spätphase der Weimarer Republik zunehmend erhobene Vorwurf des Partei- bzw. Parteibuchbeamtentums zielte weniger auf eine vermeintliche Parteilichkeit des Beamtentums als vielmehr auf die zunehmende parteipolitische Ämterpatronage ab, vgl. *Hattenhauer*, Geschichte des deutschen Beamtentums, 2. Aufl. 1993, S. 394.

[470] *Jachmann*, ZBR 2000, 181 (185); ähnlich *Lecheler*, in: Badura/Dreier, FS 50 Jahre BVerfG, Bd. II, 2001, S. 359 (361). Vgl. aus zeitgenössischer Perspektive die Begründung zum DBG 1937 (abgedruckt bei *Hans Daniels*, Deutsches Beamtengesetz, 1937, S. 1 [2]): „von nationalsozialistischer Weltanschauung durchdrungenen und mit dem Führer in Treue verbundenen Beamtenschaft“. Derartiges auf Grundlage der faschistischen Erfahrungen in Italien bereits voraussehend *Falck*, Beamtenjahrbuch 1930, 27 (27), 102 (103); vgl. dazu auch *Hattenhauer*, Geschichte des deutschen Beamtentums, 2. Aufl. 1993, S. 395.

schen Ära als Richtmaß zukünftiger Entwicklung ausgeschlossen,[471] sondern auch das prä- bzw. antidemokratisch geprägte Beamtenbild monarchischer Zeit. Dabei schließt diese Fokussierung auf die Geltungszeit der Weimarer Reichsverfassung keineswegs pauschal all solche Grundsätze aus, die nach Ende der (faktischen) Geltungszeit der WRV (weiter-)praktiziert wurden oder sich bereits vor Beginn derselben entwickelten. Vielmehr indiziert der Umstand ihrer Anwendung auch unter der WRV ihre Vereinbarkeit mit deren freiheitlich-demokratischer Grundordnung,[472] so dass im Ergebnis lediglich spezifisch monarchische bzw. originär nationalsozialistische Grundsätze ausgeschlossen werden.

bb) Zum Verhältnis von Lage und Dauer des maßgeblichen Zeitraumes

Jedoch bleibt – obgleich dieser Umstand kaum einmal Erörterung findet – auch auf Grundlage der oben erwähnten Formel unklar, in welchem Verhältnis das Erfordernis der Anerkennung während eines längeren, traditionsbildenden Zeitraumes zu demjenigen der Anerkennung im Geltungszeitraum der WRV steht.

(1) Mögliche Verständnisse

Die Formulierung „während eines längeren, traditionsbildenden Zeitraums, mindestens unter der Reichsverfassung von Weimar" lässt zwei verschiedene Auslegungen zu. Zum einen könnte der Passus „mindestens unter der Reichsverfassung von Weimar" als Konkretisierung des „längeren, traditionsbildenden Zeitraumes" verstanden werden, so dass Letztgenannter zumindest die gesamte Geltungszeit der WRV umfassen müsste.[473] Daneben lässt die oben genannte Formulierung aber auch ein Verständnis zu, nach welchem sie zwei zwar kumulativ zu erfüllende, jedoch voneinander unabhängige Voraussetzungen formuliert. Nach diesem Verständnis müsste ein Grundsatz zwar sowohl „während eines längeren, traditionsbildenden Zeitraums" als auch „unter der Reichsverfassung von Weimar" anerkannt worden sein. Erstgenannter Zeitraum müsste dabei aber – und das ist der Unterschied zum soeben umrissenen Verständnis – nicht

---

[471] *Rogosch*, DVP 2013, 406 (406); *Jachmann-Michel/Kaiser*, in: von Mangoldt/Klein/Starck, GG, Bd. II, 7. Aufl. 2018, Art. 33 Rn. 43. Missverständlich daher die Aussage, der Verfassungsgeber habe „ausdrücklich Bezug auf die vorkonstitutionell hergebrachten Grundsätze" genommen, „ohne dies von ihren Entstehungsbedingungen abhängig zu machen", BVerfGE 148, 296 (363 Rn. 148).

[472] Vgl. *Grewe*, in: 39. DJT, 1952, S. D 3 (D 14): „durch das Verfassungsrecht der Weimarer Republik ausdrücklich oder stillschweigend als fortgeltend anerkannt". Ähnlich *Thieme*, Der öffentliche Dienst in der Verfassungsordnung des Grundgesetzes, 1961, S. 45 f.

[473] In diesem Sinne offenbar *W. G. Leisner*, in: Sodan, GG, 4. Aufl. 2018, Art. 33 Rn. 24: Der traditionsbildende Zeitraum müsse „jedenfalls die Weimarer Zeit (1919–1933) mitumfassen".

notwendigerweise den gesamten Geltungszeitraum der WRV umfassen. Vielmehr würde auch eine Teilkongruenz, eine nur geringfügige Überschneidung beider Zeiträume genügen.

Während sich die Bezugnahme auf die Geltungszeit der WRV im zuletzt geschilderten Fall also ausschließlich auf die Lage des Zeitraumes, nicht aber auf seine Länge auswirkt, adressiert sie auf Grundlage des zuerst geschilderten Verständnisses zugleich die Untergrenze für die Dauer des erforderlichen Zeitraumes.

(2) Anerkennung während der gesamten Geltungszeit der WRV nicht erforderlich

Zu überzeugen vermag nur die hier zuletzt geschilderte Auslegungsvariante. Denn auf Grundlage des zuerst geschilderten Verständnisses[474] wären all solche Grundsätze von vornherein ausgeschlossen, die nicht bereits bei Inkrafttreten der WRV am 14.08.1919 anerkannt waren oder – was namentlich auf die unmittelbar in der WRV normierten Grundsätze zuträfe – jedenfalls in diesem Zeitpunkt Anerkennung fanden, sondern sich erst während der Geltungszeit der WRV herausbildeten.[475] Der Kreis der potentiell als hergebracht zu qualifizierenden Grundsätze wäre damit – von den wenigen in der WRV selbst normierten abgesehen –[476] auf derartige Strukturprinzipien beschränkt, die bei Inkrafttreten der WRV bereits vorlagen und unter selbiger fortgalten. Obschon freilich ihre Fortgeltung in der Weimarer Zeit ihre Vereinbarkeit mit der freiheitlich-demokratischen Grundordnung Weimarer Prägung indizieren mag, handelt es sich bei solchen Grundsätzen jedoch gerade nicht um originär freiheitlich-demokratische Grundsätze. Solche, also gerade erst unter Geltung der freiheitlich-demokratischen Weimarer Verfassungsordnung entwickelten Grundsätze wären auf Grundlage dieses Verständnisses vielmehr ausgeschlossen.

Im Ergebnis dürfte auch das BVerfG dem hier umrissenen Verständnis zuneigen. Ob dies schon daraus gefolgert werden kann, dass es neuerdings mitunter – soweit es nicht sogar gänzlich von einer Bezugnahme auf die WRV absieht –[477] von einer Anerkennung „insbesondere“ statt „mindestens“ unter der WRV

---

[474] Entsprechendes dürfte letztlich auch hinsichtlich der in BVerfGE 38, 1 (11) postulierten Relevanz eines Zeitraumes von „60 Jahren vor 1933“ gelten, obschon freilich auch insoweit nicht eindeutig erkennbar ist, ob damit lediglich die Lage oder zugleich auch die Mindestdauer des Anerkennungszeitraumes umschrieben sein soll.

[475] Zur Entwicklung von Grundsätzen „auf dem Boden des Weimarer Verfassungsrechts“ bereits *Grewe*, in: 39. DJT, 1952, S. D 3 (D 14).

[476] Zu dem recht überschaubaren Kreis der dann ausschließlich erfassten Grundsätze vgl. u. B.II.2.c)aa)(1).

[477] BVerfGE 145, 1 (8 Rn. 16).

spricht,[478] erscheint für sich genommen zwar fraglich.[479] Der Sache nach ließ das Gericht etwa in seiner Entscheidung zum Streikverbot jedoch zur Begründung der Traditionalität desselben ausreichen, dass es sich bis ins Jahr 1922 zurückverfolgen ließ,[480] der Nachweis der Anerkennung also gerade nicht für die gesamte Geltungszeit der WRV geführt werden konnte.

Die Anerkennung eines Grundsatzes unter Geltung der WRV ist somit eine von der eigentlichen Dauer der Anerkennungszeit zu unterscheidende, zusätzliche Voraussetzung, weshalb in Bezug auf das Zeitmoment des Traditionalitätserfordernisses zwischen der Lage des Zeitraumes (sogleich cc)) und seiner Dauer (unten dd)) zu differenzieren ist.

cc) Lage des traditionsbildenden Zeitraumes

(1) Fixpunkte: Geltungszeit der Weimarer Reichsverfassung und Inkrafttreten des Grundgesetzes

Ausgehend von den bisherigen Erkenntnissen ist die Lage des traditionsbildenden Zeitraumes nicht nur dahingehend eingegrenzt, dass er bei Inkrafttreten des Grundgesetzes am 24.05.1949 abgeschlossen gewesen sein muss.[481] Eine weitere Eingrenzung ergibt sich auch dadurch, dass er eine (jedenfalls partielle) Überschneidung mit der Geltungszeit der WRV aufweisen muss.[482]

(2) Insbesondere: Das Ende der Geltungszeit der Weimarer Reichsverfassung

Während der Beginn der zuletzt angesprochenen Epoche präzise auf das Inkrafttreten der WRV am 14.08.1919[483] datiert werden kann, stellt sich die Bestimmung ihres Endzeitpunktes als ungleich schwieriger dar. Denn formal wurde die Reichsverfassung von 1919 nie außer Kraft gesetzt[484] und bis zum Jahre 1949 auch nicht durch das Inkrafttreten einer neuen Verfassung ersetzt,[485] weshalb auf Grundlage einer streng formalistischen Betrachtungsweise insbesondere auch

---

478 BVerfGE 148, 296 (345 Rn. 118); BVerfG NVwZ 2018, 1044 (1045 Rn. 33).

479 Beide Formulierungen dürften gleichermaßen zweideutig sein.

480 BVerfGE 148, 296 (362 Rn. 147).

481 Vgl. oben B.II.2.a).

482 Dazu soeben B.II.2.b)bb).

483 Zum Inkrafttreten der WRV *Anschütz*, Die Verfassung des Deutschen Reiches, 14. Aufl. 1933 (Nachdruck 1968), Art. 181 (S. 768).

484 *H. Schneider*, in: Isensee/Kirchhof, Handbuch des Staatsrechts, Bd. I, 3. Aufl. 2003, § 5 Rn. 85; *Giegerich*, in: Dürig/Herzog/Scholz, GG, Loseblatt, Stand 97. Lfg. Januar 2022, Art. 123 Rn. 52; *Grüttner*, Das Dritte Reich, 2014, S. 82; *Hildebrand*, Das Dritte Reich, 7. Aufl. 2009, S. 3.

485 Vgl. *Giegerich*, in: Dürig/Herzog/Scholz, GG, Loseblatt, Stand 97. Lfg. Januar 2022, Art. 123 Rn. 52.

die Jahre der nationalsozialistischen Gewalt- und Willkürherrschaft mitsamt der in diese Periode fallenden tiefgreifenden Veränderungen (u.a. auch) des Beamtenrechts und -tums[486] zum traditionsbildenden Zeitraum gezählt werden könnten.[487] Dass dies im Ergebnis dem vom Parlamentarischen Rat beabsichtigten Anknüpfen

> „an die Tradition des ‚liberalen bürgerlichen Rechtsstaats' […], wie er sich im 19. Jahrhundert allmählich herausgebildet hat und wie er in Deutschland schließlich in der Weimarer Verfassung verwirklicht worden ist",[488]

in höchstem Maße zuwiderliefe, liegt auf der Hand.[489] Auch würde eine derart formale Betrachtungsweise den

> „Besonderheiten der nationalsozialistischen Ära, die durch die zur Täuschung bestimmte formal-‚legale' Überleitung von der Weimarer Reichsverfassung durch ‚verfassungsändernde Gesetze' eingeleitet worden war und die keine geschlossene geschriebene Verfassung im formellen Sinn kannte",[490]

nicht gerecht.[491] An ihrer Stelle ist vielmehr die faktische Außerkraftsetzung der WRV in den Mittelpunkt der weiteren Überlegungen zu rücken, die mit der Errichtung der nationalsozialistischen Diktatur nicht nur aus retrospektiver Betrachtung,[492] sondern auch nach zeitgenössischer Einschätzung[493] fraglos einherging.

Das in der Entscheidung BVerfGE 8, 332 ff. (einmalig) praktizierte Vorgehen, die Formel von den „unter der Reichsverfassung von Weimar" anerkannten

---

[486] Vgl. dazu nur exemplarisch *Mommsen*, Beamtentum im Dritten Reich, 1966, passim; *Mühl-Benninghaus*, Das Beamtentum in der NS-Diktatur bis zum Ausbruch des Zweiten Weltkrieges, 1996, passim; *Rogosch*, DVP 2013, 406 ff.

[487] Dazu auch *Werres/Boewe*, Beamtenrecht, 4. Aufl. 2021, Rn. 56.

[488] BVerfGE 5, 85 (197).

[489] Vgl. o. B.II.2.b)bb) mit Fn. 467 u. 468.

[490] BVerfGE 15, 167 (195); ähnlich *Hildebrand*, Das Dritte Reich, 7. Aufl. 2009, S. 3; *Grüttner*, Das Dritte Reich, 2014, S. 46.

[491] Vgl. *Grawert*, in: Isensee/Kirchhof, Handbuch des Staatsrechts, Bd. I, 3. Aufl. 2003, § 6 Rn. 14.

[492] *Giegerich*, in: Dürig/Herzog/Scholz, GG, Loseblatt, Stand 97. Lfg. Januar 2022, Art. 123 Rn. 52; *H. Schneider*, in: Isensee/Kirchhof, Handbuch des Staatsrechts, Bd. I, 3. Aufl. 2003, § 5 Rn. 85; *Grawert*, in: Isensee/Kirchhof, Handbuch des Staatsrechts, Bd. I, 3. Aufl. 2003, § 6 Rn. 14; *Stern*, Staatsrecht, Bd. V, 2000, S. 809 ff., 845 f.

[493] *Köttgen*, JöR Bd. 24 (1937), S. 1 (5): Die WRV habe „jeden verfassungsrechtlichen Rang verloren"; *Menzel*, AöR Bd. 67 (1936/1937), S. 32 (32): „Das Verfassungsrecht von Weimar ist tot.". *Walz*, DJZ 1933, Sp. 1334 (1335) spricht in Bezug auf die WRV von einer „überwundenen Zwischenverfassung"; deutlich auch *ders.*, Das Ende der Zwischenverfassung, 1933, passim. Speziell zum Bedeutungsverlust der WRV in Bezug auf das Beamtentum auch *Köttgen*, JöR Bd. 25 (1938), S. 1 (10 ff.); *Schwalb*, DJZ 1933, Sp. 155 ff.

Grundsätzen ausdrücklich auf die Jahre von 1919 bis 1933 zu konkretisieren,[494] vermag somit im Grundsatz zu überzeugen. Die verbleibende Vagheit betrifft – da dessen Beginn soeben bereits auf den 14.08.1919 konkretisiert werden konnte – lediglich noch die genaue Datierung des Endes des hier interessierenden Zeitraumes.

(a) In Betracht kommende Zeitpunkte

In einer – soweit ersichtlich – singulär gebliebenen Entscheidung aus dem Jahr 2016 hat sich das BVerwG insoweit für den 30.01.1933 ausgesprochen.[495] Obgleich das Gericht diese Datierung des „faktischen Ende[s] der Weimarer Republik"[496] nicht weiter begründete, liegt es jedenfalls nahe, dass es dabei auf die an jenem Tage erfolgte Ernennung *Hitler*s zum Reichskanzler[497] abstellte. Einstweilen noch ungeachtet der Frage, ob sich das faktische Außerkrafttreten der WRV angesichts des komplexen Vorgangs der sog. Machtergreifung bzw. Machtübernahme der Nationalsozialisten überhaupt auf ein derart konkretes Einzelereignis festlegen lässt (dazu sogleich), kämen insoweit freilich auch etliche andere, nicht unbedingt derart zwingend mit der Person *Hitler*s zusammenhängende Daten in Betracht. In besonderem Maße gilt dies etwa für den 28.02.1933, als Reichspräsident *von Hindenburg* durch den Erlass der sog. Reichstagsbrandverordnung[498] wesentliche Grundrechte der WRV[499] außer Kraft setzte. Auch ließe sich Ähnliches in Bezug auf den 24.03.1933 als dem Tag des Inkrafttretens des sog. Ermächtigungsgesetzes[500] sagen, das die staatsorganisationsrechtlichen Bestimmungen der WRV weitgehend obsolet werden ließ.[501] Von den vielen anderen

494 BVerfGE 8, 332 (343). Vgl. aber auch BVerfGE 38, 1 (11), wo das Gericht von den „für die Ausbildung eines hergebrachten Grundsatzes entscheidenden 60 Jahren vor 1933" sprach.

495 BVerwGE 155, 6 (10 Rn. 13, 26 Rn. 54).

496 BVerwGE 155, 6 (26 Rn. 54).

497 *Hildebrand*, Das Dritte Reich, 7. Aufl. 2009, S. 1; *Grüttner*, Das Dritte Reich, 2014, S. 48.

498 Verordnung des Reichspräsidenten zum Schutz von Volk und Staat v. 28.02.1933, RGBl. I, S. 83.

499 Art. 114 (Freiheit der Person), Art. 115 (Unverletzlichkeit der Wohnung), Art. 117 (Brief-, Post-, Telegrafen- und Fernsprechgeheimnis), Art. 118 (Meinungsfreiheit, Zensurverbot), Art. 123 (Versammlungsfreiheit), Art. 124 (Vereinigungsfreiheit) und Art. 153 (Eigentumsfreiheit) WRV, vgl. § 1 der Verordnung des Reichspräsidenten zum Schutz von Volk und Staat v. 28.02.1933, RGBl. I, S. 83. Ungenau daher *Grüttner*, Das Dritte Reich, 2014, S. 52: „die Grundrechte" der WRV.

500 Gesetz zur Behebung der Not von Volk und Reich v. 24.03.1933 (RGBl. I, S. 141).

501 So *Kloepfer*, Verfassungsrecht, Bd II, 2010, § 45 Rn. 26; *H. Schneider*, in: Isensee/Kirchhof, Handbuch des Staatsrechts, Bd. I, 3. Aufl. 2003, § 5 Rn. 85. Angesichts der unter der WRV durchaus existierenden Möglichkeit verfassungsdurchbrechender Gesetze sowie dem Fehlen eines änderungsfesten Verfassungskerns, liegt es freilich auch nahe, weniger im Inhalt des Ermächtigungsgesetzes selbst ein Anzeichen für den Bedeutungsverlust der WRV zu erken-

Ereignissen, die darüber hinaus als jeweils maßgebliche Zeitpunkte für das Ende der Weimarer Republik und somit – wenngleich oftmals unausgesprochen – auch der WRV als deren normativer Grundordnung angeführt werden, seien – ohne Anspruch auf Vollständigkeit –[502] hier nur die zeitlichen Extreme genannt. So wird als frühest denkbarer Zeitpunkt etwa mitunter auf die Entlassung *Brüning*s am 01.06.1932 bzw. den sog. Preußenschlag vom 20.07.1932[503] abgestellt. Demgegenüber wird am anderen Ende der Zeitspanne vereinzelt auch der 02.08.1934 genannt, als mit dem Tode *von Hindenburg*s das „Gesetz über das Staatsoberhaupt des Deutschen Reiches"[504] in Kraft trat, wodurch die Ämter des Reichskanzlers und Reichspräsidenten in der Person *Hitler*s als „Führer und Reichskanzler"[505] vereinigt wurden und so dessen (zuvor formal mögliche) Entlassung durch den Reichspräsidenten ausgeschlossen wurde.[506]

(b) Unmöglich- und Entbehrlichkeit einer taggenauen Abgrenzung

Letztlich dürfte eine derart taggenaue Abgrenzung indes gar nicht möglich, jedenfalls aber für die hiesige Untersuchung nicht erforderlich sein. Bereits die Vielzahl der – jeweils mit guten Gründen – diskutierten Ereignisse, die das faktische Außerkrafttreten der WRV herbeigeführt haben sollen, macht deutlich, dass der Übergang von der freiheitlich-demokratischen Ordnung Weimarer Prägung zur nationalsozialistischen Gewalt- und Willkürherrschaft nicht als situatives Einzelereignis, sondern nur als fließender Prozess verstanden werden kann.[507] Der somit bei Lichte betrachtet gar nicht möglichen taggenauen Bestimmung

---

nen, als vielmehr schon in deren Missachtung beim (vermeintlichen) Zustandekommen desselben, vgl. dazu *Grawert*, in: Isensee/Kirchhof, Handbuch des Staatsrechts, Bd. I, 3. Aufl. 2003, § 6 Rn. 5 m. w. N. Zu beiden letztgenannten Ereignissen auch *Stolleis*, Geschichte des öffentlichen Rechts in Deutschland, Bd. III, 1999, S. 316.

502 Beispielsweise stellt *Walz*, Das Ende der Zwischenverfassung, 1933, darüber hinaus u. a. auf den Sieg der NSDAP bei den Reichstagswahlen am 05.03.1933 (a. a. O., S. 3) sowie den Erlass des Reichspräsidenten über die vorläufige Flaggenhissung vom 12.03.1933 (RGBl. I, S. 103) ab, da dieser „zum erstenmal auch formal entscheidend von der Weimarer Reichsverfassung ab[wich]" (a. a. O., S. 15).

503 Zu beiden *Di Fabio*, F.A.Z. Nr. 225 v. 27.09.2018, S. 6.

504 Vom 01.08.1934, RGBl. I, S. 745.

505 § 1 S. 2 des Gesetzes über das Staatsoberhaupt des Deutschen Reiches vom 01.08.1934, RGBl. I, S. 745.

506 Vgl. etwa *Grüttner*, Das Dritte Reich, 2014, S. 82; ähnlich *Hildebrand*, Das Dritte Reich, 7. Aufl. 2009, S. 17.

507 Vgl. *Hildebrand*, Das Dritte Reich, 7. Aufl. 2009, S. 1 ff. Zur „ursprünglich nicht unumstrittenen Frage nach der Bedeutung der Weimarer Verfassung für den im Aufbau begriffenen Staat", die alsbald dahingehend geklärt gewesen sei, dass sie zunächst „jeden verfassungsrechtlichen Rang verloren" und sich anschließend „Schritt für Schritt erledigt habe" s. aus zeitgenössischer Perspektive *Köttgen*, JöR Bd. 24 (1937), S. 1 (5) m. w. N.

eines Endes der Geltungszeit der WRV bedarf es letztlich auch nicht. Dies kann – aufgrund des oben geschilderten Verhältnisses zwischen Lage und Dauer des traditionsbildenden Zeitraumes –[508] freilich nicht damit begründet werden, dass es auf das vergleichsweise kurze Zeitfenster von längstens etwa 26 Monaten[509] hinsichtlich des Vorliegens eines im Kontext des Art. 33 Abs. 5 GG relevanten „längeren, traditionsbildenden Zeitraums"[510] nicht in erheblicher Weise ankommen könne. Vielmehr ist entscheidend in den Blick zu nehmen, dass es sich bei dem Problem der verbleibenden Vagheit um eines handelt, das lediglich in Bezug auf solche Grundsätze relevant würde, die erstmals in ebendiesem Zeitraum anerkannt wurden. Dies wiederum setzt aber nicht nur voraus, dass sich die erforderliche Anerkennung – was jedenfalls nicht durchweg der Fall sein dürfte –[511] überhaupt stichtagsmäßig nachweisen lässt. Auch könnte dem Problem, wenn es sich denn tatsächlich einmal stellt, dadurch begegnet werden, dass man die Frage, ob Grundsätze noch „unter der Reichsverfassung von Weimar"[512] anerkannt wurden, als Wertungsfrage versteht, also weniger formal-zeitlich und stattdessen eher wertbezogen dahingehend formuliert, ob die jeweilige Regelung noch als „auf dem Boden des Weimarer Verfassungsrechtes"[513] entwickelt oder bereits als spezifisch nationalsozialistisch anzusehen ist.[514]

---

508 Vgl. o. B.II.2.b)bb).

509 Zeitspanne zwischen der Entlassung *Brünings* am 01.06.1932 und dem Inkrafttreten des Gesetzes über das Staatsoberhaupt des Deutschen Reiches am 02.08.1934.

510 BVerfGE 106, 225 (232); 107, 218 (237); 117, 330 (344 f.); 117, 372 (379); 121, 205 (219); 145, 1 (8 Rn. 16). Lediglich sprachlich geringfügig anders bereits BVerfGE 8, 332 (343); 15, 167 (195 f.); 46, 97 (117); 58, 68 (76 f.); 83, 89 (98).

511 Insofern wird zwischen verschiedenen Formen der Anerkennung differenziert werden müssen: Während gesetzlich positivierte oder durch (höchstrichterliches) Urteil anerkannte Grundsätze einer präzisen Datierung zugänglich sein können, stellt sich die Situation in Bezug auf nur in der Literatur oder Verwaltungspraxis nachweisbare Grundsätze erheblich anders dar; vgl. zu den verschiedenen Möglichkeiten der (Nachweisbarkeit der) Anerkennung und Wahrung noch u. B.II.2.c).

512 BVerfGE 8, 332 (343); 15, 167 (195 f.); 46, 97 (117); 58, 68 (76 f.); 83, 89 (98); 121, 205 (219); 117, 372 (379); 117, 330 (344 f.); 107, 218 (237); 106, 225 (232). Ähnlich *Badura*, in: Dürig/Herzog/Scholz, GG, Loseblatt, Stand 97. Lfg. Januar 2022, Art. 33 Rn. 65; *Grigoleit*, in: Stern/Becker, Grundrechte-Kommentar, 3. Aufl. 2019, Art. 33 Rn. 71; *Dollinger/Umbach*, in: Umbach/Clemens, GG, Bd. I, 2002, Art. 33 Rn. 90; *Jarass*, in: Jarass/Pieroth, GG, 17. Aufl. 2022, Art. 33 Rn. 53; *Domgörgen*, in: Hömig/Wolff, GG, 13. Aufl. 2022, Art. 33 Rn. 18.

513 *Grewe*, in: 39. DJT, 1952, S. D 3 (D 14).

514 Zwingend geboten dürfte ein derartiges Vorgehen freilich nicht sein: Selbst wenn sich ein nationalsozialistisch geprägter Grundsatz im Einzelfall nicht schon auf der tatbestandlichen Ebene der Traditionalität ausscheiden ließe, vermöchte er sich jedenfalls im Rahmen der auf Rechtsfolgenseite des Art. 33 Abs. 5 GG vorzunehmenden (bloßen) Berücksichtigung nicht gegen die freiheitlich-demokratische Grundordnung durchzusetzen (zur Beschränkung der Beachtenspflicht durch andere Güter von Verfassungsrang vgl. noch u. B.V.1.b)bb)(1)(b)).

Für hiesige Zwecke kann einstweilen festgehalten werden, dass die Anerkennung eines Grundsatzes jedenfalls vor dem 02.08.1934 – da der Reichsverfassung von 1919 spätestens[515] ab diesem Zeitpunkt materiell nicht mehr die Funktion einer Verfassung zukam – begonnen haben muss.

dd) Dauer des traditionsbildenden Zeitraumes

Während die an die Lage des traditionsbildenden Zeitraumes zu stellenden Anforderungen somit zumindest näherungsweise konkretisiert werden konnten, ist bisher noch offengeblieben, welche Mindesterfordernisse ein Zeitraum in Bezug auf seine Dauer erfüllen muss, um als „länger“ und „traditionsbildend“ qualifiziert werden zu können.

(1) Unbestimmtheit der Schlüsselbegriffe

Auch wenn beiden Begriffen ein hohes Maß an Unbestimmtheit zu eigen ist, gilt dies in besonderer Weise für das Erfordernis, dass es sich um einen „längeren“ Zeitraum handeln müsse. Das Abstellen auf diese isoliert verwendete Komparativform hat in Ermangelung eines Bezugszeitraumes letztlich keinen Aussagewert, weshalb am ehesten noch eine Auseinandersetzung mit dem Adjektiv „traditionsbildend“ weiterführend sein könnte. Ausgehend von der Bedeutung des Begriffs „Tradition“ als Überlieferung (lat. traditio = Übergabe) einer Gewohnheit von einer Generation zur nächsten[516] und einer Generationendauer von etwa dreißig Jahren[517] könnte ein ebenso langer Zeitraum zu fordern sein.

(2) Zur Bedeutung der Geltungsdauer der WRV

Jedenfalls keine unmittelbare Relevanz für die Bestimmung einer Mindestdauer des „traditionsbildenden“ Zeitraumes hat nach den obigen Ausführungen hinge-

---

[515] Vgl. soeben B.II.2.b)cc)(2)(a).

[516] *Duden*, Deutsches Universalwörterbuch, 9. Aufl. 2019, Lemma „Tradition“; *Shils*, Tradition, 1981, S. 12. Eine mindestens zweimalige (und somit *drei* Generationen umfassende) Weitergabe fordert (nicht aus etymologischer, sondern organisationspsychologischer Perspektive) hingegen *Weick*, Sensemaking in Organizations, 1995, S. 124; eingehend zu philosophischen Traditionsverständnissen *Dittmann*, Tradition und Verfahren, 2004, S. 11 ff.

[517] Die Generation wird (seit dem späteren 18. Jahrhundert, vgl. *Strauss/Schmidt/Brückner/Nortmeyer/Vietze*, Deutsches Fremdwörterbuch, Bd. VI, 2. Aufl. 2011, S. 150 [151]) üblicherweise zu etwa dreißig Jahren gerechnet. Dies ergibt sich aus dem mittleren Generationenabstand, der in Deutschland in der mütterlichen Linie zuletzt (mit steigender Tendenz) ca. 31 Jahre betrug, s. *Statistisches Bundesamt*, https://www.destatis.de/DE/Themen/Gesellschaft-Umwelt/Bevoelkerung/Geburten/Tabellen/geburten-mutteralter.html (zuletzt abgerufen am 27.09.2022). Vgl. eingehend zu den je nach Kontext (und Epoche) unterschiedlichen Bedeutungen des Begriffs „Generation“ *Parnes/Vedder/Willer*, Das Konzept der Generation, 2008, S. 21 ff.

gen die Geltungszeit der WRV. Denn nur auf Grundlage der vorstehend abgelehnten Prämisse,[518] die regelmäßig geforderte Anerkennung eines Grundsatzes „mindestens unter der Reichsverfassung von Weimar" erfordere, dass der „traditionsbildende" Zeitraum jedenfalls deren gesamte Geltungszeit vom 14.08.1919 bis zum Frühjahr des Jahres 1933 „mitumfassen" müsse,[519] könnte ein dieser Geltungszeit entsprechender Mindestanerkennungszeitraum von etwa 13½ Jahren hergeleitet werden.

(3) Zur Übertragbarkeit der für die Entstehung von Gewohnheitsrecht Anwendung findenden Maßstäbe

Angesichts der augenfälligen Parallelen zwischen den oben genannten Voraussetzungen der Traditionalität – Anerkennung und Wahrung während eines längeren traditionsbildenden Zeitraumes – und den für die Entstehung von Gewohnheitsrecht geforderten Bedingungen – opinio iuris (Rechtsüberzeugung) und consuetudo (langandauernde Übung) –[520] vermag die Überlegung, die in Bezug auf die Entstehung von Gewohnheitsrecht Anwendung findenden Maßstäbe zur Konkretisierung des Traditionalitätserfordernisses entsprechend heranzuziehen,[521] jedenfalls im Ansatz zu überzeugen. Bei genauerer Betrachtung zeigt sich indes, dass auch sie nur geringfügig weiterführt. Denn auch hinsichtlich der zur Entstehung von Gewohnheitsrecht geforderten consuetudo ist eine konkrete Dauer in der Regel weder verbindlich vorgegeben[522] noch zumindest ihrerseits einhellig anerkannt. Soweit überhaupt konkrete Zeiträume für die Entstehung von Gewohnheitsrecht gefordert werden, variieren die vorgeschlagenen Perioden ganz erheblich. Während mitunter bereits eine Spanne von zehn Jahren für ausreichend erachtet wird,[523] setzen andere Stimmen hierfür Zeiträume von 30,[524]

---

518 S. o. B.II.2.b)bb).

519 *W. G. Leisner*, in: Sodan, GG, 4. Aufl. 2018, Art. 33 Rn. 24.

520 Dazu etwa *Bydlinski*, Juristische Methodenlehre und Rechtsbegriff, 2. Aufl. 1991, S. 214 ff.; *Tiefenthaler*, Gewohnheit und Verfassung, 2012, S. 23 ff.

521 Dafür geradezu beiläufig *W. G. Leisner*, in: Sodan, GG, 4. Aufl. 2018, Art. 33 Rn. 24.

522 Eine Ausnahme stellt das kanonische Recht dar, das in cc. 23, 26 CIC sowie (für die katholischen Ostkirchen) in c. 1507 § 3 CCEO feste Zeiträume – 30 bzw. 100 Jahre – vorschreibt. S. dazu *Rees*, in: Haering/Rees/Schmitz, Handbuch des katholischen Kirchenrechts, 3. Aufl. 2015, § 9 II.3. (S. 159 ff.); *Muckel*, in: de Wall/Muckel, Kirchenrecht, 6. Aufl. 2022, § 19 Rn. 35 ff.

523 *Peters*, Geschichtliche Entwicklung und Grundfragen der Verfassung, 1969, S. 54; *Wipfelder*, in: Mayer-Maly/Simons, GS für Marcic, 1983, S. 947 (956).

524 *Kriele*, Theorie der Rechtsgewinnung, 1967, S. 254; ebenso die grundsätzliche Anforderung des kanonischen Rechts (c. 26 Hs. 1 CIC, c. 1507 Hs. 1 CCEO). Für eine Anerkennung *spätestens* nach 30 Jahren bei grundsätzlich variablen Maßstäben auch *Krebs/Becker*, JuS 2013, 97 (100).

80[525] oder gar 100[526] Jahren voraus. Die somit also bereits in sich äußerst heterogene Fraktion der Befürworter starrer Zeitvorgaben, stellt zudem auch insgesamt eine Minderheit dar. Zwar finden sich Stimmen, die starre Zeitvorgaben ausdrücklich ablehnen,[527] ähnlich selten wie solche, die sie ausdrücklich postulieren. Jedoch wird das Schweigen, das in einer Vielzahl der einschlägigen Stellungnahmen festzustellen ist, wenn es um die Formulierung konkreter zeitlicher Vorgaben geht,[528] letztlich als beredt verstanden werden müssen. Dies gilt umso mehr, als es oftmals mit einer besonderen Hervorhebung der hinsichtlich der Entwicklung allgemeingültiger Maßstäbe bestehenden Schwierigkeiten einhergeht.[529]

Obschon die Feststellung der zwischen dem Zeitmoment der Traditionalität einerseits und der zur Entstehung von Gewohnheitsrecht erforderlichen consuetudo andererseits bestehenden Parallele also hinsichtlich der Ermittlung der erforderlichen Mindestdauer des „traditionsbildenden Zeitraumes" nur geringfügig weiterführt, ist diese Erkenntnis keineswegs nutzlos. Vielmehr zeigt sie, dass die Suche nach allgemeingültigen und starren Fristen aussichtslos ist und stattdessen anerkannt werden muss, dass die im Einzelfall zu fordernde Dauer des Anerkennungszeitraumes von vielen Faktoren beeinflusst wird. Abstrakten Maßstäben wird man sich demgegenüber höchstens vorsichtig annähern können.

(4) Versuch einer annähernden Konkretisierung

(a) Die Obergrenze des Mindestzeitraumes

Um sich zumindest der ungefähren Größenordnung des traditionsbildenden Zeitraumes vorsichtig anzunähern, kann zunächst eine Maximallänge des Mindestzeitraumes der erforderlichen Anerkennung ermittelt werden, also eine Dauer, deren Einhaltung in jedem Falle hinreichend zur Führung des Traditionalitätsnachweises ist bzw. – um es andersherum zu formulieren – deren Überschreitung es in keinem Falle bedarf.

---

525 *A. Leisner*, Kontinuität als Verfassungsprinzip, 2002, S. 131 f.

526 So die nach kanonischem Recht (c. 26 Hs. 2 CIC bzw. c. 1507 § 3 Hs. 2 CCEO) geltende Mindestfrist bei entgegenstehender Prohibitationsklausel, vgl. dazu *Rees*, in: Haering/Rees/Schmitz, Handbuch des katholischen Kirchenrechts, 3. Aufl. 2015, § 9 II.3. (S. 161).

527 BVerwGE 8, 317 (321); *Tomuschat*, Verfassungsgewohnheitsrecht?, 1972, S. 137 m. w. N.; *Stier-Somlo*, Deutsches Reichs- und Landesstaatsrecht, Bd. I, 1924, S. 345; *Höhn*, Gewohnheitsrecht im Verwaltungsrecht, 1960, S. 44.

528 S. nur *Bydlinski*, Juristische Methodenlehre und Rechtsbegriff, 2. Aufl. 1991, S. 214 ff.; *Rüthers/Fischer/Birk*, Rechtstheorie, 12. Aufl. 2022, Rn. 232 ff.

529 *Krebs/Becker*, JuS 2013, 97 (100). Vgl. auch *Leisner*, Kontinuität als Verfassungsprinzip, 2002, S. 131. In diesem Sinne auch BVerwGE 8, 317 (321).

Eine solche Obergrenze des Mindestzeitraumes ergibt sich unmittelbar aus der Zeitspanne zwischen den beiden zuvor bereits herausgearbeiteten Fixpunkten. Da die Anerkennung eines Grundsatzes bereits vor Inkrafttreten der WRV nicht zwingend gefordert werden kann[530] und der traditionsbildende Zeitraum spätestens bei Inkrafttreten des Grundgesetzes abgeschlossen gewesen sein muss,[531] muss jedenfalls die Zeitspanne zwischen dem 14.08.1919 – also dem Tag des Inkrafttretens der WRV –[532] und dem 23.05.1949[533] als dem letzten Tag vor Inkrafttreten des Grundgesetzes die Mindestanforderungen an die Dauer eines traditionsbildenden Zeitraumes erfüllen. Somit ergibt sich eine Maximallänge des Mindestzeitraumes von nahezu[534] 30 Jahren.

(b) Die eingeschränkte Bedeutung dieser Obergrenze des Mindestzeitraumes

Aus Vorstehendem folgt jedoch lediglich, dass eine Periode von etwa 30 Jahren zur Erfüllung der hinsichtlich der Dauer des Anerkennungszeitraumes zu verlangenden Voraussetzungen jedenfalls hinreichend, eine längere Anerkennungszeit also in keinem Falle zu fordern ist. Keineswegs ist die Einhaltung dieser dreißigjährigen Frist aber in jedem Falle notwendig.[535] Vielmehr sprechen – an beiden Enden der Zeitschiene – gute Gründe dafür, dass regelmäßig auch eine deutlich kürzere Anerkennungszeit ausreichen dürfte. Insofern ist zunächst daran zu erinnern, dass eine Anerkennung während der gesamten Geltungsdauer der WRV gerade nicht erforderlich ist, sondern vielmehr bereits festgestellt wurde, dass auch solche Grundsätze, die sich erst unter Geltung derselben herausbildeten, jedenfalls potentiell hergebracht im Sinne des Art. 33 Abs. 5 GG sein können.[536] Allein dies zeigt, dass auch eine Anerkennung von Grundsätzen, die weniger als 30 Jahre vor dem Inkrafttreten des Grundgesetzes (also dem absoluten Ende des

530 Vgl. o. B.II.2.b)bb)(2).

531 Zur Perspektivenfrage s. o. B.II.2.a).

532 Vgl. o. B.II.2.b)cc)(1) mit Fn. 483.

533 Der Streit über den genauen Zeitpunkt des Inkrafttretens des Grundgesetzes (für den 23.05.1949 etwa BVerfGE 2, 237 [258]; 4, 331 [331, 341]; *P. M. Huber*, in: Sachs, GG, 9. Aufl. 2021, Art. 145 Rn. 5; für den 24.05.1949 etwa BVerfGE 2, 124 [135]; 4, 331 [339]; 11, 126 [129]; *Hillgruber*, in: Epping/Hillgruber, BeckOK GG, Stand 52. Ed. 15.08.2022, Art. 145 Rn. 2; *Starck*, in: von Mangoldt/Klein/Starck, GG, Bd. I, 7. Aufl. 2018, Verkündungsformel Rn. 13) ist letztlich nur terminologischer Natur (zutreffend daher *Unruh*, in: von Mangoldt/Klein/Starck, GG, Bd. III, 7. Aufl. 2018, Art. 145 Rn. 8) und kann hier dahinstehen, weil das GG nach beiden Ansichten nicht schon *am* (gesamten) 23.05.1949 galt, sondern erst mit dem Ablauf dieses Tages in Kraft trat.

534 Präzise: 29 Jahre, neun Monate und zehn Tage.

535 Hierin liegt der maßgebliche Unterschied zu den anfänglich skizzierten etymologischen Überlegungen, vgl. dazu o. B.II.2.b)dd) mit Fn. 516.

536 S. o. B.II.2.b)bb).

Anerkennungszeitraumes)[537] begann, traditionsbildend sein kann.[538] Verdeutlicht wird dies freilich durch den Umstand, dass der Mangel an Normalität, der die frühen sog. Krisenjahre der Weimarer Republik prägte,[539] die Herausbildung von Grundsätzen erheblich erschwerte.[540] Ähnliche Überlegungen mögen bzgl. des Endes des oben genannten Zeitrahmens angestellt werden. Insbesondere dürfte angesichts der in den verschiedenen Besatzungszonen – nicht nur zwischen den westlichen einerseits und der östlichen Besatzungszone andererseits,[541] sondern auch innerhalb der drei westlichen Zonen – stark divergierenden beamtenrechtlichen Entwicklungen zwischen 1945 und 1949[542] bereits fraglich sein, inwieweit in Bezug auf diese Zeit überhaupt noch eine flächendeckende und systematische Anwendung bestimmter Grundsätze erwartet werden kann. Während aber die Frage, ob und inwieweit beamtenrechtliche Grundsätze nach 1945 tatsächlich noch systematisch Anwendung fanden, letztlich eine solche des Umstandsmoments sein dürfte, streitet im hiesigen Kontext jedenfalls der Umstand, dass durch Art. 33 Abs. 5 GG „gerade die nach 1945 entstandenen Streitfragen […] geklärt werden sollten"[543] dafür, auch kürzer als dreißig Jahre andauernde Zeiträume als potentiell traditionsbildend anzuerkennen.

---

537 S. o. B.II.2.a)dd).

538 Die Problematik, die sich in Bezug auf solche Grundsätze ergeben kann, die erst in der absoluten Spätphase der Weimarer Republik anerkannt wurden, betrifft weniger die hier erörterte Dauer des Anerkennungszeitraums, sondern die dessen Lage betreffende und nur wertend zu beantwortende Frage, ob sich der in Rede stehende Grundsatz noch auf dem Boden des Weimarer Verfassungsrechts entwickelte, s. dazu o. B.II.2.b)cc)(2)(b).

539 Insbesondere die Jahre von 1919 bis 1923, vgl. etwa *Kolb/Schumann*, Die Weimarer Republik, 8. Aufl. 2013, S. 37 ff.

540 Vgl. *Thieme,* Der öffentliche Dienst in der Verfassungsordnung des Grundgesetzes, 1961, S. 45; ähnlich *Maunz*, in: Maunz/Dürig, GG, Loseblatt, Grundwerk 1958, Art. 33 Rn. 55.

541 Vgl. zur Entwicklung des öffentlichen Dienstes in der sowjetisch besetzten Zone etwa *Leissner*, Verwaltung und öffentlicher Dienst in der sowjetischen Besatzungszone Deutschlands, 1961, S. 255 ff.; *Püttner*, in: Jeserich/Pohl/von Unruh, Deutsche Verwaltungsgeschichte, Bd. V, 1987, S. 1124 (1127 f.).

542 Vgl. etwa zur systematischen Angleichung des Beamtenrechts an das (öffentliche) Arbeitsrecht in Hessen auf Grundlage von Art. 29 Abs. 1 Hess. Verf. („Für alle Angestellten, Arbeiter und Beamten ist ein einheitliches Arbeitsrecht zu schaffen.") BGHZ 9, 322 ff. Ähnliche Bestrebungen gab es in Form von Art. 50 des – nie in Kraft getretenen, vgl. *Wrobel*, in: Fischer-Lescano/Rinken/Buse/Meyer/Stauch/Weber, Verfassung der Freien Hansestadt Bremen, 2016, E 2 Rn. 1 – Verfassungsentwurfs von 1946 in Bremen, s. *Püttner*, in: Jeserich/Pohl/von Unruh, Deutsche Verwaltungsgeschichte, Bd. V, 1987, S. 1124 (1128). Zu den Entwicklungen im sog. Vereinigten Wirtschaftsgebiet s. *Westrick*, DÖV 1949, 61 ff.; einen Überblick über die unterschiedlichen Vorstellungen der alliierten Siegermächte über die Neuordnung des deutschen Beamtentums bietet auch *Hattenhauer*, Geschichte des deutschen Beamtentums, 2. Aufl. 1993, S. 456 f., 485 ff., 499 f.; die Unterschiede in den jeweiligen Entwicklungen insgesamt relativierend hingegen *Mommsen*, in: Schwegmann, Die Wiederherstellung des Berufsbeamtentums nach 1945, 1986, S. 65 (69).

543 *Thieme*, Der öffentliche Dienst in der Verfassungsordnung des Grundgesetzes, 1961, S. 45.

(5) Zusammenfassung zur Dauer des traditionsbildenden Zeitraumes

Prima facie mögen, da konkrete zeitliche Vorgaben, deren Einhaltung im Einzelfall stets zweifelsfrei bejaht oder verneint werden könnte, nicht ermittelt werden konnten, die Resultate der vorangegangenen Untersuchung zur Dauer des traditionsbildenden Zeitraumes ernüchternd erscheinen. Diese Fokussierung auf dasjenige, was die Untersuchung nicht zutage fördern konnte, ließe jedoch die tatsächlich gewonnenen Ergebnisse außer Betracht. Diese bestehen nicht nur in der Erkenntnis, dass abstrakte und allgemeinverbindliche Aussagen zur Dauer des erforderlichen Anerkennungszeitraumes gerade nicht getroffen werden können, sondern es sich letztlich um eine von vielen Faktoren des jeweiligen Einzelfalles abhängige Wertungsfrage handelt. Vielmehr konnte auch der Rahmen, innerhalb dessen diese wertende Festlegung im Einzelfall zu erfolgen hat, durch die Ermittlung der etwa 30 Jahre betragenden Maximallänge des Mindestzeitraumes eingegrenzt werden. Auf diese Weise können jedenfalls solche besonders langen Zeiträume, die vereinzelt in der Rechtsprechung angedeutet wurden[544] oder im gewohnheitsrechtsbezogenen Kontext gelegentlich diskutiert werden,[545] ausgeschieden werden.

ee) Zusammenfassung zum Zeitmoment der Traditionalität

Zum Zeitmoment der Traditionalität kann somit festgehalten werden, dass selbiges in zwei Merkmale untergliedert werden kann: die Dauer des Anerkennungszeitraumes sowie seine Lage. Während die Dauer unter Berücksichtigung der Umstände des Einzelfalls jeweils wertend zu bestimmen ist, jedoch keinesfalls eine mehr als dreißig Jahre betragende Zeitspanne gefordert werden kann, ist die Lage dieses Zeitraums lediglich dahingehend begrenzt, dass er jedenfalls eine Überschneidung mit der Geltungszeit der WRV aufweisen muss.

c) Das Umstandsmoment: Zur Wahrung und Anerkennung eines Grundsatzes „als verbindlich"

Neben dem Zeitmoment weist das Merkmal der Traditionalität auch ein Umstandsmoment auf: Während des vorstehend erörterten „längeren, traditionsbildenden Zeitraumes" müssen die in Rede stehenden Grundsätze – so abermals die weithin Verwendung findende Formel – „als verbindlich anerkannt und gewahrt

[544] BVerfGE 38, 1 (11): „für die Ausbildung eines hergebrachten Grundsatzes entscheidenden 60 Jahren vor 1933".

[545] Mitunter werden Zeiträume von 80 oder 100 Jahren gefordert, vgl. die Nachweise bei Fn. 525 und 526.

worden“ sein.[546] Ansätze zur konkretisierenden Auslegung dieser Formel sind abermals rar gesät. Soweit ersichtlich präzisierte sie das BVerfG nur in einer Entscheidung aus den späten 1950er-Jahren dahingehend, dass es dazu auf die „Verfassungswirklichkeit, wie sie sich in der Gesetzgebung spiegelt“, ankomme.[547] Weitergehende Erkenntnisse können – in Ermangelung abstrakter Ausführungen in Rechtsprechung und Literatur – nur im Wege der Induktion aus den in konkreten Streitfällen jeweils als ausreichend erachteten Umständen abgeleitet werden.

aa) Gesetzlich positivierte Grundsätze

Dass gesetzlich positivierte Grundsätze in hinreichendem Maße „anerkannt und gewahrt“ wurden, dürfte (jedenfalls heute) weitgehend unbestritten sein. Während sich in der Literatur kaum einmal ausdrücklich Positionierungen hierzu finden,[548] weist die Rechtsprechung von BVerfG[549] und BVerwG[550] immerhin zahlreiche Beispiele auf, in denen die Gerichte zum Nachweis einer Anerkennung und Wahrung maßgeblich auf gesetzliche Regelungen abstellten.

(1) Keine Beschränkung auf verfassungsrechtlich positivierte Grundsätze

Abzulehnen ist zunächst jedoch eine – jedenfalls nach Deutung *Thiemes*[551] in der frühen Literatur vertretene – Beschränkung auf solche Grundsätze, die zu Weimarer Zeit mit Verfassungsrang ausgestattet waren. Denn ungeachtet der Frage, ob *Thiemes* Deutung der von ihm insoweit angeführten Aussagen[552] überhaupt zutraf (dazu sogleich (a)), überzeugt ein derartiges Verständnis jedenfalls nicht (unten (b)).

---

546 BVerfGE 106, 225 (232); 107, 218 (237); 117, 330 (344 f.); 117, 372 (379); 121, 205 (219). Mit lediglich leichten sprachlichen Abweichungen bereits BVerfGE 8, 332 (343); 15, 167 (195 f.); 46, 97 (117); 58, 68 (76 f.); 83, 89 (98). Ähnlich auch *Badura*, in: Dürig/Herzog/Scholz, GG, Loseblatt, Stand 97. Lfg. Januar 2022, Art. 33 Rn. 65; *Grigoleit*, in: Stern/Becker, Grundrechte-Kommentar, 3. Aufl. 2019, Art. 33 Rn. 71; *Domgörgen*, in: Hömig/Wolff, GG, 13. Aufl. 2022, Art. 33 Rn. 18.

547 BVerfGE 8, 332 (349).

548 In Bezug auf das RBG von 1873 aber *H. Günther*, DÖV 2007, 357 (367).

549 BVerfGE 39, 334 (346); 71, 255 (268); vgl. auch BVerfGE 58, 68 (77): „insbesondere Gegenstand früherer gesetzlicher Regelungen“.

550 BVerwGE 37, 265 (268); 39, 174 (178); 120, 154 (159); 150, 366 (373 Rn. 30).

551 *Thieme*, Der öffentliche Dienst in der Verfassungsordnung des Grundgesetzes, 1961, S. 44; zur nachfolgend (Fn. 552) zitierten Aussage *Wacke*s ebenso schon *Peters*, in: Institut zur Förderung öffentlicher Angelegenheiten, Neues Beamtentum, 1951, S. 78 (79).

552 *Wacke*, in: Institut zur Förderung öffentlicher Angelegenheiten, Neues Beamtentum, 1951, S. 152 (168); *ders.*, a. a. O., S. 179 (179 f.); *Grewe*, in: 39. DJT, 1952, S. D 14; *Grabendorff*, in: 39. DJT, 1952, S. D 111 (D 111); *ders.*, DÖV 1951, 550 ff.; *von Mangoldt*, Das Bonner Grundgesetz, 1. Aufl. 1953, Art. 33 Anm. 7 (S. 211 f.).

(a) Zweifel an der Existenz dieser Ansicht

Zunächst ist bereits zweifelhaft, ob *Thieme* die von ihm insoweit angeführten Literaturstimmen überhaupt zutreffend deutete. Denn insbesondere die einschlägigen Aussagen *Grewe*s und *Grabendorff*s lassen ein derartiges Verständnis gerade nicht erkennen. Vielmehr definierte *Grewe* auf dem 39. Deutschen Juristentag 1951, Grundsätze seien dann im Sinne des Art. 33 Abs. 5 GG hergebracht, wenn sie

> „entweder schon vor dem Jahre 1919 in Geltung waren und durch das Verfassungsrecht der Weimarer Republik ausdrücklich *oder stillschweigend* als fortgeltend anerkannt worden sind – oder wenn sie *auf dem Boden des Weimarer Verfassungsrechtes* als wesentliche Bestandteile einer freiheitlich-demokratischen Ordnung neu statuiert wurden“.[553]

Sowohl durch die damit angesprochene Möglichkeit einer bloß stillschweigenden Anerkennung durch die Reichsverfassung von 1919 als auch durch die Option der Neustatuierung beamtenrechtlicher Grundsätze „auf dem Boden“ ebenjener Verfassungsordnung dürfte *Grewe* deutlich zum Ausdruck gebracht haben, dass er keineswegs eine Anerkennung und Wahrung „in“ der WRV, sondern – wie es spätestens seit dem Jahre 1958 auch der ständigen Rechtsprechung des BVerfG[554] und der überwiegenden Literaturauffassung[555] entsprach – lediglich eine solche „unter“ derselben forderte.[556] Ganz ähnlich steht es um die einschlägigen Aussagen des von *Thieme* ebenfalls als Vertreter der oben genannten Auffassung angeführten *Walter Grabendorff*s. Dieser betonte zwar, dass zur Ermittlung hergebrachter Grundsätze „in erster Linie“[557] die einschlägigen Bestimmungen der WRV heranzuziehen seien, sah die Letztgenannte somit aber – in weitgehender Übereinstimmung mit *Wacke*[558] und *von Mangoldt*[559] – gerade nicht als allein maßgebliche Rechtsquelle an.[560]

---

553 *Grewe*, in: 39. DJT, 1952, S. D 3 (D 14), Hervorhebung nur hier.

554 BVerfGE 8, 332 (343); 15, 167 (196).

555 Auch *Maunz*, in: Maunz/Dürig, GG, Loseblatt, Grundwerk 1958, Art. 33 Rn. 55 (mit Fn. 129 m. w. N.), qualifizierte diese Auffassung seinerzeit als herrschende Meinung.

556 Vgl. auch die ergänzende Klarstellung *Grewe*s auf einen Diskussionsbeitrag *Grabendorff*s, in: 39. DJT, 1952, S. D 146 (D 149). Die zugrundeliegende Aussage *Grabendorff*s findet sich bei 39. DJT, 1952, S. D 111 (D 111).

557 *Grabendorff*, DÖV 1951, 550 (551); ähnlich auch *ders*., in: 39. DJT, 1952, S. D 111 (D 111 f.).

558 *Wacke*, in: Institut zur Förderung öffentlicher Angelegenheiten, Neues Beamtentum, 1951, S. 152 (168): „insbesondere“ die Aussagen der WRV, „wenn nicht Gegengründe vorliegen“; *ders*., a. a. O., S. 179 (179 f.).

559 An den Verbürgungen der Art. 129, 130 WRV werde insoweit „nicht vorbeigegangen werden können“, *von Mangoldt*, Das Bonner Grundgesetz, 1. Aufl. 1953, Art. 33 Anm. 7 (S. 211 f.).

560 Sehr deutlich auch *Grabendorff*, Der Beamtenbund 1953, 166 (166).

(b) Zur inhaltlichen Überzeugungskraft eines solchen Verständnisses

Obschon somit bereits zweifelhaft ist, ob ein derart enges Verständnis des Umstandsmoments des Traditionalitätsmerkmals überhaupt jemals vertreten wurde, ist *Thiemes* Ablehnung desselben im Ergebnis zuzustimmen. Dies beruht jedoch nicht auf seinem Einwand, dass auch untergeordnete Detailaspekte wie die Möglichkeit des Wiederaufnahmeverfahrens oder das Recht auf Einsichtnahme in die Personalakte zu Weimarer Zeit mit Verfassungsrang (Art. 129 Abs. 3 WRV) ausgestattet waren.[561] Denn hierbei handelt es sich nicht um eine Frage der Traditionalität, sondern um eine solche der Fundamentalität,[562] weshalb die vorgenannten Regelungsgehalte des Art. 129 Abs. 3 WRV bereits mangels Erfüllung jenes Merkmals und ungeachtet ihrer evtl. Traditionalität nicht als hergebrachte Grundsätze angesehen werden können.

Vielmehr sprechen semantisch-systematische sowie historische Argumente entscheidend gegen ein derart enges, die hergebrachten Grundsätze im Sinne des Art. 33 Abs. 5 GG auf die beamtenverfassungsrechtlichen Regelungen der WRV beschränkendes Verständnis des Umstandsmoments. So muss zunächst konstatiert werden, dass die Formulierung des Art. 33 Abs. 5 GG, soweit darin gerade nicht auf einen konkreten Normbestand abgestellt, sondern deutlich offener auf die „hergebrachten Grundsätze" Bezug genommen wird, jedenfalls nicht für ein solches Verständnis streitet. Sofern ein derartiger Bedeutungsinhalt seitens des Parlamentarischen Rates beabsichtigt gewesen wäre, hätte etwa die wörtliche Übernahme der einschlägigen Bestimmungen der WRV oder deren Inkorporation im Wege einer Verweisung bzw. Bezugnahme[563] deutlich näher gelegen. Dass der Verfassungsgeber in Bezug auf die bei der Regelung des Berufsbeamtentums zu berücksichtigenden Grundsätze und im auffälligen Gegensatz zu anderen Konstellationen[564] keine solche Regelungstechnik wählte, legt jedenfalls nahe, dass er damit auch gerade nicht deren Ergebnis herbeiführen wollte.[565]

---

[561] *Thieme*, Der öffentliche Dienst in der Verfassungsordnung des Grundgesetzes, 1961, S. 44.

[562] Vgl. o. B.II.1.a).

[563] Etwa (in Anlehnung an Art. 140 GG) „Das Recht der Berufsbeamten ist unter Berücksichtigung der in den Artikeln 128 bis 130 der deutschen Verfassung vom 11. August 1919 niedergelegten Grundsätze zu regeln und fortzuentwickeln."

[564] Zur Übernahme von WRV-Regelungen vgl. insbesondere Art. 147 Abs. 1 WRV und Art. 7 Abs. 4 S. 2–4 GG sowie etliche Fälle (exemplarisch seien Art. 13 Abs. 1 WRV und Art. 31 GG sowie Art. 26 WRV und Art. 40 Abs. 1 GG genannt), in denen lediglich „Reich" durch „Bund" ersetzt wurde. Zur Inkorporationstechnik s. Art. 140 GG.

[565] Zwingend ist auch dieses Argument freilich nicht. Zu bedenken ist nämlich, dass die bei Art. 140 GG gewählte Inkorporationstechnik gegenüber den Fällen (fast) wörtlicher Übernahmen älterer Bestimmungen ebenfalls einen Einzelfall darstellt, hieraus aber nicht der Schluss gezogen wird, die inkorporierten Vorschriften der WRV unterschieden sich in ihrer Normqua-

Zudem streitet gegen ein derart enges Traditionalitätsverständnis, dass die sog. Beamtenartikel der WRV bereits während ihrer Geltungszeit keineswegs als abschließende Regelung auch nur der „Grundsätze" des Berufsbeamtentums angesehen wurden. Dies folgt nicht erst aus der zeitgenössischen Literatur, die verschiedentlich die fragmentarische Natur der beamtenrechtlichen Gehalte der WRV betonte.[566] Vielmehr kann es schon unmittelbar aus dem Weimarer Verfassungsrecht selbst abgeleitet werden, welches den Reichsgesetzgeber in Art. 128 Abs. 3 WRV zur Regelung der „Grundlagen" des Beamtenverhältnisses verpflichtete[567] und ihm in Art. 10 Nr. 3 WRV die Kompetenz zur Regelung der „Grundsätze" des Beamtenrechts einräumte.[568] Beider Regelungen hätte es nicht bedurft, wenn die Grundlagen bzw. Grundsätze des Beamtenrechts bereits verfassungsunmittelbar positiviert gewesen wären.

Obschon die Anerkennung eines Grundsatzes „in" der WRV zur Bejahung des Umstandsmoments seiner Traditionalität zweifellos hinreichend ist,[569] ist sie somit doch keineswegs notwendig.

(2) Keine Beschränkung auf durch förmliches Parlamentsgesetz positivierte Grundsätze

Dass auch eine einfachgesetzliche Regelung hinreichend zur Erfüllung des Umstandsmoments der Traditionalität sein muss, resultiert bereits daraus, dass die

---

lität von wörtlich übernommenen Bestimmungen, vgl. BVerfGE 19, 206 (219); 137, 273 (303 Rn. 83); 139, 321 (349 Rn. 89); *Korioth*, in: Dürig/Herzog/Scholz, GG, Loseblatt, Stand 97. Lfg. Januar 2022, Art. 140 Rn. 8; *Ehlers*, in: Sachs, GG, 9. Aufl. 2021, Art. 140 Rn. 2.

566 Deutlich *Anschütz*, Die Verfassung des Deutschen Reichs, 14. Aufl. 1933 (Nachdruck 1968), Art. 129 Anm. 2 (S. 591): „einzelne, ziemlich wahllos zusammengestellte Grundsätze des Beamtenrechts"; dazu auch *Merkl*, VVDStRL, Heft 7 (1932), S. 55 (69); *Poetzsch-Heffter*, Handkommentar der Reichsverfassung, 3. Aufl. 1928, Art. 129 Anm. 1 (S. 434): Art. 129 WRV enthalte lediglich „einen Teil der wichtigsten ‚Grundlagen des Beamtenverhältnisses'".

567 *Thieme*, Der öffentliche Dienst in der Verfassungsordnung des Grundgesetzes, 1961, S. 44; *Maunz*, in: Maunz/Dürig, GG, Loseblatt, Grundwerk 1958, Art. 33 Rn. 55 (mit Fn. 129).

568 Bedeutung hatte die Vorschrift nur hinsichtlich der Nicht-Reichsbeamten. In Bezug auf Reichsbeamte wurde eine ungeschriebene ausschließliche Reichskompetenz kraft Natur der Sache angenommen, *Anschütz*, Die Verfassung des Deutschen Reichs, 14. Aufl. 1933 (Nachdruck 1968), Art. 6 Anm. 4 (S. 74 f.), Art. 10, 11 Anm. 5 (S. 92 f.); *Giese*, Die Verfassung des Deutschen Reiches, 8. Aufl. 1931, Art. 10 Anm. 2 Nr. 3 (S. 59).

569 Soweit *Peters*, in: Institut zur Förderung öffentlicher Angelegenheiten, Neues Beamtentum, 1951, S. 78 (79), dies mit dem Argument bestritt, in der WRV seien gerade diejenigen Grundsätze fixiert worden, „die nach der politischen Situation der Jahre 1918/19 umstritten waren", so dass man gerade nicht *alle* in der WRV fixierten *Grundsätze* als *hergebrachte Grundsätze* ansehen könne, vermengte er freilich die Betrachtungszeiträume. Dass gewisse Grundsätze bei ihrer Normierung in den Jahren 1918/1919 ggf. noch umstritten waren, spricht natürlich nicht dagegen, sie ab 1949 als „hergebracht" anzusehen.

normhierarchisch unmittelbar darüber anzusiedelnde Anerkennung mit Verfassungsrang nach dem oben Ausgeführten gerade nicht notwendig ist. Wenn sich das BVerfG zur Begründung eines hergebrachten Grundsatzes also mitunter ausdrücklich auf Regelungen in Gesetzen (im formellen Sinne) stützte,[570] ist dem jedenfalls hinsichtlich des Umstandsmoments der Traditionalität zuzustimmen.

Eine hiervon zu trennende Frage ist jedoch, ob eine formell-gesetzliche Verankerung eines Grundsatzes ihrerseits notwendig ist, um von einer Anerkennung im Sinne des Traditionalitätserfordernisses ausgehen zu können oder ob auch untergesetzliche Normierungen eine hinreichend starke Form der Anerkennung und Wahrung darstellen können. Dass sie im letztgenannten Sinne zu beantworten ist, folgt nicht nur aus der großen Bedeutung, die untergesetzlichen[571] Rechtsnormen und – ungeachtet ihrer nur fragmentarischen Regelung in der WRV –[572] insbesondere Verordnungen zu Weimarer Zeiten zukam.[573] Auch spricht gegen die Notwendigkeit einer mindestens formell-gesetzlichen Positivierung in zweierlei Hinsicht bereits der Wortlaut des Art. 33 Abs. 5 GG. Zunächst gilt Ähnliches wie vorstehend in Bezug auf die beamtenverfassungsrechtlichen Regelungen der WRV ausgeführt:[574] Hätte der Parlamentarische Rat tatsächlich einen konkreten formell-gesetzlichen Normbestand zur verbindlichen Richtschnur der Regelung des Berufsbeamtenrechts bestimmen wollen, hätte sich dies unschwer und eindeutig durch Inkorporation oder Verweis regeln lassen. Anstelle einer vagen Bezugnahme auf die „hergebrachten Grundsätze" hätte etwa auf das RBG von 1873[575] in seiner unter Geltung der WRV zuletzt Anwendung findenden Fassung abgestellt werden können. Zudem spricht deutlich gegen ein derart enges Verständnis, dass Art. 33 Abs. 5 GG begrifflich gar nicht normativ auf das Beamtenrecht, sondern phänomenologisch auf das Berufsbeamtentum abstellt,[576] sich also selbst bei Zugrundelegung eines gesetzespositi-

---

570 Vgl. BVerfGE 3, 58 (138).

571 Gerade in Bezug auf die zahlreichen (Not-)Verordnungen der Weimarer Zeit ist die Bezeichnung als untergesetzlich insofern missverständlich, als ihnen de facto oftmals eher eine gesetzesvertretende Stellung zukam, vgl. *Remmert*, in: Dürig/Herzog/Scholz, GG, Loseblatt, Stand 97. Lfg. Januar 2022, Art. 80 Rn. 20 ff.

572 *Remmert*, in: Dürig/Herzog/Scholz, GG, Loseblatt, Stand 97. Lfg. Januar 2022, Art. 80 Rn. 21.

573 *Remmert*, in: Dürig/Herzog/Scholz, GG, Loseblatt, Stand 97. Lfg. Januar 2022, Art. 80 Rn. 21; *E. R. Huber*, Deutsche Verfassungsgeschichte, Bd. VI, 1981, S. 436 ff.; *F. Klein*, in: Institut zur Förderung öffentlicher Angelegenheiten, Die Übertragung rechtsetzender Gewalt im Rechtsstaat, 1952, S. 7 (13 ff.).

574 S. o. B.II.2.c)aa)(1)(b).

575 Reichsbeamtengesetz vom 31.03.1873, RGBl. S. 61 ff.

576 Ähnlich schon *Maunz*, in: Maunz/Dürig, GG, Loseblatt, Grundwerk 1958, Art. 33 Rn. 54.

vistischen Verständnisses des Begriffs „Recht“ keine Beschränkung auf Gesetzesrecht begründen lässt.[577]

Gestützt wird dies ferner durch teleologische Überlegungen. Denn durch die Bezugnahme auf die „hergebrachten Grundsätze“ sollte gerade keine wertneutrale „Zementierung alles Althergebrachten“[578] bewirkt, sondern eine Anknüpfung an diejenigen Grundsätze statuiert werden, die sich in einer der grundgesetzlichen Ordnung strukturell ähnlichen, nämlich gleichfalls freiheitlich-demokratisch geprägten Grundkonstellation, also zur Zeit der sog. Weimarer Republik, bewährt hatten.[579] Diese, zu Weimarer Zeit das Beamtentum und -recht prägenden Grundsätze waren jedoch aus unterschiedlichen Gründen – manche wurden als derart selbstverständlich angesehen, dass ihre Positivierung entbehrlich erschien,[580] hinsichtlich anderer wurde intensiv an einer neuen beamtenrechtlichen Kodifikation gearbeitet,[581] die jedoch erst in Form des DBG von 1937 realisiert werden konnte – lediglich partiell gesetzlich niedergelegt. So monierte etwa die zeitgenössische Literatur mehrfach, dass der Reichsgesetzgeber von seiner Kompetenz, „Grundsätze [...] für das Recht der Beamten“ aufzustellen (Art. 10 Nr. 3 WRV) „bisher nur spärlich Gebrauch gemacht“[582] bzw. seinem Gesetzgebungsauftrag zur Regelung der „Grundlagen des Beamtenverhältnisses“ (Art. 128 Abs. 3 WRV) nicht nachgekommen sei.[583]

Auch eine einfachgesetzliche Regelung ist somit zwar zur Erfüllung des Umstandsmoments der Traditionalität hinreichend, aber nicht notwendig.[584] Vielmehr kann der Nachweis der Anerkennung und Wahrung auch anhand untergesetzlicher Regelungen geführt werden.[585]

---

[577] Vgl. o. B.II.1.b).

[578] *Bull*, DÖV 1995, 592 (596).

[579] S. o. B.II.1.b)bb)(2).

[580] *Grabendorff*, Diskussionsbeiträge beim 39. DJT, S. D 111 f.; *ders*., Der Beamtenbund 1953, 166 (166), unter Bezugnahme auf *Peters*, in: Institut zur Förderung öffentlicher Angelegenheiten, Neues Beamtentum, 1951, S. 78 (79).

[581] *Gerber*, VVDStRL Heft 7 (1932), S. 2 (25 f.), etwa erwähnt konkurrierende Beamtengesetz-Entwürfe des Allgemeinen Deutschen Beamtenbundes (ADB) sowie des Deutschen Beamtenbundes (DBB).

[582] *Brand*, Das Beamtenrecht, 3. Aufl. 1928, S. 4.

[583] *Poetzsch-Heffter*, Handkommentar der Reichsverfassung, 3. Aufl. 1928, Art. 128 Anm. 3 (S. 433): „bisher noch nicht geschehen“.

[584] Vgl. BVerfGE 46, 97 (118); 58, 68 (77): „wesentlicher Bestandteil des Beamtenrechts, *insbesondere* Gegenstand früherer gesetzlicher Regelungen“ (Hervorhebung nur hier); ähnlich *H. Günther*, DÖV 2007, 357 (367): Das RBG stelle jedenfalls für solche hergebrachten Grundsätze eine wichtige Quelle dar, die gesetzlich verankert waren.

[585] BVerfGE 148, 296 (362 Rn. 147) – die dort genannte (präsidiale) Notverordnung vom 01.02.1922 (RGBl. S. 187) erfüllte aufgrund ihrer kurzen Geltungsdauer allerdings für sich genommen nicht die Anforderungen des Zeitmoments.

(3) Zwischenfazit

Jedenfalls die Normierung durch ein Gesetz im materiellen Sinne, also durch Außenrecht[586] einer beliebigen Hierarchiestufe genügt somit zur Erfüllung des Umstandsmoments der Traditionalität.

bb) Anerkennung und Wahrung jenseits gesetzlicher Regelungen

Steht somit außer Frage, dass jede Form materiell-gesetzlicher Anerkennung eines Grundsatzes das Umstandsmoment der Traditionalität zu erfüllen vermag, ist damit jedoch noch keine Aussage darüber getroffen, ob daneben auch andere Formen der hinreichenden Anerkennung und Wahrung in Betracht kommen.

(1) Grundsätzliches

Für die Möglichkeit einer Anerkennung und Wahrung auch jenseits gesetzlicher Regelungen spricht zunächst ganz allgemein, dass es einerseits bereits zu Weimarer Zeit als hergebracht angesehene Grundsätze des Berufsbeamtentums gab[587] und andererseits – was bereits ausgeführt wurde – die fragmentarische Natur der zu jener Zeit gesetzlich niedergelegten Grundlagen bzw. Grundsätze des Berufsbeamtentums.[588] Hält man infolgedessen eine irgendwie geartete Positivierung der Grundsätze zur Erfüllung des Umstandsmoments der Traditionalität nicht für notwendig,[589] kann und muss jedoch weiter differenziert werden, welcher Art diese Anerkennung gewesen sein muss.[590]

(2) Anerkennung in der Rechtsprechung

Maunz verlangte für nicht gesetzlich niedergelegte Grundsätze die Anerkennung durch zumindest ein höchstrichterliches Urteil.[591] Zu überzeugen vermag eine

---

[586] Zur Bedeutung reinen Innenrechts vgl. u. B.II.2.c)bb)(3)(b).

[587] So jedenfalls BVerfGE 9, 268 (286); auch noch *Lecheler*, in: Friauf/Höfling, Berliner Kommentar, GG, Loseblatt, Stand Lfg. 1/21 Mai 2021, Art. 33 Rn. 65.

[588] Vgl. o. B.II.2.c)aa)(2) mit Fn. 582 f.

[589] In diesem Sinne wohl auch BVerfGE 148, 296 (363 Rn. 148): Hinreichende (anderweitige) Anerkennung des Streikverbots auch nach Aufhebung der entsprechenden Notverordnung vom 01.02.1922 (RGBl. S. 187) bereits am 09.02.1922 (RGBl. S. 205).

[590] Parallelüberlegungen zur Entstehung von Gewohnheitsrecht bei *Höhn*, Gewohnheitsrecht im Verwaltungsrecht, 1960, S. 49 ff.

[591] *Maunz*, in: Maunz/Dürig, GG, Loseblatt, Grundwerk 1958, Art. 33 Rn. 55. Vgl. abermals parallel bzgl. der Entstehung von Gewohnheitsrecht: *Rehbinder*, JuS 1991, 542 (543): außergerichtliches Gewohnheitsrecht sei nicht möglich; ähnlich *Schmalz*, Methodenlehre, 4. Aufl. 1998, Rn. 44; zurückhaltender *Röhl/Röhl*, Allgemeine Rechtslehre, 3. Aufl. 2008, S. 556 f.

derartige Beschränkung indes aus mehreren Gründen nicht. Richtig dürfte zweifellos sein, dass die Anwendung eines Grundsatzes in mindestens einem höchstrichterlichen Urteil (freilich nur sofern diese Rspr. nicht anschließend wieder aufgegeben wurde, sondern über die erforderliche Dauer zumindest stillschweigend fortbestand) hinreichend für die Bejahung des Umstandsmomentes der Traditionalität ist.[592] Notwendig dürfte ein Nachweis in Form einer höchstrichterlichen Rechtsprechung – wie nachfolgend gezeigt wird – jedoch abermals nicht sein.

(a) Beschränkte Rechtsschutzmöglichkeiten im maßgeblichen Zeitraum

Hierfür spricht zunächst, dass etliche Bereiche des Beamtenrechts in dem für die Herausbildung bzw. Anerkennung von Grundsätzen maßgeblichen Zeitraum gar nicht justiziabel waren. Zwar garantierte Art. 129 Abs. 1 S. 4 WRV – wie zuvor schon einfachgesetzlich § 149 RBG –[593] Beamten den Zugang zu den ordentlichen Gerichten, dies jedoch gerade nur in vermögensrechtlichen Streitigkeiten. Davon abgesehen bestand zumeist nur verwaltungsinterner Rechtsschutz,[594] wohingegen der „Rechtsweg grundsätzlich ausgeschlossen" war.[595] Einer (höchst-)gerichtlichen Klärung zugänglich waren somit überhaupt nur Teilaspekte des Beamtenrechts.

(b) Konsens als Hinderungsgrund für gerichtliche Entscheidungen

Zudem liegt es in der Natur gerichtlicher Entscheidungen, dass diese ausschließlich anlässlich konkreter Streitigkeiten ergehen können. Die Anerkennung eines beamtenrechtlichen Grundsatzes in einer (höchst-)richterlichen Entscheidung setzt somit einen Streit über seine Geltung voraus. Indes erscheint jedenfalls die Möglichkeit von beamtenrechtlichen Grundsätzen, die derart unstreitig anerkannt waren, dass sie nie Gegenstand eines Rechtstreites wurden, nicht von vornherein ausgeschlossen.[596] Auch insoweit[597] offenbart sich eine strukturelle Gemeinsamkeit zwischen hergebrachten Grundsätzen und Gewohnheitsrecht: Zwar ist angesichts des unbestreitbar großen praktischen Einflusses, den eine höchstrichterliche (ständige) Rechtsprechung auf die Herausbildung allgemeiner Rechtsauf-

[592] Vgl. BVerfGE 148, 296 (362 Rn. 147).

[593] Dazu etwa *H. Günther*, ZBR 2003, 401 (405).

[594] *H. Günther*, DÖV 2007, 357 (363 f.).

[595] *Möller*, Beamtenjahrbuch 1928, 407 (411); vgl. hierzu auch *H. Günther*, ZBR 2003, 401 (404 ff.).

[596] Vgl. o. B.II.2.c)aa)(2) mit Fn. 580 zur parallelen Situation der Grundsätze, deren Positivierung aufgrund ihrer unstreitigen Anerkennung für entbehrlich erachtet wurde.

[597] Vgl. in Bezug auf das Zeitmoment der Traditionalität schon o. B.II.2.b)dd)(3).

fassungen hat,[598] in der Literatur ein Schwinden der Differenzierung zwischen Richterrecht und Gewohnheitsrecht feststellbar.[599] Jedoch entspricht es jedenfalls der klassischen Unterscheidung, dass Gewohnheitsrecht auch ohne gerichtliche Entscheidung schlicht durch den Umstand entstehen kann, dass alle Beteiligten (Parteien) übereinstimmend von einer bestimmten (in Wirklichkeit nicht bindend vorgegebenen) Rechtslage ausgehen.[600] Somit kann Richterrecht zwar mitursächlich für die Entstehung von Gewohnheitsrecht sein. Eine lange und konsequente Anwendung von Richterrecht durch die Gerichte allein genügt dafür jedoch gerade nicht. Vielmehr ist erforderlich, dass die der jeweiligen Rechtsprechung zugrundeliegenden Aussagen in das allgemeine Rechtsdenken aufgenommen und dort (hinreichend lange) gesetzesgleich beachtet und anerkannt werden.[601] Ebenso wie dies aber nur eine von verschiedenen Möglichkeiten zur Entstehung von Gewohnheitsrecht ist, ist auch die Anerkennung eines beamtenrechtlichen Grundsatzes in höchstrichterlicher Rechtsprechung nur eine unter vielen hinreichenden Varianten der Erfüllung des Umstandsmomentes.

(c) Zwischenfazit zur Bedeutung der Rechtsprechung

Das Fehlen eines den jeweils in Rede stehenden Grundsatz bestätigenden bzw. anerkennenden höchstrichterlichen Urteils muss also gerade nicht bedeuten, dass dieser nicht als verbindlich anerkannt war. Vielmehr kann dies auch darauf beruhen, dass die dahinterliegende Frage im maßgeblichen Zeitraum nicht justiziabel war oder aber aufgrund des sie betreffenden breiten Konsenses keiner gerichtlichen Entscheidung bedurfte. Ob bzw. wie sich die zeitgenössische Rechtsprechung zu einem beamtenrechtlichen Grundsatz positionierte, ist für dessen Qualifizierung als „verbindlich anerkannt und gewahrt" somit zwar keineswegs irrelevant. Notwendig (wenngleich für sich allein nicht hinreichend)[602] für die Erfüllung des Umstandsmoments der Traditionalität ist jedoch nicht positiv die

---

598 Vgl. *Rüthers/Fischer/Birk*, Rechtstheorie, 12. Aufl. 2022, Rn. 233.

599 *Rüthers/Fischer/Birk*, Rechtstheorie, 12. Aufl. 2022, Rn. 233; ähnlich schon *Rehbinder*, JuS 1991, 542 (543); tendenziell anders noch *Tomuschat*, Verfassungsgewohnheitsrecht?, 1972, S. 51 ff.

600 *Bydlinski*, Juristische Methodenlehre und Rechtsbegriff, 2. Aufl. 1991, S. 215: „tatsächliche allgemeine Übung der ‚gewöhnlichen' Mitglieder der Rechtsgemeinschaft"; BAGE 33, 140 (159) spricht in Anlehnung an *Larenz*, NJW 1951, 497 ff., vom allgemeinen Rechtsgeltungswillen der „Rechtsgenossen". Von einer „Übung zwischen den Beteiligten" spricht auch *Tomuschat*, Verfassungsgewohnheitsrecht?, 1972, S. 56. Vgl. ferner BVerwGE 8, 317 (322).

601 *Larenz*, NJW 1951, 497 (497); ähnlich *Enneccerus/Nipperdey*, Allgemeiner Teil des Bürgerlichen Rechts, 1. Halbband, 15. Aufl. 1959, § 39 II 3 (S. 267); aus neuerer Zeit etwa *Krebs/Becker*, JuS 2013, 97 (97); *Röhl/Röhl*, Allgemeine Rechtslehre, 3. Aufl. 2008, S. 556 f.

602 Vgl. noch u. B.II.2.c)bb)(4).

Anerkennung durch die Rechtsprechung,[603] sondern lediglich das Fehlen einer Ablehnung durch diese.[604]

(3) Andere Formen faktischer Anerkennung

Hält man mit Vorstehendem auch die Anerkennung in der Rechtsprechung nicht für zwingend zur Erfüllung des Umstandsmoments, so erkennt man zwangsläufig auch die Möglichkeit anderer Formen der Anerkennung, etwa durch die herrschende Literaturauffassung oder durch die ständige Verwaltungspraxis, an.

(a) Literatur

In der Rechtsprechung zu Art. 33 Abs. 5 GG wird zur Stützung der Qualifizierung eines Grundsatzes als hergebracht regelmäßig auf die beamtenrechtliche Standardliteratur im traditionsbildenden Zeitraum Bezug genommen. Bedeutung kommt insofern namentlich den Texten *Arthur Brand*s zu, die nicht nur von BVerfG[605] und BVerwG[606] herangezogen, sondern die auch in der heutigen Literatur als zur Feststellung hergebrachter Grundsätze besonders geeignet angesehen werden.[607] Ähnliches gilt hinsichtlich des – ebenfalls mitunter vom BVerwG herangezogenen –[608] Frühwerks *Arnold Köttgen*s,[609] in dessen Schaffen das Beamtenrecht bis etwa 1939 einen Schwerpunkt darstellte.[610] Gegen eine Berücksichtigung der Werke *Köttgen*s spricht auch nicht dessen spätere Nähe zur nationalsozialistischen Rechtslehre.[611] Vielmehr wird man insofern differenzieren müssen:[612] Während *Köttgen* anfänglich noch preußisch geprägt war, sympathi-

---

603 So aber *Maunz*, in: Maunz/Dürig, GG, Loseblatt, Grundwerk 1958, Art. 33 Rn. 55.

604 Ähnlich abermals in Bezug auf die Bedeutung der Rechtsprechung bei der Herausbildung von Gewohnheitsrecht *Bydlinski*, Juristische Methodenlehre und Rechtsbegriff, 2. Aufl. 1991, S. 215.

605 Vgl. nur BVerfGE 114, 258 (282); BVerfG DVBl. 2000, 1117 (1117).

606 BVerwGE 155, 6 (21 Rn. 42).

607 *H. Günther*, Der Staat Bd. 48 (2009), S. 411 ff.; *Summer*, Beiträge zum Beamtenrecht, 2007, S. 197.

608 BVerwGE 155, 6 (25 f. Rn. 53).

609 Zu nennen sind insofern insbesondere sein Beitrag „Die Entwicklung des deutschen Beamtenrechts und die Bedeutung des Beamtentums im Staat der Gegenwart“ in: Anschütz/Thoma, Handbuch des Deutschen Staatsrechts, Bd. II, 1932, § 61, S. 1 ff., sowie seine 1928 erschienene Habilitationsschrift „Das deutsche Berufsbeamtentum und die parlamentarische Demokratie“.

610 *Kaufhold*, in: Kremer, Die Verwaltungsrechtswissenschaft in der frühen Bundesrepublik, 2017, S. 107 (109).

611 Diese betont etwa BVerfGE 3, 58 (103). Vgl. in Bezug auf *Köttgen*s Lehrbuch „Deutsche Verwaltung“ (3. Aufl. 1944) auch *Berkemann*, DVBl. 2018, 1101 (1104).

612 Vgl. *Berkemann*, DVBl. 2018, 1101 (1104), der trotz der „‚verbal‘ gemachten Zuge-

sierte er zu Weimarer Zeit durchaus mit der demokratischen Ordnung[613] und später mit der nationalsozialistischen Rechtslehre. Da er jedoch zugleich stets an jedenfalls einzelnen rechtsstaatlichen Überzeugungen festhielt,[614] verzichtete er auf einen Platz „in der allerersten Reihe der nationalsozialistischen Staats- und Verwaltungsrechtslehrer".[615] Nicht nur dieser Umstand, sondern insbesondere auch das durch die vorstehend geschilderte Wandlungsfähigkeit zum Ausdruck kommende Maß an Opportunismus[616] legt nahe, dass *Köttgen*s Frühwerk durchaus unbelastet von späteren ideologischen Einflüssen nationalsozialistischer Tendenz ein authentisches Bild des zu Weimarer Zeit vorherrschenden Verständnisses des Beamtenrechts zu beschreiben in der Lage ist.

(b) Verwaltungspraxis

Im Vergleich zur vorstehend behandelten (herrschenden) Auffassung in der zeitgenössischen Literatur lässt sich die jeweils Anwendung findende Verwaltungspraxis nur ungleich schwieriger nachweisen. In Betracht kommen insofern letztlich nur mittelbare Belege.

(aa) Ermittlung von Verwaltungspraxis aus der Literatur

Zum einen kommt auch in dieser Hinsicht der zeitgenössischen Literatur, insbesondere den vorstehend bereits erwähnten Schriften *Köttgen*s, Bedeutung zu. Dies erklärt sich daraus, dass – weshalb er heute mitunter als Vorreiter der Realbereichsanalyse im Sinne der sog. neuen Verwaltungsrechtswissenschaft[617] angesehen wird –[618] die „Einbeziehung der Verwaltungswirklichkeit in die rechtswissenschaftliche Analyse" eine „methodische Grundhaltung" *Köttgen*s darstellte.[619]

---

ständnisse" *Köttgen*s an den nationalsozialistischen Zeitgeist dessen „Versuch, Rationalität und durchzuhaltende Normbindung der Verwaltung als ein ‚Ordnungssystem' der Machtusurpation des NS-Regimes entgegenzustellen" hervorhebt.

[613] *Kaufhold*, in: Kremer, Die Verwaltungsrechtswissenschaft in der frühen Bundesrepublik, 2017, S. 107 (125), attestiert ihm für diese Zeit eine „vernunftrepublikanische" Haltung.

[614] *Berkemann*, DVBl. 2018, 1101 (1104).

[615] *Kaufhold*, in: Kremer, Die Verwaltungsrechtswissenschaft in der frühen Bundesrepublik, 2017, S. 107 (125).

[616] Die (sprachliche) Adaption der Werke *Köttgen*s an wechselnde Epochen und deren Vokabulare hebt etwa *Kaufhold*, in: Kremer, Die Verwaltungsrechtswissenschaft in der frühen Bundesrepublik, 2017, S. 107 (125), hervor.

[617] Zu dieser etwa *Voßkuhle*, in: Voßkuhle/Eifert/Möllers, Grundlagen des Verwaltungsrechts, Bd. I, 3. Aufl. 2022, § 1 Rn. 29 ff.

[618] Vgl. *Kaufhold*, in: Kremer, Die Verwaltungsrechtswissenschaft in der frühen Bundesrepublik, 2017, S. 107 (126).

[619] *Kaufhold*, in: Kremer, Die Verwaltungsrechtswissenschaft in der frühen Bundesrepublik,

(bb) Bedeutung des DBG von 1937 für die Ermittlung früherer Verwaltungspraxis

Zum anderen erlangt insoweit das Deutsche Beamtengesetz (DBG) vom 26.01.1937[620] Relevanz. Dabei handelt es sich, da das Gesetz selbst mangels einer Überschneidung seiner Geltungszeit mit derjenigen der WRV nicht die hinsichtlich des Zeitmoments der Traditionalität zu fordernden Voraussetzungen erfüllt, freilich um eine nur mittelbare Bedeutung. Diese jedoch rührt daher, dass, obschon es zweifellos auch (in der Regel leicht als solche zu identifizierende) originär nationalsozialistische Regelungen enthielt,[621] das DBG von 1937 zahlreiche Strukturmerkmale positivierte, die zwar zu Weimarer Zeit bereits anerkannt, jedoch noch nicht gesetzlich geregelt waren.[622] Das Gesetz war nämlich zu wesentlichen Teilen noch zu Weimarer Zeiten erarbeitet worden[623] und zum Zeitpunkt der sog. Machtergreifung bereits so weit vorbereitet,[624] dass das federführende Reichsinnenministerium zunächst noch eine Verabschiedung im Jahr 1934 avisiert hatte.[625] Die gegenüber dieser Planung eingetretene Verzögerung resultierte indes keineswegs auf größeren Überarbeitungen des Entwurfes. Vielmehr wird insofern *Hitler*s persönliche Abneigung gegen das Beamtentum[626] als maßgeblich angesehen.[627] Dies mag zunächst einer gewissen Ironie nicht entbehren. Immerhin war der seit 1925 Staatenlose[628] nur durch seine (allein zu diesem

2017, S. 107 (108, 119 f.) m. w. N.; ähnlich *Badura*, in: Häberle/Kilian/Wolff, Staatsrechtslehrer des 20. Jahrhunderts, 2. Aufl. 2018, S. 731 (732).

620 RGBl. I, S. 39 ff.

621 „Zusätze nationalsozialistischen Inhalts, die […] aller deutschen Beamtentradition radikal widersprachen“, *A. Brecht*, Aus nächste Nähe, 1966, S. 436.

622 *Thiele*, Die Entwicklung des deutschen Berufsbeamtentums, 1981, S. 62; *Thieme*, Der öffentliche Dienst in der Verfassungsordnung des Grundgesetzes, 1961, S. 45; *Westrick*, DÖV 1949, 61 (64); *Jachmann*, ZBR 2000, 181 (184); ähnlich in Bezug auf die Reichslaufbahnverordnung von 1939 *Fischbach*, in: 39. DJT, 1952, S. D 33 (D 61 f.). Zur Entstehung des DBG auch *Mommsen*, Beamtentum im Dritten Reich, 1966, S. 91 ff.

623 *H. Günther*, DÖV 2007, 357 (366); *A. Brecht*, in: Institut zur Förderung öffentlicher Angelegenheiten, Neues Beamtentum, 1951, S. 5 (5). An anderer Stelle führt *Brecht* etwas detaillierter aus, dass die (Referenten-)Entwürfe noch während seiner Amtsführung fertiggestellt wurden (*A. Brecht*, Aus nächster Nähe, 1966, S. 435), was – da er nur bis zu diesem Zeitpunkt im Reichsinnenministerium tätig war (a. a. O., S. 467) – bedeutet, dass jedenfalls die Grundstrukturen des späteren DBG im April 1927 vorgelegen haben müssen.

624 *Mommsen*, Beamtentum im Dritten Reich, 1966, S. 91 ff.

625 *Hattenhauer*, Geschichte des deutschen Beamtentums, 2. Aufl. 1993, S. 437; *Mommsen*, Beamtentum im Dritten Reich, 1966, S. 92.

626 Ein Beispiel dafür liefern seine Ausführungen auf der Reichstatthalterkonferenz vom 01.11.1934, abgedruckt bei *Mommsen*, Beamtentum im Dritten Reich, 1966, S. 145 f.

627 Etwa von *Hattenhauer*, Geschichte des deutschen Beamtentums, 2. Aufl. 1993, S. 437.

628 Seine österreichische Staatsangehörigkeit hatte er 1925 verloren, *Watt*, VfZ Bd. 6 (1958), S. 270 (279); *Overesch*, VfZ Bd. 40 (1992), S. 543 (547).

Zweck vorgenommene)[629] Ernennung zum Regierungsrat im Jahre 1932[630] in den für die Übernahme politischer Ämter notwendigen[631] Besitz der deutschen Staatsangehörigkeit gekommen.[632] Auch rühmte er sich bei späterer Gelegenheit gar damit, „eine Zeitlang Regierungsrat in Braunschweig gewesen" zu sein.[633] Bedenkt man jedoch, dass sich die politischen Neutralität, die das Beamtentum Weimarer Prägung u. a. wesensmäßig auszeichnete, aus nationalsozialistischer Perspektive eher als politische Unzuverlässigkeit darstellte, erklärt es sich indes schlüssig.

Wie sehr das DBG in seinen technischen, also originär beamtenrechtlichen Regelungen und damit jenseits der plakativen Programmnormen nationalsozialistischer Prägung[634] noch den Geist der Weimarer Zeit atmete, illustriert anschaulich eine Bemerkung *Arnold Brecht*s, der von 1921 bis 1927 als Ministerialdirektor im Reichsinnenministerium tätig war und in seinen Lebenserinnerungen über das DBG schrieb: „Als ich es [...] las, war es ein seltsames Gefühl für mich, zu entdecken, daß ich den Wortlaut zahlreicher Paragraphen auswendig kannte, weil ich ihn seinerzeit selbst formuliert hatte".[635]

Für die Verwurzelung der in Rede stehenden Regelungsstrukturen in der freiheitlich-demokratischen Grundordnung Weimarer Prägung[636] spricht zudem, dass erhebliche Teile des DBG auch nach Ende der nationalsozialistischen Dik-

---

629 Die Vorgänge stellen somit auch ein schönes Beispiel für die Zeitlosigkeit des Problems der Ämterpatronage dar. Eine rechtliche Würdigung derselben findet sich bei *H. Günther*, ZBR 2011, 225 (226 ff.).

630 Dazu sowie zu einigen erfolglosen früheren Bemühungen ähnlicher Art *Overesch*, VfZ Bd. 40 (1992), S. 543 ff.

631 Konkreter Anlass im Jahre 1932 war *Hitler*s Kandidatur zur Reichspräsidentenwahl, die nach Art. 41 Abs. 2 S. 1 WRV nur Deutschen offenstand.

632 *Morsey*, VfZ Bd. 8 (1960), S. 419 ff.; *H. Günther*, ZBR 2011, 225 (226 ff.).

633 „Ich habe dem Lande großen Nutzen gebracht", abgedruckt bei *Heiber*, Hitlers Lagebesprechungen, 1962, S. 882. Tatsächlich endete Hitlers Amtszeit, „die sich in der Ableistung des Beamteneides und in dem Schreiben von drei Urlaubsgesuchen erschöpft hatte" bereits im Februar 1933 auf sein eigenes Entlassungsgesuch hin, *Morsey*, VfZ Bd. 8 (1960), S. 419 (448).

634 Exemplarisch seien insofern § 1 Abs. 1 u. 2 DBG („Der deutsche Beamte steht zum Führer und zum Reich in einem öffentlich-rechtlichen Dienst- und Treueverhältnis (Beamtenverhältnis)."/„Er ist der Vollstrecker des Willens des von der Nationalsozialistischen Deutschen Arbeiterpartei getragenen Staates.") sowie § 3 Abs. 2 S. 1 DBG („Der Beamte hat jederzeit rückhaltlos für den nationalsozialistischen Staat einzutreten und sich in seinem gesamten Verhalten von der Tatsache leiten zu lassen, daß die Nationalsozialistische Deutsche Arbeiterpartei in unlöslicher Verbundenheit mit dem Volke die Trägerin des deutschen Staatsgedankens ist") genannt.

635 *A. Brecht*, Aus nächste Nähe, 1966, S. 436.

636 Zum Erfordernis der Anerkennung oder Entwicklung hergebrachter Grundsätze „auf dem Boden des Weimarer Verfassungsrechtes" schon *Grewe*, in: 39. DJT, 1952, S. D 3 (D 14); s. auch o. B.II.2.b)aa).

tatur weiter Anwendung fanden. Im Unterschied zu klar ideologisch geprägten Regelungswerken wie etwa dem „Gesetz zur Wiederherstellung des Berufsbeamtentums“ vom 24.03.1933[637] hatte der Alliierte Kontrollrat das DBG nicht durch sein „Gesetz Nr. 1 betr. die Aufhebung von Nazi-Gesetzen vom 20.09. 1945“[638] aufgehoben.[639] Vielmehr galt es – mit Ausnahme seiner originär nationalsozialistischen Regelungen – sogar noch seit Inkrafttreten des Grundgesetzes zunächst gem. Art. 123 Abs. 1 GG, später aufgrund ausdrücklicher gesetzlicher Anordnung[640] zumindest subsidiär als Bundesrecht fort.[641]

Nach dem Vorstehenden ist somit bzgl. der Bedeutung der Regelungen des DBG zu differenzieren: Die Niederlegung eines Grundsatzes in diesem Gesetz belegt als solche nicht das Umstandsmoment der Traditionalität. Zwar kann es sich bei tragenden Strukturen des DBG um hergebrachte Grundsätze handeln.[642] Dieser Befund kann sich jedoch nie allein aus der Normierung im DGB, sondern stets nur in Zusammenschau mit weiteren Nachweisen ergeben, da das DBG nicht ausschließlich positivierte, was bereits zuvor unstreitig anerkannt war, sondern immer auch die Möglichkeit besteht, dass durch die Regelung im DBG gerade ein bis dato bestehender Streit entschieden werden, eine zuvor bestehende Unklarheit beantwortet werden sollte.[643]

(4) Zwischenfazit zur außergesetzlichen Anerkennung: Erforderlichkeit einer „herrschenden Meinung“

Der Nachweis der Anerkennung und Wahrung, also des Umstandsmoments der Traditionalität kann jenseits der Fälle materiell-gesetzlicher Normierung somit unter Rückgriff auf verschiedene Quellen geführt werden. Dabei wird ein kumulatives Vorliegen übereinstimmender Nachweise aus allen Quellenarten nicht gefordert werden können bzw. müssen. Das veranschaulicht das obige Beispiel,

---

637 RGBl. I, S. 175.

638 ABl. Nr. 1, S. 6.

639 *Grawert*, in: Schwegmann, Die Wiederherstellung des Berufsbeamtentums nach 1945, 1986, S. 25 (29).

640 § 2 des Gesetzes zur vorläufigen Regelung der Rechtsverhältnisse der im Dienst des Bundes stehenden Personen vom 17.05.1950, BGBl. S. 207.

641 Vgl. auch *Lecheler*, in: Badura/Dreier, FS 50 Jahre BVerfG, Bd. II, 2001, S. 359 (362), der jedoch beide Fortgeltungstatbestände vermengt, wenn er ausführt, das oben genannte Gesetz vom 17.05.1950 habe die Fortgeltung gem. Art. 123 GG bestimmt. Vielmehr endet eine Fortgeltung nach Art. 123 Abs. 1 GG durch die ausdrückliche gesetzliche Regelung der Fortgeltung, vgl. *Jasper*, in: Sachs, GG, 9. Aufl. 2021, Art. 123 Rn. 12a.

642 *Jüsgen*, DÖV 1951, 474 (475), der auch zutreffend darauf hinweist, dass dies nur „nach Entfernung des zeitbedingten Beiwerks nat.-soz. Ära“ gelte. Tendenziell zurückhaltender *Werres/Boewe*, Beamtenrecht, 4. Aufl. 2021, Rn. 56.

643 Zu einer derartigen Konstellation noch u. B.IV.2.b)aa)(2)(a).

in dem ein Grundsatz allseits so unstreitig anerkannt wurde, dass er nie Gegenstand einer gerichtlichen Entscheidung werden konnte.[644] Auch wird nicht verlangt werden können, dass ein Grundsatz vollkommen einhellig anerkannt war. Denn dies führte dazu, dass bereits eine einzelne abweichende Literaturauffassung der Qualifizierung eines im Übrigen ganz weitgehend akzeptierten Grundsatzes als hergebracht entgegenstehen könnte. Vielmehr wird realistischerweise (nur) gefordert werden können, dass ein Grundsatz von der im traditionsbildenden Zeitraum „herrschenden Meinung" anerkannt wurde.[645] In Übertragung einer zur Konkretisierung dieses freilich gleichermaßen unbestimmten und auslegungsbedürftigen Begriffs[646] der „herrschenden Meinung" verwendeten Formel müsste es sich also um einen „feste[n] Referenzpunkt im Diskurs" gehandelt haben, „der regelmäßig von den entscheidenden Akteuren befolgt" wurde und „sich gegenüber alternativen Entwürfen durch[ge]setzt" hat.[647] Bezogen auf obiges Beispiel wäre also zu konstatieren, dass zwar das Schweigen der (höchstrichterlichen) Rechtsprechung zu einem in der Literatur weitgehend akzeptierten Grundsatz[648] dessen Qualifizierung als im traditionsbildenden Zeitraum „anerkannt und gewahrt" nicht entgegensteht, wohl aber eine gegenläufige Positionierung derselben.[649] Auch wird man – da es sich bei der „herrschenden Meinung" um ein soziales Phänomen handelt, das sich einer (rein) zahlenmäßigen Betrachtung entzieht –[650] nicht die Erfüllung einer Mindestzahl von Literaturstimmen fordern können, derer es bedarf, um von einer herrschenden Literaturauffassung sprechen zu können.[651] Somit stellen auch die vorstehenden Überlegungen nur

---

644 S. o. B.II.2.c)bb)(2)(b).

645 Vgl. in diesem Zusammenhang auch schon BVerfGE 8, 332 (344).

646 Vgl. *Drosdeck*, Die herrschende Meinung – Autorität als Rechtsquelle, 1989, S. 99 ff.; *Djeffal*, ZJS 2013, 463 (464 f.); *Schnur*, in: Doehring, FG für Forsthoff, 1967, S. 43 (43).

647 *Djeffal*, ZJS 2013, 463 (466).

648 Völliger Konsens ist freilich auch insoweit nicht zu fordern; vgl. zum sog. Konsensproblem selbst unter der Prämisse idealer (herrschaftsfreier) Diskursvoraussetzungen *Alexy*, in: Alexy, Recht, Vernunft, Diskurs, 1995, S. 109 (114).

649 Vgl. entsprechend zum Begriff der „herrschenden Meinung" *Wesel*, Aufklärungen über Recht, 1981, S. 14 (17, 25); *Zimmermann*, Die Relevanz einer herrschenden Meinung für Anwendung, Fortbildung und wissenschaftliche Erforschung des Rechts, 1983, S. 25, 41 f.; *Tuschak*, Die herrschende Meinung als Indikator europäischer Rechtskultur, 2009, S. 10; *Djeffal*, ZJS 2013, 463 (463); *H. Zuck*, JuS 1990, 905 (909 mit Fn. 21).

650 *Drosdeck*, Die herrschende Meinung – Autorität als Rechtsquelle, 1989, S. 107.

651 Deutlich *H. Zuck*, JuS 1990, 905 (909 mit Fn. 21): auch eine einzelne Stimme könne „h. M." sein. *Rehbinder*, JuS 1991, 542 (543 mit Fn. 11) bemüht in diesem Kontext das *Schiller*-Wort: „Man soll die Stimmen wägen und nicht zählen" (Demetrius). Anders noch *Lüderitz*, AcP Bd. 168 (1968), S. 329 (346). Nachweise zu historischen „Zitiergesetzen" bei *Schnur*, in: Doehring, FG für Forsthoff, 1967, S. 43 (47 ff. mit Fn. 19 f.), sowie *Wesel*, Aufklärungen über Recht, 1981, S. 14 (18 f.).

Annäherungen dar, die nicht darüber hinwegtäuschen können oder sollen, dass es sich bei der Feststellung einer herrschenden Meinung um eine Wertungsfrage handelt.[652]

cc) Zwischenfazit zum Umstandsmoment der Traditionalität

Die zur Erfüllung des Umstandsmoments der Traditionalität erforderliche Anerkennung und Wahrung ist auf unterschiedlichste Arten möglich. Einer verfassungs-, einfach- oder auch nur untergesetzlichen Positivierung bedarf es – obschon jede dieser Formen möglich und potentiell hinreichend ist – dazu ebenso wenig wie einer ausdrücklichen Anerkennung durch ein höchstrichterliches Urteil. Vielmehr kann auch eine lediglich in der Literatur vorherrschende und seitens der Rechtsprechung zumindest nicht bestrittene Auffassung hierfür ebenso genügen wie eine bloße Verwaltungspraxis.

3. Conclusio zum Maßstäbeteil

Die vorstehenden Ausführungen haben gezeigt, dass eine exakte Definition nur hinsichtlich einzelner Merkmale des Begriffs der hergebrachten Grundsätze des Berufsbeamtentums möglich ist, während andere Teile – sowohl in Bezug auf die Fundamentalität als auch hinsichtlich der Traditionalität – vage bleiben.[653] Beide Voraussetzungen können nicht im Sinne exakter Tatbestandsmerkmale klar bejaht oder verneint werden; vielmehr enthalten sie jeweils Untermerkmale und es sind – auf allen der betroffenen (Begriffs-)Ebenen – vielfältige Abstufungen denkbar.

a) Fundamentalität

In Bezug auf das Fundamentalitätsmerkmal wurden Untermerkmale herausgearbeitet, die als „Abstraktionsgrad“ und „Bedeutung für die Institution“ bezeichnet werden können. Beide können unterschiedlich stark ausgeprägt sein. So kann ein Rechtssatz einen höheren oder niedrigeren Grad von Detailferne aufweisen bzw. von stärkerer oder schwächerer Bedeutung für das Berufsbeamtentum als Institution sein. Hierbei kann – jedenfalls bis zu einem gewissen Maße (das völlige Fehlen eines Teilmerkmals ist nicht kompensierbar)[654] – ein Minus hinsichtlich

---

[652] *Djeffal*, ZJS 2013, 463 (464); *Valerius*, Einführung in den Gutachtenstil, 4. Aufl. 2017, S. 33; *Drosdeck*, Die herrschende Meinung – Autorität als Rechtsquelle, 1989, S. 99.

[653] Vgl. schon *Isensee*, in: Benda/Maihofer/Vogel, Handbuch des Verfassungsrechts, 2. Aufl. 1994, § 32 Rn. 65.

[654] Zur völligen Verzichtbarkeit einzelner Merkmale nur im Falle deren disjunktiver Verknüpfung s. sogleich Fn. 658.

eines Teilmerkmals durch ein Plus in Bezug auf das jeweils andere kompensiert werden. Eher spezifische Rechtssätze können bspw. dennoch Grundsatzqualität aufweisen, wenn sie von besonders großer Bedeutung für den Charakter des Berufsbeamtentums als Institution sind,

> „die, gegründet auf Sachwissen, fachliche Leistung und loyale Pflichterfüllung, eine stabile Verwaltung sichern und damit einen ausgleichenden Faktor gegenüber den das Staatsleben gestaltenden politischen Kräften darstellen soll".[655]

b) Traditionalität

Entsprechendes gilt innerhalb des Merkmals der Traditionalität: Hier wurden als Untermerkmale ein Umstands- und ein Zeitmoment ermittelt. In Bezug auf beide sind jeweils mannigfaltige Abstufungen möglich und ähnlich, wie es in Bezug auf die Entstehung von Gewohnheitsrecht hinsichtlich der Merkmale opinio iuris (Rechtsüberzeugung) und consuetudo (langandauernde Übung) anerkannt ist,[656] kann eine geringere Erfüllung des einen Teilmerkmals in einem gewissen Maße durch eine Übererfüllung des anderen kompensiert werden: Je schwächer etwa die Intensität der Anerkennung war, desto höher sind die Anforderungen an die Dauer derselben.

c) Zusammenfassung

Was vorstehend jeweils in Bezug auf die beiden Einzelmerkmale des Art. 33 Abs. 5 GG ausgeführt wurde, gilt schließlich auch hinsichtlich seines gesamten Tatbestandes. Auch die beiden Tatbestandsmerkmale Fundamentalität und Traditionalität können jeweils stärker oder schwächer ausgeprägt sein, sind also abstufbar und auch wenn freilich keines von ihnen ganz verzichtbar ist, kann eine nur geringe Erfüllung des einen durch eine Übererfüllung des anderen ausgeglichen werden. Hieraus folgt, dass es sich bei den hergebrachten Grundsätzen des Berufsbeamtentums um einen sog. Typusbegriff handelt,[657] also einen Begriff, der mindestens ein abstufbares Merkmal enthält und dessen weitere Merkmale entweder ebenfalls abstufbar oder[658]

---

655 BVerfGE 7, 155 (162); ähnlich BVerfGE 70, 251 (258, 267); 140, 240 (290 Rn. 101); BVerfG NVwZ 2018, 1044 (1045).

656 Etwa *Krebs/Becker*, JuS 2013, 97 (100), ihrerseits unter Bezugnahme auf das „bewegliche System" nach *Wilburg*, Elemente des Schadensrechts, 1941, S. 28 f. Ähnlich auch *Röhl/Röhl*, Allgemeine Rechtslehre, 3. Aufl. 2008, S. 619; *Höhn*, Gewohnheitsrecht im Verwaltungsrecht, 1960, S. 44 f. Vgl. zudem *Peters*, Geschichtliche Entwicklung und Grundfragen der Verfassung, 1969, S. 54; *Wipfelder*, in: Mayer-Maly/Simons, GS für Marcic, 1983, S. 947 (956).

657 So bereits *Isensee*, Beamtenstreik, 1971, S. 55.

658 Insoweit sind zwei Arten von Typusbegriffen zu unterscheiden (vgl. dazu *Puppe*, in: Dornseifer/Horn/Schilling/Schöne/Struensee/Zielinski, GS für Kaufmann, 1989, S. 15 [30 f.]): Verzichtbar ist die Erfüllung einzelner Merkmale nur bei solchen Typusbegriffen, bei denen

nur alternativ notwendig sind.[659] Strenggenommen handelt es sich bei dem Begriff der hergebrachten Grundsätze sogar um einen Mehrebenen-Typusbegriff,[660] also einen Typusbegriff, dessen abstufbare Begriffsmerkmale (Fundamentalität und Traditionalität) ihrerseits jeweils Typusbegriffe sind, also wiederum in zwei komparative Teilmerkmale zerfallen. Hinsichtlich der Fundamentalität sind dies die abstufbaren Merkmale der Detailferne (bzw. des Abstraktionsgrades) sowie die Bedeutung des potentiellen Grundsatzes für die Gesamtinstitution; bzgl. des Traditionalitätserfordernisses können jeweils Zeitmoment und Umstandsmoment unterschiedlich stark ausgeprägt sein.

III. Der Grundsatz der Ämterstabilität als hergebrachter Grundsatz im Sinne von Art. 33 Abs. 5 GG?

Ausgehend von den vorstehend umrissenen Maßstäben zur Feststellung eines solchen, kann nun zunächst untersucht werden, ob es sich bei dem Grundsatz der Ämterstabilität hiesiger Terminologie[661] für sich genommen um einen hergebrachten Grundsatz im Sinne des Art. 33 Abs. 5 GG handelt. Eindeutig in diesem Sinne hat sich jedenfalls der – freilich von vornherein nicht zur Auslegung nationalen Rechts berufene – EGMR positioniert.[662] Inwieweit diese Auffassung daneben überhaupt vertreten wird, lässt sich nicht mit abschließender Sicherheit feststellen, da zwar manche Literaturstimmen begrifflich auf den Grundsatz der

gewisse Merkmale disjunktiv miteinander verknüpft sind (dazu am Beispiel der Kernbrennstoffsteuer etwa *Wernsmann*, NVwZ 2011, 1367 [1368 mit Fn. 20]); sind alle Merkmale dagegen – wie hier – notwendig, darf keines ganz fehlen; vgl. zum sog. Sandhaufen-Theorem (im Hinblick auf § 138 Abs. 2 BGB) auch BGHZ 80, 153 (159) sowie *Röhl/Röhl*, Allgemeine Rechtslehre, 3. Aufl. 2008, S. 618.

659 Vgl. allgemein zu Typusbegriffen etwa *Puppe*, Kleine Schule des juristischen Denkens, 4. Aufl. 2019, S. 60 ff.

660 Während *Wank*, Die juristische Begriffsbildung, 1985, S. 126 f., eine derartige Konstruktion ablehnen dürfte, weil sie voraussetzt, dass die Unter-Typusbegriffe (da sie auch Begriffsmerkmale des Ober-Typusbegriffs sind) mehr oder weniger erfüllt sein können, ist Vergleichbares in anderen Konstellationen durchaus anerkannt, vgl. etwa in Bezug auf das sog. Sandhaufen-Theorem (dazu BGHZ 80, 153 [159]) *Röhl/Röhl*, Allgemeine Rechtslehre, 3. Aufl. 2008, S. 618: die typologische Methode betreffe zunächst nur einzelne Tatbestandsmerkmale, könne aber auf ganze Tatbestände anzuwenden sein, wenn ein Minus bzgl. eines Tatbestandsmerkmales durch ein Plus bzgl. eines anderen Tatbestandsmerkmals kompensiert werden könne.

661 Vgl. o. Einführung A.II.

662 So dessen (nicht begründetes) Verständnis des zugrunde gelegten nationalen Rechts, EGMR Urt. v. 13.01.2011 – 32715/06 – Rn. 32, juris (insoweit nicht abgedruckt in NJW 2011, 3703 ff.): „Artikel 33 Abs. 5 GG besagt, dass das Recht des öffentlichen Dienstes unter Berücksichtigung der hergebrachten Grundsätze des Berufsbeamtentums zu regeln ist. Hierzu gehört der Grundsatz der Ämterstabilität, dem gemäß Ernennungen in öffentliche Ämter nach Rechtsbehelfen erfolgloser Bewerber nicht rückgängig zu machen oder aufzuheben sind.“

Ämterstabilität abstellen, jedoch mangels Erläuterung des insoweit jeweils zugrunde gelegten Begriffsverständnisses oft unklar bleibt, ob sie diesen Terminus im hiesigen Sinne[663] verwenden.[664]

1. Der Mangel an Fundamentalität

Zunächst ist bereits das Merkmal der Fundamentalität nicht erfüllt.

a) Die mangelnde Abstraktionshöhe

Art. 33 Abs. 5 GG erfasst tatbestandlich nur „Grundsätze des Berufsbeamtentums" und „schließt den Schutz untergeordneter Einzelregelungen [...] aus".[665] Als ein derartiges „Strukturprinzip", als Merkmal, das das überkommene Bild des Beamtentums in seiner Gestalt maßgeblich prägt,[666] kann der Grundsatz der Ämterstabilität, der ausschließlich die spezifische Situation betrifft, dass sich ein unterlegener Bewerber gegen eine (vermeintlich) dem Grundsatz der Bestenauslese widersprechende Ernennung wendet, kaum angesehen werden. Sie stellt sich vielmehr als Detailregelung dar. Den Worten *Isensee*s, es sei „müßig, zu erörtern", ob ein bestimmter Rechtssatz

> „ein selbstständiger ‚hergebrachter Grundsatz' sei, da im Rahmen des Art. 33 V GG kein einziger Grundsatz als selbstständige Norm gewährleistet ist, sondern nur als Moment eines rechtlichen Zusammenhangs, als Struktur der Institution, als Gesamtmerkmal des Beamtentypus",[667]

ist insofern wenig hinzuzufügen.[668]

---

[663] Zu den verschiedenen Verwendungen des Begriffs des Grundsatzes der Ämterstabilität sowie dem hier zugrunde gelegten Verständnis s. o. Einführung A.II.

[664] S. etwa *Badura*, in: Dürig/Herzog/Scholz, GG, Loseblatt, Stand 97. Lfg. Januar 2022, Art. 33 Rn. 38, der sein Begriffsverständnis nicht darlegt. In Bezug auf *Dollinger/Umbach*, in: Umbach/Clemens, GG, Bd. I, 2002, Art. 33 Rn. 62, kann – da sie beide Begriffe getrennt verwenden – lediglich mit Sicherheit gesagt werden, dass sie (anders als beispielsweise *Werres*, Beamtenverfassungsrecht, 2011, Rn. 64) den Begriff „Ämterstabilität" jedenfalls *nicht* als Synonym für das Lebenszeitprinzip gebrauchen; ähnlich *H. Günther*, DÖV 2007, 357 (367). *Munding*, DVBl. 2011, 1512 (1518) spricht zwar zunächst auch von einem in Art. 33 Abs. 5 GG niedergelegten Grundsatz der Ämterstabilität, relativiert dies jedoch später, wenn er darauf abstellt, dass dieser auf dem „Prinzip der lebenszeitlichen Ernennung fußt".

[665] S. etwa *Brosius-Gersdorf*, in: Dreier, GG, Bd. II, 3. Aufl. 2015, Art. 33 Rn. 178; oben B.II.1.a).

[666] BVerfGE 141, 56 (69 Rn. 34). Ähnlich *Bickenbach*, in: von Münch/Kunig, GG, Bd. I, 7. Aufl. 2021, Art. 33 Rn. 133; *Krause*, Die hergebrachten Grundsätze des Berufsbeamtentums, 2008, S. 5.

[667] *Isensee*, Beamtenstreik, 1971, S. 53.

[668] Vgl. o. B.II.1.a). Gegen ein „Rosinenpicken" auch BVerfGE 148, 296 (368 f. Rn. 158). Vgl. zum Schutz des einheitlichen Kernbereichs des garantierten Instituts Beamtentum unter der WRV schon *C. Schmitt*, in: C. Schmitt, Verfassungsrechtliche Aufsätze aus den Jahren 1924–1954, 2. Aufl., 1958 (Nachdruck 1973), S. 174 (178 f.).

b) Die mangelnde Bedeutung für die Institution

Auch davon, dass der Grundsatz der Ämterstabilität ein Strukturmerkmal sei, das das Bild des Beamtentums als einer Institution,

> „die, gegründet auf Sachwissen, fachliche Leistung und loyale Pflichterfüllung, eine stabile Verwaltung sichern und damit einen ausgleichenden Faktor gegenüber den das Staatsleben gestaltenden politischen Kräften darstellen soll",[669]

kann keine Rede sein. Denkt man ihn hinweg[670] und somit die Möglichkeit (echter) beamtenrechtlicher Konkurrentenklagen hinzu, führt dies nicht dazu, dass das Beamtentum eines seiner Wesensmerkmale verlöre. Vielmehr würde einem unzweifelhaft besonders tragenden Strukturprinzip, nämlich dem – von Art. 33 Abs. 2 und Abs. 5 GG geschützten – Grundsatz der Bestenauslese stärker Rechnung getragen werden und auch die Unabhängigkeit des Beamten wäre nicht gefährdet.[671]

2. Der Mangel an Traditionalität

Überdies fehlt es einem – mangels Fundamentalität ohnehin nicht als „Grundsatz" im Sinne des Art. 33 Abs. 5 GG zu bezeichnenden – „Grundsatz der Ämterstabilität" am Merkmal der Traditionalität. Zwar lässt sich nachweisen, dass das vorkonstitutionelle und insbesondere auch das unter der WRV geltende Beamtenrecht keine Konkurrentenklagemöglichkeit kannte (sogleich a)). Daraus kann jedoch nicht geschlossen werden, dass der mit der Anwendung des Grundsatzes der Ämterstabilität einhergehende Ausschluss der Konkurrentenklagemöglichkeit „hergebracht" im Sinne des Art. 33 Abs. 5 GG ist (dazu b)). Vielmehr war dem historischen Beamtenrecht schon die Ausgangskonstellation fremd, in welcher sich ein solcher Grundsatz überhaupt hätte entwickeln können.[672]

a) Bestandsaufnahme

Die Analyse des historischen Beamtenrechts zeigt, dass die Möglichkeit eines unterlegenen Konkurrenten, gerichtlich gegen die Ernennung eines Mitbewerbers vorzugehen, insgesamt und nicht nur in Bezug auf nachgehenden, kassatorischen Rechtsschutz, keine historischen Vorbilder im vorkonstitutionellen Beamtenrecht hat.[673]

---

669 BVerfGE 7, 155 (162); ähnlich BVerfGE 119, 247 (260 f.); 121, 205 (219); 140, 240 (290 Rn. 101); vgl. auch *Battis/Grigoleit*, ZBR 2008, 1 (3).

670 Zu dieser Conditio-sine-qua-non-Formel s. o. B.II.1.a).

671 Dazu noch u. B.IV.2.b)bb)(2).

672 *Gärditz*, Die Verwaltung Bd. 46 (2013), S. 257 (280).

673 *W.-R. Schenke*, in: Butzer/Kaltenborn/Meyer, FS für Schnapp, 2008, S. 655 (692); zum

aa) Prozessuale Situation

Zwar sind Regelungen, die – wie etwa § 36 der preußischen „Verordnung wegen verbesserter Einrichtung der Provinzial-, Polizei- und Finanzbehörden vom 26. Dezember 1808“, der Hoheitsakte auf dem Gebiet der „Ämterhoheit“ jeglicher gerichtlichen Kontrolle entzog –[674] Klagemöglichkeiten im Kontext von Ernennungen explizit ausschlossen, nur ganz vereinzelt nachweisbar.[675] Daraus kann aber keineswegs gefolgert werden, dass derartige Klagen jenseits der von diesen Regelungen erfassten Fälle möglich gewesen wären. Denn auch wenn die grundsätzliche Anerkennung von verwaltungsrechtlichen Drittanfechtungsklagen in Weimarer Zeit durchaus nachweisbar ist,[676] entwickelte sich der beamtenrechtliche (Primär-)Rechtsschutz nur zögerlich und insbesondere langsamer als der allgemeine Verwaltungsrechtsschutz. Zwar gab es spätestens zum Ende des Kaiserreichs in fast allen deutschen Ländern Oberverwaltungsgerichte bzw. Verwaltungsgerichtshöfe.[677] Diese waren jedoch zumindest teilweise mit Verwaltungsbeamten besetzt[678] und die Aufgaben der Eingangsinstanz wurden meist durch verwaltungsinterne Kameral- oder Administrativjustiz bzw. im Wege der Verwaltungsrechtspflege ausgeübt.[679] Den Beamten standen also im Wesentlichen (höchstens) verwaltungsinterne bzw. zumindest strukturell an mangelnder Unab-

---

spezifischen Fall parteipolitischer Ämterpatronage bereits implizit *Merkl*, VVDStRL Heft 7 (1932), S. 55 (86).

674 Vgl. *Hatschek/Kurtzig*, Lehrbuch des deutschen und preußischen Verwaltungsrechts, 7.–8. Aufl. 1931, S. 39; zum Wortlaut der genannten Verordnung, s. ebd., S. 37 f.

675 Vgl. zum Ausschluss der Anfechtbarkeit von „Verfügungen, die im inneren Dienstbetrieb [...] erlassen sind“ nach § 113 Abs. 2 der Landesverwaltungsordnung für Thüringen vom 10.06.1926 *Buchmann*, Die Anfechtungsklage des thüringischen Verwaltungsrechts in Lehre und Rechtsprechung, 1929, S. 61.

676 S. etwa *Drews*, Preußisches Polizeirecht, Allgemeiner Teil, 3. Aufl. 1931, S. 74. Auch die in Entscheidungen des PrOVG zu baurechtlichen Nachbarklagen (PrOVGE 2, 351 ff.; 14, 378 ff.) zum Ausdruck kommende restriktive („nachbarfeindliche“, *Laubinger*, Der Verwaltungsakt mit Doppelwirkung, 1967, S. 34 f.) Grundhaltung steht dem nicht entgegen, da das Gericht zwar hohe Hürden an die Qualifizierung von Vorschriften als drittschützend anlegte, nicht aber die prinzipielle Möglichkeit von Drittanfechtungsklagen in Abrede stellte, vgl. auch *Scharl*, Die Schutznormtheorie, 2018, S. 69 ff., 100 f.

677 Umfangreiche Darstellung bei *Rüfner*, in: Jeserich/Pohl/von Unruh, Deutsche Verwaltungsgeschichte, Bd. III, 1984, S. 909 (913); s. auch *Trostel*, VBlBW 1988, 363 (368 ff.); *Lorenz*, Verwaltungsprozessrecht, 2000, S. 10. *Grawert*, in: Erichsen/Hoppe/von Mutius, FS für Menger, 1985, S. 35 (48), nennt als einzige Ausnahmen Waldeck und Schaumburg-Lippe.

678 Mit Details und weiteren Nachweisen etwa *Pagenkopf*, 150 Jahre Verwaltungsgerichtsbarkeit in Deutschland, 2014, S. 79.

679 *Lorenz*, Verwaltungsprozessrecht, 2000, S. 10; mit Differenzierung zwischen süddeutscher Administrativjustiz und norddeutscher Verwaltungsrechtspflege s. *Grawert*, in: Erichsen/Hoppe/von Mutius, FS für Menger, 1985, S. 35 (47 ff.).

hängigkeit von der Verwaltung leidende[680] Rechtsschutzverfahren offen.[681] Ferner war aufgrund des Fehlens verwaltungsgerichtlicher Generalklauseln (sowohl im Reich als auch in den meisten Ländern)[682] der Zugang zu diesem unvollkommenen Verwaltungsrechtsweg stark eingeschränkt.[683] Möglichkeiten des beamtenrechtlichen Primärrechtsschutzes gegen Verwaltungsakte bestanden daher höchstens punktuell;[684] im Wesentlichen jedoch war für Beamte der Rechtsweg grundsätzlich ausgeschlossen.[685] Stattdessen bestand nur die durch Art. 129 Abs. 1 S. 4 WRV garantierte Möglichkeit, vermögensrechtliche Ansprüche vor den ordentlichen[686] Gerichten geltend zu machen. Diese waren dadurch zwar in der Lage, beamtenrechtliche Fragen inzident[687] zu klären,[688] hatten jedoch keine Möglichkeit im Sinne der bei Anfechtungs- oder Verpflichtungsklagen heutigen Verständnisses gegebenen Tenorierungsoptionen gestaltenden Einfluss auf konkrete Verwaltungsrechtsverhältnisse zu nehmen.

bb) Materiell-rechtliche Situation

Überdies war eine Konkurrentenklage nicht nur aus prozessualen Gründen zumindest weitgehend ausgeschlossen. Auch über subjektive Rechtspositionen, die (bzw. deren Verletzung) mit einer Konkurrentenklage hätten geltend gemacht

---

680 Die funktionale Parallele zwischen damaliger Administrativjustiz und dem heutigem Vorverfahren nach §§ 68 ff. VwGO betonend *Poschenrieder*, Außergerichtliche Vorverfahren im Verwaltungsrecht, 2019, S. 32; ähnlich *Glaser*, in: Gärditz, VwGO, 2. Aufl. 2018, § 68 Rn. 9 f.

681 *H. Günther*, DÖV 2007, 357 (363 f.).

682 Überblick bei *Rüfner*, in: Jeserich/Pohl/von Unruh, Deutsche Verwaltungsgeschichte, Bd. III, 1984, S. 909 (912 ff.).

683 *Ule*, Gerichtlicher Rechtsschutz im Beamtenrecht, 1951, S. 11; *Grawert*, in: Erichsen/Hoppe/von Mutius, FS für Menger, 1985, S. 35 (51); BT-Drs. 3/55, S. 24; aus zeitgenössischer Perspektive bereits ähnlich *Sievers*, Fischers Zeitschrift für Verwaltungsrecht Bd. 60 (1927), S. 217 (224).

684 *Sievers*, Fischers Zeitschrift für Verwaltungsrecht Bd. 60 (1927), S. 217 (224 f.).

685 So wörtlich *Möller*, Beamtenjahrbuch 1928, 407 (411); ähnlich *Ule*, Gerichtlicher Rechtsschutz im Beamtenrecht, 1951, S. 11: „im allgemeinen ohne gerichtlichen Rechtsschutz"; vgl. auch *Wacke*, AöR Bd. 76 (1950/1951), S. 385 (415 ff.); *H. Günther*, ZBR 2003, 401 (404 ff.).

686 Auch wenn die Vorschrift keine *ausdrückliche* Festlegung auf die *ordentliche* Gerichtsbarkeit enthielt, war dies in Anknüpfung an die schon vor 1919 in Preußen und im Reich bestehende Rechtslage allgemein anerkannt, s. *Anschütz*, Die Verfassung des Deutschen Reiches, 14. Aufl. 1933 (Nachdruck 1968), Art. 129 Anm. 5 (S. 595 Fn. 1) m. w. N.

687 *Ule*, Gerichtlicher Rechtsschutz im Beamtenrecht, 1951, S. 11, nennt etwa das Beispiel eines preußischen Regierungsrats, der die Rechtswidrigkeit seiner Entlassung nur dadurch gerichtlich zu überprüfen lassen wusste, dass er gegen eine polizeiliche Verfügung klagte, welche er zuvor dadurch provoziert hatte, dass sich auf seinem Türschild weiterhin und ohne den Zusatz „a. D." als „Regierungsrat" bezeichnete (PrOVGE 78, 251 ff.).

688 S. schon *H. Günther*, DÖD 1990, 281 (281 f.).

werden können, verfügte ein übergangener Bewerber im relevanten Zeitraum nicht.[689]

Zu monarchischer Zeit war die Beamtenernennung als klassisches Majestätsrecht[690] von vornherein gesetzlichen Bindungen entzogen.[691] Selbst wenn eine Verfassung – wie etwa die Preußische Verfassung von 1850 in ihrem Art. 4 S. 3[692] oder die Bayerische Verfassung von 1818 mit ihrem Titel IV § 5[693] – eine Regelung hierzu enthielt, konnte dieser aufgrund der Unverletzlichkeit des Monarchen[694] nur die Bedeutung einer lex imperfecta zukommen,[695] die lediglich das Recht verbürgte, sich bewerben zu dürfen, im Übrigen dem Dienstherrn jedoch freie Hand bei der Personalauswahl beließ.[696] Dass diese Begründung infolge des Staatsformwechsels freilich entfiel,[697] vermochte an der geringen praktischen Bedeutung des nunmehr in Art. 128 Abs. 1 WRV[698] statuierten Grundsatzes der Bestenauslese wenig zu ändern.[699] Jedenfalls unmittelbare[700] subjektivrechtliche

---

689 *W. Jellinek*, Verwaltungsrecht, 3. Aufl. 1931 (Nachdruck 1966), S. 363; *Arndt*, Reichsbeamtengesetz, 4. Aufl. 1931, Anm. 3 zu § 1 (S. 9).

690 *Tietgen*, in: von Caemmerer/Friesenhahn/Lange, FS 100 Jahre DJT, Bd. II, 1960, S. 325 (340).

691 Vgl. *Solte*, NJW 1980, 1027 (1028 mit Fn. 7).

692 „Die öffentlichen Ämter sind, unter Einhaltung der von den Gesetzen festgestellten Bedingungen, für alle dazu Befähigten gleich zugänglich.“, zitiert nach *Anschütz*, Die Verfassungs-Urkunde für den Preußischen Staat, Bd. I, 1912, S. 107.

693 „Jeder Baier ohne Unterschied kann zu allen Civil-, Militaire- und Kirchen-Aemtern oder Pfründen gelangen“, zit. nach *Badura*, in: Dürig/Herzog/Scholz, GG, Loseblatt, Stand 97. Lfg. Januar 2022, Art. 33 Rn. 20.

694 Art. 43 preuß. Verf. 1850; Titel II § 1 Abs. 2 bay. Verf. 1818; vgl. *Meyer/Anschütz*, Lehrbuch des deutschen Staatsrechts, Bd. I, 1914, S. 275.

695 *Meyer/Anschütz*, Lehrbuch des deutschen Staatsrechts, Bd. I, 1914, S. 275 (mit Fn. b). S. dazu auch *Solte*, NJW 1980, 1027 (1028); *Tietgen*, in: von Caemmerer/Friesenhahn/Lange, FS 100 Jahre DJT, Bd. II, 1960, S. 325 (336).

696 *Anschütz*, Die Verfassungs-Urkunde für den Preußischen Staat, Bd. I, 1912, Art. 4 Anm. 8 (S. 130): „das Recht der anstellenden Staatsorgane [...] auf freie Auswahl unter denen, die [...] sich zum Eintritt in den Staatsdienst erbieten, ist durch Satz 3 nicht im mindesten angetastet worden.“; ähnlich *von Moy de Sons*, Das Staatsrecht des Königreichs Bayern, Bd. II, 1841, S. 39: „bloß negative Bedeutung“; *G. Jellinek*, System der subjektiven öffentlichen Rechte, 2. Aufl. 1905 (Nachdruck 2011), S. 177; *Freiherr von Freytagh-Loringhoven*, Die Weimarer Verfassung in Lehre und Wirklichkeit, 1924, S. 322 f.

697 *Tietgen*, in: von Caemmerer/Friesenhahn/Lange, FS 100 Jahre DJT, Bd. II, 1960, S. 325 (336).

698 „Alle Staatsbürger ohne Unterschied sind nach Maßgabe der Gesetze und entsprechend ihrer Befähigung und ihren Leistungen zu den öffentlichen Ämtern zuzulassen.“, zitiert nach *Summer*, Dokumente zur Geschichte des Beamtenrechts, 1986, S. 681.

699 *Tietgen*, in: von Caemmerer/Friesenhahn/Lange, FS 100 Jahre DJT, Bd. II, 1960, S. 325 (336).

700 Ganz vereinzelt hielt es das Reichgericht jedoch für möglich, übergangenen Bewerbern

Wirkungen wurden der Bestimmung – nunmehr mit der Begründung, dass niemand einen Anspruch auf ein bestimmtes Amt habe und infolgedessen auch nicht die Einhaltung bestimmter Auswahlprinzipien verlangen könne – weiterhin abgesprochen.[701] Dass auch der allgemeine Redaktionsausschuss des Parlamentarischen Rates noch eine Streichung des heutigen Art. 33 Abs. 2 GG empfahl, weil die Norm „praktisch einen klagbaren Anspruch doch nicht begründen dürfte",[702] ist zwar im hiesigen Kontext nicht unmittelbar relevant, vermag aber doch anschaulich die noch lange vorherrschende Geisteshaltung[703] zu illustrieren.[704]

cc) Zusammenfassung

Eine Möglichkeit, gegen eine dem Grundsatz der Bestenauslese widersprechende Ernennung eines Konkurrenten vorzugehen, bestand für unterlegene Bewerber also aus mehreren Gründen nicht. Gerichtlicher Rechtsschutz dieser Art war nicht nur – wie es heute von der Lehre vom Grundsatz der Ämterstabilität vertreten wird – für die Zeit nach der Ernennung ausgeschlossen, sondern generell.[705] Auch die heute postulierte Möglichkeit, derartige Ernennungen (im Wege des Eilrechtsschutzes) zu verhindern, bestand nicht nur in Ermangelung damit durchzusetzender materieller Rechtspositionen, sondern auch wegen des Fehlens entsprechender prozessrechtlicher Institute nicht.[706]

---

unter dem Aspekt der Amtspflichtverletzung Schadensersatz zuzusprechen, s. die auszugsweisen Wiedergaben bei *Sievers*, Das Beamtenrecht der Reichsverfassung in der Rechtsprechung des Reichsgerichts, 1932, S. 462, 464.

701 *Anschütz*, Die Verfassung des Deutschen Reiches, 14. Aufl. 1933 (Nachdruck 1968), Art. 128 Anm. 2 (S. 585) m. w. N.; *Giese*, Die Verfassung des Deutschen Reiches, 8. Aufl. 1931, Art. 128 Anm. 1 (S. 273). Vgl. auch *Köttgen*, Das deutsche Berufsbeamtentum und die parlamentarische Demokratie, 1928, S. 127 f., entsprechend zu Beförderungen S. 131.

702 Drs. 282 vom 16.11.1948, zitiert nach JöR NF Bd. 1 (1951, Nachdruck 2010), S. 311, zu Art. 15 der damaligen Entwurfsfassung.

703 Zu dieser etwa auch *Höfling*, in: Kahl/Waldhoff/Walter, Bonner Kommentar, GG, Loseblatt, Stand 215. Lfg. Juni 2022, Art. 33 Abs. 1 bis 3 Rn. 63 f. m. w. N. Entsprechend in Bezug auf einfachgesetzliche Beförderungskriterien etwa BVerwGE 15, 3 (5 ff.). Vgl. aber andererseits BVerfGE 1, 167 (184): Art. 33 Abs. 2 GG gebe „dem Einzelnen ein Recht gegen den Staat"; vorsichtig optimistisch hinsichtlich einer Zuerkennung einer subjektivrechtlichen Dimension des Art. 33 Abs. 2 GG durch das BVerfG auch *Tietgen*, in: von Caemmerer/Friesenhahn/Lange, FS 100 Jahre DJT, Bd. II, 1960, S. 325 (338).

704 Plastisch *Isensee*, in: Bachof/Heigl/Redeker, FG 25 Jahre BVerwG, 1978, S. 337 (337): Die moderne Anspruchsjurisprudenz stieß „auf den Widerstand eherner Institute: Organisationsgewalt und Personalhoheit".

705 *W.-R. Schenke*, in: Butzer/Kaltenborn/Meyer, FS für Schnapp, 2008, S. 655 (692).

706 So auch *Kenntner*, ZBR 2016, 181 (185). Zur äußerst zögerlichen und lediglich vereinzelten Anerkennung der einstweiligen Anordnung im Verwaltungsprozess s. *Rohmeyer*, Geschichte und Rechtsnatur der einstweiligen Anordnung im Verwaltungsprozess, 1967, S. 45 ff.; *Wieseler*, Der vorläufige Rechtsschutz gegen Verwaltungsakte, 1967, S. 163 ff.

b) Die Notwendigkeit der Differenzierung zwischen der fehlenden Traditionalität der Konkurrentenklagemöglichkeit und der (vermeintlichen) Traditionalität des Ausschlusses derselben

Auch kann aus der vorstehend gewonnenen Erkenntnis, dass die Möglichkeit, Konkurrentenklage zu erheben, nicht hergebracht ist, nicht geschlossen werden, dass der (unter dem Schlagwort vom Grundsatz der Ämterstabilität postulierte) Ausschluss einer solchen Klagemöglichkeit seinerseits ein hergebrachter Grundsatz sei. Das folgt nicht nur aus der Kontrollüberlegung, dass andernfalls auch der heute in derlei Konkurrenzkonstellationen praktizierte vorbeugende Rechtsschutz[707] mangels historischen Vorbildes ebenfalls für unzulässig gehalten werden müsste.[708] Dass aus der bloßen Nichterweislichkeit eines (Rechts-)Satzes als hergebrachter Grundsatz nicht geschlossen werden kann, dass dessen Gegenteil ein solcher sei,[709] folgt vielmehr bereits aus den Grundlagen der allgemeinen Aussagenlogik. Der vorstehend gewonnene Befund, wonach die Konkurrentenklagemöglichkeit kein hergebrachter Grundsatz ist, ist die schlichte Negation des Satzes, dass die Möglichkeit der Konkurrentenklage ein hergebrachter Grundsatz sei. Als bloße Negation hat ein solcher Satz aber keinen positiven Aussagewert.[710] Er darf daher nicht mit dem Satz, dass der Ausschluss der beamtenrechtlichen Konkurrentenklage ein hergebrachter Grundsatz sei, gleichgesetzt werden.[711] Dafür bedürfte es vielmehr eines positiven Nachweises, der jedoch nicht erfolgreich geführt werden kann. Denn ein solcher (Rechts-)Satz konnte gar nicht über einen längeren, traditionsbildenden Zeitraum anerkannt gewesen sein, da – mangels subjektiver Rechtspositionen und aufgrund nur fragmentarisch ausgeprägter Rechtsschutzmöglichkeiten – schon die Konstellation, in der sich ein solcher Grundsatz überhaupt hätte entwickeln können, dem vorkonstitutionellen Beamtenrecht fremd war.[712]

---

[707] S. o. Einführung A.I. und Teil 1 C.I.3.

[708] Dazu *W.-R. Schenke*, in: Butzer/Kaltenborn/Meyer, FS für Schnapp, 2008, S. 655 (692).

[709] Vgl. schon *Peters*, in: Institut zur Förderung öffentlicher Angelegenheiten, Neues Beamtentum, 1951, S. 78 (79), zur Eröffnung des Rechtswegs zu den ordentlichen Gerichten bei vermögensrechtlichen Streitigkeiten.

[710] Vgl. *Schöndorf*, in: Brugger/Schöndorf, Philosophisches Wörterbuch, 2010, Stichwort „Negation", S. 323.

[711] Vgl. allgemein zur „Übersetzung" logischer Negationen in allgemeinsprachliche Aussagen etwa *Beckermann*, Einführung in die Logik, 4. Aufl. 2014, S. 137 ff.; aus philosophischer Perspektive *Loh*, Facta Philosophica 2008, 125 (131 f., 148 ff.).

[712] *Weckmann*, Die Rolle staatlicher Auswahlentscheidungen im Rechtsschutzsystem der „Konkurrentenverdrängungsklage", 2019, S. 77; *Gärditz*, Die Verwaltung Bd. 46 (2013), S. 257 (280); *W.-R. Schenke*, in: Butzer/Kaltenborn/Meyer, FS für Schnapp, 2008, S. 655 (692); vgl. auch *Kenntner*, ZBR 2016, 181 (185); *Solte*, NJW 1980, 1027 (1033).

3. Zwischenfazit

Der Grundsatz der Ämterstabilität hiesiger Terminologie erfüllt als solcher nicht die Voraussetzungen der Fundamentalität und Traditionalität, ist also weder Grundsatz noch hergebracht und somit kein hergebrachter Grundsatz des Berufsbeamtentums im Sinne von Art. 33 Abs. 5 GG.[713]

IV. Der Grundsatz der Ämterstabilität als Ausprägung eines anderen hergebrachten Grundsatzes?

Stellt sich der als Grundsatz der Ämterstabilität bezeichnete Ausschluss der Konkurrentenklage demnach u. a. als zu spezifischer Detailaspekt dar, um als eigenständiger hergebrachter Grundsatz anerkannt zu sein, könnte er möglicherweise noch als unselbstständiger Teilaspekt aus einem anderen, seinerseits weiter gefassten und die Anforderungen des Art. 33 Abs. 5 GG erfüllenden Grundsatz abgeleitet werden. Als insofern in Betracht kommende Grundsätze werden namentlich das Lebenszeitprinzip,[714] der Grundsatz, dass die rechtliche Stellung des Beamten nur in den gesetzlich bestimmten Fällen verändert werden darf,[715] der Grundsatz der Bestandskräftigkeit einmal erfolgter Ernennungen[716] sowie der Grundsatz der dienstherrlichen Personalhoheit angeführt.[717]

1. Zur Abgrenzung hergebrachter Grundsätze

Gerade in Bezug auf die drei zuerst genannten Begriffe stellt sich freilich die Frage, ob mit diesen wirklich voneinander zu unterscheidende Grundsätze beschrieben werden oder ob die so bezeichneten Grundsätze nicht zumindest teilweise Überschneidungen aufweisen.

---

713 So i. E. auch schon *Laubinger* ZBR 2010, 289 (295): Qualifizierung der Ämterstabilität als hergebrachter Grundsatz sei eine „reine Zweckerfindung“; *W.-R. Schenke*, in: Butzer/Kaltenborn/Meyer, FS für Schnapp, 2008, S. 655 (688 f.); *ders.*, NVwZ 2011, 321 (323); *Dawin*, in: Breuer/Epiney/Haratsch/Schmahl/Weiß, FS für E. Klein, 2013, S. 399 (406).

714 *Pogrzeba*, Konkurrentenklagen im Beamtenrecht?, 1983, S. 126 ff.; *Brinktrine*, JURA 2015, 1192 (1195); *K. Herrmann*, NVwZ 2017, 105 (106); *Wernsmann*, DVBl. 2005, 276 (282); wohl auch *Munding*, DVBl. 2005, 1512 (1518). Offen gelassen in BVerfGE 138, 102 (113 Rn. 38).

715 *H. Günther*, ZBR 2007, 195 (196); *Schnellenbach*, ZBR 2002, 180 (181), jeweils m. w. N. Das dürfte dem entsprechen, was *Bochmann*, ZBR 2004, 405 (407), als „Statusprinzip“ bezeichnet.

716 *Rensch*, Die Exemtion des öffentlichen Dienstrechts aus dem Allgemeinen Verwaltungsrecht, 2014, S. 199.

717 *Schmidt-Preuß*, Kollidierende Privatinteressen im Verwaltungsrecht, 2. Aufl. 2005, S. 476.

a) Uneinheitliche und unklare Begriffsverwendung

Jedenfalls auch mitursächlich hierfür ist der – entsprechend bereits eingangs zur Definition des Begriffs „Grundsatz der Ämterstabilität" dargestellte –[718] Umstand, dass die in Rede stehenden Bezeichnungen meist ohne Offenlegung des ihnen jeweils zugrunde gelegten Begriffsverständnisses verwendet werden, sodass die jeweils intendierte Begriffsbedeutung bestenfalls aus dem Kontext erschlossen werden kann und die Annahme einer synonymen oder doch zumindest teilkongruenten Verwendung oftmals jedenfalls naheliegt.

b) Gewinnung abstrakter Grundsätze aus Detailregelungen

Hinzu kommt, dass Art. 33 Abs. 5 GG keinen abschließenden Katalog isoliert zu betrachtender tradierter Einzelaussagen schützt.[719] Gerade weil die Grundsätze im Sinne des Art. 33 Abs. 5 GG zumindest in aller Regel nicht als solche normiert bzw. anderweitig anerkannt waren, sondern jeweils aus einer Summe von ihrerseits tradierten, aber mangels Fundamentalität nicht unmittelbar selbst dem Schutz des Art. 33 Abs. 5 GG unterfallenden Detailregelungen abstrahiert werden müssen,[720] ist eine derart trennscharfe Abgrenzung verschiedener Grundsätze zumeist gar nicht möglich. Vielmehr lassen sich durch unterschiedliche „Bündelung" solcher Einzelaspekte verschieden zugeschnittene Grundsätze herleiten, die sich in manchen Aspekten unterscheiden, in anderen Teilbereichen aber auch Schnittmengen aufweisen können.[721]

c) Zusammenfassung

Vorgenannte Probleme kulminieren in Bezug auf einige der oben angeführten Grundsätze, die (vermeintlich) den Ausschluss der Konkurrentenklagemöglichkeit mit sich bringen sollen: Während der Grundsatz der dienstherrlichen Personalhoheit insofern offensichtlich eine Sonderrolle einnimmt,[722] betreffen die Begriffe des Le-

---

[718] S. Einführung A.II.

[719] *Isensee*, in: Benda/Maihofer/Vogel, Handbuch des Verfassungsrechts, 2. Aufl. 1994, § 32 Rn. 65; *ders.*, Beamtenstreik, 1971, S. 53; *Brosius-Gersdorf*, in: Dreier, GG, Bd. II, 3. Aufl. 2015, Art. 33 Rn. 178.

[720] Vgl. schon *Mayer*, in: Forsthoff/Hörstel, FS für Gehlen, 1974, S. 227 (S. 229 f.); *Isensee*, Beamtenstreik, 1971, S. 54. *Ruland*, ZRP 1983, 278 (279 f.), spricht anschaulich von „gemeinsame[n] Regelungsziele[n]" bzw. „gesetzgeberische[n] Leitentscheidungen", die durch „Analyse der Details […] herauszufiltern" seien. Dazu auch bereits o. B.II.1.a).

[721] Im Ansatz bereits *Ruland*, ZRP 1983, 278 (279 f.). Allgemein zu Schwächen der induktiven Methode *Schmidt/Gessmann*, Philosophisches Wörterbuch, 23. Aufl. 2009, Lemmata „Induktion", S. 347 f., sowie „Induktionsproblem", S. 349; ähnlich *Carls*, in: Brugger/Schöndorf, Philosophisches Wörterbuch, 2010, Lemma „Induktion", S. 224.

[722] Zu diesem daher gesondert u. B.IV.3.

benszeitprinzips, des Grundsatzes, dass die rechtliche Stellung des Beamten nur in den gesetzlich bestimmten Fällen verändert werden darf, sowie des Grundsatzes der Bestandskräftigkeit einmal erfolgter Ernennungen jeweils den Bereich der rechtlichen und wirtschaftlichen Absicherung des Beamten.[723] Dies sowie der hinzutretende Umstand, dass eine diesbezüglich weitergehende Differenzierung letztlich nur eine begriffliche Klarheit suggerierte, die – wie soeben gezeigt – in Wahrheit nicht gegeben ist, streitet dafür, im Folgenden nur zwischen dem weit verstandenen (und damit die drei oben genannten Grundsätze umfassenden) Lebenszeitprinzip einerseits und der Personalhoheit des Dienstherrn andererseits zu differenzieren.

2. Lebenszeitprinzip im weiten Sinne

a) Der Lebenszeitbeamte als Regeltypus

Die gesetzlichen Grundlagen des beamtenrechtlichen Lebenszeitprinzips reichen bis zur Bayerischen Hauptlandespragmatik von 1805 zurück.[724] Dieses „erste deutsche Beamtengesetz"[725] bestimmte in seinem Art. X, dass „[a]ußer dem Falle eines richterlichen Spruches, […] der einmal verliehene Dienerstand, und Standesgehalt die unverletzliche Natur der Perpetuität" genieße.[726]

Aber auch für den Zeitraum von 1919 bis 1933 finden sich gesetzliche Normierungen. So bestimmte etwa § 2 des Reichsbeamtengesetzes (RBG) von 1873 bis zu seiner Aufhebung im Jahre 1937,[727] dass, soweit „die Anstellung der Reichsbeamten nicht unter dem ausdrücklichen Vorbehalt des Widerrufs oder der Kündigung" erfolge, diese Personen „als auf Lebenszeit angestellt" gälten.[728] Die Regelung wies damit bereits deutliche Parallelen zu Art. 129 Abs. 1 S. 1 WRV auf, in dem festgelegt war, dass die Anstellung der Beamten […] „auf Lebenszeit" erfolge, „soweit nicht durch Gesetz etwas anderes bestimmt ist".

Ausdrücklich gesetzlich geregelt war damit freilich nur ein Teilaspekt des Lebenszeitprinzips, nämlich der ausschließlich die Frage des Grundverhältnisses betreffende Grundsatz der lebenszeitigen Anstellung.[729] Obgleich zu Weimarer

---

723 *Isensee*, in: Benda/Maihofer/Vogel, Handbuch des Verfassungsrechts, 2. Aufl. 1994, § 32 Rn. 68.

724 *Summer*, ZBR 1992, 1 (3); *Wunder*, ZBR 2005, 2 ff.

725 *Wunder*, ZBR 2005, 2 (2); ähnlich *Thiele*, Die Entwicklung des deutschen Berufsbeamtentums, 1981, S. 27.

726 Zitiert nach *Summer*, Dokumente zur Geschichte des Beamtenrechts, 1986, S. 116.

727 Durch § 184 Abs. 2 Nr. 1 DBG.

728 Zitiert nach *Summer*, Dokumente zur Geschichte des Beamtenrechts, 1986, S. 632. Zum Lebenszeitbeamten als Grundtypus nach dem RBG von 1873 vgl. auch *H. Günther*, DÖV 2007, 357 (360).

729 Dazu schon *Thieme*, Der öffentliche Dienst in der Verfassungsordnung des Grundgesetzes, 1961, S. 47.

Zeit nicht ebenso ausdrücklich gesetzlich geregelt, war jedoch auch ein zweiter Teilbereich des Lebenszeitprinzips gleichermaßen anerkannt: der Grundsatz der lebenszeitigen Übertragung aller Ämter im statusrechtlichen Sinne.[730] Auch wenn damit beide vorbezeichneten Aspekte dem Art. 33 Abs. 5 GG unterfallen,[731] schützt dies den Beamten doch nur vor Ernennungen (Einstellungen oder Beförderungen) auf Zeit oder auf Widerruf.[732] Der Möglichkeit, eine rechtswidrige Ernennung im Wege der Konkurrentenklage gerichtlich aufheben zu lassen, stehen diese Grundsätze indes nicht entgegen, denn die Anerkennung der Konkurrentenklagemöglichkeit macht – vereinfacht gesagt – aus einem Lebenszeitbeamten noch keinen Widerrufsbeamten. Es besteht ein erheblicher qualitativer Unterschied zwischen Beamten, die ihren Dienst unter dem Damoklesschwert verrichten, jederzeit von ihrem Dienstherrn entlassen werden zu können, und solchen, die lediglich fürchten müssen, dass ihre Ernennung, solange sie nicht bestandskräftig geworden ist, aus Anlass einer von dritter Seite erhobenen Klage durch ein unabhängiges Gericht auf ihre Rechtmäßigkeit hin überprüft wird.

b) Eingeschränkte Möglichkeiten der Aufhebung bzw. Beendigung eines Beamtenverhältnisses

Von vorgenanntem Aspekt des Lebenszeitprinzips, der einen Ausschluss der Konkurrentenklagemöglichkeit nicht zu stützen vermag, ist also die Frage zu trennen, unter welchen Voraussetzungen ein Beamter seines Amtes trotz der grundsätzlich lebenszeitigen Verleihung desselben verlustig gehen darf.[733] Denn absolut ist der hergebrachte Schutz – das illustrieren bereits die oben wiedergegebenen historischen Regelungen, wenn sie etwa eine ausdrückliche Einschränkung für den „Falle eines richterlichen Spruches“[734] enthalten oder etwas offener nur Geltung beanspruchen, „soweit nicht durch Gesetz etwas anderes bestimmt ist“ –[735] keineswegs.[736] Entscheidend kommt es somit auf Existenz, Umfang und Grenzen eines Grundsatzes der Unentziehbarkeit statusrechtlicher Ämter an.

---

[730] Vgl. zeitgenössisch *Köttgen*, Das deutsche Berufsbeamtentum und die parlamentarische Demokratie, 1928, S. 137; *Brand*, Das Beamtenrecht, 3. Aufl. 1928, S. 112. Zur Qualifizierung als hergebrachter Grundsatz im Sinne des Art. 33 Abs. 5 GG s. BVerfGE 70, 251 (266); 121, 205 (221 f.); 149, 1 (18 Rn. 36).

[731] BVerfGE 71, 255 (268); 121, 205 (220 ff.); *Summer*, ZBR 1992, 1 (2); zuvor schon *Fischbach*, DVBl. 1951, 99 (100), sowie *Ule*, in: Bettermann/Nipperdey, Die Grundrechte, Bd. IV/2, 2. Aufl. 1972, S. 537 (571).

[732] Dazu etwa BVerfGE 121, 205 (220 ff.). Zu insoweit anerkannten Ausnahmen vgl. etwa *Hense*, in: Epping/Hillgruber, BeckOK GG, Stand 52. Ed. 15.08.2022, Art. 33 Rn. 46.

[733] *Wernsmann*, DVBl. 2005, 276 (282).

[734] Art. X der Bayerischen Hauptlandespragmatik von 1805.

[735] Art. 129 Abs. 1 S. 1 WRV.

[736] So auch BVerfG NVwZ 2018, 1044 (1046).

aa) Auswertung des historischen Befundes

Die Analyse historischer Quellen zeigt, dass Rechtsprechung[737] und Literatur[738] im maßgeblichen Zeitraum[739] kategorial zwischen der ex nunc wirkenden (in der Regel auf nachträglich eingetretenen Gründen beruhenden) Beendigung eines Beamtenverhältnisses und der aufgrund anfänglicher Fehlerhaftigkeit seines Begründungsaktes bestehenden Nichtig- oder Aufhebbarkeit (jeweils ex tunc)[740] desselben unterschieden.[741]

(1) Nachträgliche Beendigung

Auf die Möglichkeiten der Beendigung eines Beamtenverhältnisses durch den Dienstherrn soll an dieser Stelle nicht vertieft eingegangen werden. Den insofern entwickelten Maßstäben zu der Frage, unter welchen Voraussetzungen späteres Fehlverhalten zur Beendigung des Dienstverhältnisses führen kann, kommt für die hiesige Untersuchung keine Bedeutung zu. Relevant ist hier vielmehr die im traditionsbildenden Zeitraum davon unterschiedene Frage nach der Beständigkeit des anfänglich fehlerhaften Begründungsaktes eines Beamtenverhältnisses. Gleichwohl sei in aller Kürze erwähnt, dass im relevanten Zeitraum die dienstherrlichen Möglichkeiten der Beendigung eines Beamtenverhältnisses gegen bzw. ohne den Willen des Beamten nur in sehr begrenztem Maße bestanden. Das historische Beamtenrecht zeichnete sich vielmehr durch besondere formelle und materielle Garantien gegen Statusverlust und -minderungen aus.[742]

---

[737] Sei eine wegen eines anfänglichen Fehlers angefochtene Ernennung nichtig, so sei – führte etwa das Reichsgericht im Jahre 1930 aus – der Betroffene „eben nicht mehr Beamter", weshalb „für die Eröffnung eines [potentiell zur Amtsenthebung führenden] Disziplinarverfahrens kein Raum mehr" sei, RG ZBR 1931, 220 (221).

[738] *Heyland*, Deutsches Beamtenrecht, 1938, S. 124; *Brand*, Die preußischen Dienststrafordnungen, 2. Aufl. 1932, Anm. 8 e) zu § 2, S. 53; ebenso (aber freilich nach Ende des „traditionsbildenden" Zeitraumes) *ders.*, Die preußischen Dienststrafordnungen, 3. Aufl. 1935, Anm. 8 e) zu § 2, S. 95; *ders.*, Das Beamtenrecht, 3. Aufl. 1928, S. 104, 126 f. Zur besonderen Eignung der Texte *Brand*s zur Feststellung hergebrachter Grundsätze *H. Günther*, Der Staat Bd. 48 (2009), S. 411 ff.

[739] Vgl. zu diesem o. B.II.2.b). Insoweit leidet die Argumentation von *Fehn/Opfergelt*, JURA 1985, 639 (643), Mangel: Weil der Gesetzgeber nach 1949 die Regelungen von 1937 übernommen habe, sei die Rechtsbeständigkeit der Ernennung ein hergebrachter Grundsatz.

[740] Zur Ex-tunc-Wirkung einer solchen Anfechtung schon RGZ 124, 192 (195).

[741] Dazu etwa *H. Günther*, DÖD 1990, 281 (283 f.); *ders.*, ZBR 2011, 225 (227 f.); *Solte*, NJW 1980, 1027 (1033).

[742] *Isensee*, in: Benda/Maihofer/Vogel, Handbuch des Verfassungsrechts, 2. Aufl. 1994, § 32 Rn. 68. S. auch BVerwGE 155, 6 (11 Rn. 18).

(a) Materielle Voraussetzungen

In materieller Hinsicht bedeutete dies, dass insbesondere eine (weitgehend) voraussetzungslose Kündigung eines Beamtenverhältnisses durch den Dienstherrn ausgeschlossen war.[743] Eine Beendigung des Beamtenverhältnisses erforderte grundsätzlich schwerwiegende[744] Verfehlungen des Beamten.[745]

(b) Formelle Voraussetzungen

In formeller Hinsicht erweist sich die Rechtsregel als hergebracht, dass der jeweilige Dienstvorgesetzte selbst nicht zur Entlassung befugt sein soll,[746] sondern diese – sofern sie nicht wie im Falle strafrechtlicher Verurteilungen qua Gesetzes eintritt – besonderen, möglichst unabhängigen Gremien[747] überantwortet sein muss.[748] Gremium im vorgenannten Sinne kann – wie es Art. X der Bayerischen Hauptlandespragmatik von 1805 formulierte[749] und es auch heute den Regelungen im Bund sowie in den allermeisten Ländern entspricht[750] – ein allgemeines Gericht sein.[751] Zwingend ist dies aber nicht. Da im traditionsbildenden Zeitraum auf Grundlage des RBG von 1873[752] vielmehr lediglich gerichtsförmig ausgestaltete Disziplinarverfahren vor speziellen Disziplinarkammern bzw. zweitinstanzlich vor dem Disziplinarhof geführt wurden (§§ 84 ff. RBG),[753] fordert

---

743 Vgl. *Behnke*, BDO, 1954, Einführung Anm. 5 (S. 74): „Eine Kündigung zur Beendigung des Beamtenverhältnisses ist ausgeschlossen".

744 Ausprägung des Verhältnismäßigkeitsgrundsatzes in § 76 RBG.

745 §§ 72, 73 Nr. 2 RBG.

746 *Laband*, Das Staatsrecht des Deutschen Reiches, Bd. I, 5. Aufl. 1911 (Nachdruck 1964), S. 493.

747 BVerwGE 155, 6 (11 Rn. 18) zu §§ 7 Abs. 1, 31 Abs. 1 LDG BW.

748 BVerwGE 155, 6 (15 f. Rn. 27 ff.).

749 Vgl. hierzu *Wunder*, ZBR 2005, 2 (2).

750 S. exemplarisch § 34 Abs. 1 BDG; § 35 Abs. 1 LDG NRW; § 40 Abs. 1 RPLDG. Eine abweichende Regelung findet sich indes in Baden-Württemberg, wo gem. § 7 Abs. 1 LDG auch für die Entfernung aus dem Beamtenverhältnis (§ 31 Abs. 1 LDG) die Disziplinarbehörde zuständig ist; vgl. zur Zulässigkeit dieser atypischen Regelung gerade unter Bezugnahme auf die einschlägige Rechtstradition in Württemberg und Baden BVerfGE 152, 345 (359 ff. Rn. 35 ff.).

751 BVerfGE 152, 345 (358 ff. Rn. 33 ff.); *Jüsgen*, DÖV 1951, 474 (476); *Thieme*, Der öffentliche Dienst in der Verfassungsordnung des Grundgesetzes, 1961, S. 47: „besonderes Verfahren vor unabhängigen Stellen für den Fall der ausnahmsweise notwendigen Entlassung".

752 Geändert durch das „Gesetz, betreffend Änderungen des Reichsbeamtengesetzes vom 31. März 1873" vom 17.05.1907, RGBl., S. 201 ff., Bekanntmachung vom 07.06.1907, RGBl. 1907, S. 245 ff.

753 Zur Entfernung (und dazu, dass diese nicht durch den Vorgesetzten verhängt werden darf) auch *Laband*, Das Staatsrecht des Deutschen Reiches, Bd. I, 5. Aufl. 1911 (Nachdruck 1964), S. 493.

auch das BVerfG heute nicht, dass disziplinarrechtliche Entfernungen aus dem Dienst zwingend durch Richterspruch erfolgen müssen.[754]

(2) Nichtig- bzw. Vernichtbarkeit des Begründungsaktes

Das Meinungsbild in Bezug auf die – hier relevanten – Folgen fehlerhafter Begründungsakte stellte sich im maßgeblichen Zeitraum deutlich heterogener dar. Einigkeit bestand im Wesentlichen nur dahingehend, dass derartige Konstellationen von den oben erörterten Fällen der Beendigung des Dienstverhältnisses zu differenzieren seien.[755] Während – worauf es hier freilich nicht maßgeblich ankommt – in vordemokratischer Zeit offenbar teilweise von der freien Widerruflichkeit schlicht rechtswidriger Ernennungen ausgegangen wurde,[756] lassen sich im maßgeblichen Zeitraum verschiedene Strömungen nachweisen.[757]

(a) Vorbemerkung zur (fehlenden) Relevanz des § 32 DBG

Dass das DBG von 1937 in seinem § 32 einen – aus systematischen Gründen als abschließend zu verstehenden –[758] Katalog von Nichtigkeits- und Nichtigerklärungstatbeständen[759] enthielt, der Fälle unterhalb der Täuschungsschwelle (namentlich also bloße Irrtümer über wesentliche Eigenschaften der Person und damit insbesondere auch über deren [Best-]Eignung) bewusst[760] nicht umfasste,

---

[754] BVerfGE 152, 345 (359 ff. Rn. 35 ff.), mit umfangreichen Nachweisen zu historischen Regelungen. Insoweit nicht abweichend auch das zu der Entscheidung ergangene Sondervotum *P. M. Huber*, BVerfGE 152, 384 (393).

[755] RG ZBR 1931, 220 (221); *Heyland*, Deutsches Beamtenrecht, 1938, S. 124; *Brand*, Die preußischen Dienststrafordnungen, 2. Aufl. 1932, Anm. 8 e) zu § 2, S. 53; ebenso (aber freilich nach Ende des traditionsbildenden Zeitraumes) *ders.*, Die preußischen Dienststrafordnungen, 3. Aufl. 1935, Anm. 8 e) zu § 2, S. 95; *ders.*, Das Beamtenrecht, 3. Aufl. 1928, S. 104, 126 f.

[756] *Kormann*, System der rechtsgeschäftlichen Staatsakte, 1910, S. 394: „Das entsprechende preußische Gesetz vom 21. Juli 1892 enthält zwar nicht in gleicher Weise [wie das damalige österreichische Beamtenrecht, d. Verf.] eine ausdrückliche Widerrufsnorm; indes betrachtet § 15 den Widerruf wegen Gesetzwidrigkeit als selbstverständlich, wenn er sagt: ‚Sind bei Inkrafttreten dieses Gesetzes Zivilpersonen seit mindestens drei Jahren in Stellen, welche denselben nach dem bisherigen Rechte ohne landesherrliche Verleihung der Berechtigung zu einer Anstellung nicht hätten übertragen werden dürfen, so können (!) die Zivilpersonen in diesen Stellen belassen werden'."

[757] Vgl. aus zeitgenössischer Perspektive schon *Heyland*, Deutsches Beamtenrecht, 1938, S. 93.

[758] *Fischbach*, Deutsches Beamtengesetz, 1937, § 32 Anm. I, II (S. 340 ff.).

[759] Zur Nichtigerklärung als historischem Vorläufer der heutigen Rücknahme s. schon o. A.III.2.b)bb)(4)(a) mit Fn. 184 f.

[760] Vgl. die Begründung bei *Hans Daniels*, Deutsches Beamtengesetz, 1937, S. 26; ähnlich *Fischbach*, Deutsches Beamtengesetz, 1937, § 32 Anm. I (S. 340 f.).

kann im vorliegenden Zusammenhang nicht fruchtbar gemacht werden.[761] Denn im Unterschied zu zahlreichen anderen Regelungen des DBG handelte es ich insoweit nicht um die Positivierung einer schon zuvor herrschenden Auffassung. Vielmehr muss die Regelung in § 32 DBG gerade als Antwort auf den zu Weimarer Zeit in dieser Hinsicht herrschenden Dissens verstanden werden.[762]

(b) Die herrschende Anfechtbarkeitslehre

Das Reichsgericht wandte im maßgeblichen Zeitraum (unter Fortführung seiner früheren Rspr.)[763] die in den zivilrechtlichen Anfechtungsvorschriften (§§ 119, 123 BGB) niedergelegten Rechtsgedanken an, die es als solche auch als öffentlich-rechtliche Normen ansah.[764] Demnach war eine ex tunc wirkende[765] Anfechtung der Ernennung insbesondere auch wegen eines Irrtums über eine wesentliche Eigenschaft der Person möglich. Da dieser Linie auch weite Teile der Literatur folgten,[766] könnte sie wohl am ehesten als herrschende Auffassung[767] bezeichnet werden.

761 Zur grundsätzlich möglichen Eignung des DBG von 1937 zum Nachweis bereits zuvor anerkannter Grundsätze o. B.II.2.c)bb)(3)(b)(bb).

762 *Solte*, NJW 1980, 1027 (1033): „Um die zahlreichen Streitfragen aus der Welt zu schaffen, sah sich der Gesetzgeber veranlaßt, die Fälle der nichtigen und vernichtbaren Ernennung abschließend zu regeln." Ähnlich *H. Günther*, DÖD 1990, 281 (283). S. aus zeitgenössischer Perspektive *Heyland*, Deutsches Beamtenrecht, 1938, S. 93 f., der in Bezug auf die Neuregelung in § 32 DBG ausführte, dass darüber, „ob und gegebenenfalls welche Rechtsfolgen die fehlerhafte Begründung des Beamtenverhältnisses nach sich zieht, […] in den bisher in Deutschland geltenden Beamtengesetzen keine Bestimmung getroffen" gewesen sei, weshalb diese Frage „nach Maßgabe der allgemeinen Rechtsgrundsätze […], die sich im deutschen Verwaltungsrecht hinsichtlich der Rechtsfolgen fehlerhafter rechtsgeschäftlicher Staatsakte herausgebildet haben", habe entschieden werden müssen. Da jedoch auch diese Rechtsgrundsätze ihrerseits „in Rechtslehre und Rechtsprechung stark umstritten" gewesen seien (vgl. insofern auch *Fischbach*, Deutsches Beamtengesetz, 1937, § 32 Exkurs II. [S. 343] m. w. N.) hätten sich „naturgemäß auch zahlreiche Zweifels- und Streitfragen hinsichtlich der rechtlichen Behandlung der fehlerhaften Beamtenanstellung ergeben", wobei insbesondere „ein lebhafter, bis zum Inkrafttreten des DBG. unausgetragener Streit darüber, ob die Anstellungsbehörde die von ihr vorgenommene Anstellung eines Beamten" auch wegen eines bloßen „Irrtums über wesentliche Eigenschaften der von ihr angestellten Person zurücknehmen könne" (dazu auch *Brand*, Die Preußischen Dienststrafordnungen, 3. Aufl. 1935, Anm. 8e zu § 2 [S. 95 ff.]), geherrscht habe.

763 RGZ 83, 429 (431 f.).

764 RGZ 124, 192 (194); ähnlich RG ZBR 1931, 220 f.; PrOVGE 92, 240 (242 f.).

765 Zur Ex-tunc-Wirkung einer solchen Anfechtung schon RGZ 124, 192 (195).

766 *Vogels*, VerwArch Bd. 27 (1919), S. 17 ff.; *Brand*, Gesetze über die Rechtsverhältnisse der Reichsbeamten, 3. Aufl. 1929, § 33 RBG Anm. 6 (S. 215); *Hartmann*, JW 1915, 120 (121 f.); *Jaschkowitz*, AöR Bd. 56 (n. F. 17, 1929), S. 321; *Friedrichs*, Preußisches Kommunalbeamtenrecht,1926, S. 14; *Nischk*, Das Kommunalbeamtenrecht, 2. Aufl. 1929, S. 47; *Heinrich Daniels*, Beamtenjahrbuch 1929, 55 (59 f.); vgl. aus vordemokratischer Zeit ebenfalls *Laband*, DJZ 1907, 201 (207).

767 Zur Bedeutung einer h. M. hinsichtlich des Umstandsmoments der Traditionalität s. o. B.II.2.c)bb)(4).

(c) Mindermeinungen

Doch auch soweit in der Literatur abweichende Ansichten vertreten wurden, führten diese interessanterweise gerade nicht zu einem anderen Ergebnis in der Sache. Wenn etwa *Arndt* in der 1931 erschienenen vierten Auflage seines RBG-Kommentars die Möglichkeit, irrtumsbehaftete Ernennungen anzufechten, vehement bestreitet,[768] resultiert dies keineswegs aus der Annahme einer irgendwie gearteten Stabilität derartiger rechtswidriger Ernennungen. Vielmehr sah *Arndt* die Voraussetzungen einer – letztlich ja wohl analogen – Anwendung der zivilrechtlichen Anfechtungsvorschriften nicht als gegeben an, weil ein fehlerhaft ernannter Beamter, der einen derartigen Irrtum seines Dienstherrn „wider Treu und Glauben" ausnutze, indem er „von seinem Amte nicht läßt", ein Dienstvergehen begehe und infolgedessen „im Disziplinarwege entfernt" werden könne.[769] Ähnliches gilt in Bezug auf *Schoen*, der die Beamtenernennung zwar als Beispiel für einen nicht frei widerrufbaren Staatsakt anführte[770], den Begriff des Widerrufs dabei aber ganz im Sinne des heutigen § 49 VwVfG versteht,[771] und sich daher also lediglich gegen die Widerruflichkeit rechtmäßiger Ernennungen ausspricht.

(3) Zusammenfassung

Hergebracht im oben genannten Sinne ist eine gesteigerte Beständigkeit des Beamtenverhältnisses somit nur, soweit es um ex nunc wirkende Beendigungen ursprünglich rechtmäßig begründeter Beamtenverhältnisse geht.[772] Eine irgendwie geartete Immunität beamtenrechtlicher Ernennungen gegen ihre Nichtig- oder Vernichtbarkeit aufgrund anfänglicher Fehlerhaftigkeit lässt sich historisch indes nicht herleiten. Zudem zeichnet sich das maßgebliche historische Recht dadurch aus, dass es bzgl. der (eingeschränkten) Beendigungsmöglichkeiten deutlich zwischen (kaum bestehenden) behördlichen[773] und deutlich weitergehenden gerichtlichen Kompetenzen unterschied. Auch dieser zweite, die grundsätzliche Unentziehbarkeit statusrechtlicher Ämter betreffende Aspekt des (weit verstandenen) Lebenszeitprinzips vermag somit den unter dem Schlagwort des Grundsatzes der Ämterstabilität praktizierten Ausschluss der Konkurrentenklagemöglichkeit nicht zu stützen.

---

768 *Arndt*, Reichsbeamtengesetz, 4. Aufl. 1931, Einführung, II,2.e) aa) (S. 3).

769 *Arndt*, Reichsbeamtengesetz, 4. Aufl. 1931, Einführung, II,2.e) aa) (S. 4).

770 *Schoen*, in: Triepel, FG 50 Jahre PrOVG, 1925, S. 118 (126).

771 *Schoen*, in: Triepel, FG 50 Jahre PrOVG, 1925, S. 118 (119 f.).

772 *H. Günther*, DÖD 1990, 281 (281 ff.); *ders.*, DÖV 2007, 357 (363); anders, jedoch ohne Begründung der vermeintlichen Traditionalität nur *Krüger*, DVBl. 1952, 728 (729).

773 *Ule*, in: Bettermann/Nipperdey, Die Grundrechte, Bd. IV/2, 2. Aufl. 1972, S. 537 (607).

bb) Teleologisch-wertende Betrachtung im Lichte des Fundamentalitätserfordernisses

Obschon bereits der historische Befund hinsichtlich des Lebenszeitprinzips gegen die Annahme der Herleitbarkeit des Ausschlusses der Konkurrentenklagemöglichkeit aus demselben spricht, ist weitergehend zu berücksichtigen, dass hergebrachte Grundsätze im Sinne des Art. 33 Abs. 5 GG nicht nur (wertfrei) aufgrund ihres Alters oder als eigennütziges Privileg der Beamten[774] geschützt werden, sondern aufgrund ihrer Bedeutung für das Beamtentum als

> „Institution, die, gegründet auf Sachwissen, fachliche Leistung und loyale Pflichterfüllung, eine stabile Verwaltung sichern und damit einen ausgleichenden Faktor gegenüber den das Staatswesen gestaltenden politischen Kräften bilden soll".[775]

(1) Primärprinzip: Schutz von Unabhängigkeit und Neutralität

Insofern dient auch das Lebenszeitprinzip nur vordergründig der wirtschaftlichen Absicherung des Beamten.[776] Dahinterstehendes Primärprinzip[777] ist vielmehr – wie auch bei dem ebenfalls vordergründig die wirtschaftliche Absicherung betreffenden Alimentationsprinzip – die Sicherung der Unabhängigkeit und Neutralität des Beamten.[778] Während das Alimentationsprinzip verwaltungsexterne Einflussnahmen vermeiden soll, indem es den Beamten von der Erforderlichkeit außerdienstlicher Bezüge und den damit potentiell einhergehenden Abhängigkeiten befreit,[779] dient das Lebenszeitprinzip (gerade auch in seiner hier relevanten zweiten Ausprägung) dazu, den Beamten gegenüber verwaltungsinternen Einflussnahmeversuchen (seiner – ggf. politischen – Dienstvorgesetzten) zu immunisieren.[780] Die in der Regel lebenszeitige Verleihung statusrechtlicher

---

[774] *Badura*, in: Dürig/Herzog/Scholz, GG, Loseblatt, Stand 97. Lfg. Januar 2022, Art. 33 Rn. 52; vgl. schon *Gerber*, VVDStRL Heft 7 (1932), S. 2 (6).

[775] BVerfGE 119, 247 (260 f.); 121, 205 (219); 140, 240 (290 Rn. 101); ähnlich, jedoch leicht abweichend formuliert bereits BVerfGE 7, 155 (162); vgl. ferner BVerfGE 39, 196 (201); 44, 249 (265); 70, 251 (267); 117, 372 (380).

[776] *Wernsmann*, DVBl. 2005, 276 (282).

[777] Zur Unterscheidung zwischen Primär- und Sekundärprinzipien des Beamtenrechts *Summer*, ZBR 1992, 1 (3 f.).

[778] BVerfGE 121, 205 (221); BVerfG NVwZ 2018, 1044 (1045); *Lindner*, Zur politischen Legitimation des Berufsbeamtentums, 2014, S. 28 ff.; *ders.*, ZBR 2017, 181 (183); *ders.*, ZBR 2013, 145 (147 ff.); *Wernsmann*, DVBl. 2005, 276 (282). S. ferner bereits *Merkl*, VVDStRL Heft 7 (1932), S. 55 (77).

[779] *Lindner*, Zur politischen Legitimation des Berufsbeamtentums, 2014, S. 31; *ders.*, ZBR 2013, 145 (150).

[780] *Jüsgen*, DÖV 1951, 474 (476); *Merten*, in: Grupp/Ronellenfitsch, FS für Blümel, 1999, S. 335 (342); *Höfling/Burkiczak*, DÖV 2007, 328 (330); *Bochmann*, ZBR 2004, 405 (420); *Jachmann*, ZBR 2000, 181 (186). Siehe zum entsprechenden Zweck der sog. Definitivstellung

Ämter sowie deren grundsätzliche Unentziehbarkeit nehmen dem Beamten die Sorge vor willkürlichen Entlassungen oder Statusminderungen und sichern ihm so das notwendige Maß an persönlicher[781] Unabhängigkeit,[782] dessen er bedarf, um seine Funktion, einen ausgleichenden und sachkundigen Faktor gegenüber den politischen Kräften[783] zu bilden, effektiv ausüben zu können.[784]

(2) Keine Gefährdung des Primärprinzips durch Möglichkeit der Konkurrentenklage

Für dieses Primärprinzip aber geht von der Möglichkeit einer Konkurrentenklage keine Gefahr aus. Zum Schutze der Unabhängigkeit der Beamten ist erforderlich, aber eben auch ausreichend, dass der Beamte nicht die willkürliche Entlassung durch seinen Dienstherrn fürchten muss.[785] Inwieweit nicht selbst diese Gefahr ihren Schrecken (und damit ihr Beeinflussungspotential) verloren hat, seit der Beamte (anders als zur Entstehungszeit dieser Grundsätze) die Möglichkeit hätte, gegen derartige Entlassungen Rechtsschutz vor den Verwaltungsgerichten zu

---

der Pragmatisierung in Österreich *Baumgartner*, Die Verwaltung Bd. 51 (2018), S. 39 (56). Zu Gemeinsamkeiten in Geschichte und Struktur zwischen deutschem und österreichischem Beamtenrecht bereits *Merkl*, VVDStRL Heft 7 (1932), S. 55 (55).

[781] Freilich gerade nicht sachlicher Unabhängigkeit, s. *Lindner*, ZBR 2013, 145 (148 f.); *dens*., ZBR 2006, 1 (8 f.).

[782] Vgl. dazu bereits *von Stein*, Die Verwaltungslehre, Bd. I, 1865, S. 345: nur wenn Unabhängigkeit und Neutralität gewahrt seien, könne ein Beamter „sich ganz mit seiner ganzen geistigen und physischen Arbeitskraft dieser Idee des Gesammtinteresses, dem Principe der staatsbürgerlichen Gesellschaft, hingeben; und so wird aus diesem Hingeben statt eines Dienstes, der einem höhern Willen folgt, ein Beruf, der einer höhern Idee dient".

[783] Zum unabhängigen Beamtentum gerade als „Ausgleichsfaktor im ‚Parteienstaat'" *Merten*, ZBR 1999, 1 (8 f.); *Zippelius*, in: Rill: Fünfzig Jahre freiheitlich-demokratischer Rechtsstaat, 1999, S. 97 ff. Ähnlich BVerfGE 121, 205 (231).

[784] BVerfGE 149, 1 (18 Rn. 36); *Jüsgen*, DÖV 1951, 474 (476); *Merten*, ZBR 1999, 1 (4); *Lindner*, ZBR 2018, 181 (181). Vgl. auch *Ule*, in: Bettermann/Nipperdey, Die Grundrechte, Bd. IV/2, 2. Aufl. 1972, S. 537 (607); ähnlich schon *Arndt*, Reichsbeamtengesetz, 4. Aufl. 1931, Anm. 1 zu § 2 (S. 12); *Köttgen*, Das deutsche Berufsbeamtentum und die parlamentarische Demokratie, 1928, S. 58 f.; *Merkl*, VVDStRL Heft 7 (1932), S. 55 (73). Ganz ähnlich zur österreichischen Rechtslage auch *Baumgartner*, Die Verwaltung, Bd. 51 (2018), S. 39 (59): „Die mit dem Beamtenstatus einhergehende Bestellung auf Lebenszeit und Unkündbarkeit soll die ‚Gesetzeskonformität, Unparteilichkeit und Objektivität' sowohl gegenüber dem Bürger als auch gegenüber den eigenen weisungsgebundenen Vorgesetzten und damit letztlich auch gegenüber dem vorgesetzten Politiker schützen. Der besondere Schutz des Beamten ist weder Selbstzweck noch Privileg, sondern ein Instrument zur Verwirklichung einer rechtsstaatlichen Verwaltung." Zu Gemeinsamkeiten in Geschichte und Struktur zwischen deutschem und österreichischem Beamtenrecht bereits *Merkl*, VVDStRL Heft 7 (1932), S. 55 (55).

[785] Von der Entfernung aus dem Amt „nach freiem Ermessen politischer Gremien" spricht etwa BVerfGE 7, 155 (163); vgl. auch *Junker*, Beamtenstatus und Zeit, 1976, S. 103, 134.

erhalten, bedarf hier keiner näheren Erörterung. Denn jedenfalls entfaltet ein möglicher Amtsverlust infolge der Entscheidung unabhängiger Gerichte (der dazu noch ausschließlich auf Gründe gestützt werden könnte, die zeitlich vor der Ernennung lagen und auf die das Verhalten des Beamten im Dienst somit gar keine Auswirkungen zu zeitigen vermag) kein solches, der Unabhängigkeit des Beamten ggf. abträgliches Beeinflussungspotential.[786] Der im Zuge einer erfolgreichen Konkurrentenklage drohende Amtsverlust wegen eines Verstoßes der Ernennung gegen Art. 33 Abs. 2 GG ist gerade nicht mit einer die unabhängige Amtsführung bedrohenden Gefahr der willkürlichen Entlassung vergleichbar.[787]

cc) Zwischenfazit

Das Lebenszeitprinzip soll dem Beamten das zur unabhängigen Ausübung seines Amtes erforderliche Maß an Sicherheit gewährleisten. Er muss sein Amt unabhängig und neutral ausüben können, ohne Statusverlust bzw. Statusminderung fürchten zu müssen. Der Möglichkeit einer beamtenrechtlichen Konkurrentenklage steht dies jedoch nicht entgegen. Aus dem Lebenszeitprinzip kann also kein den Ausschluss der echten Konkurrentenklage fordernder Grundsatz der Ämterstabilität abgeleitet werden.

3. Personalhoheit des Dienstherrn

Schließlich wird vereinzelt vertreten, der Grundsatz der Ämterstabilität sei als ein „Kernelement der Personalhoheit des Dienstherrn und damit auch als Bestandteil der ‚hergebrachten Grundsätze des Berufsbeamtentums' (Art. 33 Abs. 5 GG) anzusehen".[788] Auch diese Herleitung vermag jedenfalls unter der Geltung des Grundgesetzes nicht zu überzeugen.[789]

a) Der hergebrachte Grundsatz dienstherrlicher Personalhoheit

Bereits die Prämisse des oben genannten Arguments, also die Aussage, dass die dienstherrliche Personalhoheit zu den hergebrachten Grundsätzen des Berufsbeamtentums zähle, bedürfte genauer Untersuchung – setzt sie doch ein geklärtes Verständnis des Begriffes „Personalhoheit"[790] und insbesondere ihrer Reichweite voraus. Verstünde man die Personalhoheit nämlich etwa als völlige Freiheit,

---

786 Vgl. *Laubinger*, ZBR 2010, 289 (294).

787 Vgl. *Thal*, Das Dogma rechtsschutzverkürzender Ämterstabilität, 2016, S. 113.

788 *Schmidt-Preuß*, Kollidierende Privatinteressen im Verwaltungsrecht, 2. Aufl. 2005, S. 476.

789 Kritisch bereits *W.-R. Schenke*, in: Butzer/Kaltenborn/Meyer, FS für Schnapp, 2008, S. 655 (691).

790 Vgl. dazu umfänglich *Lecheler*, Die Personalgewalt öffentlicher Dienstherren, 1977, S. 109 ff., passim. Zur Terminologie (Personal*hoheit* – Personal*gewalt*) *ders.*, a. a. O., S. 38 f.

nach Gutdünken über die Besetzung von Stellen entscheiden zu können,[791] könnte zur Stützung der Traditionalität eines solchen Grundsatzes höchstens noch auf Art. 4 S. 3 der Preußischen Verfassung von 1850[792] abgestellt werden, durch welchen – nach den Worten *Anschütz*' – „das Recht der anstellenden Staatsorgane [...] auf freie Auswahl unter denen, die [...] sich zum Eintritt in den Staatsdienst erbieten, [...] nicht im mindesten angetastet worden" sei.[793] Für die im Zusammenhang mit Art. 33 Abs. 5 GG in besonderer Weise maßgebliche Zeit zwischen 1919 und 1933[794] lässt sich ein entsprechendes Strukturprinzip des Beamtentums jedoch gerade nicht mehr nachweisen. Vielmehr schrieb Art. 128 Abs. 1 WRV[795] bereits die Bindung der jeweiligen Dienstherren an einen – wenn auch rein objektiv-rechtlich verstandenen –[796] Leistungsgrundsatz fest.

Eher dürfte somit davon auszugehen sein, dass die tradierte Personalhoheit lediglich ein verwaltungsorganisationsrechtliches Prinzip beschreibt, nach welchem grundsätzlich (nur) die ihm jeweils vorgesetzten Dienstbehörden über Personalangelegenheiten eines Beamten entscheiden.[797] Dass schließt aber freilich nicht aus, dass solche behördlichen Entscheidungen rechtlichen Bindungen unterliegen und deren Einhaltung gerichtlich überprüfbar ist.

---

791 In Anlehnung an die alte Landeshoheit der Territorialherren („höchste, sachlich umfassende [...] Gewalt"), vgl. *Lecheler*, Die Personalgewalt öffentlicher Dienstherren, 1977, S. 38; s. auch *Böckenförde*, Die Organisationsgewalt im Bereich der Regierung, 1964, S. 22 m. w. N., 33.

792 „Die öffentlichen Ämter sind, unter Einhaltung der von den Gesetzen festgestellten Bedingungen, für alle dazu Befähigten gleich zugänglich.", zitiert nach *Anschütz*, Die Verfassungs-Urkunde für den Preußischen Staat, Bd. I, 1912, S. 107.

793 Dazu *Anschütz*, Die Verfassungs-Urkunde für den Preußischen Staat, Bd. I, 1912, Art. 4 Anm. 8 (S. 130): „das Recht der anstellenden Staatsorgane [...] auf freie Auswahl unter denen, die [...] sich zum Eintritt in den Staatsdienst erbieten, ist durch Satz 3 nicht im mindesten angetastet worden. Die gleichmäßige Zugänglichkeit der öffentlichen Ämter gibt allen Befähigten das gleiche Recht, sich um die Ämter zu bewerben, keinem der Bewerber aber einen Anspruch, erhört zu werden. Ein Recht auf Anstellung im Staatsdienst kennt das deutsche und insbesondere das preußische Staatsrecht nicht."

794 S. o. B.II.2.b)aa).

795 „Alle Staatsbürger ohne Unterschied sind nach Maßgabe der Gesetze und entsprechend ihrer Befähigung und ihren Leistungen zu den öffentlichen Ämtern zuzulassen.", zitiert nach *Summer*, Dokumente zur Geschichte des Beamtenrechts, 1986, S. 681.

796 Vgl. *Köttgen*, Das deutsche Berufsbeamtentum und die parlamentarische Demokratie, 1928, S. 127 f., 131; *G. Jellinek*, System der subjektiven öffentlichen Rechte, 2. Aufl. 1905 (Nachdruck 2011), S. 177.

797 Vgl. BVerfGE 9, 268 (287) zur Frage der Beteiligung von Personalvertretungen an Einstellungs- und Beförderungsentscheidungen; s. auch *Thal*, Das Dogma rechtsschutzverkürzender Ämterstabilität, 2016, S. 185.

b) Beschränkung der Personalgewalt durch Art. 33 Abs. 2 GG

Solchen Bindungen unterliegt die Personalhoheit des Dienstherrn freilich unter der Geltung des Grundgesetzes[798] namentlich in Gestalt des Art. 33 Abs. 2 GG.[799] Bei der Ausübung seiner Personalgewalt ist der Dienstherr mithin gerade nicht frei und selbst hinsichtlich der dieser vorgelagerten Organisationsgewalt[800] nimmt das BVerfG inzwischen eine gewisse Bindung an Art. 33 Abs. 2 GG an.[801]

c) Zusammenfassung

Auch unter dem Aspekt der sog. Personalhoheit lässt sich ein Ausschluss der Konkurrentenklage nicht auf Art. 33 Abs. 5 GG stützen.

4. Zwischenfazit: Der sogenannte Grundsatz der Ämterstabilität unterliegt nicht dem Schutz hergebrachter Grundsätze nach Art. 33 Abs. 5 GG

Der Grundsatz der Ämterstabilität im hier Verwendung findenden Sinne ist weder unmittelbar noch als Ausprägung eines anderen hergebrachten Grundsatzes von Art. 33 Abs. 5 GG umfasst. Auf diese Verfassungsbestimmung gestützte Begründungen für den Ausschluss von Konkurrentenklagen können daher von vornherein nicht überzeugen.[802]

V. Zudem: Eingeschränkte Bedeutung der „hergebrachten Grundsätze" für fachgerichtliche Entscheidungen

Doch selbst auf Grundlage der vorstehend widerlegten Prämisse, es gäbe einen den Ausschluss der echten Konkurrentenklage fordernden hergebrachten Grundsatz des Berufsbeamtentums, folgte daraus noch keine Kompetenz der Verwaltungsgerichte, derartige Klagen abzuweisen. Denn gebunden sind die Fachgerichte zwar an die (Existenz der) Verfassungsbestimmung des Art. 33 Abs. 5 GG, nicht aber an die darin angesprochenen hergebrachten Grundsätze selbst (sogleich 1.). Zudem berechtigt ihre Verfassungsbindung die Fachgerichte jeden-

---

[798] *Isensee*, in: Bachof/Heigl/Redeker, FG 25 Jahre BVerwG, 1978, S. 337 (339 f.); gerade wegen dieser Bindungen für den Begriff der Personalgewalt anstelle desjenigen der Personalhoheit *Lecheler*, Die Personalgewalt öffentlicher Dienstherren, 1977, S. 38 f.

[799] Vgl. *Badura*, in, Dürig/Herzog/Scholz, GG, Loseblatt, Stand 97. Lfg. Januar 2022, Art. 33 Rn. 27 ff.

[800] *Isensee*, in: Bachof/Heigl/Redeker, FG 25 Jahre BVerwG, 1978, S. 337 (338).

[801] BVerfG NVwZ 2008, 69 (70); anders noch *Isensee*, in: Bachof/Heigl/Redeker, FG 25 Jahre BVerwG, 1978, S. 337 (339).

[802] Im Ergebnis ebenso etwa *Weckmann*, Die Rolle staatlicher Auswahlentscheidungen im Rechtsschutzsystem der „Konkurrentenverdrängungsklage", 2019, S. 77 f.

falls grundsätzlich nicht dazu, sich eigenmächtig über – auch hier bestehende – formell-gesetzliche Regelungen hinwegzusetzen (s. u. 2.).

1. Zum Verhältnis zwischen Art. 33 Abs. 5 GG und den hergebrachten Grundsätzen des Berufsbeamtentums

a) Problemaufriss

Immer wieder wird Art. 33 Abs. 5 GG mit den von dieser Verfassungsnorm behandelten hergebrachten Grundsätzen des Berufsbeamtentums gleichgesetzt.[803]

aa) Ausdrückliche Gleichsetzung von Art. 33 Abs. 5 GG und hergebrachten Grundsätzen des Berufsbeamtentums

Dies kann mehr oder weniger ausdrücklich geschehen, indem etwa nicht nur Art. 33 Abs. 5 GG, sondern auch die hergebrachten Grundsätze des Berufsbeamtentums ihrerseits als unmittelbar geltendes Verfassungsrecht bezeichnet[804] oder behördliche Einzelfallentscheidungen nicht nur darauf überprüft werden, ob ihre normative Grundlage dem in Art. 33 Abs. 5 GG erteilten Regelungsauftrag genügt, sondern sie auch unmittelbar am Maßstab eines hergebrachten Grundsatzes gemessen werden.[805]

bb) Implizite Gleichsetzung von Art. 33 Abs. 5 GG und hergebrachten Grundsätzen des Berufsbeamtentums

Mitunter erfolgt(e) diese Gleichsetzung aber auch implizit unter der irreführenden Fragestellung, ob Art. 33 Abs. 5 GG „derogative Kraft“ habe.

---

803 Vgl. zu diesem Befund auch *Bäcker*, AöR Bd. 135 (2010), S. 78 (112); zu Nachweisen s. Fn. 804 f.

804 *Lecheler*, in: Isensee/Kirchhof, Handbuch des Staatsrechts, Bd. V, 3. Aufl. 2007, § 110 Rn. 54; *ders.*, AöR Bd. 103 (1978), S. 349 (358 f.); *Grigoleit*, in: Stern/Becker, Grundrechte-Kommentar, 3. Aufl. 2019, Art. 33 Rn. 65 f.; *Mayer*, in: Forsthoff/von Münch/Schick/Thieme/Ule/Mayer, Verfassungsrechtliche Grenzen einer Reform des öffentlichen Dienstrechts, 1973, S. 557 (606); *Czybulka*, Zur Problematik des Artikels 33 Abs. 5 des Grundgesetzes, 1973, S. 11; *Thal*, Das Dogma rechtsschutzverkürzender Ämterstabilität, 2016, S. 79; *Maunz*, in: Maunz/Dürig, GG, Loseblatt, Grundwerk 1958, Art. 33 Rn. 77.

805 BVerfGE 43, 154 (165 ff.); zustimmend *Niedermaier/H. Günther*, ZBR 1977, 238 (238 ff.); als obiter dictum aufgegriffen in BVerfGE 83, 89 (100). Überzeugend dagegen freilich schon Sondervotum *Wandt/Niebler*, BVerfGE 43, 177 ff.; *Bender*, DÖV 1977, 565 (566).

(1) Exkurs: Zeitliche Geltung von Verfassungsbestimmungen und „derogative Kraft" derselben

Die Verfassung – ganz unabhängig davon, ob es um Regelungsaufträge oder andere Bestimmungen geht – bindet aus zeitlich zwingenden Gründen nur die nachkonstitutionelle Staatsgewalt.[806] Dass Fachgerichte vorkonstitutionelles Recht auf seine Vereinbarkeit mit dem Grundgesetz prüfen (und infolge dieser Prüfung ggf. verwerfen), liegt also nicht darin begründet, dass der vorkonstitutionelle Gesetz-, Verordnungs- oder sonstige Regelungsgeber an die Vorgaben des Grundgesetzes gebunden gewesen wäre, sondern es resultiert aus dem Umstand, dass nur vorkonstitutionelles Recht, das dem Grundgesetz im Sinne des Art. 123 Abs. 1 GG nicht widerspricht, Grundlage einer gerichtlichen Entscheidung sein kann und ein (freilich seinerseits an die Verfassung gebundenes) Gericht durch die Anwendung vorkonstitutionellen Rechts, das dieser Voraussetzung nicht genügt, seinerseits gegen die Verfassung verstieße.[807] In den meisten Fällen, namentlich wenn es um die Unvereinbarkeit vorkonstitutionellen Rechts mit Grundrechten geht, kommt es auf diese Differenzierung nicht an, da die Gründe, aus denen die Regelung mit dem Grundgesetz unvereinbar ist, die gleichen sind wie diejenigen, aus denen es ihre Anwendung durch ein Gericht wäre.

Eine Besonderheit ergibt sich aber, wenn vorkonstitutionelles Recht und grundgesetzlicher Regelungsauftrag aufeinandertreffen. Denn während der vorkonstitutionelle Gesetzgeber aus den oben geschilderten zeitlichen Gründen nicht an den Regelungsauftrag gebunden war, ist das Fachgericht, das dieses Recht anzuwenden hat, zwar an das geltende Verfassungsrecht (zu welchem auch

---

[806] Vgl. BVerfGE 4, 331 (341), wo das Gericht jedoch terminologisch ungenau auf den Zeitpunkt der Verkündung (richtig: des Inkrafttretens) abstellt; dazu *H. H. Klein*, in: Dürig/Herzog/Scholz, GG, Loseblatt, Stand 97. Lfg. Januar 2022, Art. 145 Rn. 12.

[807] Aus diesem Verständnis erklärt sich auch schlüssig, warum es für die Beantwortung der Frage, ob vorkonstitutionelles Recht im Sinne des Art. 123 Abs. 1 GG mit dem Grundgesetz vereinbar ist, nur auf die materielle, nicht aber auf die formelle Verfassungsmäßigkeit ankommen soll (*Giegerich*, in: Dürig/Herzog/Scholz, GG, Loseblatt, Stand 97. Lfg. Januar 2022, Art. 123 Rn. 40; *Wittreck*, in: Dreier, GG, Bd. III, 3. Aufl. 2018, Art. 123 Rn. 28), also nur entscheidend ist, ob die betreffende Regelung inhaltlich identisch als nachkonstitutionelles Recht erlassen werden könnte (*Seiler*, in: Epping/Hillgruber, BeckOK GG, Stand 52. Ed. 15.08.2022, Art. 123 Rn. 10). Denn die formelle Komponente wird durch die gerichtliche Anwendung der Norm nicht aktualisiert. Hingegen stellt jede Anwendung einer materiell mit dem Grundgesetz unvereinbaren Regelung ihrerseits einen Verfassungsverstoß dar. – In terminologischer Hinsicht böte es sich aufgrund dieser Differenzierung an, nur nachkonstitutionelles Recht als „verfassungswidrig" (vgl. etwa den gerade nicht auf vorkonstitutionelles Recht anwendbaren Art. 100 Abs. 1 GG), vorkonstitutionelles Recht aber nur als „mit der Verfassung unvereinbar" zu bezeichnen; vorsichtig (und nicht tragend) im letztgenannten Sinne zum Begriff „verfassungswidrig" auch schon BVerfGE 2, 124 (132).

der Regelungsauftrag zählt) gebunden; es ist jedoch aus funktionalen Gründen – nämlich weil es über konkrete Einzelfälle entscheidet und nicht abstrakt-generell rechtsregelnd tätig ist – nicht Adressat dieses Regelungsauftrages.[808] In einer solchen Konstellation ein Verwerfungs- bzw. Nichtanwendungsrecht des Gerichts anzunehmen, ist nur möglich, wenn man die den Regelungsauftrag enthaltende und hinsichtlich ihrer Existenz u. a. auch die Gerichte bindende Verfassungsbestimmung und deren inhaltliche Regelungsdirektive – im hiesigen Fall also Art. 33 Abs. 5 GG einerseits und die (Pflicht zur Berücksichtigung der) hergebrachten Grundsätze andererseits – gleichsetzt.

(2) Die Frage nach der „derogativen Kraft" des Art. 33 Abs. 5 GG

Bezogen auf Art. 33 Abs. 5 GG verfuhr namentlich der BGH auf diese Weise. Im Jahre 1953 erachtete er sich für befugt, vorkonstitutionelles Landesrecht, das er für mit den hergebrachten Grundsätzen unvereinbar hielt, unangewandt zu lassen.[809] Da aber nur die nachkonstitutionelle Staatsgewalt an die Regelungsvorgaben des Art. 33 Abs. 5 GG gebunden sein kann,[810] und auch nicht ersichtlich ist, dass der BGH insoweit von etwas anderem ausging, lässt sich dieses Vorgehen nur begründen, wenn man nicht Art. 33 Abs. 5 GG, sondern unmittelbar die hergebrachten Grundsätze als Maßstab der durch den BGH vorgenommenen Prüfung identifiziert. Bereits mit der Formulierung der vermeintlich zu entscheidenden Leitfrage, ob Art. 33 Abs. 5 GG entgegenstehendes, vorkonstitutionelles Recht derogiere,[811] setzte der BGH somit (unausgesprochen) voraus, dass eine vorkonstitutionelle Norm, die mit hergebrachten Grundsätzen unvereinbar ist, auch gegen Art. 33 Abs. 5 GG verstieße. Ausgehend von dieser Prämisse, die Art. 33 Abs. 5 GG und die darin angesprochenen hergebrachten Grundsätze gleichsetzt, war die Ablehnung der Gegenansicht freilich leicht und schlüssig zu begründen. Denn wenn eine Norm trotz ihres Verstoßes gegen eine Verfassungsbestimmung vom Gericht anzuwenden wäre, verkäme die Letztere zur unverbindlichen Deklamation.

---

808 Im Falle des Art. 33 Abs. 5 GG also die Vorgabe, die hergebrachten Grundsätze des Berufsbeamtentums zu berücksichtigen; im Falle des Art. 6 Abs. 5 GG diejenige, den unehelichen Kindern die gleichen Bedingungen für ihre Entwicklung und Stellung in der Gesellschaft wie den ehelichen zu schaffen. – Hierzu eingehend sogleich B.V.1.b)bb).

809 BGHZ 9, 322 ff.

810 S. soeben B.V.1.a)bb)(1). Von einem Auftrag an den „künftigen" Gesetzgeber sprach auch *Maunz*, in: Maunz/Dürig, GG, Loseblatt, Grundwerk 1958, Art. 33 Rn. 78; vgl. zur grammatikalisch ähnlichen Formulierung in Art. 6 Abs. 5 GG („sind […] zu schaffen") *Badura*, in: Dürig/Herzog/Scholz, GG, Loseblatt, Stand 97. Lfg. Januar 2022, Art. 6 Rn. 178.

811 BGHZ 9, 322 (325 ff.).

b) Zur Notwendigkeit der Differenzierung zwischen Art. 33 Abs. 5 GG und den hergebrachten Grundsätzen des Berufsbeamtentums

aa) Grundlegende Qualifizierung des Art. 33 Abs. 5 GG als Regelungsauftrag

Überzeugen können beide vorstehend umrissenen Spielarten dieser Gleichsetzung nicht. Vielmehr muss – aus den nachfolgend (s. u. c)) dargelegten Gründen – Art. 33 Abs. 5 GG als Regelungsauftrag angesehen und infolgedessen zwischen der Bindung an ebendiese Verfassungsbestimmung und einer Bindung an die darin angesprochenen hergebrachten Grundsätze des Berufsbeamtentums unterschieden werden. Unmittelbar alle Staatsgewalt bindendes Verfassungsrecht ist lediglich Art. 33 Abs. 5 GG,[812] nicht aber sind es die hergebrachten Grundsätze selbst. Denn Regelungsaufträgen ist zu eigen, dass sie zwar einerseits die Staatsgewalt zur Vornahme einer Regelung verpflichten,[813] diese Verpflichtung die Staatsgewalt aber andererseits auch nur insoweit trifft, wie sie regelnd tätig wird.[814]

bb) Die Bindung der verschiedenen Teilstaatsgewalten an Art. 33 Abs. 5 GG bzw. die hergebrachten Grundsätze des Berufsbeamtentums auf Grundlage dieser Differenzierung

Die Reichweite der Bindung an die hergebrachten Grundsätze lässt sich infolge der vorstehend umrissenen Differenzierung nicht abstrakt-formal, sondern nur funktionell bestimmen. Maßgeblich für die Bindung eines Organs ist nicht – sofern eine solche überhaupt möglich ist – dessen abstrakte Zuordnung zu einer der Staatsgewalten,[815] sondern die Natur seines jeweiligen Tätigwerdens.[816]

---

812 Vgl. BVerfGE 119, 247 (260). In diesem Sinne auch *Lecheler*, in: Isensee/Kirchhof, Handbuch des Staatsrechts, Bd. V, 3. Aufl. 2007, § 110 Rn. 54; jedenfalls missverständlich hingegen noch *ders.*, AöR Bd. 103 (1978), S. 349 (358 f.). Zu weit geht hingegen die (ebenfalls nicht hinreichend zwischen Art. 33 Abs. 5 GG und den hergebrachten Grundsätzen differenzierende) Formulierung von *Grewe*, in: 39. DJT, 1952, S. D 3 (D 17): „Angesichts dieses Textes [des Wortlautes, d. Verf.] eine unmittelbare und allgemeine, auch die Rechtsprechung bindende Geltungskraft des Art. 33 Abs. 5 behaupten zu wollen, heißt der Sprache Gewalt antun."

813 Vgl. *U. Fischer*, Rechtliche Qualifikationen von Verfassungsaufträgen, 2000, S. 56 ff.; *Hebeler*, JA 2014, 731 (731).

814 Vgl. Sondervotum *Wand/Niebler*, BVerfGE 43, 177 (179).

815 Etwa „besondere Organe der Gesetzgebung, der vollziehenden Gewalt und der Rechtsprechung" wie in Art. 20 Abs. 2 S. 2 GG, dazu *Höfling*, in: Sachs, GG, 9. Aufl. 2021, Art. 1 Rn. 85.

816 Vgl. insoweit auch *Niedermaier/H. Günther*, ZBR 1977, 238 (239), die i. E. jedoch zur konträren Auffassung gelangen.

(1) Die Bindung an die hergebrachten Grundsätze des Berufsbeamtentums

(a) Gebundene Organe

Unmittelbar an die hergebrachten Grundsätze des Berufsbeamtentums ist die staatliche Gewalt gem. Art. 33 Abs. 5 GG nur gebunden, soweit sie das Recht des öffentlichen Dienstes regelt.[817] Unproblematisch ist damit die Bindung der parlamentarischen Gesetzgeber[818] auf Bundes- und Landesebene.[819] In Abgrenzung zu ausschließlich die Legislative bindenden *Gesetzgebungs*aufträgen ist durch den von Art. 33 Abs. 5 GG formulierten umfassenden Auftrag, das (Beamten-) Recht zu regeln, auch die (im formell-institutionellen Sinne verstandene) Exekutive gebunden, soweit sie – etwa durch den Erlass von Rechtsverordnungen, Satzungen oder auch bloßen Verwaltungsvorschriften[820] – über den konkreten Einzelfall hinaus, also abstrakt-generell bestimmend und mithin im funktionellen Sinne rechtsregelnd tätig wird.[821]

(b) Qualität dieser Bindung

Seinem Wortlaut nach verlangt Art. 33 Abs. 5 GG lediglich die „Berücksichtigung" der hergebrachten Grundsätze. Unter diesem Begriff wird – hier wie auch in anderen Kontexten –[822] eine eingeschränkte Bindung verstanden, die zwar das

---

[817] Vgl. *Tietze/Wolff*, ZBR 2019, 78 (80): „Regelung […] durch Rechtsnormen".

[818] *Badura*, in: Dürig/Herzog/Scholz, GG, Loseblatt, Stand 97. Lfg. Januar 2022, Art. 33 Rn. 62 f.; *Bethge*, in: Schmidt-Bleibtreu/Klein/Bethge, BVerfGG, Loseblatt, Stand 61. Lfg. Juli 2021, § 90 Rn. 83; *Hebeler*, JA 2014, 731 (731); *Summer*, DÖV 2006, 249 (251); *Ule*, in: Bettermann/Nipperdey, Die Grundrechte, Bd. IV/2, 2. Aufl. 1972, S. 537 (564). Von einer Bindung „zuvörderst" der Gesetzgeber spricht auch *Grigoleit*, in: Stern/Becker, Grundrechte-Kommentar, 3. Aufl. 2018, Art. 33 Rn. 67.

[819] *Grigoleit*, in: Stern/Becker, Grundrechte-Kommentar, 3. Aufl. 2019, Art. 33 Rn. 67; *Wittreck*, in: Dreier, GG, Bd. II, 3. Aufl. 2015, Art. 74 Rn. 136; *Werres*, Beamtenverfassungsrecht, 2011, Rn. 173; *Pützer*, NWVBl. 2017, 279 (282 f.). Anders wohl nur *Oeter*, in: von Mangoldt/Klein/Starck, GG, Bd. II, 7. Aufl. 2018, Art. 74 Rn. 177: „als Vorgaben der Bundesverfassung ohnehin der Disposition der Landesgesetzgeber entzogen". – Zur doppelten Bindung einiger Landesgesetzgeber durch Art. 33 Abs. 5 GG und landesverfassungsrechtliche Parallelverbürgungen *Lindner*, ZBR 2018, 181 (184).

[820] Vgl. BVerfGE 83, 89 (100).

[821] *Niedermaier/H. Günther*, ZBR 1977, 238 (239); *Thieme*, Der öffentliche Dienst in der Verfassungsordnung des Grundgesetzes, 1961, S. 30, 32; ähnlich, *Jachmann-Michel/Kaiser*, in: von Mangoldt/Klein/Starck, GG, Bd. II, 7. Aufl. 2018, Art. 33 Rn. 40; *Wichmann*, in: Wichmann/Langer, Öffentliches Dienstrecht, 8. Aufl. 2017, Rn. 39 (S. 67). S. auch *Grewe*, in: 39. DJT, 1952, S. D 3 (D 17); *von Mangoldt*, Das Bonner Grundgesetz, 1. Aufl. 1953, Art. 33 Anm. 7 (S. 211).

[822] Vgl. zum Planungsrecht etwa *Durner*, in: Kment, ROG, 2019, § 4 Rn. 12; *Goppel*, in: Spannowsky/Runkel/Goppel, ROG, 2. Aufl. 2018, § 4 Rn. 53.

Einstellen der jeweiligen Belange (hier also der hergebrachten Grundsätze) in eine Abwägung verlangt, deren mögliches Unterliegen gegenüber anderen Belangen jedoch nicht ausschließt. Auch ohne Stütze im Wortlaut der Norm differenziert das BVerfG jedoch in ständiger Rechtsprechung zwischen lediglich zu berücksichtigenden sowie für das Institut des Berufsbeamtentums besonders wesentlichen und infolgedessen zu beachtenden Grundsätzen.[823] Ein derartiges Beachten bedeutet im Gegensatz zum oben umrissenen Berücksichtigen eine strikte Bindung ohne die Möglichkeit der Überwindung im Wege der Abwägung mit anderen Zielen.[824] Dies gilt freilich nur, soweit es sich bei den im Rahmen der Abwägung kollidierenden Gegengütern um schlicht legitime Ziele handelt. Kollidieren hergebrachte Grundsätze, hinsichtlich derer das BVerfG eine Beachtenspflicht annimmt, aber mit anderen Gütern von Verfassungsrang, ist ihr (partielles) Zurücktreten im Zuge der zur Erreichung praktischer Konkordanz vorzunehmenden Abwägung selbstverständlich möglich.[825] Das spricht aber keineswegs gegen die vom BVerfG praktizierte Differenzierung. Denn dass sich verschiedene Grundsätze hinsichtlich ihrer Bedeutung für das Institut des Beamtentums unterscheiden können, es also naheliegt, ein Zurücktreten besonders systemrelevanter hergebrachter Grundsätze nur gegenüber besonders gewichtigen (namentlich mit Verfassungsrang ausgestatteten) Gegengütern anzunehmen, ist durchaus nachvollziehbar.[826] Immerhin dient ein solches Verständnis dem Kernbereichsschutz und trägt damit dem Wesen der Einrichtungsgarantie besonders Rechnung.[827] Die Differenzierung sollte nur nicht als starre und schematische Zweiteilung verstanden werden,[828] die dem Wesen der Abwägung zuwiderliefe und nicht hinreichend berücksichtigte, dass es sich bei der Anwendung des Art. 33 Abs. 5 GG stets um einen wertenden, ermessensgeleiteten Vorgang[829] und

---

[823] BVerfGE 8, 1 (16); 56, 146 (162); 99, 300 (314); 114, 258 (286); 117, 372 (383). Zur begrifflichen Unterscheidung wird in der Literatur (s. namentlich *Brosius-Gersdorf*, in: Dreier, GG, Bd. II, 3. Aufl. 2015, Art. 33 Rn. 176) mitunter von *relativen* und *absoluten* Grundsätzen gesprochen – das ist insofern missverständlich, als auch Letztgenannte gerade nicht absolut gelten, s. sogleich.

[824] Vgl. zum planungsrechtlichen Begriffsverständnis *Durner*, in: *Kment*, ROG, 2019, § 4 Rn. 12.

[825] Exemplarisch *Brosius-Gersdorf*, in: Dreier, GG, Bd. II, 3. Aufl. 2015, Art. 33 Rn. 205.

[826] Vgl. etwa *Battis*, in: Sachs, GG, 9. Aufl. 2021, Art. 33 Rn. 67.

[827] Vgl. *Battis*, in: Sachs, GG, 9. Aufl. 2021, Art. 33 Rn. 67; *Brosius-Gersdorf*, in: Dreier, GG, Bd. II, 3. Aufl. 2015, Art. 33 Rn. 176.

[828] *Grigoleit*, in: Stern/Becker, Grundrechte-Kommentar, 3. Aufl. 2019, Art. 33 Rn. 73; vgl. auch *Voßkuhle*, in: Voßkuhle/Eifert/Möllers, Grundlagen des Verwaltungsrechts, Bd. II, 3. Aufl. 2022, § 41 Rn. 72; eingehend zu den Ursprüngen der Diskussion um zu berücksichtigende und zu beachtende Grundsätze schon *Mayer*, in: Forsthoff/Hörstel, FS für Gehlen (1974), S. 227 (233 ff.).

[829] Vgl. BVerfGE 64, 367 (379); *Jachmann-Michel/Kaiser*, in: von Mangoldt/Klein/Starck,

nicht um einen „bloßen Nachvollzug“[830] der hergebrachten Grundsätze handelt.[831]

(2) Die Bindung an Art. 33 Abs. 5 GG

Nur einen konkret-individuellen Sachverhalt, nicht aber das abstrakt-generelle Recht (des öffentlichen Dienstes) regeln hingegen Einzelfallentscheidungen,[832] wie sie die Exekutive vornehmlich[833] bzw. die Judikative ausschließlich vornimmt. Nicht nur, weil die „Rechtspflege […] wegen der Unabhängigkeit der Richter konstitutionell uneinheitlich“ ist,[834] sondern insbesondere auch wegen der der Rechtsprechung zukommenden Aufgabe, konkrete Streitfälle zu entscheiden,[835] ist ein abstrakt-generelles Regeln eines Rechtsgebiets durch sie strukturell ausgeschlossen.[836] Diese beiden (funktionell verstandenen) Teilstaatsgewalten sind also nicht Adressaten des Regelungsauftrages des Art. 33 Abs. 5 GG.[837] Nach Art. 20 Abs. 3 GG bedeutet dies aber selbstverständlich nicht, dass sie nicht an Art. 33 Abs. 5 GG gebunden wären. Vielmehr entfaltet die Norm als objektive Wertentscheidung auch insoweit Wirkung, als die Wertungen des Art. 33 Abs. 5 GG, also namentlich das Bekenntnis der Verfassung zu den hergebrachten Grundsätzen des Berufsbeamtentums im Rahmen der durch Behörden und Gerichte vorzunehmenden Auslegung[838] sowie bei Ermessensentscheidungen und der Anwendung von Generalklauseln zu berücksichtigen sind. Insbesondere aber sind auch die nicht das (Beamten-)Recht regelnden Staatsgewalten daran gebunden, dass andere Gewalten das Recht des öffentlichen Dienstes unter Berücksichtigung der hergebrachten Grundsätze des Berufsbeamtentums zu regeln und fortzuentwickeln haben. Daraus folgt, dass namentlich die Gerichte –

GG, Bd. II, 7. Aufl. 2018, Art. 33 Rn. 53; *Bickenbach*, in: von Münch/Kunig, GG, Bd. I, 7. Aufl. 2021, Art. 33 Rn. 127.

830 *Kunig*, in: von Münch/Kunig, GG, Bd. I, 6. Aufl. 2012, Art. 33 Rn. 59.

831 Dies explizit auch für die „absoluten“ Grundsätze des Berufsbeamtentums hervorhebend *Brosius-Gersdorf*, in: Dreier, GG, Bd. II, 3. Aufl. 2015, Art. 33 Rn. 205.

832 So aber offenbar BVerfGE 43, 154 (165 ff.).

833 Zur Sonderstellung der exekutiven Rechtssetzung soeben B.V.1.b)bb)(1)(a).

834 BVerfGE 87, 273 (278); vgl. auch BVerfGE 78, 123 (126).

835 BVerfGE 103, 111 (137); ähnlich schon BVerfGE 4, 358 (363); 60, 253 (269 f.). S. auch *Meyer*, in: von Münch/Kunig, GG, Bd. II, 7. Aufl. 2021, Art. 92 Rn. 31; *Morgenthaler*, in: Epping/Hillgruber, BeckOK GG, Stand 52. Ed. 15.08.2022, Art. 92 Rn. 5.1.

836 Ähnlich bereits das Sondervotum *Wand/Niebler*, BVerfGE 43, 177 (179): Fachgerichte und Verwaltungsbehörden könnten zwar „konkrete Rechtsverhältnisse, nicht aber ‚das Recht‘ des öffentlichen Dienstes ‚regeln‘.“

837 *Grewe*, in: 39. DJT, 1952, S. D 3 (D 17); vgl. auch *Mayer*, in: Forsthoff/Hörstel, FS für Gehlen (1974), S. 227 (236).

838 Zur (Pflicht zur) verfassungskonformen Auslegung noch u. B.V.2.b)bb)(2).

um nicht durch die Anwendung verfassungswidrigen Rechts ihrerseits verfassungswidrig zu handeln – das von ihnen anzuwendende Recht darauf zu überprüfen haben, ob der jeweilige Normgeber seinerseits die hergebrachten Grundsätze berücksichtigt hat. Verneint es diese Frage, ist hinsichtlich der Konsequenzen nach den allgemeinen Maßstäben zu differenzieren: Nach Art. 100 Abs. 1 GG grundsätzlich[839] dem Bundes- oder jeweiligen Landesverfassungsgericht vorzulegen hat das Fachgericht formelle Parlamentsgesetze, die es für mit Art. 33 Abs. 5 GG unvereinbar erachtet; in eigener Verantwortung unangewandt lassen kann es hingegen derartige Normen niederer Rangstufen.

c) Dogmatische Begründung dieser Differenzierung

aa) Semantik und Regelungstechnik

Für die Natur des Art. 33 Abs. 5 GG als Regelungsauftrag im vorstehend umrissenen Sinne streiten zunächst bereits Wortlaut und Regelungstechnik der Vorschrift. Nicht nur aus dem, was der Wortlaut der Vorschrift besagt (u. (2)), sondern insbesondere auch aus dem, was er gerade nicht sagt (sogleich (1)), können Ableitungen für die Bedeutung der Vorschrift gezogen werden.

(1) Negativer Gehalt: Wie die Vorschrift nicht formuliert ist

Gegen eine zur unmittelbaren Bindung aller Staatsgewalt an die hergebrachten Grundsätze führenden Gleichsetzung im oben geschilderten Sinne spricht zunächst, dass dies eine Inkorporation der hergebrachten Grundsätze in die Verfassung bedeutete,[840] Art. 33 Abs. 5 GG jedoch gerade nicht als solche formuliert ist. Denn Art. 33 Abs. 5 GG lautet nicht etwa – in Anlehnung an Art. 140 GG –, dass die hergebrachten Grundsätze des Berufsbeamtentums „Bestandteil dieses Grundgesetzes“ seien.[841] Bereits die Vermeidung eines solchen Wortlautes strei-

---

[839] Zu Ausnahmen in Fällen einstweiligen Rechtsschutzes s. etwa *Müller-Terpitz*, in: Schmidt-Bleibtreu/Klein/Bethge, BVerfGG, Loseblatt, Stand 61. Lfg. Juli 2021, § 80 Rn. 166; *Lechner/R. Zuck*, BVerfGG, 8. Aufl. 2019, § 80 Rn. 37.

[840] In diesem Sinne nur konsequent *Maunz*, in: Maunz/Dürig, GG, Loseblatt, Grundwerk 1958, Art. 33 Rn. 77: die in Art. 33 Abs. 5 GG geregelte Verweisung auf die hergebrachten Grundsätze hebe diese in Verfassungsrang und sei nur ein Mittel, sich deren Wiederholung zu ersparen. Ob die bisher einmalige Beschreibung des Art. 33 Abs. 5 GG als „Inkorporation“ durch das BVerfG (BVerfGE 148, 296 [363 Rn. 149]) ebenfalls in diesem Sinne verstanden werden muss, ist jedenfalls zweifelhaft, da die Äußerung in anderem Kontext erfolgte. Für einen Gleichlauf mit Art. 25 GG und somit für eine Inkorporation der hergebrachten Grundsätze im Rang zwischen Verfassungs- und einfachem Bundesrecht nur *Doehring*, Die allgemeinen Regeln des völkerrechtlichen Fremdenrechts und das deutsche Verfassungsrecht, 1963, S. 184.

[841] Vgl. schon *Jüsgen*, DÖV 1951, 474 (474); *Jannasch*, in: Umbach/Urban/Fritz/Böttcher/von Bargen, GS für Nagelmann, 1984, S. 291 (292).

tet gegen ein derartiges Verständnis der Vorschrift.[842] Denn wären bereits die hergebrachten Grundsätze ihrerseits vollwertiges, mit unmittelbarer Wirkung gegenüber allen Staatsgewalten ausgestattetes Verfassungsrecht, ließe sich jedenfalls die Frage stellen, wozu es einer vom Wortlaut des Art. 33 Abs. 5 GG ausdrücklich geforderten Regelung des Beamtenrechts, die die hergebrachten Grundsätze berücksichtigt, noch bedürfte.

(2) Positiver Gehalt: Wie die Vorschrift formuliert ist

Darüber hinaus streitet der Wortlaut der Norm auch positiv für ein Verständnis derselben als Regelungsauftrag. Dabei gibt es allerdings nicht ein allein maßgebliches Schlüsselwort. Vielmehr ist das Zusammenspiel verschiedener Begriffe entscheidend.

(a) Einzelbegriffe

Namentlich dem Verb „regeln“ darf insoweit keine zu große Bedeutung beigemessen werden. Selbst wenn man darunter ein planvolles, alles im Blick behaltendes Bestimmen verstehen wollte, schlösse dies für sich genommen noch nicht einzelne Teilstaatsgewalten von der Bindung aus. Denn dass auch konkrete Einzelfälle geregelt werden, somit also auch Organe der Exekutive und Judikative „regeln“ können, folgt nicht erst aus § 35 S. 1 VwVfG.[843]

Entsprechendes gilt in mindestens demselben Maße hinsichtlich des 2006 ergänzen Auftrages zur Fortentwicklung.[844] Dass namentlich die Rechtsprechung oftmals wichtige Impulse liefert, die ganz erheblichen Anteil an der Fortentwicklung eines Rechtsgebiets haben, soll ebenso wenig bestritten werden[845] wie der Umstand, dass sich der Judikative die Möglichkeit derartiger Entscheidungen oftmals nur bietet, weil die Exekutive geeignete Präzedenzfälle schafft.

(b) Gesamtbetrachtung

Beide Begriffe müssen aber zueinander und insbesondere auch zu dem Objekt der Regelung und Fortentwicklung in Bezug gesetzt werden. Als Letztgenanntes bezeichnet Art. 33 Abs. 5 GG das „Recht des öffentlichen Dienstes“. Die oben genannte Fähigkeit von Behörden und Gerichten, konkrete Einzelfälle zu „re-

[842] *Ule*, in: Bettermann/Nipperdey, Die Grundrechte, Bd. IV/2, 2. Aufl. 1972, S. 537 (563).

[843] Vgl. *Duden*, Deutsches Universalwörterbuch, 9. Auflage 2019, Lemma „regeln“.

[844] Zur Bedeutung dieser Ergänzung in historisch-genetischer Hinsicht sogleich B.V.1.c)bb) (2).

[845] Berechtigterweise gegen einen originären politischen Gestaltungsauftrag der Judikative aber etwa *Morgenthaler*, in: Epping/Hillgruber, BeckOK GG, Stand 52. Ed. 15.08.2022, Art. 92 Rn. 5.1 m. w. N.

geln", ist damit obsolet.[846] Zudem ist zu würdigen, dass die Aufträge zur Regelung und zur Fortentwicklung in Art. 33 Abs. 5 GG kumulativ genannt und inhaltlich aufeinander bezogen sind.[847] Der Auftrag zur Fortentwicklung wird dort nicht abstrakt von demjenigen zur Regelung angesprochen, weshalb die Vorschrift in ihrer heutigen Fassung auch nur denjenigen zur Fortentwicklung verpflichtet, der bereits vor 2006 zur Regelung verpflichtet war.[848]

(c) Abstraktionslevel der zu berücksichtigenden Grundsätze

Verstärkt werden vorstehende Überlegungen durch den Umstand, dass es nicht nur um einen bloßen „Nachvollzug" historischer Bestimmungen geht. Gerade weil „Grundsätze" zu berücksichtigen sind, die für sich genommen zu abstrakt sind, um unmittelbare Direktive zur Lösung von Einzelfällen zu sein,[849] bedarf es ihrer normativen Konkretisierung.[850] Der Norm- und an erster Stelle der Gesetzgeber[851] ist hier in gesteigertem Maße als Erstinterpret gefragt.[852]

bb) Genese

Auch steht die Genese der Vorschrift der Qualifizierung des Art. 33 Abs. 5 GG als (ausschließlicher) Regelungsauftrag jedenfalls nicht entgegen. Dies gilt so-

---

[846] Vgl. *Tietze/Wolff*, ZBR 2019, 78 (80): Art. 33 Abs. 5 GG meine die „Regelung und Fortentwicklung durch Rechtsnormen".

[847] Vgl. *Budjarek*, Das Recht des öffentlichen Dienstes und die Fortentwicklungsklausel, 2009, S. 288 f.

[848] Ähnlich *Budjarek*, Das Recht des öffentlichen Dienstes und die Fortentwicklungsklausel, 2009, S. 245.

[849] Vgl. noch u. B.V.1.c)cc)(2)(c) zum diesbezüglichen Unterschied zwischen Art. 33 Abs. 5 GG und Art. 6 Abs. 5 GG.

[850] So noch *Lecheler*, in: Friauf/Höfling, Berliner Kommentar, GG, Loseblatt, Stand Lfg. 1/21 Mai 2021, Art. 33 Rn. 65. Vgl. auch *Maunz*, in: Maunz/Dürig, GG, Loseblatt, Grundwerk 1958, Art. 33 Rn. 60: „Auch hergebrachte Grundsätze können miteinander in Konkurrenz treten [im Sinne der heute üblichen Terminologie wohl gemeint: kollidieren, d. Verf.]; dann ist es eine Frage der Abwägung im Einzelfall, welchem Grundsatz der Vorrang zu gebühren hat; hier ist die Gestaltungsfreiheit des Gesetzgebers besonders groß." Tendenziell anders nun aber *Germelmann*, in: Friauf/Höfling, Berliner Kommentar, GG, Loseblatt, Stand Lfg. 2/22 Mai 2022, Art. 33 Rn. 147, der zumindest „detaillierte gesetzliche Nachzeichnungen" nicht in allen Fällen für erforderlich erachtet.

[851] Zur diesbezüglichen Bedeutung der sog. Wesentlichkeitslehre etwa *Summer*, DÖV 2006, 249 (249 f.); zu streng hingegen *Beilke*, … und fortzuentwickeln, 2011, S. 129: der Gesetzgeber müsse „sämtliche Einzelheiten des Dienst- und Treueverhältnisses regeln".

[852] Vgl. BVerfGE 101, 158 (235 f.); ähnlich BVerfGE 139, 19 (50 Rn. 60). S. auch *P. M. Huber*, Konkurrenzschutz im Verwaltungsrecht,1991, S. 457; *Grigoleit*, in: Stern/Becker, Grundrechte-Kommentar, 3. Aufl. 2019, Art. 33 Rn. 80; *Sachs*, NWVBl. 2004, 209 (214); vgl. ferner *Gärditz*, ZBR 2005, 288 (289); *Hartung*, RiA 2017, 49 (51).

wohl bzgl. der Entstehung der ursprünglich im Grundgesetz enthaltenen Fassung des Art. 33 Abs. 5 GG (sogleich (1)) als auch hinsichtlich deren Ergänzung um die Worte „und fortzuentwickeln“ im Jahre 2006 (dazu u. (2)).

(1) Entstehung der ursprünglichen Fassung des Art. 33 Abs. 5 GG

Hinsichtlich der Genese der Ursprungsfassung des Art. 33 Abs. 5 GG kann insbesondere aus dem Umstand, dass im Parlamentarischen Rat auch andere Fassungen erörtert wurden, die „klar auf eine unmittelbare Wirkung“ hinzielten, kein Argument gegen die Qualifizierung als Regelungsauftrag und somit für eine unmittelbare Bindung aller Staatsgewalt an die hergebrachten Grundsätze abgeleitet werden.[853] Denn nicht schon der bloßen Existenz derartiger Vorschläge, sondern vielmehr nur deren weiterem Schicksal im Zuge des Beratungsverlaufs kann bzw. muss Bedeutung beigemessen werden. Besonders anschaulich ist insofern ein im Parlamentarischen Rat erörterter Formulierungsvorschlag, den der BGH in den 1950er-Jahren bemühte. Um seine These von der unmittelbaren Bindung aller Staatsgewalt an die hergebrachten Grundsätze zu stützen, verwies das Gericht auf den Vorschlag des Abgeordneten *Seebohm*,[854] demzufolge die später in Art. 33 Abs. 5 GG verortete Norm in apodiktischer Kürze heißen sollte, die hergebrachten Grundsätze „finden Anwendung“.[855] Dass dieser – so die Argumentation des BGH – „klar auf eine unmittelbare Wirkung“ hinzielte,[856] soll hier gar nicht bestritten werden. Gleichwohl schwindet das argumentative Potential doch erheblich, wenn man das weitere Schicksal dieses Antrages in den Blick nimmt. Nicht nur entschied sich der Parlamentarische Rat letztlich gegen *Seebohms* Vorschlag. Vielmehr wurde dies in der Debatte auch gerade damit begründet, dass dieser „zu unmittelbar“ formuliert sei.[857] Freilich wurden auch (andersherum) einzelne Formulierungsvorschläge abgelehnt, die – wie namentlich die auf *Höpker-Aschoff* zurückgehende Fassung, nach der die hergebrachten Grundsätze „verpflichtendes und beschränkendes Richtmaß aller gesetzlichen Regelung der Rechtsstellung der Berufsbeamten“[858] sein sollten – noch deutlicher die Natur der Vorschrift als Regelungsdirektive zum Ausdruck gebracht hätten. Ins-

[853] So aber BGHZ 9, 322 (325 f.).

[854] 27. Sitzung des Hauptausschusses am 15.12.1948, abgedruckt bei *H.-P. Schneider*, Das Grundgesetz, Bd. X, 1996, S. 480.

[855] BGHZ 9, 322 (326).

[856] BGHZ 9, 322 (325 f.).

[857] *Heuss*, 27. Sitzung des Hauptausschusses am 15.12.1948, abgedruckt bei *H.-P. Schneider*, Das Grundgesetz, Bd. X, 1996, S. 483; ähnlich *F. W. Wagner*, a. a. O., S. 481.

[858] 28. Sitzung des Grundsatzausschusses des Parlamentarischen Rates, JöR n. F. Bd. 1 (1951, Neudruck 2010), S. 305 (319). Zu weiteren im Parlamentarischen Rat diskutierten Formulierungen s. etwa *Stern*, in: König/Laubinger/Wagener, FS für Ule, 1977, S. 193 (200 f.).

besondere weil diese zuletzt genannten Vorschläge aber gerade nicht als „zu mittelbar“ abgelehnt wurden, lässt sich jedoch konstatieren, dass der Parlamentarische Rat das Konzept des Regelungsauftrages nie aufgegeben hat.[859]

(2) Ergänzung der Fortentwicklungsklausel im Jahre 2006

Auch folgt aus der Ergänzung des Art. 33 Abs. 5 GG um die Wörter „und fortzuentwickeln“ im Rahmen der Föderalismusreform des Jahres 2006[860] in diesem Kontext nichts anderes.[861] Mit der Aufnahme dieser – nach ganz überwiegenden Auffassung ohnehin nur deklaratorischen –[862] Ergänzung sollte lediglich die Entwicklungsoffenheit des öffentlichen Dienstrechts betont und somit zum Ausdruck gebracht werden, dass das Recht des öffentlichen Dienstes im Zuge seiner Regelung zugleich fortzuentwickeln ist.[863] Die Sichtweise, dass der verfassungsändernde Gesetzgeber also nur denjenigen mit der Fortentwicklung beauftragen wollte, der auch schon mit der Regelung beauftragt ist,[864] wird auch durch den Umstand gestützt, dass die Entwurfsbegründung die Änderung lediglich als flankierende Maßnahme zur Änderung der Gesetzgebungskompetenzen auf dem Gebiet des Beamtenrechts beschreibt.[865]

---

[859] *Ule*, in: Bettermann/Nipperdey, Die Grundrechte, Bd. IV/2, 2. Aufl. 1972, S. 537 (563); *Brosius-Gersdorf*, in: Dreier, GG, Bd. II, 3. Aufl. 2015, Art. 33 Rn. 39 ff.; *Battis*, in: Sachs, GG, 9. Aufl. 2021, Art. 33 Rn. 65; *Merten*, in: Magiera/Siedentopf, Das Recht des öffentlichen Dienstes in den Mitgliedstaaten der Europäischen Gemeinschaft, 1994, S. 181 (189); *Lecheler*, AöR Bd. 103 (1978), S. 349 (357); *Hebeler*, JA 2014, 731 (731).

[860] Art. 1 Nr. 3 des Gesetzes v. 28.8.2006, BGBl. I S. 2034. Dazu etwa *Beilke*, … und fortzuentwickeln, 2011; *Budjarek*, Das Recht des öffentlichen Dienstes und die Fortentwicklungsklausel, 2009.

[861] So aber offenbar *Domgörgen*, in: Hömig/Wolff, GG, 13. Aufl. 2022, Art. 33 Rn. 17, der zwar von einem an den Gesetzgeber gerichteten Regelungsauftrag ausgeht, zur Fortentwicklung jedoch auch die Rspr. berufen sieht.

[862] *Battis*, in: Sachs, GG, 9. Aufl. 2021, Art. 33 Rn. 68; *Bickenbach*, in: von Münch/Kunig, GG, Bd. I, 7. Aufl. 2021, Art. 33 Rn. 157; *Jachmann-Michel/Kaiser*, in: von Mangoldt/Klein/Starck, GG, Bd. II, 7. Aufl. 2018, Art. 33 Rn. 54; *Voßkuhle*, in: Voßkuhle/Eifert/Möllers, Grundlagen des Verwaltungsrechts, Bd. II, 3. Aufl. 2022, § 41 Rn. 74; *Knopp/Schröder*, NJ 2007, 97 (98), sprechen gar von bloßer „Verfassungslyrik“. Anders *Beilke*, … und fortzuentwickeln, 2011, S. 193 ff.; *Höfling/Burkiczak*, DÖV 2007, 328 (333 f.).

[863] BT-Drs. 16/813, S. 8; vgl. *Badura*, in: Dürig/Herzog/Scholz, GG, Loseblatt, Stand 97. Lfg. Januar 2022, Art. 33 Rn. 62.

[864] Vgl. o. B.V.1.c)aa)(2)(a).

[865] BT-Drs. 16/813, S. 8; dazu *Jachmann-Michel/Kaiser*, in: von Mangoldt/Klein/Starck, GG, Bd. II, 7. Aufl. 2018, Art. 33 Rn. 54 mit Fn. 384.

cc) Systematik

Auch spricht ein Vergleich mit anderen Bestimmungen des Grundgesetzes für hiesiges Verständnis. Dass anderen als Regelungsauftrag formulierten Bestimmungen derogative Kraft[866] zugemessen wurde, lässt sich jedenfalls nicht mit dem Ergebnis auf die Konstellation des Art. 33 Abs. 5 GG übertragen, dass sämtliche Staatsgewalt unmittelbar an die hergebrachten Grundsätze des Berufsbeamtentums gebunden wäre.

(1) Art. 3 Abs. 2 (S. 1) GG

(a) Heutige Rechtslage

Dass der heute in Art. 3 Abs. 2 S. 1 GG zu findende besondere Gleichheitssatz „Männer und Frauen sind gleichberechtigt" kein bloßer Regelungsauftrag ist, sondern derogative Kraft hat und neben dem Gesetzgeber auch Behörden und Gerichte zur Gleichberechtigung der Geschlechter verpflichtet, steht außer Frage. Fachgerichte haben Art. 3 Abs. 2 S. 1 GG also nicht nur bei der Auslegung von Gesetzen zu berücksichtigen und die von ihnen anzuwendenden nachkonstitutionellen Normen darauf zu prüfen, ob der an Art. 3 Abs. 2 S. 1 GG gebundene Gesetzgeber seiner Gleichberechtigungspflicht nachgekommen ist. Vielmehr müssen sie, da sie selbst zur Gleichberechtigung verpflichtet sind, auch vorkonstitutionelle Normen (deren jeweiliger Normgeber nicht der Bindung dieser Norm unterlag) an Art. 3 Abs. 2 S. 1 GG messen und sie ggf. unangewandt lassen.

(b) Ursprüngliche Beschränkung des Art. 3 Abs. 2 GG durch Art. 117 Abs. 1 GG

Aufgrund der Übergangsbestimmung des Art. 117 Abs. 1 GG war dies vom Inkrafttreten des Grundgesetzes bis zum 31.03.1953 jedoch anders zu beurteilen. Nach dieser Vorschrift blieb vorkonstitutionelles Recht, das mit dem besonderen Gleichheitssatz des damaligen Art. 3 Abs. 2 GG unvereinbar war, zunächst in Kraft. Dadurch konnten Behörden und Gerichte Art. 3 Abs. 2 GG in dieser Zeit zwar als objektive Wertentscheidung im Rahmen der Auslegung berücksichtigen, kamen wegen ihrer Gesetzesbindung jedoch nicht umhin, entgegenstehendes (vorkonstitutionelles) Recht weiter anzuwenden. Wegen Art. 117 Abs. 1 GG kam Art. 3 Abs. 2 GG somit zunächst keine derogative Kraft, sondern nur die Bedeutung eines Regelungsauftrages zu,[867] sodass die Situation derjenigen, die

[866] Zur inzidenten Gleichsetzung von Art. 33 Abs. 5 GG und den hergebrachten Grundsätzen des Berufsbeamtentums durch die Annahme sog. derogativer Kraft s. o. B.V.1.a)bb).

[867] Vgl. *U. Fischer*, Rechtliche Qualifikationen von Verfassungsaufträgen, 2000, S. 129.

hier in Bezug auf Art. 33 Abs. 5 GG vertreten wird, jedenfalls stark ähnelte. Dass Art. 3 Abs. 2 (S. 1) GG seit 1953 die eingangs erwähnte derogative Kraft hat, liegt ausschließlich daran, dass die soeben genannte Einschränkung mit Ablauf des in Art. 117 Abs. 1 Hs. 2 GG genannten Stichtages gegenstandslos geworden und Art. 3 Abs. 2 S. 1 GG seither nicht mehr nur als (bloßer) Regelungsauftrag zu qualifizieren ist.

(c) Keine Übertragbarkeit auf Art. 33 Abs. 5 GG

Indem der heutige Art. 3 Abs. 2 S. 1 GG nach dem zuletzt Ausgeführten nicht (mehr) als bloßer Regelungsauftrag angesehen werden kann, unterscheidet er sich erheblich von Bestimmungen wie Art. 6 Abs. 5 GG und Art. 33 Abs. 5 GG, die ihrem Wortlaut nach als Regelungsaufträge formuliert sind. In der Übertragung des zu Art. 3 Abs. 2 S. 1 GG Praktizierten auf diese Normen läge letztlich eine analoge Anwendung des Art. 117 Abs. 1 Hs. 2 GG. Weil diese Norm aber eine absolute Ausnahme war,[868] ist eine Übertragbarkeit zu verneinen. Der Gefahr, dass der Gesetzgeber einem Regelungsauftrag nicht nachkommen könnte, war sich der Parlamentarische Rat ausweislich der Bestimmung in Art. 117 Abs. 1 GG bewusst.[869] Das besondere Druckmittel der drohenden Derogationswirkung hat er jedoch nur in Bezug auf Art. 3 Abs. 2 (S. 1) GG für notwendig erachtet, weil insofern „große Kapitel des BGB. [sic] umgestaltet werden" mussten[870] und Zweifel bestanden, ob der Gesetzgeber dieser Pflicht von sich aus rasch nachkommen werde.[871] Namentlich mit der Situation auf dem Gebiet des Beamtenrechts, wo aufgrund der Fortgeltung des (von seinen nationalsozialistischen Regelungen bereinigten) DBG[872] bereits weite Teile der Materie unter Berücksichtigung der hergebrachten Grundsätze geregelt waren, ist dies nicht zu vergleichen.

---

[868] Vgl. auch *Langenfeld*, in: Dürig/Herzog/Scholz, GG, Loseblatt, Stand 97. Lfg. Januar 2022, Art. 117 Rn. 3 f.: weil weite Teile des Familienrechts an Art. 3 Abs. 2 GG angepasst werden mussten.

[869] Dazu Nachweise bei *Langenfeld*, in: Dürig/Herzog/Scholz, GG, Loseblatt, Stand 97. Lfg. Januar 2022, Art. 117 Rn. 3 f.

[870] *Katz*, in: Deutscher Bundestag/Bundesarchiv, Der Parlamentarische Rat 1948–1949, Bd. XIV/2, 2009, S. 1194; vgl. auch *Süsterhenn*, in: Deutscher Bundestag/Bundesarchiv, Der Parlamentarische Rat 1948–1949, Bd. XIV/2, 2009, S. 1194.

[871] *Langenfeld*, in: Dürig/Herzog/Scholz, GG, Loseblatt, Stand 97. Lfg. Januar 2022, Art. 117 Rn. 4.

[872] S. o. B.II.2.c)bb)(3)(b)(bb).

(2) Art. 6 Abs. 5 GG

Im Unterschied zu Art. 3 Abs. 2 (S. 1) GG wird bei Art. 6 Abs. 5 GG bereits auf Grundlage des Wortlauts die Vergleichbarkeit zu Art. 33 Abs. 5 GG deutlich. Dass das BVerfG auch dieser als Regelungsauftrag formulierten Bestimmung derogative Kraft zumaß, ist jedoch ebenfalls nicht auf Art. 33 Abs. 5 GG übertragbar.

(a) Ursprünglich eingeschränkte Bedeutung der Vorschrift

Obschon freilich auch Art. 6 Abs. 5 GG gem. Art. 1 Abs. 3 GG „unmittelbar geltendes Recht" ist, war aufgrund des Umstandes, dass der darin normierte Auftrag, den unehelichen Kindern die gleichen Bedingungen für ihre leibliche und seelische Entwicklung und ihre Stellung in der Gesellschaft zu schaffen, expressis verbis (ausschließlich) an „die Gesetzgebung" gerichtet ist, zunächst allgemein anerkannt, dass nur diese Adressat der Vorschrift sei, wohingegen Verwaltung und Rechtsprechung die Norm lediglich im Rahmen der Auslegung, bei Ermessensentscheidungen und der Anwendung von Generalklauseln zu berücksichtigen hätten.[873] Solange diesen Anforderungen nicht entsprechendes Recht noch in Kraft war, hatten die Behörden und Gerichte es anzuwenden, da gerade nur die Gesetzgebung zur rechtlichen Gleichstellung verpflichtet war. Derogative Kraft wurde der Vorschrift (zunächst) also nicht zugesprochen.[874]

(b) Aufwertung durch das BVerfG

Nachdem jedoch der Gesetzgeber auch

> „fast 20 Jahre nach Erlaß des Grundgesetzes noch immer nicht die von Art. 6 Abs. 5 GG geforderte Regelung für einen elementaren Lebensbereich getroffen hat, obwohl gewiß im gleichen Zeitraum zahlreiche Gesetze verabschiedet worden sind, die von der Wertordnung der Verfassung gesehen weniger bedeutsam und weniger dringlich waren",[875]

maß das BVerfG unter Übertragung der nach Art. 117 Abs. 1 GG für Art. 3 Abs. 2 (S. 1) GG geltenden Maßstäbe[876] auch dieser Verfassungsbestimmung derogative Kraft bei. Neben dem Umstand, dass eine angemessene Frist für den Erlass eines Anpassungsgesetzes verstrichen sei, forderte es dafür, dass „die Verfassungs-

---

[873] *U. Fischer*, Rechtliche Qualifikationen von Verfassungsaufträgen, 2000, S. 106; *Brosius-Gersdorf*, in: Dreier, GG, Bd. I, 3. Aufl. 2013, Art. 6 Rn. 229.

[874] *U. Fischer*, Rechtliche Qualifikationen von Verfassungsaufträgen, 2000, S. 106.

[875] BVerfGE 25, 167 (185).

[876] Vgl. BVerfGE 25, 167 (181 f.). S. auch *U. Fischer*, Rechtliche Qualifikationen von Verfassungsaufträgen, 2000, S. 106 f.; zu Parallelen in den jeweiligen Diskussionen bereits *Simitis*, JZ 1969, 277 (278).

norm einen hinreichend klaren positiven Rechtsgehalt hat, um ohne unerträgliche Gefährdung der Rechtssicherheit als unmittelbar anwendbare Generalklausel zu fungieren".[877] Gegen diese Übertragung der hinsichtlich Art. 117 Abs. 1 Hs. 1 GG geltenden Rechtslage sind freilich zunächst die gleichen Bedenken angezeigt, die soeben schon allgemein gegen eine analoge Anwendung dieser Bestimmung vorgebracht wurden.[878]

(c) Keine Übertragbarkeit auf Art. 33 Abs. 5 GG

Ungeachtet dieser dogmatischen Bedenken gegen die Entscheidung in Bezug auf Art. 6 Abs. 5 GG kann die dort zugrunde gelegte Argumentation aber jedenfalls nicht auf Art. 33 Abs. 5 GG übertragen werden. Denn zu Art. 6 Abs. 5 GG führte das BVerfG – wie soeben bereits erwähnt – aus, dass Gesetzgebungsaufträge nur dann notfalls auch von der Rechtsprechung umgesetzt werden könnten, wenn „die Verfassungsnorm einen hinreichend klaren positiven Rechtsgehalt hat, um ohne unerträgliche Gefährdung der Rechtssicherheit als unmittelbar anwendbare Generalklausel zu fungieren".[879] In Bezug auf den der Entscheidung zugrundeliegenden Art. 6 Abs. 5 GG wird man dieses Kriterium als erfüllt ansehen können. Denn auch wenn diese Bestimmung keine schematische Gleichstellung im Sinne von Ergebnisgleichheit, sondern Chancengleichheit fordert, zu deren Erreichung freilich verschiedene Wege denkbar sein können,[880] sind der dem Gesetzgeber zustehenden Prärogative enge Grenzen gesetzt.[881] Insbesondere sind rechtliche Ungleichbehandlungen stets kritisch auf das Bestehen eines Rechtfertigungsgrundes hin zu untersuchen.[882] Jedenfalls muss aber nur singulär das Ziel der Chancengleichheit verfolgt werden. Dies unterscheidet sich kategorial von der in Bezug auf Art. 33 Abs. 5 GG bestehenden Konstellation, in welcher es nicht um die Umsetzung eines singulären und konkret formulierten Regelungsziels geht, sondern zahlreiche vielfältige und ggf. schon untereinander konfligierende hergebrachte Grundsätze, deren Bestehen (und Inhalt) nicht durchweg ohne Weiteres festzustellen ist, zu berücksichtigen sind. Das dem Normgeber überantwortete Regelungsprogramm ist also in erheblich geringerem Maße ver-

---

877 BVerfGE 25, 167 (182).

878 Soeben B.V.1.c)cc)(1)(c).

879 BVerfGE 25, 167 (182); dazu auch *Badura/Denninger/Müller/Oppermann/Ramm/Rehbinder/Schmidt*, Staatszielbestimmungen/Gesetzgebungsaufträge, 1983, S. 50.

880 Vgl. BVerfGE 85, 80 (88).

881 *U. Fischer*, Rechtliche Qualifikationen von Verfassungsaufträgen, 2000, S. 110; *von Coelln*, in: Sachs, GG, 9. Aufl. 2021, Art. 6 Rn. 100: die gesetzgeberische Gestaltungsfreiheit bestehe nur hinsichtlich des Weges zur Erreichung des Ziels.

882 BVerfGE 85, 80 (87 f.).

fassungskräftig vorgegeben und jedenfalls nicht hinreichend konkret, um unmittelbare Grundlage fachgerichtlicher Entscheidungen sein zu können.

dd) Teleologie

(1) Grundsatz funktionsadäquater Aufgabenzuordnung

Gegen eine Bindung der nicht im funktionellen Sinne rechtsregelnden Staatsgewalten streitet überdies der sog. Grundsatz der funktionsadäquaten Aufgabenzuordnung. Er wird aus der in Art. 20 Abs. 2 GG niedergelegten organisatorischen und funktionellen Unterscheidung und Trennung der Gewalten abgeleitet und besagt, dass staatliche Entscheidungen möglichst von den Organen getroffen werden sollen, die dafür nach ihrer Organisation, Zusammensetzung, Funktion und Verfahrensweise am besten geeignet sind.[883] Da der zur Entscheidung konkreter Rechtsstreitigkeiten berufenen Judikative[884] eine abstrakt-generelle Regelung eines Rechtsgebietes kaum möglich ist und ihre Einflussnahmemöglichkeiten vielmehr punktuell sind, könnte sie einem an sie gerichteten Auftrag zur Regelung des öffentlichen Dienstrechts kaum nachkommen. Ähnliches gilt für die Exekutive, soweit sie nicht ausnahmsweise[885] abstrakt-generell bestimmend tätig wird.

(2) Folgenbetrachtung

Auch rechtfertigen die Folgen der hier präferierten Gegenauffassung keine Gleichsetzung von Art. 33 Abs. 5 GG mit den hergebrachten Grundsätzen. Weder verkommt Art. 33 Abs. 5 GG durch seine Auslegung als Regelungsauftrag zum unverbindlichen Programmsatz (sogleich (a)) noch eröffnet ein solches Verständnis der Vorschrift dem Gesetzgeber die Möglichkeit der Unterminierung derselben durch Unterlassen (unten (b)).

(a) Das Argument des unverbindlichen Programmsatzes

Als Gegenbegriff zu dem Topos von den hergebrachten Grundsätzen des Berufsbeamtentums als unmittelbar geltendes Recht wird regelmäßig das Schlagwort des Programmsatzes bemüht.[886] Auch wenn ein einheitliches Verständnis dieses

[883] BVerfGE 68, 1 (86); 95, 1 (15); 98, 218 (251 f.); *Grzeszick*, in: Dürig/Herzog/Scholz, GG, Loseblatt, Stand 97. Lfg. Januar 2022, Art. 20 V. Rn. 103 f.

[884] BVerfGE 103, 111 (137); 138, 33 (40 Rn. 18); *Detterbeck*, in: Sachs, GG, 9. Aufl. 2021, Art. 92 Rn. 21a.

[885] Dazu oben B.V.1.b)bb)(1)(a).

[886] Exemplarisch *Beilke*, … und fortzuentwickeln, 2011, S. 19; vgl. auch *Thiele*, DÖV 1981, 773 (773); wegen der oben (B.V.1.a)bb)) angesprochenen Gleichsetzung von Art. 33 Abs. 5 GG

Begriffes nicht existiert[887] und manche Stimmen in der Literatur diese Normkategorie gerade deshalb von unverbindlichen Verfassungsbestimmungen abgrenzen, weil Programmsätze ein Regelungsprogramm verbindlich vorgäben,[888] zeigen die insofern Verwendung findenden Attribute – „bloßer" Programmsatz[889] oder „unverbindlicher" Programmsatz[890] –, dass damit offenbar zum Ausdruck gebracht werden soll, dass Art. 33 Abs. 5 GG zu einer Norm ohne jede rechtliche Verbindlichkeit verkäme, wenn man die hergebrachten Grundsätze nicht als unmittelbar geltendes Recht verstünde.[891] Dieses Argument beruht – ungeachtet der unklaren terminologischen Abgrenzung – indes auf einem dichotomischen Denken, das mit seiner Gleichsetzung von Regelungsaufträgen und unverbindlicher Verfassungslyrik seinerseits auf einem in der Frühphase der Weimarer Republik zwar noch vorherrschenden, jedenfalls unter der Geltung des Grundgesetzes jedoch seiner Grundlage entbehrenden Verfassungsrechtsdenken fußt.[892] Denn wenngleich die Frage nach der Verfassungsbindung des Reichsgesetzgebers[893] zu Zeiten der Weimarer Republik nie ganz geklärt war,[894] wurde dieser jedenfalls nicht als in dem Maße gebunden angesehen, wie es heute Art. 20 Abs. 3 GG be-

---

und den hergebrachten Grundsätzen begrifflich etwas unklar BGHZ 9, 322 (325); vgl. auch die Nachweise in Fn. 889 ff.

887 Exemplarisch *Borgmann/Hermann*, JA 1992, 337 (343).

888 *Thieme*, Der öffentliche Dienst in der Verfassungsordnung des Grundgesetzes, 1961, S. 30, differenziert zwischen einer Auffassung, „die unter Programmsatz einen Befehl an den Gesetzgeber versteht, ein bestimmtes gesetzgeberisches Programm zu erfüllen" und der (hier relevanten) „Meinung, die für die Verletzung dieser Sätze keinerlei Sanktion anerkennt"; vgl. auch *Lerche*, AöR Bd. 90 (1965), S. 341 (346).

889 *Thiele*, DÖV 1981, 773 (773): „bloße[r] Programmsatz ohne rechtliche Verbindlichkeit"

890 *Beilke*, … und fortzuentwickeln, 2011, S. 19; vgl. in anderem Zusammenhang (Art. 118 Abs. 2 BayVerf) etwa auch BayVerfGH BayVBl. 2000, 239 (241).

891 *Thiele*, DÖV 1981, 773 (773): „bloße[r] Programmsatz ohne rechtliche Verbindlichkeit"; die Redeweise vom „unverbindlichen Programmsatz" findet sich auch bei *Beilke*, … und fortzuentwickeln, 2011, S. 19. Vgl. zu diesem Begriffsverständnis (allerdings im Kontext des Art. 6 Abs. 5 GG) auch BVerfGE 25, 167 (172 f.).

892 Zutreffend schon *Maunz*, in: Maunz/Dürig, GG, Loseblatt, Grundwerk 1958, Art. 33 Rn. 78: „Die in der Anfangszeit des Grundgesetzes häufige Gleichsetzung von ‚Anweisung an den Gesetzgeber' und ‚Programmsatz' verkannte die Bedeutung verfassungsrechtlicher Gebote auch für den Gesetzgeber"; s. auch *Borgmann/Hermann*, JA 1992, 337 (343).

893 Die Bindung der Landesgesetzgeber soll nach *Dreier*, in: Merten/Papier, Handbuch der Grundrechte, Bd. I, 2004, § 4 Rn. 12, unstreitig gewesen sein.

894 *Stern*, Staatsrecht, Bd. III/1, 1988, S. 125; *ders.*, in: Isensee/Kirchhof, Handbuch des Staatsrechts, Bd. IX, 3. Aufl. 2011, § 184 Rn. 39; *H. Schneider*, in: Isensee/Kirchhof, Handbuch des Staatsrechts, Bd. I, 3. Aufl. 2003, § 5 Rn. 34 f.: „verwirrende Fülle von Aussagen"; *Kloepfer*, Verfassungsrecht, Bd. II, 2010, § 45 Rn. 22 ff.; *Lücke*, AöR Bd. 107 (1982) S. 15 (27). Zeitgenössisch etwa: *C. Schmitt*, in: Anschütz/Thoma, Handbuch des Deutschen Staatsrechts, Bd. II, 1932, § 101, S. 572 (586 f.); tendenziell für eine weitgehende Freiheit des Gesetzgebers (nur Willkürverbot) auch *Thoma*, in: Triepel, FG 50 Jahre PrOVG, 1925, S. 183 (195).

stimmt.[895] Möglichkeiten der Durchsetzung von Gesetzgebungsaufträgen gab es praktisch nicht[896] und auch wenn das Reichsgericht in der Spätphase der Weimarer Republik ein richterliches Prüfungsrecht anerkannte,[897] gab es – anders als heute –[898] insbesondere keine Möglichkeit, gerichtlich gegen gesetzgeberisches Unterlassen vorzugehen. Infolgedessen liefen ausschließlich den Gesetzgeber verpflichtende Verfassungsnormen wie namentlich Gesetzgebungs-/Regelungsaufträge jedenfalls faktisch weitgehend ins Leere. Angesichts der wegen Art. 20 Abs. 3 GG unbestreitbaren Verfassungsbindung auch der Gesetzgebung lässt sich die historisch durchaus berechtigte Gleichsetzung von Gesetzgebungsaufträgen und unverbindlichen Programmsätzen – und damit die Dichotomie von unmittelbar geltendem Recht und unverbindlichem Programmsatz – jedoch heute nicht mehr aufrechterhalten.[899] Die Auslegung einer Norm als Gesetzgebungs- oder Regelungsauftrag zieht gerade nicht (mehr) deren (jedenfalls faktische) Unverbindlichkeit nach sich.

(b) Vermeintliche Gefahr der Unterminierung

Eng mit dem Vorstehenden verbunden ist das Argument, dass der Gesetzgeber die Vorgabe des Art. 33 Abs. 5 GG leicht durch bloße Untätigkeit unterminieren könne, wenn man die hergebrachten Grundsätze nicht als alle Staatsgewalt unmittelbar bindendes Recht ansähe.[900] Es verkennt indes, dass das umfangreiche verfassungsprozessuale Instrumentarium des Grundgesetzes auch Möglichkeiten vorsieht, einem derartigen legislativen Unterlassen zu begegnen. Insoweit ist nicht nur auf die Verfassungsbeschwerde zu verweisen, mittels derer gegen ge-

[895] Statt vieler: *Grzeszick*, in: Dürig/Herzog/Scholz, GG, Loseblatt, Stand 97. Lfg. Januar 2022, Art. 20 VI. Rn. 27 ff.; vgl. auch die Nachweise in Fn. 894. – Dies hängt freilich eng zusammen mit der seinerzeit noch abgelehnten Trennung zwischen gesetzgebender und verfassungsgebender Gewalt, dazu prägnant *Anschütz*, Die Verfassung des deutschen Reichs, 14. Aufl. 1933 (Nachdruck 1968), Art. 76 Anm. 1 (S. 401) „Die Verfassung steht nicht über der Legislative, sondern zur Disposition derselben".

[896] *Lücke*, AöR Bd. 107 (1982), S. 15 (27 f.); *E. R. Huber*, Deutsche Verfassungsgeschichte, Bd. VI, 1981, S. 407 f.

[897] Dies noch ablehnend, weil dadurch die „bisher der einfachen Gesetzgebung unterworfenen Gesetzesanwendungsbehörden [inkl. der Justiz, d. Verf.] ihr nunmehr überlegen würden, weil sie ihr gegenüber die ‚höhere Norm' in der Hand" hätten, *C. Schmitt*, in: Anschütz/Thoma, Handbuch des Deutschen Staatsrechts, Bd. II, 1932, § 101, S. 572 (598); dafür aber *Gerber*, VVDStRL Heft 7 (1932), S. 2 (7). Instruktiv zum Stand der Diskussion zu Weimarer Zeiten *von Hippel*, in: Anschütz/Thoma, Handbuch des Deutschen Staatsrechts, Bd. II, 1932, § 99, S. 546 (552 ff.).

[898] Zu den Möglichkeiten verfassungsgerichtlichen Rechtsschutzes gegen gesetzgeberisches Unterlassen sogleich B.V.1.c)dd)(2)(b).

[899] *Lücke*, AöR Bd. 107 (1982), S. 15 (27 f.).

[900] *Thal*, Das Dogma rechtsschutzverkürzender Ämterstabilität, 2016, S. 79.

setzgeberisches Unterlassen vorgegangen werden kann, wenn – wofür der Fall des Art. 33 Abs. 5 GG als „[k]lassisches schulmäßiges Beispiel" angeführt wird –[901] ein ausdrücklicher Auftrag des Grundgesetzes besteht, der Inhalt und Umfang der Gesetzgebungspflicht im Wesentlichen umgrenzt.[902] Vielmehr kommt jedenfalls in Bezug auf den hier interessierenden Art. 33 Abs. 5 GG auch der abstrakten sowie der konkreten Normenkontrolle Bedeutung zu. Denn nur wenn es hinsichtlich eines Sachgebietes an jeglicher Regelung fehlt, also ein Fall gesetzgeberischen Totalunterlassens[903] vorliegt, bestehen diese prozessualen Möglichkeiten in Ermangelung eines Antrags- bzw. Vorlagegegenstandes nicht.[904] Soweit aber – was insbesondere hinsichtlich des umfassend gesetzlich geregelten Beamtenrechts zu bejahen ist –[905] der Gesetzgeber auf einem Rechtsgebiet bereits tätig geworden ist und ein Antragsteller bzw. vorlageberechtigtes Gericht die geschaffenen Vorschriften für unzureichend hält, ist dieses gesetzgeberische Teilunterlassen[906] verfassungsgerichtlich überprüfbar.[907]

---

[901] *Bethge*, in: Schmidt-Bleibtreu/Klein/Bethge, BVerfGG, Loseblatt, Stand 61. Lfg. Juli 2021, § 90 Rn. 218.

[902] BVerfGE 11, 255 (261); 129, 124 (176); *Bethge*, in: Schmidt-Bleibtreu/Klein/Bethge, BVerfGG, Loseblatt, Stand 61. Lfg. Juli 2021, § 90 Rn. 218 ff. S. auch *Badura/Denninger/Müller/Oppermann/Ramm/Rehbinder/Schmidt*, Staatszielbestimmungen/Gesetzgebungsaufträge, 1983, S. 50; *U. Fischer*, Rechtliche Qualifikationen von Verfassungsaufträgen, 2000, S. 144 ff.; *R. Schneider*, AöR Bd. 89 (1964), S. 24 (28 ff.).

[903] Auch als *absolutes* (*E. Klein*, in: Benda/Klein, Verfassungsprozessrecht, 4. Aufl. 2020, Rn. 820; ähnlich [absolute Untätigkeit] *Lechner/R. Zuck*, BVerfGG, 8. Aufl. 2019, § 80 Rn. 17a), *echtes* (*Dollinger*, in: Burkiczak/Dollinger/Schorkopf, BVerfGG, 2. Aufl. 2022, § 80 Rn. 49; *Rozek*, in: Schmidt-Bleibtreu/Klein/Bethge, BVerfGG, Loseblatt, Stand 61. Lfg. Juli 2021, § 76 Rn. 19; ebenso *Bethge*, in: Schmidt-Bleibtreu/Klein/Bethge, BVerfGG, Loseblatt, Stand 61. Lfg. Juli 2021, § 90 Rn. 219, bzgl. der Verfassungsbeschwerde), *schlichtes* (BVerfGE 142, 313 [331 Rn. 54]; BVerfG-K NJW 2013, 1148 [1149]) oder *reines* (*Sachs*, Verfassungsprozessrecht, 4. Aufl. 2016, Rn. 139) Unterlassen bezeichnet.

[904] So zur konkreten Normenkontrolle BVerfGE 142, 313 (331 Rn. 54); *Müller-Terpitz*, in: Schmidt-Bleibtreu/Klein/Bethge, BVerfGG, Loseblatt, Stand 61. Lfg. Juli 2021, § 80 Rn. 118 ff.; *Dederer*, in: Dürig/Herzog/Scholz, GG, Loseblatt, Stand 97. Lfg. Januar 2022, Art. 100 Rn. 83; *C. Lenz/Hansel*, BVerfGG, 3. Aufl. 2020, § 80 Rn. 61; zur abstrakten Normenkontrolle etwa *Rozek*, in: Schmidt-Bleibtreu/Klein/Bethge, BVerfGG, Loseblatt, Stand 61. Lfg. Juli 2021, § 76 Rn. 19; *Sachs*, Verfassungsprozessrecht, 4. Aufl. 2016, Rn. 139; anders (also für die Zulässigkeit einer abstrakten Normenkontrolle in Fällen echten Unterlassens) nur *Graßhof*, in: Burkiczak/Dollinger/Schorkopf, BVerfGG, 2. Aufl. 2022, § 76 Rn. 27.

[905] Vgl. zu unterbliebenen bzw. nicht ausreichenden Anpassungen des Besoldungsrechts etwa BVerfGE 8, 1 (18); 81, 363 (383).

[906] Auch *unechtes* (*Rozek*, in: Schmidt-Bleibtreu/Klein/Bethge, BVerfGG, Loseblatt, Stand 61. Lfg. Juli 2021, § 76 Rn. 19; *Dollinger*, in: Burkiczak/Dollinger/Schorkopf, BVerfGG, 2. Aufl. 2022, § 80 Rn. 50), *qualifiziertes* oder *relatives* (s. zu beiden Begriffen *Lechner/R. Zuck*, BVerfGG, 8. Aufl. 2019, § 80 Rn. 17a) Unterlassen genannt.

[907] Zur abstrakten Normenkontrolle: BVerfGE 116, 327 (375 f.); *Rozek*, in: Schmidt-Bleib-

d) Zwischenfazit zum Verhältnis zwischen Art. 33 Abs. 5 GG und den hergebrachten Grundsätzen des Berufsbeamtentums

Es ist somit zwischen der Verfassungsbestimmung des Art. 33 Abs. 5 GG und den darin angesprochenen hergebrachten Grundsätzen des Berufsbeamtentums zu unterscheiden. Nur an Art. 33 Abs. 5 GG als Verfassungsbestimmung, nicht aber an die hergebrachten Grundsätze des Berufsbeamtentums ist alle Staatsgewalt unmittelbar gebunden. Eine inhaltliche Bindung an die hergebrachten Grundsätze besteht in Form der Berücksichtigungspflicht[908] nur, soweit staatliche Akteure (abstrakt-generell) dienst- bzw. beamtenrechtsregelnd tätig werden. Somit ist es insbesondere der Rechtsprechung verwehrt, Einzelfälle unter unmittelbarem Rückgriff auf hergebrachte Grundsätze des Berufsbeamtentums zu entscheiden. Selbst auf Grundlage der (oben widerlegten) Prämisse, dass der sog. Grundsatz der Ämterstabilität ein hergebrachter Grundsatz im Sinne des Art. 33 Abs. 5 GG (bzw. eine Ausprägung eines solchen) wäre, berechtigte dies die Fachgerichte nur zur sog. Richtervorlage (Art. 100 Abs. 1 S. 1 GG), nicht aber zur Abweisung echter Konkurrentenklagen.

2. Der Anwendungsvorrang des einfachen Rechts

Darüber hinaus folgt die fehlende Relevanz der hergebrachten Grundsätze des Berufsbeamtentums für gerichtliche Entscheidungen in dienstrechtlichen Konkurrentenstreitverfahren auch aus dem Anwendungsvorrang des einfachen Rechts.

a) Grundlagen des Anwendungsvorrangs

Der Anwendungsvorrang des einfachen Rechts[909] ist aus dem Grundsatz der (horizontalen) Gewaltenteilung nach Art. 20 Abs. 2 S. 2 GG sowie der nach Art. 20 Abs. 3 GG bestehenden Bindung von Exekutive und Judikative nicht nur an die Verfassung, sondern auch an einfaches Recht abzuleiten. Die der Gesetzgebung

---

treu/Klein/Bethge, BVerfGG, Loseblatt, Stand 61. Lfg. Juli 2021, § 76 Rn. 19; *Sachs*, Verfassungsprozessrecht, 4. Aufl. 2016, Rn. 139; *Pestalozza*, Verfassungsprozeßrecht, 3. Aufl. 1991, § 8 Rn. 10. Zur konkreten Normenkontrolle BVerfG NJW 2013, 1148 (1149); *Müller-Terpitz*, in: Schmidt-Bleibtreu/Klein/Bethge, BVerfGG, Loseblatt, Stand 61. Lfg. Juli 2021, § 80 Rn. 121; *Lechner/R. Zuck*, BVerfGG, 8. Aufl. 2019, § 80 Rn. 17a; *C. Lenz/Hansel*, BVerfGG, 3. Aufl. 2020, § 80 Rn. 61.

[908] S. zu dieser o. B.V.1.b)bb)(1)(b).

[909] Zu diesem etwa *Dreier*, Die Verwaltung Bd. 36 (2003), S. 105 (106) m.w.N.; *Hermes*, VVDStRL Bd. 61 (2002), S. 119 (141); *Wittreck*, Ad Legendum 2018, 217 ff.; *Ruffert*, in: Voßkuhle/Eifert/Möllers, Grundlagen des Verwaltungsrechts, Bd. I, 3. Aufl. 2022, § 7 Rn. 53; in Bezug auf Grundrechte *Kloepfer*, Verfassungsrecht, Bd. II, 2010, § 50 Rn. 34 ff.; im Hinblick auf andere Verfassungsbestimmungen auch *ders.*, Verfassungsrecht, Bd. I, 2011, § 10 Rn. 133 ff.

danach zukommende Kompetenz zur Erstinterpretation und Konkretisierung der Verfassung[910] würde entwertet, wenn Verwaltung und Rechtsprechung grundsätzlich zum unmittelbaren Rückgriff auf Verfassungsrecht berechtigt wären. Der Grundsatz vom Anwendungsvorrang des einfachen Rechts besagt daher, dass hinsichtlich dieser beiden Gewalten eine nur „mittelbare, gesetzesmediatisierte Bindung an die Verfassung" besteht.[911]

b) Bedeutung des Verfassungsrechts in unterschiedlichen Konstellationen

Hinsichtlich der Bedeutung des Verfassungsrechts für die Entscheidung konkreter Rechtsfälle durch Fachgerichte muss somit zwischen verschiedenen Konstellationen unterschieden werden.

aa) Fehlen bzw. Schweigen des einfachen Rechts

Ein Rückgriff der Fachgerichte auf Verfassungsrecht kommt nur in Betracht, soweit das einfache Recht keine einschlägigen Aussagen trifft. Dabei sind insbesondere zwei Aspekte bedeutsam.

(1) Erforderlichkeit echten Schweigens

Zunächst darf das einfache Recht die in Rede stehende Frage wirklich nicht regeln. Es ist insbesondere gründlich zu untersuchen, ob partielles Schweigen des Gesetzes tatsächlich eine Nichtregelung bedeutet oder ob es nicht eventuell dergestalt auf eine bewusste Entscheidung des Gesetzgebers zurückzuführen ist, dass ihm doch ein Bedeutungsgehalt – der namentlich darin bestehen kann, eine bestimmte Konstellation gerade keiner (bzw. jedenfalls nicht dieser) Rechtsfolge zu unterwerfen – zukommt.[912] Von besonderer Relevanz ist insofern namentlich die dem deutschen (Verwaltungs-)Recht weitgehend[913] zugrundeliegende kodifikatorische Regelungstechnik:[914] Aufgrund des Ineinandergreifens allgemeiner und besonderer Bestimmungen führt das Schweigen des (besonderen) Fach-

[910] *Bethge*, in: Schmidt-Bleibtreu/Klein/Bethge, BVerfGG, Loseblatt, Stand 61. Lfg. Juli 2021, Vor § 1 Rn. 212; *Wittreck*, Ad Legendum 2018, 217 (218).

[911] *Grzeszick*, in: Dürig/Herzog/Scholz, GG, Loseblatt, Stand 97. Lfg. Januar 2022, Art. 20 VI. Rn. 19 ff.

[912] Dazu *Canaris*, Die Feststellung von Lücken im Gesetz, 2. Aufl. 1983, S. 44 ff.

[913] Kritisch zu bereichsspezifisch festzustellenden Tendenzen der „Dekodifikation des Verwaltungsverfahrensrechts" *Schoch*, in: Schoch/Schneider, VwVfG, Loseblatt, Stand 2. Lfg. April 2022, Vor § 1 Rn. 5; vgl. auch *Schönenbroicher*, in: Mann/Sennekamp/Uechtritz, VwVfG, 2. Aufl. 2019, § 1 Rn. 6; *Kahl*, in: Hoffmann-Riem/Schmidt-Aßmann, Verwaltungsverfahren und Verwaltungsverfahrensgesetz, 2002, S. 67 (71 ff.).

[914] *Kahl*, in: Hoffmann-Riem/Schmidt-Aßmann, Verwaltungsverfahren und Verwaltungsverfahrensgesetz, 2002, S. 67 (83 ff.); *Bonk*, NVwZ 2001, 636 (636).

rechts oft nur zur Anwendbarkeit allgemeiner Regeln, jedoch gerade nicht zu einer zum Durchgriff auf das Verfassungsrecht berechtigenden Lückenhaftigkeit des einfachen Rechts.[915]

(2) Vorbehalt des Gesetzes

Selbst wenn sich das einfache Gesetzesrecht als im vorstehend umrissenen Sinne lückenhaft erweist, ist aber die unmittelbare Anwendung des Verfassungsrechts keineswegs ohne Weiteres zulässig. Zwar steht ihr der Anwendungsvorrang des einfachen Gesetzes in Ermangelung eines solchen dann nicht entgegen. Zu beachten sind aber freilich weiterhin die sich aus der Lehre vom Vorbehalt des Gesetzes ggf. ergebenden Einschränkungen.[916]

bb) Existenz einfachen Rechts

Existieren hingegen einschlägige einfachgesetzliche Regelungen, ist hinsichtlich der Bedeutung des Verfassungsrechts weitergehend zu differenzieren.

(1) Eindeutig verfassungsgemäßes bzw. verfassungswidriges Recht

Ist das einfache Recht eindeutig – also auf Grundlage jeder methodengerecht in Betracht kommenden Auslegung – verfassungsgemäß oder verfassungswidrig, kommt dem Verfassungsrecht nur eine mittelbare Bedeutung als Prüfungsmaßstab für das einfache Recht zu.[917] Erweist sich Letztgenanntes als eindeutig verfassungsgemäß, hat das Gericht es anzuwenden. Erweist es sich aber als eindeutig verfassungswidrig, ist weitergehend nach der Qualität der jeweiligen Rechtsnorm zu differenzieren: Während das Gericht verfassungswidrige untergesetzliche Rechtsnormen sowie vorkonstitutionelle Gesetze im formellen Sinne kraft eigener Kompetenz unangewandt zu lassen hat,[918] sind nachkonstitutionelle formelle Parlamentsgesetze nach Art. 100 Abs. 1 S. 1 GG vorzulegen.[919]

---

915 Vgl. zur sog. Lückenlosigkeitsthese *Eisfeld*, in: Effer-Uhle/Sagan/Deckenbrock/Höpfner/Kilian/Morell/Schneider/Scholl/Ulber, Richterliche Rechtsfortbildung und kodifiziertes Recht, 2016, S. 97 (103) m. w. N. Zum positivistischen Ansatz der sog. Lehre vom „negativen Satz" s. auch *Honsell*, ZfPW 2016, 106 (122); *Bydlinski*, Grundzüge der juristischen Methodenlehre, 3. Aufl. 2018, S. 83 ff.; *Canaris*, Die Feststellung von Lücken im Gesetz, 2. Aufl. 1983, S. 49 ff.

916 Vgl. *Grzeszick*, in: Dürig/Herzog/Scholz, GG, Loseblatt, Stand 97. Lfg. Januar 2022, Art. 20 VI. Rn. 21.

917 Vgl. dazu o. B.I.1.

918 *Lecheler*, in: Friauf/Höfling, Berliner Kommentar, GG, Loseblatt, Stand Lfg. 1/21 Mai 2021, Art. 33 Rn. 90.

919 BVerfGE 8, 1 (18); *Pawlowski*, JZ 2004, 719 (722); vgl. auch *Voßkuhle*, AöR Bd. 125 (2000), S. 177 (199).

(2) Sowohl verfassungskonform als auch verfassungswidrig auslegbares Recht

Die obige Betonung der erforderlichen Eindeutigkeit der Qualifizierung als verfassungsgemäß bzw. -widrig deutete bereits darauf hin, dass freilich auch Konstellationen denkbar sind, in denen das einfache Recht methodengerecht sowohl in verfassungskonformer als auch in verfassungswidriger Weise ausgelegt werden kann. Dies ist die Konstellation, in der dem Verfassungsrecht trotz Existenz einschlägigen einfachen Rechts eine – wenngleich nur mittelbare – Relevanz für die Entscheidung konkreter Rechtsfälle zukommt. Denn in derartigen Fällen kommt der (Pflicht zur) sog. verfassungskonformen Auslegung Bedeutung zu, die – anders als die Bezeichnung suggerieren mag – gerade keine eigenständige Auslegungsmethode,[920] sondern eine „Vorzugsregel“[921] für eben solche Konstellationen ist.[922] Sie besagt, dass Gerichte, wenn das einfache Recht methodengerecht sowohl in verfassungskonformer als auch in verfassungswidriger Weise ausgelegt werden kann, jeweils die (bzw. eine) Auslegung zu wählen haben, die zu einem mit der Verfassung zu vereinbarenden Ergebnis führt.[923] In diesem Zusammenhang sei mit Blick auf die hier konkret in Rede stehende Situation der echten Konkurrentenklage vorsorglich darauf hingewiesen, dass diese Pflicht der Gerichte gerade unabhängig davon besteht, ob sie Adressat der konkret in Rede stehenden Verfassungsbestimmung sind.[924] Denn sie dient nicht deren Schutz, sondern demjenigen der dem Gesetzgeber nach Art. 20 Abs. 3 GG zustehenden Gestaltungsmacht vor „Übergriffen“ der Rechtsprechung.[925] Zudem lässt sich jedenfalls

[920] Mitunter wurde sie der systematischen Auslegung zugeordnet (etwa von *Bogs*, Die verfassungskonforme Auslegung von Gesetzen unter besonderer Berücksichtigung der Rechtsprechung des Bundesverfassungsgerichts, 1966, S. 25 f.; *Pawlowski*, Methodenlehre für Juristen, 3. Aufl. 1999, Rn. 430; vgl. auch *Engisch/Würtenberger/Otto*, Einführung in das juristische Denken, 12. Aufl. 2018, S. 124). Heute wird dieser Aspekt der „Ausstrahlwirkung“ des Verfassungsrechts meist als verfassungsorientierte Auslegung bezeichnet; dazu (kritisch, a.a.O., S. 154) mit zahlreichen Nachweisen etwa *Canaris*, in: Honsell/Zäch/Hasenböhler/Harrer/Rhinow, FS für E.A. Kramer, 2004, S. 141 (142 ff.).

[921] *Geis*, NVwZ 1992, 1025 (1026).

[922] BVerfGE 35, 263 (280); 41, 65 (86); 88, 203 (331); *Höpfner*, Die systemkonforme Auslegung, 2008, S. 175 ff., 183; *Canaris*, in: Honsell/Zäch/Hasenböhler/Harrer/Rhinow, FS für E.A. Kramer, 2004, S. 141 (142 ff., 146); *F. Müller/Christensen*, Juristische Methodik, Bd. I, 11. Aufl. 2013, S. 134 f.; *Bumke*, Die Verwaltung Bd. 51 (2018), S. 71 (87); ähnlich *Zippelius*, in: Starck, FG 25 Jahre BVerfG, Bd. II, 1976, S. 108 (108).

[923] BVerfGE 19, 1 (5); 30, 129 (148); 32, 373 (383 f.); 51, 304 (323); 62, 323 (333); 66, 313 (319); 69, 1 (55); *Bettermann*, Die verfassungskonforme Auslegung, 1986, S. 19; *Geis*, NVwZ 1992, 1025 (1026).

[924] Zur Differenzierung zwischen der Bindung an Art. 33 Abs. 5 GG und derjenigen an hergebrachte Grundsätze s. o. B.V.1.

[925] *Canaris*, in: Honsell/Zäch/Hasenböhler/Harrer/Rhinow, FS für E.A. Kramer, 2004, S. 141 (149); s. auch *Zippelius*, in: Starck, FG 25 Jahre BVerfG, Bd. II, 1976, S. 108 (110 f.).

eine Obliegenheit zur verfassungskonformen Auslegung auch aus Art. 100 Abs. 1 GG ableiten, der die Vorlage eines Gesetzes nur als ultima ratio vorsieht.[926]

c) Auswirkungen des Anwendungsvorrangs des einfachen Rechts auf die Konstellation der echten Konkurrentenklage

aa) Keine unmittelbare Bedeutung der hergebrachten Grundsätze

Setzt eine Berechtigung der Fachgerichte zum unmittelbaren Rückgriff auf das Verfassungsrecht und damit (erst recht) auch auf einen – entgegen obiger Erkenntnis hier einstweilen unterstellten – hergebrachten Grundsatz der Ämterstabilität nach dem vorstehend Ausgeführten also das Schweigen des einfachen Rechts voraus, kommt sie in der Konstellation der echten Konkurrentenklage nicht in Betracht. Denn unabhängig davon ob man (etwa auf Grundlage der oben abgelehnten Anspruchskonzeption der Anfechtungsklage)[927] davon ausgeht, dass das einfache Recht die echte Konkurrentenklage ausschließt, oder (namentlich auf Grundlage des oben präferierten wortlautbasierten Verständnisses der Anfechtungsklage)[928] annimmt, dass dieses sie zulässt: In beiden Fällen ist die jeweilige Auffassung auf einfaches Recht gestützt, das ungeachtet seiner divergierenden Auslegung jedenfalls unzweifelhaft existiert[929] und somit – auch unabhängig von der Frage seiner Verfassungsmäßigkeit –[930] jedenfalls dem Durchgriff auf das Verfassungsrecht entgegensteht.

bb) Höchstens mittelbare Bedeutung der hergebrachten Grundsätze

(1) Ausgangslage

Einem hergebrachten Grundsatz der Ämterstabilität könnte somit höchstens noch mittelbare Bedeutung für die fachgerichtliche Abweisung solcher Klagen zukommen: Wenn das einfache Recht sowohl in einer mit diesem Grundsatz zu

---

[926] BVerfGE 68, 337 (344); 85, 329 (333 f.); 87, 114 (133); 124, 251 (262); 138, 64 (89); *Müller-Terpitz*, in: Schmidt-Bleibtreu/Klein/Bethge, BVerfGG, Loseblatt, Stand 61. Lfg. Juli 2021, § 80 Rn. 147; *Schlaich/Korioth*, Das Bundesverfassungsgericht, 12. Aufl. 2021, Rn. 440.

[927] S. o. A.III.2.a).

[928] S. o. A.III.2.b).

[929] Insbesondere folgt in der oben zuletzt genannten Konstellation aus dem (unterstellten) Umstand, dass das einfachgesetzliche Fachrecht die Möglichkeit der echten Konkurrentenklage nicht ausschließt, kein für den Rückgriff auf das Verfassungsrecht notwendiges Schweigen des einfachen Rechts. Vielmehr führt dieser Umstand dazu, dass die allgemeine Kassationsbefugnis der Verwaltungsgerichte, § 113 Abs. 1 S. 1 VwGO, zur Anwendung gelangt.

[930] Die unterstellte Verfassungswidrigkeit des einfachen Rechts verpflichtete das Fachgericht lediglich zur Aussetzung des Verfahrens und zur Vorlage nach Art. 100 Abs. 1 GG, berechtigte sie jedoch gerade nicht zur eigenmächtigen Abweisung der Klage durch unmittelbare Anwendung dieses hergebrachten Grundsatzes.

vereinbarenden als auch in einer damit nicht zu vereinbarenden Weise ausgelegt werden könnte, wäre das Fachgericht zur verfassungskonformen Auslegung und – unter Geltung der hier entgegen obiger Erkenntnisse unterstellten Prämisse, es gäbe einen hergebrachten Grundsatz der Ämterstabilität, der den Ausschluss der echten Konkurrentenklage forderte – infolgedessen evtl.[931] zur Abweisung der Klage verpflichtet.[932]

(2) Grenze der Auslegbarkeit

Ob einem solchen hergebrachten Grundsatz diese mittelbare Bedeutung zukäme, richtet sich mithin danach, ob das einfache Recht nicht nur – wie oben[933] dargelegt – in einer die echte Konkurrentenklage zulassenden, sondern methodengerecht auch in einer diese ausschließenden Weise ausgelegt werden kann. Bei der somit maßgeblichen Grenze der methodengerechten Auslegbarkeit des einfachen Rechts handelt es sich nicht um die letztlich stark von der jeweils favorisierten Methode abhängende[934] Abgrenzung zwischen Auslegung und Rechtsfortbildung,[935] sondern um die am Maßstab der in Art. 20 Abs. 2 S. 2, Abs. 3 GG niedergelegten Grundsätze der Gewaltenteilung vorzunehmende Differenzierung zwischen Rechtssetzung und Rechtsanwendung. Während die Schaffung gesetzlicher Normen der Gesetzgebung obliegt, erschöpft sich die Funktion der Gerichte in der Anwendung derselben. Die Grenze der nach diesen Maßstäben zulässigen

[931] Außer Betracht bleibt im Rahmen der hier angestellten hypothetischen Überlegungen die potentielle Bedeutung von mit einem solchen Grundsatz evtl. konfligierenden Verfassungsbestimmungen. Zu einer zur Möglichkeit der echten Konkurrentenklage führenden verfassungskonformen Auslegung s. *W.-R. Schenke*, in: Butzer/Kaltenborn/Meyer, FS für Schnapp, 2008, S. 655 (679 f.).

[932] Zur Verpflichtung der Fachgerichte zur verfassungskonformen Auslegung s. o. B.V.2.b) bb)(2).

[933] S. o. A.III. insbesondere A.III.2.b) und A.III.2.c)bb).

[934] Was auf Grundlage der subjektiv-teleologischen (historischen) Methode bereits eine Analogie ist, kann auf Basis der sog. objektiv-teleologischen Methode ggf. noch extensive Auslegung sein; was ausgehend von der subjektiv-teleologischen Methode bereits eine teleologische Reduktion darstellt, könnte auf Grundlage der objektiv-teleologischen Methode ggf. noch als bloß restriktive Auslegung zu bewerten sein. Vgl. auch *Fallmann*, Sekundäre Lücken im Recht, 2021, S. 23 ff. Zur „Tendenzwende" (*Rüthers*, NJW 2011, 1856 [1857]; ähnlich [„Neuausrichtung"] *Höpfner*, RdA 2018, 321 [323]) in der Rspr. des BVerfG hin zur subjektiv-teleologischen Methode seit dem Jahr 2009 s. noch u. Fn. 941.

[935] Auch Letztgenannte ist den Fachgerichten nicht per se untersagt; unter Gewaltenteilungsaspekten (dazu sogleich) bestehen insofern vielmehr die gleichen Grenzen wie bzgl. der Auslegung, vgl. BVerfGE 128, 193 (210); 132, 99 (127 Rn. 75), 149, 126 (154 Rn. 73); zuvor bereits Sondervotum *Voßkuhle/Osterloh/Di Fabio*, BVerfGE 122, 282 (282); *Geis*, NVwZ 1992, 1025 (1027). S. auch *Kruse*, Die verfassungsrechtlichen Grenzen richterlicher Rechtsfortbildung, 2019, S. 64 ff.; *Bumke*, Die Verwaltung Bd. 51 (2018), S. 71 (87 f. mit Fn. 103).

Auslegung liegt mithin dort, wo das Fachgericht nicht mehr versucht, das von anderer Stelle gesetzte Recht zur Anwendung zu bringen, sondern sich stattdessen anschickt, eigene Gerechtigkeitsvorstellungen durchzusetzen.[936] Maßgeblich ist mithin, ob die vom Fachgericht vorgenommene (vermeintliche) Auslegung „nachvollziehbar“[937] ist, sie auf einem „zumindest diskutablen [...] Wege“[938] erfolgte bzw. das Auslegungsergebnis „in vertretbarer Weise“[939] gewonnen wurde.[940] Dabei liegt die Schwierigkeit dieser Abgrenzung darin begründet, dass auch die dazu vorzunehmende Qualifizierung einer (fachgerichtlichen) Auslegung ihrerseits nur im Wege der (eigenen) Auslegung[941] erfolgen kann.[942] Dass diese missliche Konstellation in der Praxis mitunter durch die Verwendung von an die sog. Sens-clair-Doktrin[943] erinnernden Formulierungen wie Bezugnahmen auf einen vermeintlich „klar erkennbaren“[944] Willen des Gesetzgebers oder den

936 BVerfGE 82, 6 (12 f.); 118, 212 (243); 128, 193 (210); BVerfG (K) NJW 2012, 669 (671); BVerfG (K) FamRZ 2015, 1263 (1268); BVerfG (K) NJW-RR 2016, 1366 (1370). Zu diesem sog. Normsetzungsverbot und seinen historischen Wurzeln etwa auch *Kruse*, Die verfassungsrechtlichen Grenzen richterlicher Rechtsfortbildung, 2019, S. 86 ff.

937 BVerfGE 96, 56 (63).

938 BVerfGE 34, 269 (291).

939 BVerfGE 82, 6 (13); ähnlich zu den Grenzen der sog. konventionsfreundlichen (EMRK) Auslegung auch BVerfG (K) FamRZ 2015, 1263 (1268).

940 So auch die Zusammenfassung von *Kruse*, Die verfassungsrechtlichen Grenzen richterlicher Rechtsfortbildung, 2019, S. 85.

941 Durch den „ordnungsgemäßen Gebrauch der anerkannten Auslegungsmethoden“, BVerfGE 138, 64 (93 Rn. 86); in der Sache ebenso bereits BVerfGE 119, 247 (274); 128, 193 (218). – Dabei war die Gewichtung der verschiedenen Auslegungsarten gewissen Moden unterworfen. Neben der konstant angeführten (und das Spektrum möglicher Wortlautauslegungen erfassenden, dazu *Larenz/Canaris*, Methodenlehre der Rechtswissenschaft, 3. Aufl. 1995, S. 143; ähnlich *F. Müller/Christensen*, Juristische Methodik, Bd. I, 11. Aufl. 2013, S. 13, 305 f.; *Röhl/Röhl*, Allgemeine Rechtslehre, 3. Aufl. 2008, S. 614 ff.; *Klatt*, Theorie der Wortlautgrenze, 2004, S. 20; *ders.*, in: Lerch, Die Sprache des Rechts, Bd. II, 2005, S. 343 (343); *Depenheuer*, Der Wortlaut als Grenze, 1988, S. 10; *Zippelius*, in: Starck, FG 25 Jahre BVerfG, Bd. II, 1976, S. 108 [115]) Wortlautgrenze (etwa BVerfGE 18, 97 [111]; 71, 81 [105]; 93, 37 [81]; 138, 296 [350]) stellte das BVerfG zunächst stark auf die objektiv-teleologische Auslegung ab („Wortlaut und Sinn des Gesetzes“, BVerfGE 2, 380 [398]; 18, 97 [111]; ähnlich [„Willen des Gesetzes“] BVerfGE 71, 81 [105]), wandte sich aber später zunehmend der subjektiv-teleologischen (historischen) Auslegung zu („Wortlaut und [...] Willen des Gesetzgebers“, BVerfGE 90, 263 [275]; 93, 37 [81]; 138, 296 [350]; 138, 64 [94 Rn. 86]; 149, 126 [154 Rn. 73]); dazu auch *Höpfner*, RdA 2018, 321 (323); *Rüthers*, NJW 2011, 1856 (1867).

942 Vgl. zum Problem der praktischen Handhabbarkeit solch theoretischer Grenzen etwa *Kruse*, Die verfassungsrechtlichen Grenzen richterlicher Rechtsfortbildung, 2019, S. 83 ff.

943 *Höpfner*, Die systemkonforme Auslegung, 2008, S. 145 f.; allgemein zur sog. Sens-clair-Doktrin auch *F. Müller/Christensen*, Juristische Methodik, Bd. I, 11. Aufl. 2013, Rn. 258.

944 Beispielsweise BVerfGE 138, 64 (94 Rn. 86; 97 Rn. 93). Vgl. auch *Höpfner*, Die systemkonforme Auslegung, 2008, S. 193 f.

angeblich „klaren Wortlaut“[945] einer Bestimmung zu verschleiern versucht wird, kann somit nicht über den prekären Befund hinweghelfen, dass ungeachtet aller dazu vorgetragenen Definitionen, Theorien und Floskeln[946] letztlich eine wertende Entscheidung getroffen werden muss.[947]

(3) Anwendung auf den Fall der echten Konkurrentenklage

Auch wenn die oben bereits negativ beantwortete Frage nach der Überzeugungskraft einer die echte Konkurrentenklage ausschließenden Auslegung des einfachen Rechts somit strenggenommen von derjenigen nach der Vertretbarkeit[948] derselben zu differenzieren ist, soll in Anbetracht des Umstandes, dass es sich hier ohnehin nur mehr um hilfsweise Ausführungen handelt, die auf der oben bereits widerlegten Prämisse beruhen, dass es einen den Ausschluss der echten Konkurrentenklage fordernden hergebrachten Grundsatz des Berufsbeamtentums gäbe, auf letztere hier nicht vertieft eingegangen werden.

3. Zwischenergebnis

Auch auf Grundlage der (bereits widerlegten) Prämisse, dass ein Ausschluss der echten Konkurrentenklage durch einen hergebrachten Grundsatz im Sinne des Art. 33 Abs. 5 GG gefordert würde, resultierte daraus keine Pflicht (oder auch nur ein Recht) der Verwaltungsgerichte, derartige Klagen abzuweisen. Vielmehr müsste ein Fachgericht diejenigen einfachgesetzlichen Regelungen, die es für mit diesem hergebrachten Grundsatz unvereinbar erachtete, nach Art. 100 Abs. 1 S. 1 GG vorlegen.

VI. Zwischenergebnis

Ein von den Verwaltungsgerichten unmittelbar anzuwendender Grundsatz der Ämterstabilität lässt sich somit aus mehreren Gründen nicht unter Berufung auf Art. 33 Abs. 5 GG herleiten. Zunächst besteht schon kein hergebrachter Grundsatz, der den Ausschluss der echten Konkurrentenklage fordert. Überdies wäre

---

945 Etwa BVerfGE 128, 193 (218); dazu kritisch namentlich *Rüthers*, NJW 2011, 1856 (1857): auch die „Feststellung, der Wortlaut einer Gesetzesbestimmung sei ‚klar‘ oder ‚eindeutig‘, ist immer das Ergebnis einer Auslegung“.

946 Mindestens ähnlich drastisch spricht etwa *Kruse*, Die verfassungsrechtlichen Grenzen richterlicher Rechtsfortbildung, 2019, S. 85, von einem „floskelreich umrankten, im Kern aber kaum klare Strukturen aufweisenden Maßstab“.

947 Vgl. *Wank*, Die juristische Begriffsbildung, 1985, S. 34.

948 Ablehnend insofern etwa *Scherer*, JURA 1985, 11 (18): Schaffung eines Sonderprozessrechts sei Aufgabe des Gesetzgebers, nicht der Gerichte. Ähnlich *Gundel*, Die Verwaltung Bd. 37 (2004), S. 401 (427); *P. M. Huber*, Konkurrenzschutz im Verwaltungsrecht, 1991, S. 457.

die Fachrechtsprechung nicht berechtigt, eine echte Konkurrentenklage unter unmittelbarem Rückgriff auf einen solchen hergebrachten Grundsatz abzuweisen.

C. Zur Bedeutung des Vertrauensschutzgedankens

Während zur Stützung des sog. Grundsatzes der Ämterstabilität früher noch gelegentlich das Argument des Vertrauensschutzes bemüht wurde,[949] finden sich entsprechende Ansätze in der jüngeren Vergangenheit höchstens noch bereichsspezifisch.[950] Zu überzeugen vermochten und vermögen sie indes durchweg nicht.

I. Grundlagen des Vertrauensschutzes

Obschon zur rechtlichen Herleitung und normativen Fundierung des Vertrauensschutzes unterschiedliche Ansätze vertreten werden (dazu sogleich 1.), herrscht hinsichtlich seiner Voraussetzungen (u. 2.) und Folgen (u. 3.) weitgehend Einigkeit.

1. Herleitung

Im Wesentlichen werden, sofern er nicht als eigener und damit weder anderweitig herleitbarer noch herleitungsbedürftiger Rechtsgedanke angesehen wird,[951] drei Herleitungen des Vertrauensschutzgedankens (mitunter auch kumulativ)[952] vertreten.[953] So wird neben dem Rechtsstaatsprinzip[954] und den Grundrech-

949 So deutete jedenfalls *Lecheler*, DÖV 1983, 953 (955 mit Fn. 21), der diese Auffassung selbst nicht teilte, die Ausführungen von *Maunz*, in: Maunz/Dürig, GG, Loseblatt, Grundwerk 1958, Art. 33 Rn. 17. Dagegen etwa W.-R. Schenke, in: Butzer/Kaltenborn/Meyer, FS für Schnapp, 2008, S. 655 (684 ff.); kritisch auch schon *Bellgardt*, Die Konkurrentenklage des Beamtenrechts, 1980, S. 146 f. Vgl. auch BVerwGE 138, 102 (121 f.).

950 Ausschließlich in Bezug auf Notare *Custodis*, DNotZ 2017, 12 (28); dazu noch sogleich Fn. 968.

951 *Püttner*, VVDStRL Heft 32 (1974), S. 200 (206).

952 Für eine Kombination aus Rechtsstaatsprinzip sowie dem Grundsatz von Treu und Glauben BVerfGE 59, 128 (167); *Maurer*, in: Isensee/Kirchhof, Handbuch des Staatsrechts, Bd. IV, 3. Aufl. 2006, § 79 Rn. 98; vgl. auch schon *Benda*, in: Benda/Maihofer/Vogel, Handbuch des Verfassungsrechts, 2. Aufl. 1995, § 17 Rn. 49.

953 Vgl. *Maurer*, in: Isensee/Kirchhof, Handbuch des Staatsrechts, Bd. IV, 3. Aufl. 2006, § 79 Rn. 97 f.; *Püttner*, VVDStRL Heft 32 (1974), S. 200 (201 f.). S. auch *Rottenwallner*, DVP 2015, 135 (137 ff.) mit Nachweisen zu weiteren, vereinzelt vertretenen Herleitungen. Umfassende Übersichten über die vertretenen Herleitungen finden sich zudem bei *Schwarz*, Vertrauensschutz als Verfassungsprinzip, 2002, S. 103 ff.; *Ossenbühl*, Die Rücknahme fehlerhafter begünstigender Verwaltungsakte, 2. Aufl. 1965, S. 71 ff., 153 ff.

954 Zeitliche Dimension der Rechtssicherheit, BVerwGE 11, 136 (137 f.); 138, 102 (120 f.); BVerwG NJW 1961, 1130 (1131); BVerwG NJW 1964, 1289 (1289 f.).

ten[955] teilweise auch auf den Grundsatz von Treu und Glauben[956] abgestellt. In Anbetracht der hinsichtlich der Voraussetzungen und Folgen des Vertrauensschutzes höchstens marginalen Unterschiede dieser Herleitungen[957] bedarf es einer eingehenderen Untersuchung und Positionierung im hiesigen Zusammenhang indes nicht.

2. *Voraussetzungen*

Ungeachtet der konkurrierenden Begründungsansätze herrscht hinsichtlich der Voraussetzungen des Vertrauensschutzes weitgehend Konsens. In der Sache übereinstimmend, wenngleich in Formulierung und Terminologie leicht divergierend, wird tatbestandlich gefordert, dass ein öffentlich-rechtlicher Vertrauensgeber durch rechtserhebliches Handeln in öffentlich-rechtlicher Handlungsform eine Vertrauensgrundlage geschaffen hat, welche ihrerseits kausale Grundlage für eine schutzwürdige vertrauensbetätigende Disposition (sog. Vertrauensverhalten) des privaten Vertrauensnehmers war.[958]

3. *Rechtsfolge*

Der größte gemeinsame Nenner der zur Rechtsfolge vertretenen Auffassungen lautet, dass sich der Vertrauensgeber an dem von ihm gesetzten Vertrauenstatbe-

---

[955] Vom „gemeinsame[n] Schutzgut aller Grundrechte" spricht *Blanke*, Vertrauensschutz im deutschen und europäischen Verwaltungsrecht, 2000, S. 141.; zur Verortung in Art. 2 Abs. 1 GG s. etwa *Grabitz*, DVBl. 1973, 675 (681 ff.); vgl. auch *Kisker*, Die Rückwirkung von Gesetzen, 1963, S. 14.

[956] BVerwGE 8, 296 (304); 9, 251 (253); 10, 308 (309); 11, 136 (137); 19, 188 (189); 21, 119 (124); 27, 215 (217 f.); 40, 147 (150); *Benda*, in: Benda/Maihofer/Vogel, Handbuch des Verfassungsrechts, 2. Aufl. 1994, § 17 Rn. 49; Kritisch dazu etwa *de Wall*, Die Anwendbarkeit privatrechtlicher Vorschriften im Verwaltungsrecht, 1999, S. 242 ff.; *Rottenwallner*, DVP 2015, 135 (137 f.).

[957] Vgl. bereits *Püttner*, VVDStRL Heft 32 (1974), S. 200 (205). Zu berücksichtigen ist freilich, dass einem verfassungsrechtlich abgeleiteten Vertrauensschutz aufgrund des Anwendungsvorrangs des einfachen Rechts grundsätzlich keine unmittelbare Bedeutung für die Abweisung echter Konkurrentenklagen zukommen kann, sondern er nur als Prüfungsmaßstab des einfachen Rechts dient (somit also zutreffend verortet bei *Özfirat-Skubinn*, Rechtswidrige Beamtenernennungen, bei denen der Rechtsschutz eines Mitbewerbers vereitelt wird – Wege zur Kompensation, 2011, S. 148 ff.). Insofern gilt das oben schon zur Stützung des Grundsatzes der Ämterstabilität auf hergebrachte Grundsätze im Sinne des Art. 33 Abs. 5 GG Gesagte (B.I.1. sowie B.V.2.) entsprechend.

[958] *Maurer*, in: Isensee/Kirchhof, Handbuch des Staatsrechts, Bd. IV, 3. Aufl. 2006, § 79 Rn. 13; eingehend, wenngleich in erster Linie zum schweizerischen Recht, *Weber-Dürler*, Vertrauensschutz im öffentlichen Recht, 1983, S. 79 ff.; *Schwarz*, Vertrauensschutz als Verfassungsprinzip, 2002, S. 295 ff.; vgl. auch *Leisner*, Kontinuität als Verfassungsprinzip, 2002, S. 466 ff.; *Rottenwallner*, DVP 2015, 135 (139 ff.).

stand festhalten lassen muss.[959] Der Vertrauensschutz kann ihn namentlich hindern, in vertrauensenttäuschender Weise vom gesetzten Vertrauenstatbestand abzuweichen. Insofern kann er sich etwa als (Verwirkungs-)Einwand oder Duldungsanspruch äußern. Ist ein vertrauensenttäuschendes Abweichen des Staates bereits erfolgt,[960] können aus dem Vertrauensschutz Ansprüche auf Regelung des dadurch eingetretenen Zustandes oder ggf. auf Wiederherstellung bzw. Entschädigung folgen.[961]

II. Relevanz des Vertrauensschutzgedankens für die Konstellation der echten Konkurrentenklage

Im Hinblick auf die Konstellation der echten Konkurrentenklage sind theoretisch zwei Ansatzpunkte für eine Relevanz des Vertrauensschutzes denkbar: das Vertrauen des Ernannten[962] in den Bestand der Ernennung[963] sowie sein Vertrauen in den Fortbestand der bisherigen, eine erfolgreiche Anfechtung dieser Ernennung grundsätzlich ausschließenden Rechtsprechung.[964]

1. Vertrauen in den Bestand der Ernennung

In der zuerst genannten Konstellation käme somit die mit der echten Konkurrentenklage angegriffene Ernennung als potentieller Vertrauenstatbestand in Betracht. Ungeachtet der Fragen, ob überhaupt schon deren bloße Vornahme oder nicht vielmehr erst der Eintritt ihrer Bestandskraft ein schutzwürdiges Vertrauen

[959] Vgl. die „Systematik der Rechtsfolgen“ bei *Schwarz*, Vertrauensschutz als Verfassungsprinzip, 2002, S. 318 f.

[960] Gelegentlich wird dies als weitere tatbestandliche Voraussetzung des Vertrauensschutzes genannt, vgl. *Weber-Dürler*, Vertrauensschutz im öffentlichen Recht, 1983, S. 104. Dagegen spricht jedoch, dass sich der Vertrauensschutz nicht erst durch Verletzung des Vertrauens aktualisiert, sondern gerade (auch) vor dieser bewahren will. Präziser daher *Maurer*, in: Isensee/Kirchhof, Handbuch des Staatsrechts, Bd. IV, 3. Aufl. 2006, § 79 Rn. 13: dritte Voraussetzung des Vertrauensschutzes (neben Vertrauensgrundlage und Vertrauensbetätigung) sei, dass der Staat von der Vertrauensgrundlage „abweichen will“.

[961] *Rottenwallner*, DVP 2015, 135 (142 f.). Vgl. auch *Maurer*, in: Isensee/Kirchhof, Handbuch des Staatsrechts, Bd. IV, 3. Aufl. 2006, § 79 Rn. 155: Ziel des Vertrauensschutzes sei „die Erhaltung des Bestehenden, gelegentlich auch die Einlösung des Versprochenen und ausnahmsweise ausgleichende Entschädigung für enttäuschtes Vertrauen“.

[962] Ein evtl. Vertrauen der Behörde (vgl. tendenziell *Isensee*, in: Bachof/Heigl/Redeker, FG 25 Jahre BVerwG, 1978, S. 337 [355]: „für den Beamten wie für den Dienstherrn unerträgliche Rechtsunsicherheit“) wird hingegen nicht geschützt, vgl. BVerwGE 27, 215 (217 f.).

[963] Vgl. zu derartigen Überlegungen *Hatje*, Der Rechtsschutz der Stellenbewerber im europäischen Beamtenrecht, 1988, S. 242 ff.

[964] Dazu etwa *Thal*, Das Dogma rechtsschutzverkürzender Ämterstabilität, 2016, S. 302 ff.; abgelehnt in BVerwGE 138, 102 (120 f. Rn. 59).

des Adressaten zu begründen vermag,[965] und inwieweit dem allgemeinen Vertrauensschutzgedanken neben den diesen berücksichtigenden gesetzlichen Regelungen[966] überhaupt eine unmittelbare Bedeutung zukommen kann,[967] scheitert ein auf den Vertrauensschutzgedanken gestützter Ausschluss der echten Konkurrentenklage jedenfalls[968] daran, dass die vermeintlich vertrauensenttäuschende Aufhebung der Ernennung nicht durch die die Vertrauensgrundlage gesetzt habende Behörde, sondern durch das Gericht erfolgte, das (insofern)[969] gerade nicht Vertrauensgeber ist.[970]

---

[965] In letzterem Sinne (und explizit zur beamtenrechtlichen Konkurrentenklage) *Brohm*, in: Erichsen/Hoppe/von Mutius, FS für Menger, 1985, S. 235 (251); vgl. auch *Schwarz*, Vertrauensschutz als Verfassungsprinzip, 2002, S. 322. Meist wird die Frage überhaupt nur im Zusammenhang mit behördlichen Aufhebungen diskutiert: Nach *Sachs*, in: Stelkens/Bonk/Sachs, VwVfG, 9. Aufl. 2018, § 50 Rn. 68, ist das Vertrauen in einen bekanntermaßen noch nicht bestandskräftigen Verwaltungsakt – jedenfalls dann, wenn der Adressat um die Bekanntgabe an Dritte weiß – nicht in derselben Weise schutzwürdig wie bei dessen allseitiger Unanfechtbarkeit. Weitergehend (kein Vertrauensschutz bei nicht angefochtenem, aber noch erfolgreich anfechtbarem Verwaltungsakt mit Drittwirkung) *T. Horn*, DÖV 1990, 864 (870 ff.); i. E. wohl auch *ders.*, Die Aufhebung des der Drittanfechtung unterliegenden Verwaltungsakts, 1989, S. 114 ff. Vor Inkrafttreten der §§ 48 ff. VwVfG auch BVerwGE 31, 67 (69): „Freilich kann bei Verwaltungsakten mit Doppelwirkung, deren Begünstigung zugleich die Rechtsstellung eines anderen mindert, so längs überhaupt kein Vertrauensschutz durchgreifen, wie der Beschwerte noch in der Lage ist, die von ihm als Rechtsverletzung empfundene Beschwer zu verfolgen."

[966] Namentlich Ausschluss der behördlichen Rücknehmbarkeit durch §§ 11, 12 BeamtStG, §§ 13, 14 BBG, § 50 BNotO, § 46 SG und §§ 18, 19 DRiG, dazu o. A.

[967] Vgl. o. B.I.1. sowie B.V.2.

[968] Auch dürfte die kausale vertrauensbetätigende Handlung des Vertrauensnehmers im Einzelfall nicht immer ohne Weiteres festzustellen sein. Eine Sonderkonstellation in Bezug auf Notare postuliert insofern *Custodis*, DNotZ 2017, 12 (28): Der Vertrauensschutzgedanke müsse dort in gesteigertem Maße gelten, da Notare (anders als Beamte) auf eigene Rechnung tätig seien und es daher üblicherweise zu besonderen, auf die Berufsausübung bezogenen Vermögensdispositionen komme. So richtig dies auf tatsächlicher Ebene auch sein mag, kann seine Folgerung, die Abs. 2 u. 3 des § 48 VwVfG seien daher entsprechend anzuwenden, nicht überzeugen. Denn zum einen sind diese nicht etwa (nur) aufgrund einer planwidrigen Regelungslücke, sondern aufgrund ihrer Verdrängung durch die Bestimmungen der BNotO unanwendbar und zum anderen betreffen weder diese noch jene Bestimmungen zur behördlichen Aufhebung die Frage der gerichtlichen Überprüfung.

[969] Zu einer evtl. Schaffung einer Vertrauensgrundlage durch das Gericht s. sogleich u. 2.

[970] *Schick*, DVBl. 1975, 741 (746); *von Mutius*, VerwArch Bd. 69 (1978), S. 103 (111). Insbesondere ist nicht pauschal „der Staat" Vertrauensgeber. Eine Bindung der Gerichte an von Behörden geschaffenes Vertrauen kollidierte ersichtlich mit der Gewaltenteilung; tendenziell anders offenbar *Weber-Dürler*, Vertrauensschutz im öffentlichen Recht, 1983, S. 104 ff.

2. Vertrauen in die Aufrechterhaltung der bisherigen Rechtsprechungslinie

Der Vertrauensgrundsatz soll aber nicht nur für Gesetzgebung und Verwaltung, sondern auch im Bereich der Rechtsprechung Anwendung finden.[971] Dort wird ihm neben seiner Relevanz in Fragen der Rechtskraft und der (eingeschränkten Möglichkeit einer) Wiederaufnahme namentlich auch im Hinblick auf die mögliche Präjudizwirkung früherer (insbesondere höchstgerichtlicher) Entscheidungen Bedeutung beigemessen.[972] Es stellt sich somit die Frage, inwieweit Gerichte an ihre eigene frühere Rechtsprechung oder an diejenige höherer Instanzen[973] gebunden sein können. Eine originäre Bindung an (in anderen Verfahren ergangene)[974] Entscheidungen höherer Instanzen scheidet aufgrund der in Art. 97 GG verankerten richterlichen Unabhängigkeit aus.[975] Ein ähnliches Resultat könnte sich jedoch – das schlägt zugleich die Brücke zum zweiten der oben aufgeführten Aspekte – daraus ergeben, dass ein Gericht, das bisher der Rechtsprechungslinie einer höheren Instanz folgte, an diese seine eigene Entscheidungspraxis gebunden wäre. Inwieweit eine derartige Verpflichtung zur Kontinuität der eigenen (evtl. ihrerseits der Linie eines übergeordneten Gerichts folgenden) Rechtsprechung besteht, wird unterschiedlich beurteilt. Obschon auch insoweit Art. 97 Abs. 1 GG, der gerade nicht die Gerichte, sondern die einzelnen Richter für unabhängig erklärt, höchstens Raum für eine derartige Bindung personell unverändert besetzter Spruchkörper, niemals jedoch für diejenige ganzer Gerichte ließe, postulieren die obersten Bundesgerichte sie jedenfalls im Ansatz, indem sie das Vorliegen einer bloß besseren Rechtserkenntnis nicht für die Zulässigkeit von

---

[971] Dazu etwa *Schwarz*, Vertrauensschutz als Verfassungsprinzip, 2002, S. 363 ff.

[972] *Maurer*, in: Isensee/Kirchhof, Handbuch des Staatsrechts, Bd. IV, 3. Aufl. 2006, § 79 Rn. 134 ff. – Das ist freilich schon im Ansatz nicht mit den oben geschilderten Maßstäben vergleichbar, da die Rspr. mit ihren früheren Entscheidungen in (regelmäßig auch personell) anderen Konstellationen keine Vertrauensgrundlage gegenüber den Beteiligten eines späteren Rechtsstreites geschaffen hat. Die Situation weist eher Parallelen zur Konstruktion der sog. Selbstbindung (der Verwaltung) auf und könnte daher höchstens unter Bezug auf Art. 3 Abs. 1 GG hergeleitet werden, vgl. tendenziell auch BSGE 40, 292 (296): Grundsätze „der Rechtssicherheit, der Gleichbehandlung und des Vertrauensschutzes".

[973] Es geht an dieser Stelle ausdrücklich nur um den fachgerichtlichen Instanzenzug. Der Bindungswirkung verfassungsgerichtlicher Entscheidungen (§ 31 Abs. 1 BVerfGG) kommt insofern keine Bedeutung zu.

[974] Die Bindung an die Rechtsauffassung des höheren Gerichts in Fällen einer rechtsmittelrechtlichen Rückverweisung (also in der gleichen Sache) kann insofern als regelbestätigende Ausnahme verstanden werden, *Maurer*, in: Isensee/Kirchhof, Handbuch des Staatsrechts, Bd. IV, 3. Aufl. 2006, § 79 Rn. 137.

[975] *Schwarz*, Vertrauensschutz als Verfassungsprinzip, 2002, S. 368. Vielmehr hat der Instanzrichter stets selbst zu prüfen, ob ein in der Rechtsprechung der Ober- oder Höchstgerichte vorgefundenes Präjudiz (noch) haltbar ist, *Maurer*, in: Isensee/Kirchhof, Handbuch des Staatsrechts, Bd. IV, 3. Aufl. 2006, § 79 Rn. 138.

Rechtsprechungsänderungen genügen lassen, sondern – mit leichten Unterschieden in der Formulierung – darüber hinaus die Existenz gewichtiger Gründe fordern.[976] Das ist indes bestenfalls missverständlich. Denn die „Weiterentwicklung der Rechtsprechung hängt nicht von besonderen Gesichtspunkten ab, sondern wird durch das Recht selbst diktiert."[977] Das Gericht muss keine Rechtfertigungsgründe für die Aufgabe einer Rechtsprechungslinie vorbringen. Vielmehr muss es seine Entscheidungspraxis ändern, wenn es zu besseren[978] rechtlichen Erkenntnissen kommt. Für den Fall der echten Konkurrentenklage bedeutet dies: Beruht deren Ausschluss durch die bisherige Rechtsprechung auf einer fehlerhaften Anwendung des (einfachen Dienst- bzw. des Verfassungs-)Rechts, ist es den Gerichten auch unter Vertrauensschutzaspekten nicht verwehrt, ihre Rechtsprechung zu ändern.

III. Zwischenergebnis

Auch der Vertrauensschutzgrundsatz kann den unter dem Schlagwort vom Grundsatz der Ämterstabilität praktizierten Ausschluss echter Konkurrentenklagen nicht stützen. Weder hindert der Grundsatz des Vertrauensschutzes Gerichte daran, rechtswidrige Ernennungen aufzuheben, noch immunisiert er eine von Gerichten in der Vergangenheit eingeschlagene derartige Rechtssprechungslinie gegen bessere Rechtserkenntnis.

D. Zur Funktionsfähigkeit des öffentlichen Dienstes

Auch die Funktionsfähigkeit des öffentlichen Dienstes wird gelegentlich zur Stützung des sog. Grundsatzes der Ämterstabilität bemüht.[979] Obschon es sich bei der Funktionsfähigkeit des öffentlichen Dienstes um ein von der Verfassung

---

[976] Beispielsweise forderte der Große Senat des BGH (BGHZ 85, 64 [66]) „deutlich überwiegende oder sogar schlechthin zwingende Gründe". Ähnlich („schwerwiegende sachliche Erwägungen") auch BFHE 78, 315 (320) bzw. („wichtige Gründe") BFHE 141, 405 (430 f.). BSGE 40, 292 (296); 58, 27 (33) fordern „schwerwiegende Gründe". In BVerwGE 138, 102 (120 f.) stellte das Gericht darauf ab, dass die Änderung hinreichend begründet sein und sich im Rahmen einer vorhersehbaren Entwicklung halten müsse.

[977] *Maurer*, in: Isensee/Kirchhof, Handbuch des Staatsrechts, Bd. IV, 3. Aufl. 2006, § 79 Rn. 143.

[978] Besser müssen die neuen Erkenntnisse indes gleichwohl sein. Solange alte und neue Auffassung gleichermaßen gut vertretbar sind, dürfte das Recht auf ein faires Verfahren (Art. 20 Abs. 2 u. 3 i. V. m. Art. 2 Abs. 1 GG) dafür streiten, dass das Gericht seine Rechtsprechung nicht – bzw. jedenfalls nicht unangekündigt – ändern sollte.

[979] *Baumeister*, Der Beseitigungsanspruch als Fehlerfolge des rechtswidrigen Verwaltungsakts, 2006, S. 241; *Frenz*, Verwaltungsgerichtlicher Rechtsschutz in Konkurrenzsituationen,

geschütztes Gut handelt (sogleich I.), vermag jedoch auch dieser Ansatz im Ergebnis nicht zu überzeugen (u. II.).

I. (Verfassungs-)Rechtliche Fundierung des Interesses an der Funktionsfähigkeit des öffentlichen Dienstes

Sofern man in dem Verweis auf die (durch die Zulassung der echten Konkurrentenklage vermeintlich gefährdete) Funktionsfähigkeit des öffentlichen Dienstes nicht ohnehin ein lediglich pragmatisches Argument erkennen möchte,[980] setzt dieser Ansatz freilich den Schutz dieses Gutes durch die Rechtsordnung voraus. Insofern dürfte der in den meisten der einschlägigen Positionierungen postulierten,[981] jedoch bestenfalls mit einem vagen Verweis auf Art. 33 GG begründeten[982] Aussage, dass die Funktionsfähigkeit des öffentlichen Dienstes ein Gut von Verfassungsrang sei, im Ergebnis beizupflichten sein. Ergeben dürfte sich dieser Befund aus der Gesamtschau mehrerer Verfassungsnormen:[983] Eine zentrale Bedeutung kommt Art. 33 Abs. 5 GG zu, der – wie oben ausgeführt –[984] die regelnden Staatsgewalten gerade nicht primär im Individualinteresse des Beamten zur Berücksichtigung der hergebrachten Grundsätze des Berufsbeamtentums verpflichtet, sondern aufgrund der Bedeutung, die dem Berufsbeamtentum als einer Institution zukommt,

> „die, gegründet auf Sachwissen, fachliche Leistung und loyale Pflichterfüllung, eine stabile Verwaltung sichern und damit einen ausgleichenden Faktor gegenüber den das Staatswesen gestaltenden politischen Kräften bilden soll".[985]

Daran knüpft Art. 33 Abs. 4 GG an, der gebietet, jedenfalls den Kernbereich der Verwaltung[986] mit Angehörigen dieses, im vorstehenden Sinne demokratiestabilisierenden[987] Berufsbeamtentums zu besetzen. Beide vorgenannten Umstände

1999, S. 87; *H. Günther*, ZBR 2007, 195 (196); *Kenntner*, ZBR 2016, 181 (188); vage *Brohm*, in: Erichsen/Hoppe/von Mutius, FS für Menger, 1985, S. 235 (251).

980 *J. Wieland*, in: Grupp/Ronellenfitsch, FS für Blümel, 1999, S. 647 (656 f.).

981 *H. Günther*, ZBR 2007, 195 (196); *Kenntner*, ZBR 2016, 181 (188); wohl auch *Frenz*, Verwaltungsgerichtlicher Rechtsschutz in Konkurrenzsituationen, 1999, S. 87.

982 *Busch*, DVBl. 1990, 106 (107).

983 Vgl. auch *Özfirat-Skubinn*, Rechtswidrige Beamtenernennungen, bei denen der Rechtsschutz eines Mitbewerbers vereitelt wird – Wege zur Kompensation, 2011, S. 137 f.

984 S. namentlich B.II.1.b)bb)(2) und B.II.1.b)bb)(3).

985 BVerfGE 119, 247 (260 f.); 121, 205 (219); 140, 240 (290 Rn. 101); ähnlich, jedoch leicht abweichend formuliert bereits BVerfGE 7, 155 (162); vgl. ferner BVerfGE 39, 196 (201); 44, 249 (265); 70, 251 (267); 117, 372 (380).

986 Die genaue Abgrenzung ist str.; vgl. zum Streitstand etwa *Battis*, in: Sachs, GG, 9. Aufl. 2021, Art. 33 Rn. 55 ff.; *Brosius-Gersdorf*, in: Dreier, GG, Bd. II, 3. Aufl. 2015, Art. 33 Rn. 152 ff.

987 *Bickenbach*, in: von Münch/Kunig, GG, Bd. I, 7. Aufl. 2021, Art. 33 Rn. 98.

veranschaulichen die Bedeutung, die einer funktionsfähigen Verwaltung zur praktischen Realisierung des Rechtsstaatsprinzips zukommt. Als weitere das Verfassungsgut der Funktionsfähigkeit der Verwaltung stützende Norm ist somit Art. 20 Abs. 3 GG zu benennen.[988]

II. Die Bedeutung der Funktionsfähigkeit der Verwaltung für die Entscheidung über (echte) Konkurrentenklagen

1. Nur potentielle Bedeutung als verfassungsimmanente Schranke des Art. 33 Abs. 2 GG

Handelt es sich bei der Funktionsfähigkeit des öffentlichen Dienstes also um ein Rechtsgut von Verfassungsrang, so kann dieses zwar prinzipiell zur Rechtfertigung einfachgesetzlich vorgesehener Verkürzungen des in Art. 33 Abs. 2 GG normierten Leistungsgrundsatzes geeignet sein.[989] Ungeachtet der Ermangelung eines solchen einfachgesetzlichen Ausschlusses der echten Konkurrentenklage[990] setzte eine solche Rechtfertigung aber freilich auch die Einhaltung der Eingriffskautelen und damit insbesondere die Verhältnismäßigkeit der Verkürzung des Leistungsgrundsatzes voraus. Namentlich insofern besteht – wobei es sich hierbei aufgrund des Fehlens einer einfachgesetzlichen Ausschlussregelung freilich nur mehr um Hilfsüberlegungen handelt – auf mehreren Ebenen Anlass zu Zweifeln.[991] So kann bereits die Eignung des Ausschlusses der Konkurrentenklage zur Förderung der Funktionsfähigkeit der Verwaltung in Abrede gestellt werden, da auch der (dadurch einzuschränkende) Leistungsgrundsatz nicht nur den Interessen der Bewerber, sondern gleichermaßen auch seinerseits der Leistungs- und mithin letztlich auch der Funktionsfähigkeit der Verwaltung dient.[992] Auch steht die Erforderlichkeit keineswegs außer Frage, wenn man die jeweiligen Folgen der sich bei Zulassung bzw. Ablehnung der echten Konkurrentenklage je-

988 Vgl. zu Vorstehendem auch *Özfirat-Skubinn*, Rechtswidrige Beamtenernennungen, bei denen der Rechtsschutz eines Mitbewerbers vereitelt wird – Wege zur Kompensation, 2011, S. 137 f.

989 *Baumeister*, Der Beseitigungsanspruch als Fehlerfolge des rechtswidrigen Verwaltungsakts, 2006, S. 241; *H. Günther*, ZBR 2007, 195 (196).

990 S. o. A.

991 Vgl. bereits *Scherer*, JURA 1985, 11 (18): Die „Behauptung, durch Konkurrentenklagen werde die Funktionsfähigkeit der Verwaltung […] beeinträchtigt", sei bereits „wegen ihres hohen Abstraktionsgrades als Grundlage für verfassungsrechtliche Zweck-Mittel-Überprüfungen nicht geeignet."

992 Vgl. *Özfirat-Skubinn*, Rechtswidrige Beamtenernennungen, bei denen der Rechtsschutz eines Mitbewerbers vereitelt wird – Wege zur Kompensation, 2011, S. 138; *Bickenbach*, in: von Münch/Kunig, GG, Bd. I, 7. Aufl. 2021, Art. 33 Rn. 98; *Kenntner*, ZBR 2016, 181 (188).

weils ergebenden Rechtsschutzmodelle gegenüberstellt.[993] Schließlich mag auch die Angemessenheit eines nahezu vollständigen Ausschlusses der echten Konkurrentenklage bezweifelt werden, da die Verfassung die Verwaltung nicht vor bloßen Unannehmlichkeiten schützt.[994]

2. Höchstens mittelbare Bedeutung

Auf das Vorstehende kommt es indes nicht entscheidend an. Denn ebenso wie andere verfassungsrechtlich fundierte Ansätze[995] kommt auch der Verweis auf ein verfassungsrechtlich geschütztes Interesse an der Funktionsfähigkeit des öffentlichen Dienstes von vornherein nicht als eigenständige und unmittelbare Begründung des Ausschlusses der echten Konkurrentenklage, sondern höchstens als verfassungsrechtliche Begründung für die Zulässigkeit eines einfachgesetzlich normierten Ausschlusses derselben in Betracht.[996] Einen solchen sieht das einfache Recht jedoch – nach hier vertretener Auffassung – nicht vor.

III. Zwischenergebnis

Obschon die Funktionsfähigkeit des öffentlichen Dienstes ein Rechtsgut von Verfassungsrang ist, vermag sie den postulierten Ausschluss der echten Konkurrentenklage für sich genommen nicht zu begründen.

E. Zur Bedeutung haushaltsrechtlicher Vorschriften

Nur der Vollständigkeit halber sei – da auch auf diese gelegentlich abgestellt wird –[997] noch in gebotener Kürze auf die (mangelnde) Bedeutung des Haushaltsrechts, namentlich des § 49 Abs. 1 BHO und entsprechender Parallelnormen der Landeshaushaltsordnungen[998] eingegangen, die jeweils bestimmen, dass ein „Amt […] nur zusammen mit der Einweisung in eine besetzbare Planstelle verliehen werden“ darf.

---

[993] Vgl. u. Teil 4.

[994] Vgl. *Solte*, NJW 1980, 1027 (1034).

[995] Vgl. o. B.I.1. sowie B.V.2.

[996] *Baumeister*, Der Beseitigungsanspruch als Fehlerfolge des rechtswidrigen Verwaltungsakts, 2006, S. 241; *H. Günther*, ZBR 2007, 195 (196).

[997] *Tegethoff*, JA 2004, 732 (733); *H. Günther*, ZBR 2007, 195 (196); unklar *Lecheler*, in: Isensee/Kirchhof, Handbuch des Staatsrechts, Bd. V, 3. Aufl. 2007, § 110 Rn. 87, der sich zwar textlich auf den „Numerus clausus der Nichtigkeit- bzw. Rücknahmegründe“ (dazu o. A.) bezieht, dabei aber normativ auf „§ 49 BHO und entsprechende Vorschriften der Landeshaushaltordnungen“ abstellt.

[998] Etwa § 49 LHO NRW; § 49 LHO RLP; Art. 49 Abs. 1 S. 1 BayHO.

I. Die Bedeutung des Haushaltsrechts für unechte Konkurrentenklagen

In Bezug auf die unechte Konkurrentenklage, namentlich im Hinblick auf die insofern zwischenzeitlich vertretene Rechtsprechungslinie, der zufolge ein zu Unrecht übergangener Bewerber ungeachtet der (vermeintlichen) Unaufhebbarkeit der Ernennung seines Konkurrenten und somit trotz Ermangelung einer zu besetzenden Planstelle ernannt werden müsse,[999] war die mitunter in Betracht gezogene Idee einer Relevanz solcher Vorschriften[1000] vielleicht nicht von vornherein von der Hand zu weisen. Bei eingehender Betrachtung vermochte sie indes nicht zu überzeugen, da Normen wie § 49 BHO keine Außenwirkung zukommt.[1001] Nach § 3 Abs. 2 BHO bzw. den entsprechenden landesrechtlichen Regelungen werden „[d]urch den Haushaltsplan […] Ansprüche oder Verbindlichkeiten weder begründet noch aufgehoben". Bestünde also – wie vorübergehend vom BVerwG postuliert –[1002] trotz rechtswidriger Besetzung der (Plan-)Stelle noch eine Verpflichtung zur Ernennung des übergangenen Bewerbers,[1003] könnten Vorschriften wie § 49 BHO und die fehlende Verfügbarkeit einer freien Planstelle dem nicht entgegengehalten werden.

II. Die Bedeutung des Haushaltsrechts für die echte Konkurrentenklage

Auch als Begründung für die Erfolglosigkeit der echten Konkurrentenklage können derlei Vorschriften von vornherein nicht fungieren.[1004] Denn mit der echten Konkurrentenklage begehrt der Kläger gerade nicht, dass ihm ein Amt verliehen wird, dem es evtl. an einer korrespondierenden Planstelle mangelt. Vielmehr hätte die im Falle einer erfolgreichen echten Konkurrentenklage erfolgende Kassation der Ernennung gerade zur Folge, dass das streitbefangene Amt und damit zugleich die zugehörige Planstelle wieder frei würde.

---

[999] BVerwGE 118, 370 (375), aufgegeben in BVerwGE 138, 102 (114 Rn. 40); zu beiden Entscheidungen auch schon o. Teil 1 C.I.4.

[1000] Vgl. *Höfling*, in: Kahl/Waldhoff/Walter, Bonner Kommentar, GG, Loseblatt, Stand 215. Lfg. Juni 2022, Art. 33 Abs. 1 bis 3 Rn. 375; *H. Günther*, ZBR 2007, 195 (196).

[1001] *Kenntner*, ZBR 2016, 181 (188). Es handelt sich um eine bloße Ordnungsvorschrift (*Häußer*, in: Gröpl, BHO/LHO, 2. Aufl. 2019, § 49 Rn. 1), deren Einhaltung für beamtenrechtliche Fragen, insbesondere solcher der Wirksamkeit der Ernennung irrelevant ist (*von Lewinski/Burbat*, BHO, 2013, § 49 Rn. 6).

[1002] BVerwGE 118, 370 (374 f.).

[1003] Richtigerweise folgt eine solche Verpflichtung aufgrund der akzessorischen und derivativen Natur des Bewerbungsverfahrensanspruchs jedenfalls nicht aus Art. 33 Abs. 2 GG, dazu o. Teil 2 D.

[1004] So aber *Tegethoff*, JA 2004, 732 (733).

III. Zwischenergebnis

Haushaltsrechtlichen Bestimmungen wie § 49 BHO kommt somit weder für die Behandlung der echten noch der unechten Konkurrentenklage Bedeutung zu.

F. Fazit zu den verschiedenen vertretenen Begründungsansätzen

I. Beschränkte Herleitbarkeit des sogenannten Grundsatzes der Ämterstabilität

Während die Erfolglosigkeit der isoliert erhobenen unechten Konkurrentenklage nach Ernennung mit der derivativen Natur des mit ihr geltend gemachten Bewerbungsverfahrensanspruchs begründet werden kann,[1005] bietet weder das einfache Dienst-, Verwaltungs(prozess)- oder Haushaltsrecht noch das Verfassungsrecht eine schlüssige Begründung für den unter dem Schlagwort des Grundsatzes der Ämterstabilität postulierten Ausschluss der echten Konkurrentenklage.

II. Pragmatische Überlegungen als tatsächlicher Grund?

Verschiedene Umstände streiten stattdessen dafür, dass diese Praxis allein auf pragmatischen Überlegungen beruht.

1. Offene Folgenabwägungen in der Literatur

Die Analyse der gegen die Zulassung der echten Konkurrentenklage vorgebrachten Argumentationsansätze bestärkt den – mitunter auch unverhohlen eingeräumten –[1006] Verdacht, dass diese Klageform allein aus pragmatischen Gründen, plastisch formuliert „aus Angst vor den Folgen" abgelehnt wird.[1007] Nur so können und müssen letztlich Stimmen verstanden werden, die bspw.[1008] die dogmatisch nicht zu rechtfertigende Lehre vom Grundsatz der Ämterstabilität als

[1005] S. o. Teil 2 D.I.

[1006] Vgl. nur *Brohm*, in: Erichsen/Hoppe/von Mutius, FS für Menger, 1985, S. 235 (252): Lösungsansätze, die den Grundsatz der Ämterstabilität ablehnten, entsprächen zwar „dem herkömmlichen Rechtsdenken", würden aber „den Regelfällen mit ihrer Bewerbervielfalt der Kriterienpluralität und Komplexität nicht gerecht". S. auch *Schnellenbach*, ZBR 2002, 180 (182).

[1007] *Lecheler*, DÖV 1983, 953 (953); ähnlich *Hartung*, RiA 2017, 49 (51): „Furcht vor den Folgen des Gegenteils"; vgl. auch *W.-R. Schenke*, in: Butzer/Kaltenborn/Meyer, FS für Schnapp, 2008, S. 655 (679).

[1008] Weitere Beispiele bei *Gundel*, Die Verwaltung Bd. 37 (2004), S. 401 (417 f.).

„praktisch bewährt“[1009] und „sachgerecht“[1010] loben[1011] oder mit der Begründung, dass „aufseiten der Bewerber wie der öffentlichen Verwaltung Interessen [bestünden], [...] ein Verfahren zur Stellenbesetzung verlässlich abschließen zu können“,[1012] ihre unmittelbar zuvor gewonnene Erkenntnis, dass die „traditionell zum Nachweis eines rechtsschutzverkürzenden Grundsatzes der Ämterstabilität vorgebrachten Argumentationsstränge [...] wenig ergiebig waren“,[1013] übergehen, um im Ergebnis doch am grundsätzlichen Ausschluss der echten Konkurrentenklage festzuhalten.[1014]

2. Historische Entwicklung: Wechselnde Begründungen

Genährt wird der Verdacht der pragmatisch fundierten Argumentation überdies durch die historische Entwicklung: Während die Tendenz zur Verhinderung der echten Konkurrentenklage im Ergebnis über eine lange Historie verfügt, wurden die dazu angeführten dogmatischen Begründungen immer wieder ausgetauscht, weil sich die zuvor angeführten Herleitungen nach und nach als nicht tragfähig erwiesen.[1015]

III. Zwischenergebnis

Der unter dem Schlagwort vom Grundsatz der Ämterstabilität praktizierte Ausschluss der echten Konkurrentenklage ist eine nach dogmatischen Maßstäben nicht zu rechtfertigende Sonderdogmatik, die ausschließlich aus pragmatischen Gründen – konkret: zur Vermeidung vermeintlich nachteiliger Folgen der strikten Anwendung des geltenden Rechts – praktiziert wird.

1009 *Stuttmann*, NVwZ 2018, 1870 (1871).

1010 „Sie trägt Rechtsfrieden in die Amtsstuben und schafft Planungssicherheit“, *Leisner-Egensperger*, Die Verwaltung Bd. 51 (2018), S. 1 (9).

1011 Vgl. auch die stichpunktartige Gegenüberstellung von Vor- und Nachteilen der verschiedenen Rechtsschutzkonstruktionen bei *Lemhöfer*, ZBR 2003, 14 (15 ff.).

1012 *Thal*, Das Dogma rechtsschutzverkürzender Ämterstabilität, 2016, S. 324.

1013 *Thal*, Das Dogma rechtsschutzverkürzender Ämterstabilität, 2016, S. 322.

1014 *Thal*, Das Dogma rechtsschutzverkürzender Ämterstabilität, 2016, S. 325 ff.; s. dazu auch *Hebeler*, Die Verwaltung Bd. 50 (2017), S. 302 (304).

1015 Vgl. o. Teil 1 C.I.2.b).

Teil 4

Rechtsschutzkonzept auf Grundlage der gewonnenen Erkenntnisse

Gibt es somit keine tragfähige rechtliche Begründung für die im Hinblick auf echte dienstrechtliche Konkurrentenklagen praktizierte Sonderdogmatik, sind diese Verfahren de lege lata nach den allgemeinen Regeln des Verwaltungsprozessrechts zu behandeln. Entgegen anderslautenden Befürchtungen führt dies nicht zu unlösbaren Problemen für die Praxis. Gesetzesänderungen[1] sind mithin nicht erforderlich. Vielmehr haben es die handelnden Akteure – namentlich auf Seiten der Verwaltung – nicht nur durch gewissenhafte Auswahlverfahren,[2] sondern insbesondere auch durch geschickte Verfahrensgestaltung[3] selbst in der Hand, verbleibende Risiken zu minimieren.[4]

A. Grundkonzeption

I. Zur echten Konkurrentenklage

Wendet man die allgemeinen Regeln des geltenden Verwaltungsprozessrechts auf die Konstellation der echten Konkurrentenklage an, ist diese im Grundsatz möglich.

1. Zulässigkeit der echten Konkurrentenklage

Vorbehaltlich der Umstände des jeweiligen Einzelfalls – namentlich der erfolglosen Erhebung eines ggf. erforderlichen Widerspruchs[5] sowie der Einhaltung

---

[1] Vage in diese Richtung *Kathke*, RiA 2017, 213 (215).

[2] *Solte*, NJW 1980, 1027 (1034).

[3] S. schon *Willke*, JZ 1980, 440 (443): die gegen die Anerkennung der echten Konkurrentenklage vorgebrachten pragmatischen Argumente könnten „durch verfahrensrechtliche Regelungen weitgehend gegenstandslos" gemacht werden. Vgl. – freilich auf Grundlage abweichender Prämissen – auch *Zwerger*, Zwischen Stellenblockade und Bewerberschutz, 2022, S. 104 ff.

[4] S. dazu noch u. B.

[5] Gem. § 126 Abs. 2 S. 1 BBG (ggf. i. V. m. § 46 DRiG) bzw. – soweit die Länder nicht (wie etwa durch § 103 Abs. 1 S. 1 LBG NRW [ggf. i. V. m. § 2 Abs. 2 LRiStaG NRW]) von der Mög-

einer evtl. zu wahrenden Klagefrist –[6] ist die echte Konkurrentenklage zulässig. Statthaft ist die Anfechtungsklage, da der Kläger mit der Aufhebung der Konkurrentenernennung die Kassation eines Verwaltungsaktes begehrt. Da dieser Verwaltungsakt, also die Ernennung, möglicherweise das Recht des Klägers auf leistungsgerechte Auswahl gem. Art. 33 Abs. 2 GG verletzt,[7] ist er (jedenfalls in aller Regel) auch im Sinne des § 42 Abs. 2 VwGO klagebefugt.[8] Erörterungsbedürftig ist lediglich das Rechtsschutzbedürfnis. Dessen Entfallen ist allgemein für Konstellationen anerkannt, in denen der erhobene Rechtsbehelf

---

lichkeit des Absehens vom Vorverfahren nach § 54 Abs. 2 S. 3 BeamtStG Gebrauch gemacht haben – § 54 Abs. 2 S. 1 BeamtStG (ggf. i. V. m. § 71 DRiG). Ungeachtet des Umstandes, dass es sich in Fällen der Einstellungskonkurrenz gerade (noch) nicht um die Klage eines „Beamten [...] aus dem Beamtenverhältnis" handelt, sollen auch dann Vorverfahren grundsätzlich erforderlich sein, *Battis*, in: Battis, BBG, 6. Aufl. 2022, § 126 Rn. 12; *Reich* BeamtStG, 3. Aufl. 2018, § 54 Rn. 3; vgl. auch BVerwG NVwZ 2021, 1237 (1238).

[6] Eine Klagefrist ist freilich nur zu wahren, wenn sie überhaupt in Gang gesetzt wurde. Unterblieb hingegen die Bekanntgabe (Eröffnung im Sinne des § 57 Abs. 1 VwGO) an den späteren Kläger (zum für jeden Beteiligten gesonderten Fristenlauf s. nur *Hoppe*, in: Eyermann, VwGO, 16. Aufl. 2022, § 57 Rn. 5), kommt indes (nur) eine Verwirkung des Klagerechts in Betracht. Dazu wird regelmäßig der Ablauf eines Jahres ab Kenntnis bzw. Kennenmüssen der Ernennung gefordert, BVerwG NVwZ 2018, 1866 (1868); zustimmend *Stuttmann*, NVwZ 2018, 1870 (1871); vgl. losgelöst von dienstrechtlichen Konkurrenzkonstellationen auch *Kastner*, in: Fehling/Kastner/Störmer, VerwR, 5. Aufl. 2021, § 58 VwVfG Rn. 21; *Meissner/Schenk*, in: Schoch/Schneider, VwGO, Loseblatt, Stand 42. Lfg. Februar 2022, § 58 Rn. 72. Weitere Verzögerungen können sich somit also etwa daraus ergeben, dass die Behörde einem Auskunftsverlangen (etwa hinsichtlich der Person des Ernannten) des späteren Klägers nicht nachkommt (vgl. zu baurechtlichen Parallelkonstellationen *Kluckert*, in: Sodan/Ziekow, VwGO, 5. Aufl. 2018, § 58 Rn. 78).

[7] Insofern kommt es insbesondere nicht darauf an, ob der Kläger realistischerweise Chancen hätte, sich gegenüber dem Ernannten durchzusetzen. Auch ein aussichtsloser Bewerber hat einen Anspruch darauf, dass Auswahl und Ernennung strikt leistungsabhängig vorgenommen werden. Die evtl. Aussichtslosigkeit der Bewerbung des Klägers wird jedoch im Rahmen des Rechtsschutzbedürfnisses relevant, s. sogleich im Text.

[8] BVerwGE 138, 102 (105 ff. Rn. 17 ff.), dazu bereits o. Teil 1 C.I.2.b). Dies gilt freilich grundsätzlich – Ausnahmen sind denkbar, wenn eine Ausschreibung unterblieb (zur aus Art. 33 Abs. 2 GG folgenden und nur verfassungsimmanenten Schranken unterliegenden Ausschreibungspflicht s. etwa *Brosius-Gersdorf*, in: Dreier, GG, Bd. II, 3. Aufl. 2015, Art. 33 Rn. 125; *Neuhäuser*, NVwZ 2013, 176 (178 f.); vgl. auch *Bickenbach*, in: von Münch/Kunig, GG, Bd. I, 7. Aufl. 2021, Art. 33 Rn. 51; anders freilich BVerwGE 49, 232 [237]; vgl. auch BVerwGE 79, 101 [105]) – nur, wenn sich der spätere Kläger auf die Stelle beworben hatte; wer sich gar nicht bewarb, kann durch die Ernennung eines anderen grundsätzlich (s. zum Kreis der im Falle einer unterbliebenen Ausschreibung als Bewerber anzusehenden Personen *Martens*, ZBR 1992, 129 [129 f.]) nicht in seinem Bewerbungsverfahrensanspruch verletzt sein. Was einfachgesetzlich durch die Rede von der „Auswahl der Bewerberinnen und Bewerber" (§ 9 BBG) dargestellt wird, dürfte grundrechtsdogmatisch als (konkludenter) Verzicht anzusehen sein.

bezogen auf die Erreichung des eigentlichen Rechtsschutzziels nutzlos ist.[9] Man wird – weil das bloße Interesse, einen Dritten ohne Möglichkeit der eigenen Begünstigung zu schädigen, nicht rechtsschutzbedürftig ist –[10] also verlangen können, dass die Chancen des Klägers in einem (nach unterstelltem Erfolg der Anfechtungsklage) erneut und unter Beachtung des Leistungsgrundsatzes durchzuführenden Auswahl- und Ernennungsverfahren nicht offensichtlich und von vornherein ausgeschlossen sind.[11]

2. Notwendigkeit der Beiladung des Ernannten

Weil die echte Konkurrentenklage im Erfolgsfalle zur Aufhebung der angefochtenen Ernennung des Konkurrenten führt, die Entscheidung also nur einheitlich ergehen kann, ist der Ernannte als Adressat des angefochtenen Verwaltungsaktes nach § 65 Abs. 2 VwGO notwendigerweise beizuladen.[12]

3. Begründetheit der echten Konkurrentenklage

Die Begründetheit der echten Konkurrentenklage richtet sich gem. § 113 Abs. 1 S. 1 VwGO (ausschließlich) danach, ob die Ernennung des Konkurrenten rechtswidrig und der Kläger dadurch in seinen Rechten verletzt ist.[13] Es kommt mithin nicht auf die Aufhebungsregime der dienstrechtlichen Fachgesetze, sondern ausschließlich darauf an, ob die Ernennung gegen den Leistungsgrundsatz des Art. 33 Abs. 2 GG bzw. dessen einfachgesetzliche Wiederholungen[14] in Normen wie § 9 S. 1 BBG[15] oder § 9 BeamtStG[16] verstößt. Dazu genügt es bereits, dass der ernannte Konkurrent nicht der bestgeeignete Bewerber war. Insbesondere hängt die Rechtsverletzung des Klägers nicht davon ab, ob er realistische Chancen hätte, selbst ernannt zu werden. Der Anspruch auf einen strikt am Grundsatz

---

[9] S. etwa *Ehlers*, in: Schoch/Schneider, VwGO, Loseblatt, Stand 42. Lfg. Februar 2022, Vor § 40 Rn. 94; *W.-R. Schenke*, in: Kopp/Schenke, VwGO, 28. Aufl. 2022, Vor § 40 Rn. 38; *Wöckel*, in: Eyermann, VwGO, 16. Aufl. 2022; Vor § 40 Rn. 16. Dazu sowie zur Unterscheidung zwischen Nutzlosigkeit und Aussichtslosigkeit auch bereits o. Teil 3 A.III.2.a)bb)(2)(a)(aa) m. w. N.

[10] Vgl. dazu etwa die Überlegungen bei *Wernsmann*, Die Verwaltung Bd. 36 (2003), S. 67 (70 ff.).

[11] Vgl. BVerfG NVwZ 2008, 194 (194); BVerwGE 138, 102 (108 Rn. 24); entsprechend zu einer Parallelkonstellation im Krankenhausrecht *Rennert*, GesR 2008, 344 (347).

[12] *Czybulka/Kluckert*, in: Sodan/Ziekow, VwGO, 5. Aufl. 2018, § 65 Rn. 121. Vgl. entsprechend zur (damaligen) Parallelkonstellation im Güterfernverkehrsrecht (zu dieser bereits o. Teil 3 A.II.1. mit Fn. 46) BVerwG NVwZ 1984, 507 (507).

[13] S. o. Teil 3 A.III.2., insbesondere A.III.2.c).

[14] Zum subjektivrechtlichen Gehalt auch der einfachgesetzlichen Wiederholungen des Art. 33 Abs. 2 GG etwa BVerwGE 101, 112 (114 f.).

[15] Ggf. i. V. m. § 46 DRiG.

[16] Ggf. i. V. m. § 71 DRiG.

der Bestenauslese ausgerichteten Auswahl- und Ernennungsprozess steht jedem Bewerber, nicht nur aussichtsreichen Kandidaten zu.[17] Klagen offensichtlich ungeeigneter Bewerber sind vielmehr bereits mangels Rechtsschutzbedürfnisses durch Prozessurteil abzuweisen.[18]

4. Wirkung der Klageerhebung

Die Klageerhebung wird regelmäßig aufschiebende Wirkung nach § 80 Abs. 1 VwGO haben. Denn anders als es etwa § 10 Abs. 4 SchfHwG in Bezug auf die Anfechtung der Bestellung zum bevollmächtigten Bezirksschornsteinfeger bestimmt, ordnet das Beamtenrecht den Ausschluss derselben zwar für Rechtsbehelfe gegen Abordnungen und Versetzungen (§ 54 Abs. 4 BeamtStG, § 126 Abs. 4 BBG), nicht aber für (Widersprüche und) Klagen gegen Ernennungen an. Damit der Ernannte das Amt während des Prozesses (weiter) innehaben kann, bedarf es daher der Anordnung der sofortigen Vollziehbarkeit nach § 80 Abs. 2 S. 1 Nr. 4 VwGO.

5. Entscheidungsausspruch und -wirkung

Ist die Anfechtungsklage zulässig und begründet, hebt das Verwaltungsgericht nach § 113 Abs. 1 S. 1 VwGO den angefochtenen Verwaltungsakt auf. Dieser Ausspruch wirkt grundsätzlich[19] auf den Zeitpunkt des Erlasses des Verwaltungsaktes zurück.[20] Soweit die Rechtsprechung echte Konkurrentenklagen bisher (in Fällen der Vereitelung vorbeugenden Rechtsschutzes) ausnahmsweise zuließ, sprach sie indes nur eine ex nunc wirkende Aufhebung aus.[21] Zuzugestehen ist dem freilich, dass eine rückwirkende Aufhebung insofern nicht erforderlich ist, als sie dem Kläger, dessen rückwirkende Ernennung nach § 12 Abs. 2 S. 2 BBG bzw. § 8 Abs. 4 BeamtStG ohnehin nicht in Betracht kommt (dem aber die dadurch entgangenen Bezüge regelmäßig im Wege des Schadensersatzes

---

[17] Vgl. *Bickenbach*, in: von Münch/Kunig, GG, Bd. I, 7. Aufl. 2021, Art. 33 Rn. 52.

[18] S. soeben sub 1.

[19] Ausnahmen können sich nicht nur aus insoweit eingeschränkten Klageanträgen (*Riese*, in: Schoch/Schneider, VwGO, Loseblatt, Stand 42. Lfg. Februar 2022, § 113 Rn. 79; *Schübel-Pfister*, in: Eyermann, VwGO, 16. Aufl. 2022, § 113 Rn. 5), sondern insbesondere auch in Fällen rechtmäßig erlassener, aber später (aufgrund veränderter Umstände) rechtswidrig gewordener Dauerverwaltungsakte ergeben, BVerwGE 28, 202 (205); *Wolff*, in: Sodan/Ziekow, VwGO, 5. Aufl. 2018, § 113 Rn. 146.

[20] BVerwGE 24, 92 (98); BVerwG NVwZ 1983, 608 (608); *Riese*, in: Schoch/Schneider, VwGO, Loseblatt, Stand 42. Lfg. Februar 2022, § 113 Rn. 79; *Wolff*, in: Sodan/Ziekow, VwGO, 5. Aufl. 2018, § 113 Rn. 145; *Emmenegger*, in: Fehling/Kastner/Störmer, VerwR, 5. Aufl. 2021, § 113 VwGO Rn. 69; *Schübel-Pfister*, in: Eyermann, VwGO, 16. Aufl. 2022, § 113 Rn. 5.

[21] BVerwGE 138, 102 (113 Rn. 39); vgl. auch OVG Saarlouis NVwZ 2018, 759 (760).

nach § 839 BGB i. V. m. Art. 34 GG zustehen), keine Vorteile brächte.[22] Sofern der Kläger seinen Klageantrag nicht entsprechend beschränkt hat,[23] ist darin aber kein hinreichender rechtlicher Grund für die Beschränkung des Tenors in zeitlicher Hinsicht zu erblicken. Insbesondere kann die dafür angeführte Begründung, dass das einfache Dienstrecht die rückwirkende Aufhebung nur bei Vorliegen eines der in den beamtenrechtlichen Kodifikationen abschließend geregelten Rücknahmegründe vorsehe,[24] nicht überzeugen. Denn sie verkennt – ebenso wie der Versuch, aus dem Numerus clausus behördlicher Rücknahmetatbestände den völligen Ausschluss der echten Konkurrentenklage herzuleiten –,[25] dass diese Rücknahmevorschriften allein an die Behörden, nicht aber an die Verwaltungsgerichte adressiert sind. Zudem ist eine Ausnahme vom Grundsatz der Ex-tunc-Aufhebung auch im Hinblick auf die von dem zu Unrecht Ernannten im Zeitraum zwischen Ernennung und Aufhebung ggf. im Verhältnis zu Dritten vorgenommenen Amtshandlungen nicht erforderlich. Vielmehr kann und muss unter Anwendung des exemplarisch[26] und fragmentarisch in § 15 S. 3 BBG[27] positivierten, dem rechtsstaatlichen Gebot der Rechtssicherheit dienenden[28] Rechtsgedankens derart zwischen den beiden insoweit in Rede stehenden Rechtsverhältnissen differenziert werden, dass die Aufhebung zwar auf den Zeitpunkt des Wirksamwerdens der Ernennung zurückwirkt,[29] eine zwischen Ernennung und Aufhebung vorgenommene Amtshandlung aber in gleicher Weise gültig ist, wie wenn ein (wirksam ernannter) Beamter sie ausgeführt hätte.[30]

---

[22] *W.-R. Schenke*, NVwZ 2011, 321 (323); vgl. zu Parallelkonstellationen jenseits des Beamtenrechts bereits *W. Jellinek*, Der fehlerhafte Staatsakt und seine Wirkungen, 1908, S. 145 f.

[23] Zu dieser Möglichkeit etwa *Riese*, in: Schoch/Schneider, VwGO, Loseblatt, Stand 42. Lfg. Februar 2022, § 113 Rn. 79; *Schübel-Pfister*, in: Eyermann, VwGO, 16. Aufl. 2022, § 113 Rn. 5.

[24] BVerwGE 138, 102 (114 Rn. 39).

[25] Dazu eingehend o. Teil 3 A.

[26] Vgl. etwa auch § 17 Abs. 1 S. 4, Abs. 2 S. 2 LBG NRW; Art. 21 Abs. 3 BayBG.

[27] „Die bis zu [...] der Erklärung der Rücknahme vorgenommenen Amtshandlungen sind in gleicher Weise gültig, wie wenn eine Beamtin oder ein Beamter sie ausgeführt hätte."

[28] *Leppek*, ZBR 2010, 397 (405).

[29] Zu dem zu Unrecht Ernannten (und von der ex tunc wirkenden Aufhebung betroffenen) ggf. unter dem Aspekt der Verletzung der Fürsorgepflicht zustehenden Schadensersatzansprüchen s. *Schick*, DVBl. 1975, 741 (744).

[30] Es handelt sich insofern nicht um eine analoge Anwendung des (seinem Wortlaut nach zwar behördliche Rücknahmen, nicht aber gerichtliche Aufhebungen erfassenden) § 15 BBG. Vielmehr kommt dieser Bestimmung, da es sich nicht um eine beamtenrechtliche Frage handelt, ohnehin nur klarstellende Bedeutung zu, *Thomsen*, in: Brinktrine/Schollendorf, BeckOK Beamtenrecht Bund, Stand 27. Ed. 01.08.2022, § 15 BBG Rn. 8.1. Zu weiteren Anwendungsfeldern des Grundsatzes, „dass die Wirksamkeit der Rechtsakte eines Amtswalters unabhängig von der Wirkung seiner Bestellung ist" s. etwa *Hornfischer*, OdW Bd. 7 (2020), S. 85 (88); vgl. ferner bereits *Jaschkowitz*, AöR Bd. 56 (Bd. 17 n. F., 1929), S. 321 (371 ff.).

II. Zur unechten Konkurrentenklage

Auch die unechte Konkurrentenklage, also die auf erneute, diesmal rechtmäßige Auswahl- und Ernennungsentscheidung gerichtete[31] Verpflichtungsklage ist nach allgemeinen Maßstäben zulässig. Klagebefugnis und Begründetheit hängen aber vom (möglichen) Bestehen eines subjektiven öffentlichen Rechts auf eine strikt am Grundsatz der Bestenauslese ausgerichtete Auswahl und Ernennung, also des mit der Verpflichtungsklage geltend gemachten Bewerbungsverfahrensanspruchs ab. Dieser besteht – aufgrund seiner derivativen Natur – nur bei Existenz einer zu besetzenden Stelle.[32] Erfolg kann die unechte Konkurrentenklage somit nur haben, solange der Konkurrent noch nicht ernannt wurde[33] oder nachdem seine Ernennung im Wege der echten Konkurrentenklage wieder aufgehoben wurde. Insofern unterscheidet sich das hier umrissene Rechtsschutzkonzept also kaum von dem in der Rechtsprechung praktizierten. Der wesentliche Unterschied liegt lediglich in der allgemeinen Anerkennung der zuletzt genannten Fallgruppe. Denn nach der Lehre vom Grundsatz der Ämterstabilität käme eine derartige Ernennungsanfechtung nur in solchen Ausnahmefällen in Betracht, in denen vorbeugender Rechtsschutz gegen die drohende Konkurrentenernennung vereitelt wurde.

Wurde der Konkurrent bereits ernannt, ist die Erhebung von echter und unechter Konkurrentenklage in objektiver Klagehäufung geboten, wobei die Entscheidung über die unechte Konkurrentenklage wegen Vorgreiflichkeit der Entscheidung über die echte Konkurrentenklage nach § 94 VwGO zurückzustellen ist.

III. Zur schwindenden Bedeutung des Eilrechtsschutzes

Dem Eilrechtsschutz nach § 123 Abs. 1 VwGO kommt auf Basis des vorstehend umrissenen Rechtsschutzkonzeptes keine Bedeutung mehr zu. Nach dem der VwGO zugrundeliegenden Grundsatz des nachträglichen Rechtsschutzes[34] setzt die Gewährung präventiven Rechtsschutzes und damit auch der Erlass einer einstweiligen Anordnung nach § 123 Abs. 1 VwGO die Gefahr des Eintritts voll-

[31] Vgl. o. Teil 1 C.I.1; zur Terminologie auch o. Teil 1 C.I.5.

[32] S. o. Teil 2 D.

[33] Das entspricht auch der Konzeption der Rechtsprechung, s. o. Teil 1 C.I.1.b).

[34] *Bostedt*, in: Fehling/Kastner/Störmer, VerwR, 5. Aufl. 2021, § 123 VwGO Rn. 34; *Pietzcker/Marsch*, in: Schoch/Schneider, VwGO, Loseblatt, Stand 42. Lfg. Februar 2022, § 42 Abs. 1 Rn. 162; *Happ*, in: Eyermann, VwGO, 16. Aufl. 2022, § 42 Rn. 67; *W.-R. Schenke*, in: Geis/Lorenz, FS für Maurer, 2001, 723 (774). S. auch BVerwGE 40, 323 (326). Zum verfassungsrechtlichen Hintergrund *Papier*, in: Isensee/Kirchhof, Handbuch des Staatsrechts, Bd. VIII, 3. Aufl. 2010, § 177 Rn. 92; *Lorenz*, in: Erichsen/Hoppe/von Mutius, FS für Menger, 1985, S. 145 (157).

endeter Tatsachen voraus.[35] Diese besondere Eilbedürftigkeit, im Falle des Antrages auf Erlass einer einstweiligen Anordnung also der sog. Anordnungsgrund, ergibt sich nach dem vorherrschenden Rechtsschutzkonzept aus der (vermeintlichen) grundsätzlichen Unaufhebbarkeit auch rechtswidriger Ernennungen.[36] Er entfällt somit infolge der oben umrissenen Anerkennung der Möglichkeit der echten Konkurrentenklage.[37]

B. Die praktische Schwäche dieser Konzeption und die Möglichkeit ihrer Überwindung

I. Die Unsicherheit über den Bestand der Ernennung als Schwäche dieses Rechtsschutzkonzepts

Das vorstehend umrissene Rechtsschutzkonzept trägt zwar den gesetzlichen Vorgaben Rechnung. Jedenfalls nach immer wieder ins Feld geführten Argumenten[38] soll es jedoch nicht den Bedürfnissen der Praxis genügen, da es dazu führe, dass über Ernennungen dauerhaft das Damoklesschwert der gerichtlichen Kassation[39] schwebe. Auch wenn derlei Befürchtungen in zeitlicher und persönlicher Hinsicht überzogen sind, ist damit eine potentielle praktische Schwäche des geltenden Rechts bzw. des auf diesem basierenden Rechtsschutzkonzepts angesprochen. Als in zeitlicher Hinsicht überzogen stellen sich derlei Befürchtung zunächst deshalb dar, weil sich selbst in Konstellationen, in denen die Konkurrentenernennung dem Unterlegenen nicht bekanntgegeben und die Klagefrist somit niemals ausgelöst wurde, Grenzen der Anfechtbarkeit aus dem Institut der Verwirkung ergeben.[40] In persönlicher Hinsicht ist daran zu erinnern, dass eine er-

---

35 *Puttler*, in: Sodan/Ziekow, VwGO, 5. Aufl. 2018, § 123 Rn. 5.

36 Zur Bejahung des Anordnungsgrundes gerade aufgrund des drohenden (vermeintlich) dauerhaften Untergangs des Bewerbungsverfahrensanspruchs durch Konkurrentenernennung vgl. o. Teil 1 C.I.3.a).

37 Vgl. schon *Willke*, JZ 1980, 440 (443).

38 S. etwa *Brohm*, in: Erichsen/Hoppe/von Mutius, FS für Menger, 1985, S. 235 (252): den Grundsatz der Ämterstabilität ablehnende Lösungsansätze entsprächen zwar „dem herkömmlichen Rechtsdenken", würden aber der Praxis „nicht gerecht"; vgl. auch *Leisner-Egensperger*, Die Verwaltung Bd. 51 (2018), S. 1 (9). Zu derlei pragmatischen Argumenten bereits o. Teil 3 F.II. m. w. N.

39 Derart bildlich *Isensee*, in: Bachof/Heigl/Redeker, FG 25 Jahre BVerwG, 1978, S. 337 (355).

40 BVerwG NVwZ 2018, 1866 (1868): grundsätzlich Jahresfrist ab Kenntnis bzw. Kennenmüssen der Ernennung; zustimmend *Stuttmann*, NVwZ 2018, 1870 (1871); vgl. entsprechend zu Dreieckskonstellationen jenseits des Dienstrechts auch *Kastner*, in: Fehling/Kastner/Störmer, VerwR, 5. Aufl. 2021, § 58 VwGO Rn. 21; *Meissner/Schenk*, in: Schoch/Schneider, VwGO,

folgreiche Anfechtung grundsätzlich überhaupt nur durch Bewerber[41] in Betracht kommt, die ihrerseits über hinreichende Aussichten verfügen, in einer erneuten, dann rechtmäßigen Auswahlentscheidung erfolgreich zu sein.[42] Auch wenn beide Umstände die geäußerte Kritik nicht völlig zu entkräften, sondern lediglich abzumildern vermögen, bedarf es keiner Gesetzesänderungen,[43] um diesem Missstand abzuhelfen. Vielmehr kann dieser Schwäche mit dem in der Praxis bereits in ähnlicher Form Verwendung findenden Instrument der sog. Konkurrentenmitteilung begegnet werden.

II. Abhilfe durch verwaltungsaktförmige Konkurrentenmitteilung

1. Die auf Grundlage der Lehre vom Grundsatz der Ämterstabilität praktizierte Konkurrentenmitteilung

Auf Grundlage des in der Praxis vorherrschenden und auf dem Dogma vom Grundsatz der Ämterstabilität beruhenden Rechtsschutzkonzepts werden die Ernennungsbehörden als verpflichtet angesehen, unterlegene Bewerber dergestalt von der beabsichtigten Ernennung des ausgewählten Kandidaten in Kenntnis zu setzen, dass diesen die rechtzeitige Inanspruchnahme vorbeugenden Rechtsschutzes, konkret: die Erwirkung einer die Ernennung des ausgewählten Kandidaten untersagenden Sicherungsanordnung nach § 123 Abs. 1 S. 1 VwGO, möglich ist.[44] Hergeleitet wird dieses Erfordernis aus Art. 19 Abs. 4 GG,[45] weil dem unterlegenen Mitbewerber (nach dieser Lehre) grundsätzlich[46] nur diese Möglichkeit des vorbeugenden Rechtsschutzes offenstehen, nachträglicher Rechtsschutz gegen die Ernennung hingegen regelmäßig ausgeschlossen sein soll.[47]

Loseblatt, Stand 42. Lfg. Februar 2022, § 58 Rn. 72; *Kluckert*, in: Sodan/Ziekow, VwGO, 5. Aufl. 2018, § 58 Rn. 76 ff. Zu weiteren Verzögerungen, die sich daraus ergeben können, dass die Behörde einem Auskunftsverlangen nicht nachkommt und so ihrerseits den Beginn der Verwirkungsfrist hinausschiebt s. o. Fn. 6.

[41] Zum grundsätzlichen Fehlen der Klagebefugnis bei unterbliebener Bewerbung des Klägers s. o. A.I.1. mit Fn. 8.

[42] Zum andernfalls fehlenden Rechtsschutzbedürfnis s. o. A.I.1.

[43] Offen gelassen von *Kathke*, RiA 2017, 213 (215).

[44] BVerfG NJW 1990, 501 (501 f.); NVwZ 2007, 1178 (1179); BVerwGE 118, 370 (374); 138, 102 (110); OVG Münster ZBR 2009, 274 (274 f.); *Braun*, NJOZ 2019, 1585 (1590); *Joos*, NVwZ 2021, 1335 (1336). S. dazu auch bereits o. Teil 1 C.I.3.b)aa).

[45] BVerfG NVwZ 2007, 1178 (1179); dazu *Weckmann*, Die Rolle staatlicher Auswahlentscheidungen im Rechtsschutzsystem der „Konkurrentenverdrängungsklage", 2019, S. 89 ff.

[46] Eine Möglichkeit des nachträglichen Rechtsschutzes ist insoweit nur ausnahmsweise für Fälle der Vereitelung des vorbeugenden Rechtsschutzes anerkannt, BVerwGE 138, 102 (113 Rn. 37); dazu auch o. Teil 1 C.I.4.

[47] Vgl. o. Teil 1 C.I.2.

2. Mögliche Bedeutung einer verwaltungsaktförmigen Konkurrentenmitteilung

a) Bindende Eignungsfeststellung durch einen der Ernennung vorausgehenden Verwaltungsakt

Handelte es sich – wie es teilweise angenommen wird –[48] bereits bei dieser derzeit praktizierten Konkurrentenmitteilung um einen Verwaltungsakt, mit dem die Qualifikation der Bewerber verbindlich beurteilt wird, oder könnte die Ernennungsbehörde jedenfalls einen solchen der Ernennung vorausgehenden Verwaltungsakt erlassen,[49] könnte dies nutzbar gemacht werden, um der soeben erwähnten[50] Schwäche des hier präferierten Rechtsschutzkonzeptes zu begegnen.[51] Das Ernennungsverfahren könnte dann im Sinne eines mehrstufigen Verwaltungsverfahrens[52] so gestaltet werden, dass die Frage der Besteignung durch einen der eigentlichen Ernennung vorausgehenden Verwaltungsakt verbindlich festgestellt würde. Während Einwände, die die Frage der Besteignung betreffen, dann bereits gegen diesen feststellenden Verwaltungsakt geltend gemacht werden müssten, würde die spätere Ernennung aufgrund der diesem vorangegangenen Auswahlverwaltungsakt zukommenden Bindungswirkung gegen derlei Einwände immunisiert.[53] Der verwaltungsaktförmigen Konkurrentenmitteilung käme somit die Funktion eines eignungsbezogenen Vorbescheides zu.

---

[48] OVG Lüneburg NVwZ 2011, 891 (891 f.); VGH Mannheim, ZBR 2012, 93 (93); *Weckmann*, Die Rolle staatlicher Auswahlentscheidungen im Rechtsschutzsystem der „Konkurrentenverdrängungsklage", 2019, S. 158 ff.; *Burghardt*, Verwaltungsprozessuale Defizite der Rechtsschutzpraxis im Beamtenkonkurrentenstreit, 2020, S. 119 ff.; *Zwerger*, Zwischen Stellenblockade und Bewerberschutz, 2022, S. 76 f.; *Sodan*, in: Sodan/Ziekow, VwGO, 5. Aufl. 2018, § 42 Rn. 170; *Kühnbach*, ZBR 2012, 95 (96 f.); *von Roetteken*, ZBR 2011, 73 (73 f.); *Kenntner*, ZBR 2016, 181 (183 f.); *ders.*, RiA 2017, 149 (152).

[49] Dazu u. B.II.4.

[50] S. o. B.I.

[51] Ansätze dazu bereits bei *Willke*, JZ 1980, 440 (443 mit Fn. 48); *Siegmund-Schultze*, VerwArch Bd. 73 (1982), S. 137 (150 f.); zustimmend auch *Ronellenfitsch*, VerwArch Bd. 82 (1991), S. 121 (131).

[52] Dazu etwa *Schmidt-Aßmann*, in: Bachof/Heigl/Redeker, FG 25 Jahre BVerwG, 1978, S. 569 ff.; *Dietlein/Thiel*, Die Verwaltung Bd. 38 (2005), S. 211 ff.

[53] Dazu noch sogleich B.II.2.c).

b) Grundlegendes zu mehrstufigen Verwaltungsverfahren und Vorbescheiden

aa) Mehrstufige Verwaltungsverfahren im Allgemeinen

Mehrstufige Verwaltungsverfahren weisen in unterschiedlichen Bereichen des Verwaltungsrechts[54] eine teils beträchtliche Historie auf.[55] Jenseits von Konstellationen, in denen sie aus dem Verbund vormals getrennter Verfahren entstanden,[56] wurden sie meist als Instrument zur besseren Handhabbarkeit zunehmend komplexer werdender Verwaltungsentscheidungen entwickelt.[57] Zu unterscheiden sind dabei die – überdies von der Zusicherung nach § 38 VwVfG abzugrenzenden – Institute des Vorbescheides sowie der Teilgenehmigung. Während sich die Teilgenehmigung[58] dadurch auszeichnet, über einen tatsächlich abgrenzbaren Teil des durch Verwaltungsakt zu regelnden Sachverhaltes (in der Regel eines Vorhabens) abschließend[59] zu entscheiden,[60] handelt es sich beim Vorbescheid um die Regelung eines rechtlichen Ausschnitts[61] des final angestrebten Verwaltungsaktes.[62] Ihm kommt nur Feststellungs-, jedoch keine Gestattungswirkung zu.[63] Von der Zusicherung nach § 38 VwVfG, deren Qualifizierung als Verwal-

---

[54] Zum Enteignungsrecht s. etwa *Weyreuther*, DVBl. 1972, 93 (99); zum Flurbereinigungsrecht beispielsweise *Blümel/Ronellenfitsch*, Die Planfeststellung in der Flurbereinigung, 1975, S. 62 ff.; zu bau- und wasserrechtlichen Vorbescheiden etwa *Wernicke*, DVBl. 1977, 914 (915). Zum Vorbescheid als allgemeines (nicht nur bereichsspezifisches) verwaltungsverfahrensrechtliches Institut s. schon *Reichelt*, Der Vorbescheid im Verwaltungsverfahren, 1989, passim.

[55] Zur Bebauungsgenehmigung (Vorbescheid) Pr. OVGE 104, 206 (208); zur Entwicklung im Kontext des § 17 GewO vgl. BVerwGE 24, 23 (27 f.); eingehend (u. a.) dazu auch *Schmidt-Aßmann*, in: Bachof/Heigl/Redeker, FG 25 Jahre BVerwG, 1978, S. 569 (574) m. w. N.

[56] *Schmidt-Aßmann*, in: Bachof/Heigl/Redeker, FG 25 Jahre BVerwG, 1978, S. 569 (570).

[57] *Schuppert*, Verwaltungswissenschaft, 2000, S. 163 f., 169 f.; *U. Stelkens*, in: Stelkens/Bonk/Sachs, VwVfG, 9. Aufl. 2018, § 35 Rn. 251; *Uechtritz*, in: Mann/Sennekamp/Uechtritz, VwVfG, 2. Aufl. 2019, § 38 Rn. 37.

[58] *U. Stelkens*, in: Stelkens/Bonk/Sachs, VwVfG, 9. Aufl. 2018, § 35 Rn. 251, spricht – wohl präziser – vom Teil*verwaltungsakt*. Da dieses Instrument jedoch vornehmlich im Vorhabenzulassungsrecht eingesetzt wird, hat sich der Terminus der Teilgenehmigung etabliert, der deshalb auch hier Verwendung findet.

[59] Sie ist mithin – bezogen auf diesen Teil – Endbescheid (*Schwarz*, in: Fehling/Kastner/Störmer, VerwR, 5. Aufl. 2021, § 35 VwVfG Rn. 26) und weist dementsprechend nicht nur Feststellungs-, sondern auch Gestattungswirkung auf, *Uechtritz*, in: Mann/Sennekamp/Uechtritz, VwVfG, 2. Aufl. 2019, § 38 Rn. 37; *Jarass*, BImSchG, 13. Aufl. 2020, § 8 Rn. 24.

[60] Z. B. Bau bestimmter Abschnitte eines Infrastrukturprojekts.

[61] BVerwGE 48, 242 (245); 68, 241 (243).

[62] Vgl. etwa § 9 Abs. 1 BImSchG: „einzelne Genehmigungsvoraussetzungen sowie […] Standort der Anlage"; ein weiteres anschauliches Beispiel ist der (in der Praxis meist auf die Frage der bauplanungsrechtlichen Zulässigkeit eines Vorhabens beschränkte) Bauvorbescheid nach Bestimmungen wie § 77 BauO NRW, Art. 71 BayBO bzw. entsprechenden Regelungen anderer Landesbauordnungen.

[63] *U. Stelkens*, in: Stelkens/Bonk/Sachs, VwVfG, 9. Aufl. 2018, § 35 Rn. 251.

tungsakt im Unterschied zu den beiden vorgenannten Instituten umstritten ist,[64] unterscheiden sich beide Instrumente dadurch, dass zwar die Zusicherung einerseits den Erlass eines erstrebten Verwaltungsaktes in Aussicht stellt, dabei aber selbst noch keine (darüber hinausgehende) Regelung vermittelt. Hingegen weisen Teilgenehmigung und Vorbescheid zwar eigene Regelungsgehalte auf, stellen aber grundsätzlich[65] nicht den Erlass des final angestrebten Verwaltungsaktes in Aussicht.

bb) Die verfahrensstufende Wirkung des Vorbescheides im Besonderen

Besondere praktische Bedeutung kommt derart gestuften Verwaltungsverfahren im Allgemeinen und dem Vorbescheid im Besonderen wegen der dem (feststellenden) Verwaltungsakt eigenen Bindungswirkung zu. Denn das sowohl im Verwaltungsverfahrens- als auch im Verwaltungsprozessrecht grundsätzlich herrschende Prinzip der Amtsermittlung[66] beansprucht keine Geltung, soweit Bindungswirkung besteht.[67] Wenn eine Tatsache mit Bindungswirkung – die bereits mit Wirksamkeit und nicht erst mit Bestandskraft[68] des Verwaltungsaktes eintritt –[69] feststeht, ist das Gericht insofern nicht nur von der Amtsermittlungspflicht befreit; vielmehr ist ihm hinsichtlich der von der Bindung umfassten Umstände sogar jede eigene Ermittlungstätigkeit verboten.[70]

---

[64] Zum Meinungsstand etwa *U. Stelkens*, in: Stelkens/Bonk/Sachs, VwVfG, 9. Aufl. 2018, § 38 Rn. 29.

[65] Zur Bedeutung des sog. vorläufigen positiven Gesamturteils bei Teilgenehmigungen s. etwa *Dietlein*, in: Landmann/Rohmer, Umweltrecht, Loseblatt, Stand 97. Lfg. Dezember 2021, § 8 BImSchG Rn. 25 ff.; *Schwarz*, in: Fehling/Kastner/Störmer, VerwR, 5. Aufl. 2021, § 35 VwVfG Rn. 22; *Uechtritz*, in: Mann/Sennekamp/Uechtritz, VwVfG, 2. Aufl. 2019, § 38 Rn. 38; *Roßnagel*, DÖV 1995, 624 (625 ff.).

[66] § 24 Abs. 1 VwVfG bzw. § 86 Abs. 1 VwGO.

[67] *Sachs*, in: Stelkens/Bonk/Sachs, VwVfG, 9. Aufl. 2018, § 43 Rn. 133 ff.

[68] So aber offenbar *Schübel-Pfister*, in: Eyermann, VwGO, 16. Aufl. 2022, § 86 Rn. 41; *Breunig*, in: Posser/Wolff, BeckOK VwGO, Stand 62. Ed. 01.07.2022, § 86 Rn. 41; präziser hingegen *Rixen*, in: Sodan/Ziekow, VwGO, 5. Aufl. 2018, § 86 Rn. 40: nicht angefochtene Verwaltungsakte.

[69] *Seibert*, Die Bindungswirkung von Verwaltungsakten, 1989, S. 480; *Schwarz*, in: Fehling/Kastner/Störmer, VerwR, 5. Aufl. 2021, § 43 VwVfG Rn. 19.

[70] *Dawin/Patzer*, in: Schoch/Schneider, VwGO, Loseblatt, Stand 42. Lfg. Februar 2022, § 86 Rn. 52; *Schwarz*, in: Fehling/Kastner/Störmer, VerwR, 5. Aufl. 2021, § 43 VwVfG Rn. 19; vgl. auch *Appel/Melchinger*, VerwArch Bd. 84 (1993), S. 349 (354 f.).

c) Anwendung dieser Grundsätze auf die Situation der sogenannten Konkurrentenmitteilung

Dem Institut der Teilgenehmigung bzw. des Teilverwaltungsaktes[71] kommt in Bezug auf die hier in Rede stehende sog. Konkurrentenmitteilung offensichtlich keine Bedeutung zu[72] und auch die gelegentlich in Betracht gezogene Qualifizierung derselben als Zusicherung[73] vermag nicht zu überzeugen. Denn die mit der Zusicherung im Sinne des § 38 VwVfG wesensmäßig einhergehende grundsätzlich verbindliche Verpflichtung zum Erlass eines Verwaltungsaktes dürfte in aller Regel nicht intendiert sein.[74] Sicherte die Behörde – was ausgehend von der (auf Grundlage der Lehre vom Grundsatz der Ämterstabilität) allein der Rechtsschutzgewährleistung dienenden Funktion der Konkurrentenmitteilung gar nicht erforderlich wäre – bereits die Ernennung des ausgewählten Bewerbers zu, begäbe sie sich insoweit ohne Not ihres Organisationsermessens.[75]

Handelte es sich bei der sog. Konkurrentenmitteilung aber im Sinne eines Vorbescheides um einen die Besteignung des ausgewählten Bewerbers mit Bindungswirkung feststellenden Verwaltungsakt, müssten die Besteignung betreffende Einwände durch unmittelbar gegen diesen Verwaltungsakt gerichtete Anfechtungsklage geltend gemacht werden. In einer späteren, (nur) gegen die Ernennung gerichteten Anfechtungsklage (also einer echten Konkurrentenklage) könnte die Besteigung des dann Ernannten jedoch – aufgrund der durch die Bindungswirkung des Vorbescheides eingeschränkten Amtsermittlungspflicht des Gerichts – nicht mehr erfolgreich angegriffen werden.[76] Das über der Ernennung schwe-

[71] Zur Terminologie s. Fn. 58.

[72] Ungeachtet der Frage, über welchen tatsächlich abgrenzbaren Teil einer Ernennung eine abschließende Endregelung überhaupt möglich sein sollte, wird eine solche durch die Mitteilung, dass ein bestimmter Bewerber als bestgeeignet angesehen und seine Ernennung beabsichtigt werde, jedenfalls weder bewirkt noch bezweckt.

[73] Vgl. die (nicht verallgemeinerungsfähige, dazu *U. Stelkens*, in: Stelkens/Bonk/Sachs, VwVfG, 9. Aufl. 2018, § 35 Rn. 163) Rspr. des BGH zu der der Notarbestellung vorausgehenden Mitteilung, BGH NJW-RR 2001, 1564 (1565); offen gelassen hingegen in BGH NJW-RR 2004, 1065 (1066). In der Sache ähnlich, aber ohne Verwendung des Begriffs der Zusicherung auch *von Roetteken*, ZBR 2011, 73 (73 f.).

[74] Vgl. *U. Stelkens*, in: Stelkens/Bonk/Sachs, VwVfG § 35 Rn. 163; *Kenntner*, ZBR 2016, 181 (183).

[75] Vgl. auch *Kernbach*, Die Rechtsschutzmöglichkeiten des unterlegenen Konkurrenten im beamtenrechtlichen Ernennungsverfahren, 1994, S. 114 f.; *Kenntner*, ZBR 2016, 181 (183); *Özfirat-Skubinn*, Rechtswidrige Beamtenernennungen, bei denen der Rechtsschutz eines Mitbewerbers vereitelt wird – Wege zur Kompensation, 2011, S. 78 f.

[76] *von Roetteken*, ZBR 2011, 73 (74). Vgl. allgemein zu gestuften Verwaltungsverfahren etwa *Seibert*, Die Bindungswirkung von Verwaltungsakten, 1989, S. 486; *Happ*, in: Eyermann, VwGO, 16. Aufl. 2022, § 42 Rn. 135. Auch wenn die Bindungswirkung bereits mit Wirksamwerden (nicht erst mit Eintritt der Bestandskraft) eintritt (*Seibert*, Die Bindungswirkung von

bende Damoklesschwert wäre also beseitigt, wenn nur die vorherige verwaltungsaktförmige Auswahl allen Bewerbern[77] bekanntgegeben und insoweit der Eintritt der Bestandskraft abgewartet wurde.[78]

3. Keine pauschale Qualifizierbarkeit der Konkurrentenmitteilung als Verwaltungsakt

Indes kann die auf Grundlage des vom sog. Grundsatz der Ämterstabilität ausgehenden Rechtsschutzkonzepts praktizierte Konkurrentenmitteilung[79] – einstweilen ungeachtet der Frage, ob die Ernennungsbehörde zum Erlass eines solchen Verwaltungsaktes überhaupt berechtigt wäre –[80] grundsätzlich[81] nicht als verwaltungsaktförmige und damit verbindliche Feststellung der Besteignung des ausgewählten Bewerbers angesehen werden.[82]

Verwaltungsakten, 1989, S. 480), sollte mit der Ernennung bis zum Eintritt der Bestandkraft der Auswahlentscheidung zugewartet werden, da erst dann vom Wirksambleiben derselben ausgegangen werden kann. Könnte die Auswahlentscheidung (weil ihre Bestandskraft nicht abgewartet wurde) nach Ernennung noch aufgehoben werden, entfiele die Bindungswirkung und die Besteignung könnte bzw. müsste im Rahmen der echten Konkurrentenklage nach allgemeinen Maßstäben (vgl. o. A.I.) geprüft werden.

[77] Die Beschränkung auf Bewerber begegnet jedenfalls dann keinen Bedenken, wenn die Stelle zuvor ordnungsgemäß ausgeschrieben wurde. Zur der sich richtigerweise aus Art. 33 Abs. 2 GG ergebenden Ausschreibungspflicht s. etwa *Brosius-Gersdorf*, in: Dreier, GG, Bd. II, 3. Aufl. 2015, Art. 33 Rn. 125; *Jarass*, in: Jarass/Pieroth, GG, 17. Aufl. 2022, Art. 33 Rn. 23a; *Battis*, in: Sachs, GG, 9. Aufl. 2021, Art. 33 Rn. 40; *Neuhäuser*, NVwZ 2013, 176 (178 f.); einschränkend freilich BVerwGE 49, 232 (237); 79, 101 (107).

[78] Das hier erwähnte Erfordernis des Eintritts der Bestandskraft steht dabei keineswegs in Widerspruch zu der obigen Aussage, dass die Bindungswirkung bereits mit Wirksamwerden des Vorbescheides eintritt (s. o. B.II.2.b)bb) mit Fn. 68 f.). Denn auch wenn die Bindungswirkung bereits mit Wirksamkeit des Verwaltungsaktes eintritt, besteht freilich vor Eintritt seiner Bestandskraft noch die Gefahr, dass sie infolge gerichtlicher Kassation wieder entfällt, wodurch die Frage der Besteignung im Falle der Erhebung einer echten Konkurrentenklage doch wieder der gerichtlichen Amtsermittlung unterläge.

[79] S. o. B.II.1.

[80] S. dazu noch u. B.II.4.b). – Für die Qualifizierung einer Maßnahme als Verwaltungsakt kommt es darauf freilich auch gar nicht an. Auch eine ohne hinreichende gesetzliche Ermächtigung vorgenommene Maßnahme kann als Verwaltungsakt zu qualifizieren sein. Das Fehlen der erforderlichen Ermächtigung bedingt lediglich dessen Rechtswidrigkeit.

[81] S. noch sogleich B.II.3.a) mit Fn. 88 f.

[82] OVG Bautzen DÖD 2011, 267 (267); vgl. auch BAGE 124, 80 (83 Rn. 12). Anders OVG Lüneburg NVwZ 2011, 891 (891 f.); VGH Mannheim, ZBR 2012, 93 (93); *Burghardt*, Verwaltungsprozessuale Defizite der Rechtsschutzpraxis im Beamtenkonkurrentenstreit, 2020, S. 119 ff.; *Weckmann*, Die Rolle staatlicher Auswahlentscheidungen im Rechtsschutzsystem der „Konkurrentenverdrängungsklage“, 2019, S. 158 ff.; *Sodan*, in: Sodan/Ziekow, VwGO, 5. Aufl. 2018, § 42 Rn. 170; *Kühnbach*, ZBR 2012, 95 (96); *von Roetteken*, ZBR 2011, 73 (73 f.); *Kenntner*,

a) Maßstäbe

Die Auslegung verwaltungsrechtlicher Willenserklärungen und somit auch deren Qualifizierung als Verwaltungsakt bemisst sich nach einhelliger und überzeugender Auffassung entsprechend den Grundsätzen der §§ 133, 157 BGB.[83] Maßgeblich ist mithin der erklärte Wille, wie ihn der Adressat oder ein durch die Erklärung anderweitig Betroffener von seinem Standpunkt aus bei verständiger Würdigung verstehen musste.[84] Da es demnach maßgeblich auf die Umstände des jeweiligen Einzelfalls ankommt,[85] verbieten sich pauschale Urteile.[86] Das bedeutet freilich nicht nur, dass ausnahmslosen Qualifizierungen von Auswahlentscheidungen als Verwaltungsakte mit Vorsicht zu begegnen ist.[87] Es bedeutet vielmehr auch, dass, wenn nachfolgend gezeigt wird, dass sog. Konkurrentenmitteilungen regelmäßig keine Verwaltungsaktqualität zukommt, durchaus auch Konstellationen denkbar sind, in denen dies aufgrund spezifischer Umstände des Einzelfalls anders zu beurteilen sein kann.[88]

ZBR 2016, 181 (183 f.); *ders.*, RiA 2017, 149 (152); *H. Günther*, RiA 2011, 49 (52). Offen gelassen in BVerwG Beschl. v. 08.12.2011 – 2 B 106.11 – Rn. 13, juris.

[83] BVerwGE 135, 209 (214 Rn. 21); *Ernst*, Die Verwaltungserklärung, 2008, S. 411 f.; *von Alemann/Scheffczyk*, in: Bader/Ronellenfitsch, BeckOK VwVfG, Stand 56. Ed. 01.07.2022, § 35 Rn. 35 f.; *Burghardt*, Verwaltungsprozessuale Defizite der Rechtsschutzpraxis im Beamtenkonkurrentenstreit, 2020, S. 127.

[84] BVerwGE 41, 305 (306); 60, 223 (228 f.); BVerwG NVwZ 1984, 36 (37); NVwZ 2000, 553 (554); *U. Stelkens*, in: Stelkens/Bonk/Sachs, VwVfG, 9. Aufl. 2018, § 35 Rn. 71; *Ramsauer*, in: Kopp/Ramsauer, VwVfG, 23. Aufl. 2022, § 35 Rn. 3; *Ruffert*, in: Ehlers/Pünder, Allgemeines Verwaltungsrecht, 16. Aufl. 2022, § 21 Rn. 15; *Appel/Melchinger*, VerwArch Bd. 84 (1993), S. 349 (355); *Kluth*, NVwZ 1990, 608 (610). Vom Gedanken des § 133 BGB als einem allgemeinem, nicht auf das bürgerliche Recht beschränkten hermeneutischen Prinzip spricht *Forsthoff*, Lehrbuch des Verwaltungsrechts, Bd. I, 10. Aufl. 1973, S. 161.

[85] Vgl. *Egerland*, Die Notarbestellung im hauptberuflichen Notariat, 2009, S. 167; *Wollenschläger*, Verteilungsverfahren, 2010, S. 297.

[86] Das betont etwa auch *U. Stelkens*, in: Stelkens/Bonk/Sachs, VwVfG, 9. Aufl. 2018, § 35 Rn. 163.

[87] Dies folgt freilich bereits daraus, dass Zweifel bei der Beurteilung der Verwaltungsaktqualität grundsätzlich zu Lasten der Behörde gehen sollen (BVerwGE 41, 305 [306]; 99, 101 [103]; 135, 209 [214 Rn. 21]; *U. Stelkens*, in: Stelkens/Bonk/Sachs, VwVfG, 9. Aufl. 2018, § 35 Rn. 73a), aus der Bejahung der Verwaltungsaktqualität aber Nachteile für den Adressaten erwüchsen (*Appel/Melchinger*, VerwArch Bd. 84 [1993], S. 349 [356]: Verbindlichkeit, Rechtsbehelfsfrist, potentielle Bestandskraft).

[88] BVerwG NVwZ-RR 2017, 736 (738): Verbindlichkeit der Auswahl aufgrund einer entsprechenden Satzungsregelung (universitäre Berufungsordnung); gegen die Verwaltungsaktqualität eines Rufes in anderen Konstellationen aber etwa BVerwGE 106, 187 (188 f.); VGH München ZBR 2015, 319 (320); *U. Stelkens*, in: Stelkens/Bonk/Sachs, VwVfG, 9. Aufl. 2018, § 35 Rn. 163.

b) Auslegung der Konkurrentenmitteilung

Dass es sich bei der oben umrissenen Konkurrentenmitteilung – auch aus der für die Auslegung maßgeblichen Perspektive – um eine behördliche Maßnahme auf dem Gebiet des öffentlichen Rechts handelt, dürfte keiner näheren Erörterung bedürfen. Entscheidende Bedeutung kommt hingegen den Fragen nach der Außen- sowie insbesondere nach der Regelungswirkung zu.[89] Diese vermögen die Befürworter der Verwaltungsaktqualität nicht überzeugend zu bejahen.

aa) Vorbemerkung zur Notwendigkeit der Trennung zwischen den verschiedenen mitgeteilten Informationen

(1) Allgemeines zum Verhältnis zwischen dem Verwaltungsakt und seiner Verkörperung

Obschon Begriffe wie Verwaltungsakt und Bescheid mitunter synonym verwandt werden, bezeichnen sie doch Verschiedenes. Während der Terminus des Verwaltungsaktes nach der Legaldefinition des § 35 S. 1 VwVfG eine hoheitliche Maßnahme bezeichnet, die eine Behörde zur Regelung eines Einzelfalls auf dem Gebiet des öffentlichen Rechts trifft und die auf unmittelbare Rechtswirkung nach außen gerichtet ist, beschreibt der Begriff des Bescheides eine mögliche Form ihrer Verkörperung. Dass es sich bei dieser Differenzierung um mehr als bloße Rabulistik handelt, wird in Konstellationen deutlich, in denen mehrere Regelungen in einem einheitlichen Bescheid zusammengefasst werden.[90] Nicht immer ist dies so offensichtlich wie bei der Kombination aus Grundverfügung und Zwangsmittelandrohung. Auch hinter einem einheitlich formulierten Bescheidtenor können sich in Wahrheit mehrere, ggf. auf unterschiedlichen Ermächtigungsnormen beruhende und vom Vorliegen verschiedener Tatbestandsvoraussetzungen abhängende Regelungen verbergen.[91] Dabei ist jede einzelne Regelung ein eigener Verwaltungsakt und hinsichtlich jeder in einem Bescheid mitgeteilten Information muss gesondert geprüft werden, ob ihr Verwaltungsaktqualität zukommt.

---

[89] Vgl. *Burghardt*, Verwaltungsprozessuale Defizite der Rechtsschutzpraxis im Beamtenkonkurrentenstreit, 2020, S. 120 ff.

[90] Vgl. *U. Stelkens*, in: Stelkens/Bonk/Sachs, VwVfG, 9. Aufl. 2018, § 35 Rn. 45; *Müller-Grune*, SGb 2014, 560 (561).

[91] Bei vermeintlich teilweise erfolglosen Anfechtungsklagen kann es sich daher in Wirklichkeit oftmals um mehrere in objektiver Klagehäufung erhobene Klagen handeln, von denen nicht alle erfolgreich waren, *U. Stelkens*, in: Stelkens/Bonk/Sachs, VwVfG, 9. Aufl. 2018, § 35 Rn. 45. – Anders *Meyer*, in: Meyer/Borgs, VwVfG, 2. Aufl. 1982, § 35 Rn. 33: Die Behörde könne jeweils entscheiden, „ob mehrere Regelungen in einem VA oder ob mehrere VAe erlassen werden".

(2) Die Aussagegehalte der sogenannten Konkurrentenmitteilung

Einstweilen noch ungeachtet der Frage, inwieweit diesen einzelnen Aussagegehalten Regelungswirkung und (damit) Verwaltungsaktqualität zukommt, lässt sich bereits feststellen, dass dem unterlegenen Bewerber in der sog. Konkurrentenmitteilung jedenfalls zwei Aussagen mitgeteilt werden.[92] Denn neben der Information darüber, wer ernannt werden soll, enthält eine Konkurrentenmitteilung – evtl. gar nicht ausdrücklich, sondern ihr nur im Wege des Umkehrschlusses aus der vorgenannten Information zu entnehmen – auch die Aussage, dass ihr Adressat nicht ernannt werden soll. Alles was über diese bloße Ablehnung (Negativmitteilung) hinausgeht, ist aber eine gesonderte Aussage[93] und – bei unterstellter Regelungswirkung – ein gesonderter Verwaltungsakt.[94] Das Vorstehende zeigt nicht nur, dass es zur verwaltungs(prozess)rechtlichen Handhabbarmachung der Konkurrentenmitteilung keiner Sonderformen wie dem „einheitliche[n] Verteilungsverwaltungsakt"[95] oder der sog. netzartigen Allgemeinverfügung[96] bedarf. Vielmehr veranschaulicht es auch, dass die eventuelle Verwaltungsaktqualität der bloßen Negativmitteilung nicht pauschal auf alle in diesem Schreiben mitgeteilten Informationen, namentlich auf die Mitteilung des ausgewählten Bewerbers, durchschlägt.[97] Der (Frage nach der) Qualifizierung der rei-

[92] Vgl. *Martens*, ZBR 1992, 129 (129 f.); anders offenbar die Verfechter einer sog. einheitlichen Verteilungsentscheidung: *Sodan*, in: Sodan/Ziekow, VwGO, 5. Aufl. 2018, § 42 Rn. 170; *Windthorst*, in: Gärditz, VwGO, 2. Aufl. 2018, § 80a Rn. 14; *H. Günther*, RiA 2011, 49 (52 f.), *von Roetteken*, ZBR 2011, 73 (74); *Kenntner*, ZBR 2016, 181 (182 f.).

[93] Vgl. *Ronellenfitsch*, VerwArch Bd. 82 (1991), S. 121 (130). Zum Parallelproblem, ob die Ablehnung einer Genehmigung zugleich die Unterlassung der nicht genehmigten Handlung aufgibt, s. auch *Struzina/Lindner*, VerwArch Bd. 108 (2017), S. 266 (278 f.). Insoweit (jedenfalls begrifflich) nicht hinreichend differenzierend *Zwerger*, Zwischen Stellenblockade und Bewerberschutz, 2022, S. 31, 76 f., der auch den positiven Aussagegehalt terminologisch als Aspekt der „Negativmitteilung" fasst.

[94] Insofern dezidiert anders *Pöcker*, DÖV 2003, 193 (198), der sich insofern freilich allein auf *Meyer*, in: Meyer/Borgs, VwVfG, 2. Aufl. 1982, § 35 Rn. 33 und § 36 Rn. 19, stützen kann. Dessen Auffassung, allein „der Wille der Behörde" entscheide „darüber, ob mehrere Regelungen in einem VA oder ob mehrere VAe erlassen werden", konnte sich aber freilich nie durchsetzen, *U. Stelkens*, in: Stelkens/Bonk/Sachs, VwVfG, 9. Aufl. 2018, § 35 Rn. 45.

[95] *Pöcker*, DÖV 2003, 193 (197 ff.).

[96] *U. Stelkens*, in: Stelkens/Bonk/Sachs, VwVfG, 9. Aufl. 2018, § 35 Rn. 162a.

[97] Dem steht auch BVerwGE 138, 102 (108 Rn. 25) nicht entgegen. Dort führt das Gericht zwar aus, dass die Mitteilungen positiven bzw. negativen Inhalts „keine inhaltlich eigenständigen Entscheidungen" seien, sondern „die einheitliche Auswahlentscheidung" bekanntgäben. Das war aber nur ein Argument für die Wechselbezüglichkeit, also um zu erläutern, warum in der Ernennung des einen eine Rechtsverletzung des anderen liegt. Schon der übernächste Satz („Die Ernennung folgt der Auswahlentscheidung, setzt diese rechtsverbindlich um und beendet das Auswahlverfahren") macht deutlich, dass die Auswahlmitteilung selbst nicht als „rechtsverbindlich" und damit nicht als Verwaltungsakt angesehen wird. Vgl. VGH Kassel NVwZ-RR

nen Negativmitteilung als sog. Ablehnungsbescheid[98] kommt mithin für die hier in Rede stehende Frage nach der Verwaltungsaktqualität der Information über den zur Ernennung ausgewählten Bewerber keine Bedeutung zu.[99]

bb) Unerheblichkeit der behördlichen Willensbildung

Ausgehend von den oben umrissenen Auslegungsgrundsätzen in Anlehnung an §§ 133, 157 BGB muss ferner konstatiert werden, dass auch der behördeninternen Willensbildung im Vorfeld der Konkurrentenmitteilung keine maßgebliche Bedeutung für deren Qualifizierung als Verwaltungsakt zukommt. Soweit zur Stützung der These von der Verwaltungsaktqualität also mitunter eingehend geschildert wird, wie der Dienstherr zu seiner Beurteilung der Qualifikation kommt,[100] geben diese Schilderungen – so richtig sie in der Sache auch sein mögen – für die Beantwortung der Frage nach der Verbindlichkeit dieser so getroffenen Auswahl im Außenverhältnis nichts her. Denn nicht jede behördliche Subsumtionstätigkeit, sei sie auch noch so gründlich, ist ein Verwaltungsakt. Verwaltungsaktqualität erfordert vielmehr die nach außen hin kenntlich gemachte Verbindlichkeit des Subsumtionsergebnisses – im hiesigen Falle also der Qualifikationsbeurteilung. Denn nicht der Wille der Behörde ist maßgeblich,[101] sondern wie ein objektiver Dritter in der Position des Adressaten den von der Behörde kommunizierten Willen verstehen musste.[102]

2012, 151 (151); *Battis*, DVBl. 2013, 673 (676); *Schönrock*, ZBR 2013, 26 ff.; *Schlotterbohm*, ZBR 2015, 368 (378).

[98] Dafür etwa VGH Kassel NVwZ-RR 2012, 151 (151). – Auch insoweit ist das Suffix „-bescheid" freilich unpräzise, weil es sich um einen Teilgehalt der einheitlichen Verkörperung handelt.

[99] Nicht ganz unerheblich ist sie aber (wegen der auch von einem Ablehnungsbescheid ausgehenden Bindungswirkung) hinsichtlich der Frage nach der Erforderlichkeit der Erhebung einer unechten Konkurrentenklage (oder ggf. auch nur einer isolierten Anfechtungsklage). Steht aufgrund eines Ablehnungsbescheides mit Bindungswirkung fest, dass der Kläger nicht bestgeeignet ist, kann er auch bei einer neuen Auswahlentscheidung nicht erfolgreich sein. Bei Rechtswidrigkeit der Ablehnung wäre die Behörde aber wohl unter dem Aspekt des allgemeinen ungeschriebenen Aufhebungsanspruchs zur Aufhebung verpflichtet.

[100] Exemplarisch *Burghardt*, Verwaltungsprozessuale Defizite der Rechtsschutzpraxis im Beamtenkonkurrentenstreit, 2020, S. 121 ff.

[101] Vgl. denn auch in anderem Zusammenhang *Burghardt*, Verwaltungsprozessuale Defizite der Rechtsschutzpraxis im Beamtenkonkurrentenstreit, 2020, S. 127.

[102] So praktisch ausdrücklich und m. w. N. *Windoffer*, in: Mann/Sennekamp/Uechtritz, VwVfG, 2. Aufl. 2019, § 35 Rn. 9.

cc) Irrelevanz der Rechtsverletzung

Auch die gelegentlich zur Stützung der These von der verwaltungsaktförmigen Auswahlentscheidung vorgebrachte Aussage, jene sei „wegen des mit ihr verbundenen Eingriffs in die Rechte aller Bewerber aus Art. 33 Abs. 2 GG" ein den unterlegenen Bewerber belastender Verwaltungsakt,[103] vermag nur die Klassifikation einer staatlichen Maßnahme als „belastend", nicht aber ihre Qualifizierung als Verwaltungsakt zu stützen. Diese setzt sie vielmehr voraus, weil selbstverständlich auch nicht verwaltungsaktförmiges (etwa schlicht-hoheitliches oder privatrechtliches) Handeln[104] eines Hoheitsträgers in subjektive öffentliche Rechte Privater eingreifen kann.[105] In diesem Zusammenhang müssen auch die Aussagen in BVerwGE 138, 102 ff.[106] verstanden werden, die mitunter als (vermeintlicher) Beleg für die Qualifizierung der Auswahlentscheidung als Verwaltungsakt durch das BVerwG herangezogen werden.[107] Entgegen der gelegentlich missverständlichen Einbettung von Versatzstücken dieser Entscheidung[108] hatte das Gericht an besagter Stelle nicht über die Verwaltungsaktqualität einer im Vorfeld der Ernennung erfolgten (Mitteilung einer) Auswahlentscheidung zu befinden. Vielmehr begründete das BVerwG mit den in Rede stehenden Aussagen, warum die Ernennung selbst den Unterlegenen möglicherweise in seinen Rechten verletzte und dieser daher im Hinblick auf die Anfechtung derselben im Wege der echten Konkurrentenklage klagebefugt sei.[109] Daraus Ableitungen auf die Frage nach der Verwaltungsaktqualität der der Ernennung vorangehenden Aus-

---

[103] VGH Mannheim ZBR 2012, 93 (93); *Kühnbach*, ZBR 2012, 95 (95 f.); ähnlich *Kenntner*, ZBR 2016, 181 (183 mit Fn. 25).

[104] Exemplarisch sei auf die selbstverständlich ebenfalls die Bewerbungsverfahrensansprüche anderer Bewerber verletzende Einstellung eines nicht bestgeeigneten Angestellten im öffentlichen Dienst verwiesen.

[105] Vgl. nur *Sachs*, in: Sachs, GG, 9. Aufl. 2021, Vor Art. 1 Rn. 83.

[106] „Der wechselseitige inhaltliche Bezug der Rechte der Bewerber aus Art. 33 Abs. 2 GG schlägt sich in der Entscheidung des Dienstherrn nieder, welchen Bewerber er für am besten geeignet für das zu vergebende Amt hält. Diese Auswahlentscheidung betrifft nach ihrem Inhalt alle Bewerber gleichermaßen: Mit der Auswahl eines Bewerbers geht zwangsläufig die Ablehnung der Mitbewerber einher. Hat der Dienstherr die Auswahl in Einklang mit Art. 33 Abs. 2 GG vorgenommen, so sind die Bewerbungsverfahrensansprüche der unterlegenen Bewerber erfüllt. Die gesonderten Mitteilungen der Auswahlentscheidung an jeden Bewerber, einmal positiven, ansonsten negativen Inhalts, stellen keine inhaltlich eigenständigen Entscheidungen dar, sondern geben die einheitliche, rechtlich untrennbare Auswahlentscheidung bekannt. Ihre Begründung muss die maßgebenden Erwägungen des Dienstherrn erkennen lassen.", BVerwGE 138, 102 (108 Rn. 25).

[107] Etwa durch *H. Günther*, RiA 2011, 49 (52); *von Roetteken*, ZBR 2011, 73 (74).

[108] *H. Günther*, RiA 2011, 49 (52).

[109] BVerwGE 138, 102 (105 ff. Rn. 17 ff.), unter Aufgabe seiner Rspr. von der Ernennung als einen den Unterlegenen „nicht betreffenden Verwaltungsakt" (so noch BVerwGE 80, 127 [130]).

wahlentscheidung ziehen zu wollen, stellt jedenfalls eine Überinterpretation einzelner Formulierungen des BVerwG dar.[110]

dd) Maßgeblichkeit des objektiven Empfängerhorizontes

Entscheidend für die Qualifizierung der Konkurrentenmitteilung als Verwaltungsakt sind vielmehr ihr Inhalt und ihre Form.[111]

(1) Inhalt der sogenannten Konkurrentenmitteilung

Pauschale Aussagen zum Inhalt der Konkurrentenmitteilungen, die auf Grundlage der Lehre vom Grundsatz der Ämterstabilität versandt werden,[112] sind aufgrund der Vielzahl der bei den unterschiedlichen Ernennungsbehörden Anwendung findenden Verwaltungspraktiken freilich kaum möglich.[113] Ausgehend von der den Konkurrentenmitteilungen nach diesem Rechtsschutzkonzept zukommenden Funktion[114] dürfte sich jedoch als Gemeinsamkeit jedenfalls formulieren lassen, dass sie ihren Adressaten jeweils über die beabsichtigte Ernennung eines näher bestimmten Konkurrenten informieren.[115] Indes kann weder diese Ankündigung noch die evtl. kumulativ dazu erfolgende oder sich andernfalls jedenfalls implizit daraus ergebende Mitteilung des Subsumtionsergebnisses, dass – nach Auffassung der Ernennungsbehörde – ebenjener Bewerber der bestgeeignete Kandidat im Sinne von Art. 33 Abs. 2 GG, § 9 S. 1 BBG bzw. § 9 BeamtStG sei, die Verbindlichkeit und damit die hier in Rede stehende Regelungswirkung dieser Mitteilung begründen. Denn nicht jeder behördlichen Absichtserklärung, Mitteilung eines Subsumtionsergebnisses oder Ähnlichem kommt Verwaltungsaktqualität zu.[116] Vielmehr soll sogar der Umstand, dass der Erlass eines Verwaltungsaktes angekündigt wird – und um nichts anderes handelt es sich bei der hier interessierenden Aussage der sog. Konkurrentenmitteilung –,[117] regelmäßig eher gegen die Qualifizierung bereits dieser Ankündigung als Verwaltungsakt strei-

---

[110] So (wörtlich) auch *Schönrock*, ZBR 2013, 26 (28); *Schlotterbohm*, ZBR 2015, 368 (378). Vgl. auch o. Fn. 97.

[111] OVG Berlin NVwZ-RR 2018, 578 (579).

[112] S. o. B.II.1.

[113] Vgl. auch *U. Stelkens*, in: Stelkens/Bonk/Sachs, VwVfG, 9. Aufl. 2018, § 35 Rn. 163.

[114] S. o. B.II.1.

[115] S. nur BVerwG Beschl. v. 08.12.2011 – 2 B 106.11 – Rn. 13, juris; *Hartung*, RiA 2017, 49 (50).

[116] *Schwarz*, in: Fehling/Kastner/Störmer, VerwR, 5. Aufl. 2021, § 35 VwVfG Rn. 95; *Windoffer*, in: Mann/Sennekamp/Uechtritz, VwVfG, 2. Aufl. 2019, § 35 Rn. 91. Zur bloßen behördlichen Mitteilung der geltenden Rechtslage vgl. auch BVerwGE 51, 55 (60), sowie *Appel/Melchinger*, VerwArch Bd. 84 (1993), S. 349 (355).

[117] BVerwG Beschl. v. 08.12.2011 – 2 B 106.11 – Rn. 13, juris: „Die Mitteilung kündigt die

ten.[118] Und dass nicht jeder behördlichen Mitteilung eines Subsumtionsergebnisses die für die Verwaltungsaktqualität erforderliche Verbindlichkeit zukommt, veranschaulicht etwa[119] das Beispiel des Anhörungsschreibens im Sinne von § 28 Abs. 1 VwVfG, bei welchem die Behörde durch die Einräumung der Gelegenheit zur Stellungnahme zwar die Vorläufigkeit ihrer Einschätzung zum Ausdruck bringt, durch die erforderliche Benennung der relevanten Tatsachen sowie der konkret von ihr beabsichtigten Maßnahme[120] aber auch (jedenfalls konkludent) mitteilt, dass sie deren rechtliche Voraussetzungen (ausgehend von ihrer bisherigen Tatsachenkenntnis) für gegeben erachtet.

(2) Gestaltung und äußere Form der sogenannten Konkurrentenmitteilung

Namentlich aufgrund des allgemeinen verwaltungsrechtlichen Grundsatzes der Formenklarheit[121] ist in die zum Zwecke der Klärung ihrer Verwaltungsaktqualität vorzunehmende Auslegung einer behördlichen Willenserklärung auch ihre formale Gestaltung einzubeziehen.[122] Pauschale Aussagen dazu sind freilich seriöserweise nicht möglich; der obige Hinweis auf divergierende Behördenpraktiken gilt auch insofern. Gleichwohl muss aber darauf hingewiesen werden, dass die Betitelung eines behördlichen Schreibens als Mitteilung – im Unterschied zu seiner Bezeichnung als Bescheid, Anordnung oder Verfügung –[123] grundsätzlich eher gegen seine Qualifizierung als (Verkörperung eines) Verwaltungsakt(es) streitet.[124] Ähnliches gilt für das Fehlen eines herausgestellten Verfügungssatzes

Ernennung, d.h. den Erlass eines Verwaltungsakts mit Drittwirkung, für den Fall an, dass eine Wartefrist verstreicht oder die Inanspruchnahme gerichtlichen Rechtsschutzes erfolglos bleibt."

[118] BVerwGE 69, 374 (377); *Schwarz*, in: Fehling/Kastner/Störmer, VerwR, 5. Aufl. 2021, § 35 VwVfG Rn. 95. S. auch VG Kassel NVwZ-RR 2000, 557 (557), zu einem Schreiben, in dem „lediglich mitgeteilt [wird], was in den folgenden Monaten geschehen soll" (Verwaltungsaktqualität verneint).

[119] S. zudem *Appel/Melchinger*, VerwArch Bd. 84 (1993), S. 349 (360).

[120] Vgl. nur *Kallerhoff/Mayen*, in: Stelkens/Bonk/Sachs, VwVfG, 9. Aufl. 2018, § 28 Rn. 35.

[121] *Schmitz*, in: Stelkens/Bonk/Sachs, VwVfG, 9. Aufl. 2018, § 9 Rn. 57; vgl. auch *Hufen/Siegel*, Fehler im Verwaltungsverfahren, 7. Aufl. 2021, Rn. 90ff.

[122] Das gilt in besonderem Maße, wenn es um belastende Maßnahmen geht, *U. Stelkens*, in: Stelkens/Bonk/Sachs, VwVfG, 9. Aufl. 2018, § 35 Rn. 72f. S. auch VGH München BayVBl. 1993, 374 (374); OVG Münster NVwZ-RR 2015, 191 (191); OLG Frankfurt a.M. NVwZ-RR 2002, 814 (814); VG Kassel NVwZ-RR 2000, 557 (557).

[123] BVerwGE 18, 1 (1, 4); vgl. auch VGH München BayVBl. 1995, 565 (565); VGH Mannheim DVBl. 2010, 196 (198); *Kresser*, Bedeutung der Form für Begriff und Rechtsfolgen des Verwaltungsakts, 2009, S. 45.

[124] *U. Stelkens*, in: Stelkens/Bonk/Sachs, VwVfG, 9. Aufl. 2018, § 35 Rn. 73a; *Schwarz*, in: Fehling/Kastner/Störmer, VerwR, 5. Aufl. 2021, § 35 VwVfG Rn. 95; vgl. auch BVerwGE 75, 109 (113).

(Bescheidtenor),[125] an dem es regelmäßig mangeln dürfte, wenn lediglich mitgeteilt wird, dass die Ernennung eines bestimmten Mitbewerbers beabsichtigt sei.

c) Zwischenergebnis

Die sog. Konkurrentenmitteilungen, die auf Grundlage des vorherrschenden (seinerseits auf der Prämisse vom Grundsatz der Ämterstabilität basierenden) Rechtsschutzkonzeptes versandt werden, können jedenfalls grundsätzlich nicht als die Besteignung des ausgewählten Bewerbers verbindlich feststellende Verwaltungsakte angesehen werden –[126] und sie müssen es aufgrund ihres Ursprungs auch nicht. Denn die unterlegenen Bewerber werden auf Grundlage der vorherrschenden Lehre vom Grundsatz der Ämterstabilität gerade nicht deshalb über die beabsichtigte Ernennung des ausgewählten Konkurrenten benachrichtigt, um die – nach dieser Auffassung ohnehin „stabile", also in der Regel unanfechtbare – Ernennung gegen echte Konkurrentenklagen zu immunisieren. Vielmehr erfolgt diese Konkurrentenmitteilung allein zu dem Zweck, den unterlegenen Bewerbern die Erlangung des nach dieser Lehre grundsätzlich ausschließlich in Betracht kommenden vorbeugenden Rechtsschutzes zu ermöglichen,[127] also um die Folgen der vermeintlich aus anderen Umständen resultierenden Unanfechtbarkeit der Ernennung abzumildern. Diese Form der Konkurrentenmitteilung nun gewissermaßen als Begründung für die Unanfechtbarkeit der Ernennung ins Felde zu führen, verkehrte ihre Bedeutung geradezu ins Gegenteil.

4. Möglichkeit des besteignungsfeststellenden Vorbescheides

Mit dem Vorstehenden ist aber freilich nicht gesagt, dass eine derartige verwaltungsaktförmige Feststellung des bestgeeigneten Bewerbers ausgeschlossen wäre.

---

[125] *Knauff*, in: *Schoch/Schneider*, VwVfG, Loseblatt, Stand 2. Lfg. April 2022, § 35 Rn. 43; vgl. auch BVerwGE 148, 217 (226 Rn. 33); BGH NJW 2010, 144 (145); VGH Mannheim DVBl. 2010, 196 (198); VGH München DVBl. 2016, 1336 (1337); *U. Stelkens*, in: Stelkens/Bonk/Sachs, VwVfG, 9. Aufl. 2018, § 35 Rn. 72; *Kresser*, Bedeutung der Form für Begriff und Rechtsfolgen des Verwaltungsakts, 2009, S. 45.

[126] OVG Bautzen DÖD 2011, 267 (267); *U. Stelkens*, in: Stelkens/Bonk/Sachs, VwVfG, 9. Aufl. 2018, § 35 Rn. 163; *Happ*, in: Eyermann, VwGO, 16. Aufl. 2022, § 42 Rn. 109; *Ronellenfitsch*, VerwArch Bd. 82 (1991), S. 121 (131); *Schönrock*, ZBR 2013, 26 (28 ff.); *Schlotterbohm*, ZBR 2015, 368 (378); *Hartung*, RiA 2017, 49 (50); rechtsgebietsübergreifend auch *Rennert*, DVBl. 2009, 1333 (1335): Auswahl sei meist nur Verwaltungsinternum. Zweifelnd *F. Wieland/Seulen*, DÖD 2011, 69 (72 f.).

[127] BVerwG Beschl. v. 08.12.2011 – 2 B 106.11 – Rn. 13, juris: „Die Mitteilung kündigt die Ernennung, d. h. den Erlass eines Verwaltungsakts mit Drittwirkung, für den Fall an, dass eine Wartefrist verstreicht oder die Inanspruchnahme gerichtlichen Rechtsschutzes erfolglos bleibt. Sie soll unterlegenen Bewerbern Gelegenheit geben, vorbeugend gerichtlichen Rechtsschutz in Anspruch zu nehmen, um die Ernennung zu verhindern".

Vielmehr wurde bereits im Rahmen der oben vorgenommenen Auslegung deutlich, dass die Ernennungsbehörden durch die ihnen zur Verfügung stehenden Möglichkeiten der Formulierung und Gestaltung derartiger Mitteilungen in der Lage sind, die diesen ggf. zugedachte Regelungswirkung für den Empfänger hinreichend deutlich zum Ausdruck zu bringen und ihnen somit Verwaltungsaktqualität zukommen zu lassen (sogleich a)). Auch steht dem Erlass derartiger Verwaltungsakte nicht das Fehlen einer speziellen gesetzlichen Ermächtigung entgegen (unten b)).

a) Gestaltung und Inhalt

Zur Qualifizierung der den unterlegenen Konkurrenten übersandten behördlichen Willenserklärungen als besteignungsfeststellende Verwaltungsakte ist erforderlich, dass die in § 35 S. 1 VwVfG genannten Wesensmerkmale aus der Warte eines verständigen Empfängers erfüllt sind.[128] Während dies hinsichtlich der Umstände, dass es sich um eine von einer Behörde auf dem Gebiet des öffentlichen Rechts[129] getroffene, einzelfallbezogene[130] Maßnahme mit Außenwirkung handelt, regelmäßig unproblematisch sein dürfte,[131] kommt auch insoweit wieder der Frage nach (der Erkennbarkeit) der (intendierten) Regelungswirkung maßgebliche Bedeutung zu. Diese hat die Behörde für den Betroffenen unmissverständlich klarzustellen.[132]

aa) Bezeichnung

Dazu sollte das Schreiben zunächst mit einer Bezeichnung versehen werden, die klar auf die Verwaltungsaktqualität hindeutet. Derartiges ist jedenfalls in Bezug auf Begriffe wie „Bescheid", „Anordnung" oder „Verfügung" anerkannt.[133] Eher auf Unverbindlichkeit hindeutende Bezeichnungen wie „Mitteilung"[134] oder „Hinweis"[135] sollten hingegen vermieden werden.

---

128 Vgl. o. B.II.3.a).

129 Insoweit kommt der Bezugnahme auf das dienstrechtliche Auswahl- und Ernennungsverfahren sowie der Angabe der maßgeblichen Bestimmungen (§ 9 S. 1 BBG, § 9 BeamtStG, ggf. i. V. m. § 46 bzw. § 71 DRiG) Bedeutung zu.

130 Der Einzelfallbezug wird durch die Bezugnahme auf das jeweils in Rede stehende Amt bzw. das konkrete Bewerbungsverfahren deutlich.

131 Vgl. o. B.II.3.b).

132 Vgl. BVerwGE 29, 310 (312).

133 BVerwGE 18, 1 (1, 4); vgl. auch VGH München BayVBl. 1995, 565 (565); VGH Mannheim DVBl. 2010, 196 (198); *Kresser*, Bedeutung der Form für Begriff und Rechtsfolgen des Verwaltungsakts, 2009, S. 45.

134 *Schwarz*, in: Fehling/Kastner/Störmer, VerwR, 5. Aufl. 2021, § 35 VwVfG Rn. 95; vgl. auch BVerwGE 75, 109 (113).

135 *U. Stelkens*, in: Stelkens/Bonk/Sachs, VwVfG, 9. Aufl. 2018, § 35 Rn. 73a.

bb) Tenor

Überdies sollte der eigentliche Regelungsgehalt, also die Feststellung, welcher Bewerber am besten für das zu besetzende Amt geeignet ist, nicht als bloßer Bestandteil eines längeren Fließtextes, der beispielsweise auch Elemente der Begründung enthält, mitgeteilt, sondern in Form eines von der Begründung deutlich abgesetzten Entscheidungsausspruchs (Verfügungssatz/Bescheidtenor) herausgestellt und auch gestalterisch hervorgehoben werden.[136] Letzteres kann namentlich durch Einrückungen und/oder Fettdruck geschehen.[137] Inhaltlich sind insofern Formulierungen wie „Es wird festgestellt, dass […] am besten für das [weiter spezifizierte] ausgeschriebene Amt geeignet ist." gegenüber tendenziell eher unverbindlich anmutenden Ausdrucksweisen wie beispielsweise „mache […] darauf aufmerksam" oder „weise […] darauf hin"[138] vorzuziehen.

cc) Begründung

Nach § 39 Abs. 1 VwVfG bzw. den entsprechenden Landesregelungen sind schriftliche Verwaltungsakte grundsätzlich mit einer Begründung zu versehen, die die wesentlichen tatsächlichen und rechtlichen Gründe mitteilt, welche die Behörde zu ihrer Entscheidung bewogen haben. Auch wenn die Einhaltung dieser Vorschrift für die Verwaltungsaktqualität nicht konstitutiv ist,[139] kann dem Umstand, ob die Behörde ein Schreiben mit einer dem § 39 Abs. 1 VwVfG genügenden Begründung versieht, insoweit u. U. Indizwirkung zukommen. Zwar kann, da im rechtsstaatlichen Interesse auch Staatshandeln jenseits des unmittelbaren Anwendungsbereichs des § 39 Abs. 1 S. 1 VwVfG (oder anderer ausdrücklicher Begründungspflichten) begründet werden sollte und wird,[140] aus der Exis-

---

[136] Vgl. BVerwGE 148, 217 (226 Rn. 33); BGH NJW 2010, 144 (145); VGH Mannheim DVBl. 2010, 196 (198); VGH München DVBl. 2016, 1336 (1337); *Knauff*, in: *Schoch/Schneider*, VwVfG, Loseblatt, Stand 2. Lfg. April 2022, § 35 Rn. 43; *U. Stelkens*, in: Stelkens/Bonk/Sachs, VwVfG, 9. Aufl. 2018, § 35 Rn. 72; *Kresser,* Bedeutung der Form für Begriff und Rechtsfolgen des Verwaltungsakts, 2009, S. 45.

[137] Zur Bedeutung optisch hervorgehobener Entscheidungssätze BVerwGE 148, 217 (226 Rn. 33); BGH NJW 2010, 144 (145); VGH Mannheim DVBl. 2010, 196 (198); VGH München DVBl. 2016, 1336 (1337); *U. Stelkens*, in: Stelkens/Bonk/Sachs, VwVfG, 9. Aufl. 2018, § 35 Rn. 72.

[138] S. zu beiden Formulierungen VG Trier NVwZ-RR 2005, 33 (33).

[139] Das zeigt (jedenfalls seit Inkrafttreten des Dritten Gesetzes zur Änderung verwaltungsverfahrensrechtlicher Vorschriften vom 21.08.2002, BGBl. I, S. 3322) bereits der Wortlaut des § 39 Abs. 1 S. 1 VwVfG an, nach welchem der Verwaltungsakt mit einer Begründung „zu versehen" ist. Die Begründung ist also nicht Teil des eigentlichen (materiellen) Verwaltungsaktes, sondern nur seiner Verkörperung; s. *U. Stelkens*, in: Stelkens/Bonk/Sachs, VwVfG, 9. Aufl. 2018, § 39 Rn. 26.

[140] Vgl. beispielsweise *Ramsauer*, in: Kopp/Ramsauer, VwVfG, 23. Aufl. 2022, § 39 Rn. 10 ff.;

tenz einer Begründung nicht zwingend auf den Willen der Behörde zur Setzung einer verbindlichen Rechtsfolge geschlossen werden. Andersherum wird aber, will man der Behörde nicht von vornherein rechtswidriges Handeln unterstellen, das Unterlassen einer Begründung zumindest als gegen die von der Behörde intendierte Verwaltungsaktqualität streitendes Indiz gewertet werden können.

Überdies kommt nicht nur der Frage nach der Existenz einer Begründung, sondern auch dem Inhalt derselben Bedeutung zu. Denn die nach § 39 Abs. 1 S. 2 VwVfG mitzuteilenden rechtlichen Gründe für den Erlass des Verwaltungsaktes liegen im Falle der hier umrissenen verbindlichen Feststellung der Besteignung durch Vorbescheid nicht allein darin begründet, dass der ausgewählte Kandidat für das zu besetzende Amt am besten geeignet ist. Dieser Umstand allein begründet nicht, warum die Behörde sich für einen dies feststellenden Verwaltungsakt anstelle der sofortigen Ernennung entschied. Ursächlich für Letzteres ist vielmehr der Wille der Behörde, die spätere Ernennung durch die vorgezogene Feststellung der Besteignung gegen echte Konkurrentenklagen zu immunisieren. Mithin ist auch dies ein nach § 39 Abs. 1 S. 2 VwVfG mitzuteilender wesentlicher Grund, dessen Erwähnung bzw. Verschweigen ebenfalls Indizwirkung haben kann.

dd) Rechtsbehelfsbelehrung

Ähnlich wie bereits zur Begründung ausgeführt, ist auch die Beifügung einer Rechtsbehelfsbelehrung – selbst soweit die Behörde nach § 37 Abs. 6 VwVfG oder nach Parallelregelungen der Länder[141] zu ihrer Erteilung verpflichtet ist – kein konstitutives Merkmal des Verwaltungsaktes.[142] Ungeachtet des Umstandes, dass sie hier schon deshalb erfolgen sollte, weil der besteignungsfeststellen-

---

dort auch Nachweise zur Diskussion um die analoge Anwendbarkeit des § 39 Abs. 1 S. 1 VwVfG.

[141] Die meisten Länder haben die bundesrechtliche Regelung übernommen. Von einer Übernahme abgesehen haben hingegen Bayern, Hamburg und Hessen (dazu *U. Stelkens*, in: Stelkens/Bonk/Sachs, VwVfG, 9. Aufl. 2018, § 37 Rn. 143, 201); dort besteht – sofern man die Pflicht zur Erteilung einer Rechtsbehelfsbelehrung nicht als allgemeinen ungeschriebenen Rechtsgrundsatz betrachtet (so namentlich *U. Stelkens*, in: Stelkens/Bonk/Sachs, VwVfG, 9. Aufl. 2018, § 37 Rn. 145; *Schröder*, in: Schoch/Schneider, VwVfG, Loseblatt, Stand 2. Lfg. April 2022, § 37 Rn. 107) – lediglich die sich aus § 58 VwGO ergebende Belehrungsobliegenheit. Für einen Mittelweg (Belehrungspflicht als Soll-Vorschrift) hat sich (mit § 108 Abs. 5 LVwG SH) der schleswig-holsteinische Landesgesetzgeber entschieden.

[142] Dies folgt im Wege des Größenschlusses aus dem Umstand, dass das Fehlen einer Rechtsbehelfsbelehrung nur zur längeren Anfechtbarkeit des Verwaltungsaktes (§ 58 Abs. 2 VwGO), jedoch nicht einmal zu seiner Rechtswidrigkeit führt, s. zu Letzterem *Kastner*, in: Fehling/Kastner/Störmer, VerwR, 5. Aufl. 2021, § 37 VwVfG Rn. 52; *U. Stelkens*, in: Stelkens/Bonk/Sachs, VwVfG, 9. Aufl. 2018, § 37 Rn. 163.

de Vorbescheid den ihm zugedachten Zweck weitgehend verfehlte, wenn er nicht nur für die Dauer eines Monats, sondern nach § 58 Abs. 2 S. 1 VwGO binnen Jahresfrist anfechtbar wäre, sollte dem Bescheid jedoch auch wegen der insoweit ebenfalls bestehenden Indizwirkung[143] eine deutlich wahrnehmbare[144] Rechtsbehelfsbelehrung beigefügt werden.

ee) Zusammenfassung zu Gestaltung und Inhalt eines besteignungsfeststellenden Vorbescheides

Nach Darstellung der oben behandelten Einzelaspekte sei noch einmal klargestellt, dass die Klassifizierung einer behördlichen Willenserklärung – und somit auch diejenige der an die unterlegenen Bewerber versandten Mitteilung über die Person des zu Ernennenden – als Verwaltungsakt davon abhängt, wie sie ein verständiger Empfänger verstehen musste.[145] Keineswegs ist also die Erfüllung aller vorstehenden Kriterien zwingend erforderlich. Je weniger aber formale Indizien wie beispielsweise die Betitelung des Schreibens oder die graphische Hervorhebung des Tenors erfüllt sind, desto mehr muss sich die behördlicherseits intendierte Verbindlichkeit zweifelsfrei aus dem Inhalt ergeben.[146] Will die Behörde die Besteignung des ausgewählten Bewerbers verbindlich feststellen, ist ihr das möglich. Sie muss aber selbst dafür Sorge tragen, dass der entsprechenden Mitteilung auch diese Qualität zukommt.

b) Befugnis zum Erlass eines derartigen Verwaltungsaktes

aa) Vorbemerkung

Grundsätzlich[147] unerheblich für die Qualifizierbarkeit einer behördlichen Maßnahme als Verwaltungsakt ist indes die Existenz einer hinreichenden gesetzli-

---

[143] BVerwGE 29, 310 (312 f.); 41, 305 (306); maßgeblich darauf abstellend sogar OVG Berlin-Brandenburg NVwZ-RR 2018, 578 (579). Vgl. auch OVG Berlin-Brandenburg NVwZ-RR 2010, 908 (908); *von Alemann/Scheffczyk*, in: Bader/Ronellenfitsch, BeckOK VwVfG, Stand 56. Ed. 01.07.2022, § 35 Rn. 36. Einschränkend zur Frage der Indizwirkung des Unterlassens einer Rechtsbehelfsbelehrung *Knauff*, in: Schoch/Schneider, VwVfG, Loseblatt, Stand 2. Lfg. April 2022, § 35 Rn. 43 mit Fn. 88.

[144] Zur Verneinung der Verwaltungsaktqualität (u. a.) trotz bzw. wegen einer (nur) „versteckt" angeordneten Rechtsbehelfsbelehrung s. VGH Mannheim DVBl. 2010, 196 (198).

[145] S. o. B.II.3.a).

[146] Vgl. zu einem Schreiben ohne Rechtsbehelfsbelehrung und von der Begründung abgesetzten Entscheidungsausspruch BVerwGE 148, 217 (226 Rn. 33).

[147] Nur bei offensichtlichem Fehlen etwa der Berechtigung zum Handeln durch Verwaltungsakt (sog. Verwaltungsaktbefugnis, s. sogleich cc)) kann dies ggf. anders zu beurteilen sein, vgl. *U. Stelkens*, in: Stelkens/Bonk/Sachs, VwVfG, 9. Aufl. 2018, § 35 Rn. 72. Maßgeblich ist dann jedoch nicht unmittelbar das Fehlen der Befugnis, sondern die Offensichtlichkeit

chen Ermächtigung zum Erlass eines solchen.[148] Auch ohne (hinreichende) gesetzliche Ermächtigung kann eine Behörde Verwaltungsakte erlassen. Soweit sie dies wegen des rechtsstaatlichen Vorbehalts des Gesetzes nicht darf, führt dieser Umstand grundsätzlich lediglich zur Rechtswidrigkeit der betroffenen Verwaltungsakte.[149]

Auch für die dem besteignungsfeststellenden Vorbescheid zugedachte Funktion[150] kommt es auf dessen Rechtmäßigkeit (und damit u. a. auf die Existenz einer hinreichenden gesetzlichen Ermächtigung) nicht in jeder denkbaren Konstellation zwingend an. Denn sofern ein Verwaltungsakt nicht aufgehoben wird oder sich erledigt, bleibt er nach § 43 Abs. 2 VwVfG wirksam[151] und entfaltet Bindungswirkung.[152] Bleibt also der besteignungsfeststellende Vorbescheid unangefochten, entfaltet auch dieser unabhängig davon, ob die Behörde zu seinem Erlass berechtigt war oder nicht, in einem späteren, gegen die Ernennung gerichteten Klageverfahren (echte Konkurrentenklage) Bindungswirkung. Entscheidende Bedeutung kommt der Frage nach der gesetzlichen Ermächtigung zu seinem Erlass aber zu, wenn ein unterlegener Bewerber nicht erst gegen die Ernennung, sondern bereits gegen diesen Vorbescheid gerichtlich[153] vorgeht.

bb) Erforderlichkeit der gesetzlichen Ermächtigung

Auch feststellende Verwaltungsakte bedürfen – jedenfalls dann, wenn ihr Inhalt den durch sie Betroffenen nicht ausschließlich „genehm ist“ –[154] einer gesetz-

---

dieses Umstandes: Ist selbst aus Sicht eines verständigen Adressaten offensichtlich, dass die Behörde nicht durch Verwaltungsakt handeln durfte, kann dies u. U. dem (entsprechend §§ 133, 157 BGB relevanten) Eindruck entgegenstehen, sie habe ebendies tun wollen.

[148] *Knauff*, in: Schoch/Schneider, VwVfG, Loseblatt, Stand 2. Lfg. April 2022, § 35 Rn. 43; *Ramsauer*, in: Kopp/Ramsauer, VwVfG, 23. Aufl. 2022, § 35 Rn. 57; vgl. auch BVerwG NVwZ 1985, 264 (264).

[149] Vgl. *Schwarz*, in: Fehling/Kastner/Störmer, VerwR, 5. Aufl. 2021, § 44 Rn. 12; *Sachs*, in: Stelkens/Bonk/Sachs, VwVfG, 9. Aufl. 2018, § 44 Rn. 105; *Ramsauer*, in: Kopp/Ramsauer, VwVfG, 23. Aufl. 2022, § 35 Rn. 57; *Goldhammer*, in: Schoch/Schneider, VwVfG, Loseblatt, Stand 2. Lfg. April 2022, § 44 Rn. 62. Bereits vor Inkrafttreten des VwVfG auf Grundlage der sog. allgemeinen Grundsätze des Verwaltungsrechts auch BVerwGE 19, 284 (287) m. w. N.

[150] S. o. B.II.2.

[151] *Goldhammer*, in: Schoch/Schneider, VwVfG, Loseblatt, Stand 2. Lfg. April 2022, § 43 Rn. 27; *Schwarz*, in: Fehling/Kastner/Störmer, VerwR, 5. Aufl. 2021, § 43 Rn. 7; *Ramsauer*, in: Kopp/Ramsauer, VwVfG, 23. Aufl. 2022, § 43 Rn. 13.

[152] Vgl. zur Bindungswirkung (auch rechtswidriger) Verwaltungsakte etwa BVerwGE 59, 310 (315); *Schwarz*, in: Fehling/Kastner/Störmer, VerwR, 5. Aufl. 2021, § 43 Rn. 20; *U. Stelkens*, in: Stelkens/Bonk/Sachs, VwVfG, 9. Aufl. 2018, § 35 Rn. 220.

[153] Bzw. zunächst durch Widerspruch; zur (Möglichkeit des landesrechtlichen Absehens von der) Notwendigkeit eines vorherigen Widerspruchsverfahrens vgl. o. Fn. 5.

[154] BVerwGE 72, 265 (267); ähnlich BVerwGE 119, 123 (124). Kritisch dazu *Jeremias*,

lichen Ermächtigung.[155] Wenn mit der Begründung, dass feststellende Verwaltungsakte ohnehin nur aussagten, was sich bereits aus dem Gesetz ergäbe, vereinzelt Gegenteiliges behauptet wird,[156] überzeugt dies nicht. Denn ein feststellender Verwaltungsakt entfaltet auch im Falle der Rechtswidrigkeit der mit ihm vorgenommenen Subsumtion Bindungswirkung. Er kann somit dem Durchgriff auf das materielle Recht entgegenstehen,[157] belastet den von ihm Betroffenen also dadurch, dass ihm das erfolgreiche Berufen auf eine widerstreitende Rechtsposition genommen wird.[158]

cc) Anforderungen an gesetzliche Ermächtigungen zum Erlass feststellender Verwaltungsakte

Das Vorstehende zeigt bereits, dass sich die Gefahr des feststellenden Verwaltungsaktes gerade aus der – für den Adressaten ggf. nicht immer in ihren Konsequenzen zu überblickenden –[159] Verbindlichkeit der mit ihm vorgenommenen Subsumtion ergibt. In Bezug auf feststellende Verwaltungsakte wird daher die (freilich für alle Arten von Verwaltungsakten gleichermaßen bestehende) Relevanz der sog. Verwaltungsaktbefugnis besonders deutlich.[160] Die gesetzliche Grundlage muss die Behörde nicht nur überhaupt zum Handeln, sondern gerade zum Handeln in Verwaltungsaktform ermächtigen.[161] Indes erfordern beide Aspekte nicht zwingend eine ausdrückliche Ermächtigung. Vielmehr genügt es, wenn sich diese dem Gesetz im Wege der Auslegung entnehmen lässt.[162] Wenn somit also insbesondere in Bezug auf den Erlass von Vorbescheiden (im Ergebnis zutreffend) eine spezielle gesetzliche Ermächtigung für entbehrlich erachtet wird,[163] kann dies in Wahrheit

---

DVBl. 2014, 1047 (1048 f.), der stattdessen danach differenzieren möchte, ob der Betroffene eine verwaltungsaktförmige Bescheidung beantragt hat.

[155] BVerwGE 72, 265 (266 ff.); 114, 226 (227 f.); 119, 123 (124); BVerwG NVwZ 1991, 267 (267); NVwZ-RR 1992, 192 (192); *Sachs*, in: Stelkens/Bonk/Sachs, VwVfG, 9. Aufl. 2018, § 44 Rn. 59; *Ramsauer*, in: Kopp/Ramsauer, VwVfG, 23. Aufl. 2022, § 35 Rn. 24. In Bezug auf die Details zu den Ausnahmen von diesem Grundsatz und den an die Ermächtigungen anzulegenden Anforderungen (dazu sogleich u. cc)) divergieren die Auffassungen; vgl. eingehend *Stolterfoht*, in: Tipke/Söhn, GS für Trzaskalik, 2005, S. 69 ff.

[156] *Kopp*, GewArch 1986, 41 (44 f.); vgl. auch *Appel/Melchinger*, VerwArch Bd. 84 (1993), S. 349 (369 f.).

[157] *U. Stelkens*, in: Stelkens/Bonk/Sachs, VwVfG, 9. Aufl. 2018, § 35 Rn. 219 f.

[158] *Appel/Melchinger*, VerwArch Bd. 84 (1993), S. 349 (357, 368 f.).

[159] *Stolterfoht*, in: Tipke/Söhn, GS für Trzaskalik, 2005, S. 69 (78 f.).

[160] *Appel/Melchinger*, VerwArch Bd. 84 (1993), S. 349 (369).

[161] *U. Stelkens*, in: Stelkens/Bonk/Sachs, VwVfG, 9. Aufl. 2018, § 35 Rn. 25; *Ramsauer*, in: Kopp/Ramsauer, VwVfG, 23. Aufl. 2022, § 35 Rn. 23; *Schoch*, JURA 2010, 670 (672 f.).

[162] BVerwGE 114, 226 (227 f.); 119, 123 (125); ausdrücklich in Bezug auf die sog. Verwaltungsaktbefugnis *Schoch*, JURA 2010, 670 (673).

[163] BVerwGE 24, 23 (26 f.); OVG Lüneburg NuR 1981, 211 (211).

nicht schlicht mit einem entsprechenden rechtlichen Interesse[164] oder dem Fehlen „ausdrücklicher gesetzlicher Hindernisse“[165] begründet werden.[166] Tragendes Argument ist insofern vielmehr die oben bereits erwähnte Qualität des Vorbescheides als (feststellende) Regelung eines rechtlichen Ausschnitts der avisierten Endentscheidung.[167] Stellt sich der Vorbescheid somit als rechtliches Minus zu ebenjener Endentscheidung dar, kann er (unter Anwendung des sog. Größenschlusses; argumentum a maiore ad minus) auf die Ermächtigung zum Erlass des Hauptverwaltungsaktes gestützt werden.[168]

dd) Anwendung dieser Maßstäbe auf die Konstellation des besteignungsfeststellenden Vorbescheides

In Anwendung vorgenannter Grundsätze steht der rechtmäßigen und daher im Falle der rechtsfehlerfrei erfolgten Bewerberauswahl gerichtsfesten verbindlichen Eignungsfeststellung durch einen der Ernennung vorausgehenden Vorbescheid auch nicht das Fehlen einer speziellen gesetzlichen Ermächtigung entgegen. Vielmehr kann ein solcher Vorbescheid im Wege des Größenschlusses auf die zur Ernennung berechtigenden Vorschriften[169] des jeweiligen Fachrechts gestützt werden.

c) Zwischenergebnis

Auch wenn die auf Grundlage der vorherrschenden Lehre vom Grundsatz der Ämterstabilität praktizierten Konkurrentenmitteilungen regelmäßig nicht als Verwaltungsakte qualifiziert werden können, die die Besteignung des zur Ernennung vorgesehenen Bewerbers verbindlich feststellen, ist es den Ernennungsbehörden möglich, solche besteignungsbezogenen Vorbescheide als Minusmaßnahmen zur Ernennung zu erlassen.

---

[164] So OVG Lüneburg NuR 1981, 211 (211).

[165] So aber BSGE 42, 178 (179).

[166] *Reichelt*, Der Vorbescheid im Verwaltungsverfahren, 1989, S. 60.

[167] S. o. B.II.2.b)aa).

[168] *Achterberg*, Allgemeines Verwaltungsrecht, 2. Aufl. 1986, § 21 Rn. 122; *Reichelt*, Der Vorbescheid im Verwaltungsverfahren, 1989, S. 61; *U. Stelkens*, in: Stelkens/Bonk/Sachs, VwVfG, 9. Aufl. 2018, § 35 Rn. 252; *Kloepfer*, Umweltrecht, 4. Aufl. 2016, § 5 Rn. 342; *Schmidt-Aßmann*, in: Bachof/Heigl/Redeker, FG 25 Jahre BVerwG, 1978, S. 569 (574 f.). Zur Rechtslage vor § 9 BImSchG vgl. auch BVerwGE 24, 33 ff.; BVerwG DVBl. 1970, 215.

[169] Nicht näher erörtert werden soll an dieser Stelle, welche Vorschriften dies im Detail sind. Denn auch wenn Bestimmungen wie § 9 BeamtStG und § 9 S. 1 BBG nur dabei zu befolgende Kriterien regeln, Vorschriften wie § 8 BBG und § 10 BeamtStG lediglich die Fälle erforderlicher Ernennungen aufführen und § 12 Abs. 1 BBG bzw. dessen landesrechtliche Entsprechungen (etwa § 16 Abs. 1 u. 2 LBG NRW, Art. 18 Abs. 1 u. 2 BayBG) bloß Zuständigkeiten zuweisen, steht die Ernennungsbefugnis der Dienstherren im Ergebnis außer Frage.

5. Auswirkung eines solchen Vorbescheides auf das Rechtsschutzkonzept

Entscheidet sich die Ernennungsbehörde für dieses vorstehend umrissene Vorgehen, kann sie dadurch die spätere Ernennung gegen echte Konkurrentenklagen unterlegener Bewerber immunisieren. Ähnlich wie bei Anwendung des auf der Lehre vom sog. Grundsatz der Ämterstabilität basierenden Rechtsschutzkonzepts findet der Schwerpunkt des Konkurrentenrechtsschutzes dann – wenngleich nun in Form echten[170] Hauptsacherechtsschutzes – zeitlich vor der (eventuellen) Ernennung statt, wodurch die Gefahr, dass eine einmal vorgenommene Ernennung später wieder aufgehoben wird, jedenfalls weitgehend minimiert wird.

Freilich handelt es sich dabei aber nur um eine der Behörde offenstehende Möglichkeit. Zwingend ist ein solches zweistufiges Vorgehen keineswegs. Vielmehr kann die Behörde – wenn sie etwa das Prozessrisiko im Einzelfall als gering einschätzt und ihr Interesse an einer zeitnahen Vergabe des in Rede stehenden Amtes überwiegt – den als bestgeeignet erachteten Bewerber auch ohne derartigen Zwischenschritt ernennen. Auch hindert die durch einen unterlegenen Konkurrenten erfolgte Anfechtung eines zunächst erlassenen besteignungsfeststellenden Vorbescheides die Behörde nicht daran, den ausgewählten Bewerber noch vor Abschluss dieses Prozesses zu ernennen.[171] Denn da die Ernennung von vornherein auch ohne vorangehende verwaltungsaktförmige Auswahl zulässig gewesen wäre, handelt es sich bei ihr nicht um eine infolge der Klageerhebung grundsätzlich unzulässige[172] (bzw. nur nach Anordnung der sofortigen Vollziehbarkeit nach § 80 Abs. 2 S. 1 Nr. 4 VwGO [ggf. i. V. m. § 80a Abs. 1 Nr. 1 VwGO] erlaubte)[173] Vollziehung derselben im Sinne des § 80 Abs. 1 S. 1 VwGO.[174] Die

---

[170] Zu der auf Grundlage der Lehre vom Grundsatz der Ämterstabilität gebotenen faktischen Annäherung des Eilrechtsschutzes an den Hauptsacherechtsschutz vgl. schon o. Teil 1 C.I.3.b) bb). Zu den Schwächen dieses Umstandes etwa *Burghardt*, Verwaltungsprozessuale Defizite der Rechtsschutzpraxis im Beamtenkonkurrentenstreit, 2020; *dies*., DVBl. 2018, 417 (418 ff.); *F. Wieland/Seulen*, DÖD 2011, 69 (71). Symptombezogene Lösungsansätze (Schaffung eines spezifischen Eilrechtsschutzregimes für Konkurrentenklagen) finden sich etwa bei *Wedel/Muders*, ZRP 2021, 91 (92 ff.).

[171] Wird dann auch gegen diese Ernennung eine echte Konkurrentenklage erhoben, wird dieses Verfahren nach § 94 VwGO auszusetzen sein, bis die vorgreifliche Entscheidung über die Anfechtung des besteignungsfeststellenden Vorbescheides vorliegt.

[172] Vgl. *Munding*, DVBl. 2011, 1512 (1517).

[173] In Ermangelung einer Gestattungswirkung kann der Vorbescheid nicht (bzw. jedenfalls nicht sinnvoll) für sofort vollziehbar erklärt werden, vgl. *U. Stelkens*, in: Stelkens/Bonk/Sachs, VwVfG, 9. Aufl. 2018, § 35 Rn. 251.

[174] Aus diesem Grund bewegt sich auch die gelegentlich gestellte Frage, ob Eilrechtsschutz nach § 123 Abs. 1 VwGO oder nach §§ 80, 80a VwGO einschlägig sei (*Kühnbach*, ZBR 2012, 95 [95]; *Windthorst*, in: Gärditz, VwGO, 2. Aufl. 2018, § 80a Rn. 14; *von Roetteken*, ZBR 2011, 73 [76 f.]), an der Grenze zur Missverständlichkeit.

durch Klageerhebung eintretende aufschiebende Wirkung suspendiert lediglich die Bindungswirkung.

In beiden vorgenannten Fällen – also sowohl bei anfänglichem Verzicht auf den besteignungsfeststellenden Vorbescheid als auch bei Vornahme der Ernennung trotz angefochtenen Vorbescheides – steht die Ernennung aber selbstredend wieder unter dem „Damoklesschwert“[175] der gerichtlichen Kassation.

C. Zusammenfassung zum Rechtsschutzkonzept

Nicht nur weist ein am geltenden Recht ausgerichtetes Rechtsschutzkonzept somit – jedenfalls bei sachgerechter und geschickter Verfahrensgestaltung durch die handelnden Akteure – auch unter pragmatischen Gesichtspunkten keine Nachteile gegenüber dem auf Grundlage der Lehre vom Grundsatz der Ämterstabilität praktizierten Modell auf. Vielmehr bringt es sogar Vorteile mit sich. Zunächst leistet es, indem es dem „dogmatische[n] Ausbau der Konkurrentenklage“[176] dient, einen, freilich nicht allein zielführenden,[177] Beitrag zur effektiven Bekämpfung der sog. Ämterpatronage sowie zur Durchsetzung des Leistungsprinzips.[178] Aus behördenpraktischer Perspektive hilft das oben umrissene Vorgehen zudem, den oftmals bemängelten Schwebezustand im Zusammenhang mit streitigen Ämtervergaben[179] zu verhindern. Denn weil auch auf Grundlage der zum grundsätzlichen Ausschluss der Anfechtbarkeit der Ernennung führenden Lehre vom Grundsatz der Ämterstabilität effektiver Rechtsschutz gewährleistet werden muss, also auch im Eilverfahren mit einer dem Hauptsachverfahren entsprechenden Gründlichkeit geprüft werden muss,[180] kommt es immer wieder[181] zu langwierigen Vakanzen und Blockaden.[182]

---

[175] *Isensee*, in: Bachof/Heigl/Redeker, FG 25 Jahre BVerwG, 1978, S. 337 (355).

[176] *Voßkuhle*, in: Voßkuhle/Eifert/Möllers, Grundlagen des Verwaltungsrechts, Bd. II, 3. Aufl. 2022, § 41 Rn. 68.

[177] Einen Überblick über (auch weiterhin existierende) Möglichkeiten zur Manipulation von Beförderungen gibt etwa *Bochmann*, ZBR 2004, 405 (416).

[178] Vgl. *Battis*, in: Sachs, GG, 9. Aufl. 2021, Art. 33 Rn. 40 f.; *Bochmann*, ZBR 2004, 405 (408).

[179] Exemplarisch *Schlotterbohm*, ZBR 2015, 368 (372 f.); *Steiner*, BayVBl. 2017, 505 (505); *Landau/Christ*, NJW 2003, 1648 (1648); *Wedel/Muders*, ZRP 2021, 91 (91 f.).

[180] *Ibler*, Rechtspflegender Rechtsschutz im Verwaltungsrecht, 1999, S. 85; *W.-R. Schenke*, DVBl. 2015, 137 (139); dazu o. Teil 1 C.I.3.b)bb).

[181] In Relation zu der Vielzahl von Ernennungen dürfte die Bedeutung derartiger Stellenblockaden in der öffentlichen Wahrnehmung indes überschätzt sein, vgl. *M. Herrmann*, DÖD 2018, 145 (148 f.).

[182] *Schlotterbohm*, ZBR 2015, 368 (372 f.); *Steiner*, BayVBl. 2017, 505 (505); vgl. zu den

Durch die vorstehend geschilderte Möglichkeit kann dies jedenfalls in Konstellationen, in denen das Prozessrisiko dies vertretbar erscheinen lässt, durch Vornahme der Ernennung und die Anordnung ihrer sofortigen Vollziehbarkeit[183] vermieden werden.

Schließlich trüge das hier umrissene Rechtsschutzkonzept zur Vereinheitlichung der (Rechtsprechung zu) materiellen Beförderungskriterien bei. Denn da die wesentlichen Entscheidungen zur Bewerberauswahl in Hauptsacheverfahren (Anfechtungsklagen gegen Ernennungen bzw. gegen Vorbescheide) stattfänden und es sich bei den einschlägigen Bestimmungen (Art. 33 Abs. 2 GG, § 9 S. 1 BBG und § 9 BeamtStG) um revisibles Recht im Sinne des § 137 Abs. 1 Nr. 1 VwGO handelt, sind auf diese Weise endlich auch jenseits der seltenen Fälle des § 50 Abs. 1 Nr. 4 VwGO[184] Positionierungen des BVerwG zu den materiellen Fragen der Bewerberauswahl möglich. Die seiner eigentlichen Stellung widersprechende Funktion des BVerfG als faktische dritte Instanz[185] in dienstrechtlichen Konkurrentenrechtsstreitigkeiten würde zumindest erheblich reduziert.

---

bisherigen „Stellenblockaden" etwa die Nachweise bei *Kenntner*, RiA 2017, 149 (150); *Landau/Christ*, NJW 2003, 1648 (1648).

183 Vgl. o. A.I.4.

184 BVerwGE 151, 14 ff.

185 Das BVerfG nehme insoweit „im Bereich des vorläufigen Rechtsschutzes faktisch die Funktion eines Superrevisionsgerichts" wahr, *W.-R. Schenke*, NVwZ 2011, 321 (326); s. auch *Battis*, DVBl. 2013, 673 (677).

Zusammenfassung der Thesen

A. Das in Fällen dienstrechtlicher Statusamtkonkurrentenklagen vorherrschende Rechtsschutzkonzept stellt gegenüber dem in Fällen anderer verwaltungsrechtlicher Konkurrenzkonstellationen praktizierten Modell eine Sonderdogmatik dar, die mit dem verselbstständigten Schlagwort vom Grundsatz der Ämterstabilität begründet wird.

B. Eine schlüssige rechtliche, normativ untermauerte Herleitung für diese Sonderdogmatik existiert nicht.

   I. Das einfache Gesetzesrecht bietet keine Grundlage für den sog. Grundsatz der Ämterstabilität.

      1. Die abschließenden Kataloge der Rücknahmetatbestände des jeweiligen Fachrechts sind nur an die Behörden, nicht aber an die Gerichte adressiert.

      2. Behördliche Rücknahmebefugnisse und deren Beschränkungen sind für die gerichtliche Kassationsbefugnis im Rahmen der Anfechtungsklage unerheblich. Diese bemisst sich grundsätzlich allein nach § 113 Abs. 1 S. 1 VwGO.

   II. Auch Art. 33 Abs. 5 GG bzw. die dort in Bezug genommenen hergebrachten Grundsätze des Berufsbeamtentums bieten keine Stütze für den sog. Grundsatz der Ämterstabilität.

      1. Einen im Sinne des Art. 33 Abs. 5 GG hergebrachten eigenständigen Grundsatz der Ämterstabilität gibt es nicht.

      2. Hergebrachte Grundsätze des Berufsbeamtentums wie insbesondere das Lebenszeitprinzip fordern den Ausschluss der echten Konkurrentenklage nicht.

         a) Im traditionsbildenden Zeitraum konnte sich ein solcher Grundsatz aufgrund der vorherrschenden Rahmenbedingungen gar nicht herausbilden.

         b) Das Lebenszeitprinzip dient (durch Gewährung von Sicherheit) dem Schutz der Neutralität des Beamten gegenüber seinem (ggf. politischen) Dienstvorgesetzten. Es steht daher zwar grundsätzlich der Beendigung des Dienstverhältnisses durch die Anstellungsbehörde, nicht aber der gerichtlichen Überprüfbarkeit des Begründungsaktes (also der Ernennung) entgegen.

3. Selbst wenn es einen hergebrachten Grundsatz des Berufsbeamtentums gäbe, auf den sich der sog. Grundsatz der Ämterstabilität stützen ließe, wären die Fachgerichte nicht berechtigt, echte Konkurrentenklagen unter unmittelbarem Rückgriff auf einen solchen abzuweisen.
   a) An den in Art. 33 Abs. 5 GG formulierten Auftrag zur Regelung und Fortentwicklung des Beamtenrechts sind nur funktional rechts(gebiets)regelnde Staatsgewalten gebunden, nicht hingegen ist es die konstitutiv auf die Lösung einzelner Streitfälle beschränkte Rechtsprechung.
   b) Aufgrund des aus der Gesetzesbindung der Justiz (Art. 20 Abs. 3 GG) resultierenden Anwendungsvorrangs des einfachen Rechts kommt ein unmittelbarer Rückgriff der Verwaltungsgerichte auf verfassungsrechtliche Maßstäbe nur in Betracht, soweit kein einschlägiges einfaches Recht besteht. Existiert aber (wie im Fall der echten Konkurrentenklage) einschlägiges einfaches Recht, kommt dem Verfassungsrecht nur mittelbare Bedeutung für gerichtliche Entscheidungen zu. Gerichte können insofern zwar namentlich zur verfassungskonformen Rechtsanwendung verpflichtet sein; dies setzt indes die Auslegungsbedürftig- und -fähigkeit des einschlägigen Fachrechts voraus, woran es im Falle der echten Konkurrentenklage mangelt.

III. Auch der Grundsatz des Vertrauensschutzes vermag die Sonderdogmatik nicht zu stützen.

1. Dem Grundsatz des Vertrauensschutzes kommt jenseits seiner speziellen gesetzlichen Ausprägungen nur eine eingeschränkte Bedeutung für behördliche oder gerichtliche Einzelfallentscheidungen zu. Insofern gelten die obigen Aussagen zum Anwendungsvorrang des einfachen Rechts entsprechend.
2. Auch liegen die Voraussetzungen des Vertrauensschutzes nicht vor.
   a) An einen evtl. durch Ernennung geschaffenen Vertrauenstatbestand ist höchstens die Ernennungsbehörde (als Vertrauensgeber), nicht aber das Gericht gebunden.
   b) Die Fachgerichte sind aus Vertrauensschutzaspekten weder an die Beibehaltung ihrer früheren, vom Grundsatz der Ämterstabilität ausgehenden, noch an die Befolgung einer entsprechenden höhergerichtlichen Rechtsprechungspraxis gebunden.

IV. Haushaltsrechtliche Regelungen stützen den Ausschluss der echten Konkurrentenklage nicht.

1. Bestimmungen, die wie § 49 Abs. 1 BHO die Vergabe von Ämtern an die Einweisung in eine verfügbare Planstelle koppeln, könnten von vornherein nur der zwischenzeitlich von der Rechtsprechung postulierten Pflicht zur sog. Ämterverdoppelung, nicht jedoch der Zulassung der echten Konkurrentenklage entgegengehalten werden. Denn durch eine erfolgreiche Anfechtung der Ernennung würde nicht nur das fehlerhaft vergebene Amt, sondern auch die diesem zugeordnete Planstelle wieder frei.
2. Überdies kommt den soeben genannten haushaltsrechtlichen Bestimmungen aufgrund von § 3 Abs. 2 BHO (bzw. entsprechenden Parallelregelungen der Landeshaushaltsordnungen) ohnehin keine Außenwirkung zu. Durch sie werden „Verbindlichkeiten weder begründet noch aufgehoben".

V. Auch unter Rückgriff auf den Grundsatz der Funktionsfähigkeit der Verwaltung kann die Sonderdogmatik nicht gestützt werden.
1. Zwar handelt es sich bei der Funktionsfähigkeit der Verwaltung um ein geschütztes Rechtsgut von Verfassungsrang.
2. Dies steht der Möglichkeit der Anfechtung von Konkurrentenernennungen indes nicht entgegen.
   a) Zunächst gilt hinsichtlich des Rückgriffs der Gerichte auf den unmittelbar aus der Verfassung abgeleiteten Grundsatz der Funktionsfähigkeit der Verwaltung das bereits oben zum Anwendungsvorrang des einfachen Rechts Ausgeführte.
   b) Zudem ist fraglich, ob die Funktionsfähigkeit der Verwaltung durch die Zulassung der echten Konkurrentenklage überhaupt beeinträchtigt würde oder ob nicht vielmehr im Gegensatz eine effektive Kontrollierbarkeit der Einhaltung des Grundsatzes der Bestenauslese im originären Interesse einer funktionierenden Verwaltung liegt. Jedenfalls wäre eine potentielle Beeinträchtigung der Funktionsfähigkeit der Verwaltung aber so gering, dass sie zum Schutz kollidierender Rechtsgüter – namentlich des Grundsatzes der Bestenauslese – gerechtfertigt wäre.

VI. Der eigentliche – und mitunter kaum verhehlte – Grund für die praktizierte Sonderdogmatik dürfte in der „Angst vor den Folgen" zu erblicken sein.

C. Dienstrechtliche Konkurrenzkonstellationen sind unter Anwendung der allgemeinen gesetzlichen Regelungen insbesondere des Verwaltungsprozessrechts zu behandeln. Dies führt zu praktikablen und interessengerechten Lösungen. Die oben erwähnte „Angst vor den Folgen" ist unbegründet.

I. Im Grundsatz ist sowohl die Anfechtung der Konkurrentenernennung (echte Konkurrentenklage) als auch die auf erneute, nunmehr rechtsfehlerfreie Auswahl gerichtete Verpflichtungsklage (unechte Konkurrentenklage) möglich. Dem vorbeugenden Rechtsschutz kommt hingegen in der Regel keine Bedeutung zu.

1. Die echte Konkurrentenklage ist nach allgemeinen Maßstäben (vorbehaltlich der Umstände des Einzelfalls) zulässig und begründet.
   a) Bei der Ernennung eines Konkurrenten handelt es sich um einen den unterlegenen Bewerber möglicherweise in seinem Bewerbungsverfahrensanspruch verletzenden Verwaltungsakt im Sinne des § 42 Abs. 2 VwGO.
   b) War der Ernannte nicht der Bestgeeignete, verletzt die Ernennung den unterlegenen Bewerber in seinem Recht aus Art. 33 Abs. 2 GG.
   c) Die rechtswidrige, den Kläger in seinen Rechten verletzende Ernennung ist nach § 113 Abs. 1 S. 1 VwGO grundsätzlich ex tunc durch das Verwaltungsgericht aufzuheben.
2. Bzgl. der unechten Konkurrentenklage ist zu differenzieren:
   a) Aufgrund der derivativen Natur des mit dieser Verpflichtungsklage geltend gemachten Anspruchs aus Art. 33 Abs. 2 GG kann die Klage nur erfolgreich sein, wenn das in Rede stehende Amt besetzt werden kann und soll.
   b) Infolge der Möglichkeit der echten Konkurrentenklage liegt diese Besetzbarkeit jedoch nicht nur (wie auf Grundlage des vorherrschenden Konzepts) vor, solange der ausgewählte Konkurrent noch nicht ernannt wurde, sondern auch (wieder), nachdem seine Ernennung auf die Anfechtungsklage des unterlegenen Bewerbers hin gerichtlich aufgehoben wurde.
   c) Wurde der Konkurrent bereits ernannt, ist zusätzlich zur unechten Konkurrentenklage somit eine echte Konkurrentenklage zu erheben, die dann gegenüber der unechten Konkurrentenklage im Sinne des § 94 VwGO vorgreiflich ist.
3. Vorbeugendem Rechtschutz kommt grundsätzlich keine Bedeutung zu. Nach dem der VwGO zugrundeliegenden Grundsatz des nachgehenden Rechtsschutzes kommt vorbeugender Rechtsschutz nur in Betracht, soweit er zur Vermeidung von drohenden Folgen erforderlich ist. Aufgrund der Möglichkeit der nachträglichen Anfechtung (und Kassation) der Konkurrentenernennung ist diese Voraussetzung nicht erfüllt.

II. Sofern man die Anfechtbarkeit der Ernennung aus praktischen Gründen vermeiden möchte, besteht auch auf Grundlage des geltenden Rechts die Möglichkeit, sie durch geschickte Verfahrensgestaltung gegen Einwände unterlegener Mitbewerber zu immunisieren. Insofern kann das Instrument der sog. Konkurrentenmitteilung nutzbar gemacht werden.

1. Auf Grundlage des vorherrschenden Rechtsschutzkonzepts ist eine sog. Konkurrentenmitteilung vor Ernennung erforderlich, um dem Unterlegenen die Möglichkeit der Erlangung (des nach dieser Konzeption grundsätzlich ausschließlich möglichen) vorbeugenden Rechtsschutzes gegen die Ernennung zu eröffnen (Art. 19 Abs. 4 GG).
2. Die vorgenannten Konkurrentenmitteilungen sind nicht (pauschal) als Verwaltungsakte zu qualifizieren, da es sich bei ihnen regelmäßig um bloße Ankündigungen ohne eigene Regelungswirkung handelt.
3. Jedoch sind die Ernennungsbehörden auch ohne ausdrückliche gesetzliche Ermächtigung befugt, vor Ernennung durch feststellenden Verwaltungsakt verbindlich zu bestimmen, welcher Kandidat bestgeeignet zur Besetzung des in Rede stehenden Amtes ist.
   a) Die Kompetenz zu dieser Feststellung folgt aus der Befugnis zur Ernennung, da es sich dabei um ein Minus zu dieser handelt.
   b) Im Sinne eines gestuften Verwaltungsverfahrens müssen die Frage der Besteignung betreffende Einwände im Wege der Anfechtungsklage gegen diesen feststellenden Verwaltungsakt geltend gemacht werden. Bleibt dies aus, steht die Besteignung des ausgewählten Bewerbers mit Bindungswirkung fest und kann in einer später gegen die Ernennung erhobenen Anfechtungsklage nicht mehr erfolgreich angegriffen werden.

D. Der sog. Grundsatz der Ämterstabilität ist weder rechtlich herleitbar noch praktisch erforderlich. Auch auf Grundlage des geltenden Rechts kann dienstrechtlichen Konkurrentenklagen um Statusämter angemessen und sachgerecht begegnet werden.

Literaturverzeichnis

Hinsichtlich der verwendeten Abkürzungen wird auf *Kirchner, Hildebert* (Begr.), Abkürzungsverzeichnis der Rechtssprache, 10. Auflage 2021, verwiesen.

Abel, Gunther, Die Bedeutung der Lehre von den Einrichtungsgarantien für die Auslegung des Bonner Grundgesetzes, 1964

Achterberg, Norbert, Allgemeines Verwaltungsrecht, 2. Auflage 1986

Alexy, Robert, Probleme der Diskurstheorie, in: Alexy, Robert, Recht, Vernunft, Diskurs, 1995, S. 109 ff.

Anschütz, Gerhard, Die Verfassungs-Urkunde für den Preußischen Staat vom 31. Januar 1850, Bd. I, 1912

ders., Die Verfassung des Deutschen Reiches vom 11. August 1919, 14. Auflage 1933 (Nachdruck 1968)

Appel, Ivo/Melchinger, Hansjörg, Rechtsanwendung und feststellender Verwaltungsakt, VerwArch 84 (1993), S. 349 ff.

Arndt, Adolf, Reichsbeamtengesetz, 4. Auflage 1931

Arndt, Herbert/Lerch, Klaus/Sandkühler, Gerd, Bundesnotarordnung, 8. Auflage 2016

Articus, Stephan/Schneider, Bernd Jürgen, Gemeindeordnung Nordrhein-Westfalen, 5. Auflage 2016

Bachof, Otto, Die verwaltungsgerichtliche Klage auf Vornahme einer Amtshandlung, 2. Auflage 1968

Bader, Johann/Ronellenfitsch, Michael, BeckOK VwVfG mit VwVG und VwZG, Stand 56. Edition 01.07.2022

Badura, Peter, Arnold Köttgen (1902–1967), in: Häberle, Peter/Kilian, Michael/Wolff, Heinrich Amadeus (Hrsg.), Staatsrechtslehrer des 20. Jahrhunderts, 2. Auflage 2018, S. 731 ff.

Badura, Peter/Denninger, Erhard/Müller, Jörg Paul/Oppermann, Thomas/Ramm, Thilo/Rehbinder, Eckard/Schmidt, Walter, Staatszielbestimmungen/Gesetzgebungsaufträge, 1983

Bäcker, Carsten, Wissenschaft als Amt, AöR 135 (2010), S. 78 ff.

Bätge, Frank, Kommunalrecht Nordrhein-Westfalen, 5. Auflage 2019

Baldus, Manfred/Grzeszick, Bernd/Wienhues, Sigrid, Staatshaftungsrecht, 5. Auflage 2018

Balla, Bálint, Soziologie der Knappheit, 1978

Bamberger, Christian, Totgesagte leben länger: Kein Ende der Sonderdogmatik im Beamtenrecht, ZBR 2019, 192 ff.

Baßlsperger, Maximilian, Die Klagebefugnis im Beamtenrecht – insbesondere bei der Konkurrentenklage, PersV 2016, 244 ff.

Battis, Ulrich, Entwicklung des Beamtenrechts im Jahre 2001, NJW 2002, 1085 ff.

ders., Neukonzeption des beamtenrechtlichen Konkurrentenstreits (BVerwGE 138, 102), DVBl. 2013, 673 ff.

ders. (Hrsg.), Bundesbeamtengesetz, 6. Auflage 2022

Battis, Ulrich/Grigoleit, Klaus Joachim, Die Statusgesetzgebung des Bundes, ZBR 2008, 1 ff.
Battis, Ulrich/Grigoleit, Klaus Joachim/Hebeler, Timo, Entwicklung des Beamtenrechts in den Jahren 2016 und 2017, NVwZ 2018, 207 ff.
Baumeister, Peter, Der Beseitigungsanspruch als Fehlerfolge des rechtswidrigen Verwaltungsakts, 2006
Baumeister, Peter/Budroweit, Andreas, Konkurrentenrechtsschutz im Gesundheitsdienstleistungsrecht, WiVerw 2006, 1 ff.
Baumgartner, Gerhard, Das Recht des „öffentlichen Dienstes" – Grundlagen und neuere Entwicklungen in rechtsvergleichender Perspektive, Die Verwaltung 51 (2018), S. 39 ff.
Beck, Siegfried, Die Krankenfürsorge der Beamten, 1979
Behnke, Kurt, Bundesdisziplinarordnung, 1954
Beilke, Steffen, … und fortzuentwickeln, 2011
Bellgardt, Peter, Die Konkurrentenklage des Beamtenrechts, 1980
Benda, Ernst, Der soziale Rechtsstaat, in: Benda, Ernst/Maihofer, Werner/Vogel, Hans-Jochen (Hrsg.), Handbuch des Verfassungsrechts der Bundesrepublik Deutschland, 2. Auflage 1994, § 17
Bender, Bernd, Anmerkung zu BVerfGE 43, 154 ff., DÖV 1977, 565 ff.
Berg, Wilfried, Die Verwaltung des Mangels, Der Staat 15 (1976), S. 1 ff.
Berkemann, Jörg, Die Verwaltungsrechtswissenschaft in der frühen Bundesrepublik (1949–1977) – Ein rezensierender Bericht, DVBl. 2018, 1101 ff.
Bettermann, Karl August, Wesen und Streitgegenstand der verwaltungsgerichtlichen Anfechtungsklage, DVBl. 1953, 163 ff. und 202 ff.
ders., Zur Lehre vom Folgenbeseitigungsanspruch, DÖV 1955, 528 ff.
ders., Klagebefugnis und Aktivlegitimation im Verwaltungsprozess, in: Külz, Helmut R./Naumann, Richard (Hrsg.), Staatsbürger und Staatsgewalt, Jubiläumsschrift zum hundertjährigen Bestehen der deutschen Verwaltungsgerichtsbarkeit und zum zehnjährigen Bestehen des Bundesverwaltungsgerichts, Bd. II, 1963, S. 449 ff.
ders., Der Schutz der Grundrechte in der ordentlichen Gerichtsbarkeit, in: Bettermann, Karl August/Nipperdey, Hans Carl/Scheuner, Ulrich (Hrsg.), Die Grundrechte, Bd. III/2, Rechtspflege und Grundrechtsschutz, 2. Auflage 1972, S. 779 ff.
ders., Die verfassungskonforme Auslegung, 1986
Blanke, Hermann-Josef, Vertrauensschutz im deutschen und europäischen Verwaltungsrecht, 2000
Blümel, Willi/Ronellenfitsch, Michael, Die Planfeststellung in der Flurbereinigung, 1975
Bochmann, Günter, Theorie und Praxis des Leistungsgrundsatzes nach den Dienstrechtsreformen, ZBR 2004, 405 ff.
Bock, Hans-Christian, Das Rechtsschutzbedürfnis im Verwaltungsprozeß, 1971
Böckenförde, Ernst-Wolfgang, Die Organisationsgewalt im Bereich der Regierung, 1964
Bötticher, Eduard, Die Wandlung als Gestaltungsakt, 1938
Bogs, Harald, Die verfassungskonforme Auslegung von Gesetzen unter besonderer Berücksichtigung der Rechtsprechung des Bundesverfassungsgerichts, 1966
Bommarius, Christian, Bambergers Rechtsstaat, Berliner Zeitung Nr. 260 vom 06.11.2010, S. 5
Bonk, Heinz Joachim, 25 Jahre Verwaltungsverfahrensgesetz, NVwZ 2001, 636 ff.
Borgmann, Klaus/Hermann, Martin, Soziale Grundrechte – Regelungsmodelle und Konsequenzen, JA 1992, 337 ff.
Brand, Arthur, Das Beamtenrecht, 3. Auflage 1928
ders., Gesetze über die Rechtsverhältnisse der Reichsbeamten, 3. Auflage 1929
ders., Die preußischen Dienststrafordnungen, 2. Auflage 1932

ders., Die preußischen Dienststrafordnungen, 3. Auflage 1935

ders., Das Deutsche Beamtengesetz, 4. Auflage 1942

Braun, Stefan, Ämterpatronage – Praxisprobleme bei Stellenbesetzungsverfahren mit beamtenrechtlichen Konkurrenzsituationen, NJOZ 2019, 1585 ff.

Brecht, Arnold, Notwendigkeit der Reform, in: Institut zur Förderung öffentlicher Angelegenheiten (Hrsg.), Neues Beamtentum, Beiträge zur Neuordnung des öffentlichen Dienstes, 1951, S. 5 ff.

ders., Aus nächster Nähe, 1966

Brinktrine, Ralf, Konkurrentenstreitverfahren im Beamtenrecht, JURA 2015, 1192 ff.

Brinktrine, Ralf/Schollendorf, Kai, BeckOK Beamtenrecht Bund, Stand 27. Edition 01.08.2022

Brohm, Winfried, Die Dogmatik des Verwaltungsrechts vor den Gegenwartsaufgaben der Verwaltung, VVDStRL Heft 30 (1972), S. 245 ff.

ders., Die Konkurrentenklage, in: Erichsen, Hans-Uwe/Hoppe, Werner/von Mutius, Albert (Hrsg.), System des verwaltungsgerichtlichen Rechtsschutzes, Festschrift für Christian-Friedrich Menger, 1985, S. 235 ff.

Brugger, Walter/Schöndorf, Harald (Hrsg.), Philosophisches Wörterbuch, 2010

Buchheim, Johannes, Actio, Anspruch, subjektives Recht, 2017

Buchmann, Erich, Die Anfechtungsklage des thüringischen Verwaltungsrechts in Lehre und Rechtsprechung, 1929

Budjarek, Lucia, Das Recht des öffentlichen Dienstes und die Fortentwicklungsklausel, 2009

Bull, Hans Peter, Umsteuern im Beamtenrecht – aber wie?, DÖV 1995, 592 ff.

ders., Öffentlicher Dienst und öffentliches Dienstrecht im Wandel, in: Bultmann, Peter Friedrich/Grigoleit, Klaus Joachim/Gusy, Christoph/Kersten, Jens/Otto, Christian-W./Preschel, Christina (Hrsg.), Allgemeines Verwaltungsrecht, Festschrift für Ulrich Battis zum 70. Geburtstag, 2014, S. 533 ff.

Burghardt, Katja, Droht dem Bundesverwaltungsgericht ein Bedeutungsverlust durch die Verlagerung des verwaltungsgerichtlichen Hauptsacherechtsschutzes in das Eilverfahren?, DVBl. 2018, 417 ff.

dies., Verwaltungsprozessuale Defizite der Rechtsschutzpraxis im Beamtenkonkurrentenstreit, 2020

Burgi, Martin, Die Erledigung des Rechtsstreits in der Hauptsache als Problem der verwaltungsprozessualen Dogmatik, DVBl. 1991, 193 ff.

Burkiczak, Christian/Dollinger, Franz-Wilhelm/Schorkopf, Frank (Hrsg.), Bundesverfassungsgerichtsgesetz, 2. Auflage 2022

Burmeister, Günter C., Die beamtenrechtliche Konkurrentenstreitigkeit, NdsVBl. 2012, 57 ff.

Busch, Jost-Dietrich, Anmerkung zu BVerfG, Beschl. v. 19.09.1989 – 2 BvR 1576/88 –, DVBl. 1990, 106 ff.

Bydlinski, Franz, Juristische Methodenlehre und Rechtsbegriff, 2. Auflage 1991 (Nachdruck 2011)

Canaris, Claus-Wilhelm, Die Feststellung von Lücken im Gesetz, 2. Auflage 1983

ders., Die verfassungskonforme Auslegung und Rechtsfortbildung im System der juristischen Methodenlehre, in: Honsell, Heinrich/Zäch, Roger/Hasenböhler, Franz/Harrer, Friedrich/Rhinow, René (Hrsg.), Privatrecht und Methode, Festschrift für Ernst A. Kramer, 2004, S. 141 ff.

Christonakis, Giorgos, Das verwaltungsprozessuale Rechtsschutzinteresse, 2004

von Coelln, Christian, Wenn, dann richtig: „Ehe für alle“ nur per Verfassungsänderung, NJ 2018, 1 ff.

von Coelln, Christian/Schemmer, Franz (Hrsg.), BeckOK Hochschulrecht NRW, Stand 23. Edition 01.06.2022

Cornils, Matthias, Zur Anwendbarkeit des § 50 VwVfG – Wahlfreiheit der Verwaltung oder Vorrang des Widerspruchsverfahrens?, Die Verwaltung 33 (2000), S. 485 ff.

Custodis, Hans, Konkurrentenstreitigkeiten bei der Besetzung von Notarstellen, DNotZ 2017, 12 ff.

Czybulka, Detlef, Zur Problematik des Artikels 33 Abs. 5 des Grundgesetzes, 1973

Daniels, Hans, Deutsches Beamtengesetz, 1937

Daniels, Heinrich, Unter welchen Voraussetzungen kann eine Verfügung, durch die ein Reichsbeamter auf seinen Antrag in den Ruhestand versetzt worden ist, von der verfügenden Behörde einseitig zurückgenommen werden?, Beamtenjahrbuch 1929, 55 ff.

Dawin, Michael, Aufhebung der Ernennung eines Beamten bei Vereitelung oder Missachtung eines gerichtlichen Ernennungsverbots, in: Breuer, Marten/Epiney, Astrid/Haratsch, Andreas/Schmahl, Stefanie/Weiß, Norman (Hrsg.), Der Staat im Recht, Festschrift für Eckart Klein zum 70. Geburtstag, 2013, S. 399 ff.

Dehoust, Matthias, Beamtenrechtlicher Konkurrentenstreit, SächsVBl. 2013, 35 ff.

Depenheuer, Otto, Der Wortlaut als Grenze, 1988

ders., Wohnungseigentum und Verfassungsrecht, Partner im Gespräch 42 (1993), S. 7 ff.

ders., Vorbehalt des Möglichen, in: Isensee, Josef/Kirchhof, Paul (Hrsg.), Handbuch des Staatsrechts der Bundesrepublik Deutschland, Bd. XII, 3. Auflage 2014, § 269

Deutscher Bundestag/Bundesarchiv, Der Parlamentarische Rat 1948–1949, Bd. III, 1986

dies., Der Parlamentarische Rat 1948–1949, Bd. XIV/2, 2009

Dietlein, Johannes/Hellermann, Johannes, Öffentliches Recht in Nordrhein-Westfalen, 9. Auflage 2022

Dietlein, Johannes/Heusch, Andreas (Hrsg.), BeckOK Kommunalrecht Nordrhein-Westfalen, Stand 20. Edition 01.06.2022

Dietlein, Johannes/Thiel, Markus, Altes und Neues zum Vorbescheid, Die Verwaltung 38 (2005), S. 211 ff.

Di Fabio, Udo, Berlin ist nicht Weimar, F.A.Z. Nr. 225 vom 27.09.2018, S. 6

Dirnaichner, Udo, Personenbeförderungsrechtliche Konkurrentenklagen, KommP BY 2017, 1 ff.

Dittmann, Karsten, Tradition und Verfahren, 2004

Djeffal, Christian, Die herrschende Meinung als Argument, ZJS 2013, 463 ff.

Doehring, Karl, Die allgemeinen Regeln des völkerrechtlichen Fremdenrechts und das deutsche Verfassungsrecht, 1963

Dornbach, Philipp, Die aktienrechtliche Anfechtungsklage zwischen subjektivem Rechtsschutz und objektiver Rechtskontrolle, 2013

Dreier, Horst, Grundrechtsdurchgriff contra Gesetzesbindung? Exemplarische Betrachtungen zum Verhältnis von Verfassungs- und Verwaltungsrecht anhand der Rechtsprechung des Bundesverwaltungsgerichts, Die Verwaltung 36 (2003), S. 105 ff.

ders., Die Zwischenkriegszeit, in: Merten, Detlef/Papier, Hans-Jürgen (Hrsg.), Handbuch der Grundrechte in Deutschland und Europa, Bd. I, 2004, § 4

ders. (Hrsg.), Grundgesetz
- Bd. II, 2. Auflage 2006
- Bd. I, 3. Auflage 2013
- Bd. II, 3. Auflage 2015
- Bd. III, 3. Auflage 2018

Drews, Bill, Preußisches Polizeirecht, Allgemeiner Teil, 3. Auflage 1931

Drosdeck, Thomas, Die herrschende Meinung – Autorität als Rechtsquelle, 1989

Dürig, Günter/Herzog, Roman/Scholz, Rupert, Grundgesetz, Loseblatt, Stand 97. Lfg. Januar 2022
Düring, Ruth, Konkurrentenrechtsschutz im Vertragsarztrecht, in: Butzer, Hermann/Kaltenborn, Markus/Meyer, Wolfgang (Hrsg.), Organisation und Verfahren im sozialen Rechtsstaat, Festschrift für Friedrich Schnapp zum 70. Geburtstag, 2008, S. 389 ff.
Dudenredaktion (Hrsg.), Deutsches Universalwörterbuch, 9. Auflage 2019
Egerland, Thomas, Die Notarbestellung im hauptberuflichen Notariat, 2009
Ehlers, Dirk/Pünder, Hermann, Allgemeines Verwaltungsrecht, 16. Auflage 2022
Eisfeld, Jens, Rechtsfortbildung als Rechtserkenntnis. Das Richterrecht und das Wertungsproblem, in: Effer-Uhle, Daniel/Sagan, Adam/Deckenbrock, Christian/Höpfner, Clemens/Kilian, Matthias/Morell, Alexander/Schneider, Angie/Scholl, Bernd/Ulber, Daniel (Hrsg.), Richterliche Rechtsfortbildung und kodifiziertes Recht, 2016, S. 97 ff.
Engisch, Karl/Würtenberger, Thomas/Otto, Dirk, Einführung in das juristische Denken, 12. Auflage 2018
Enneccerus, Ludwig/Nipperdey, Hans Carl, Allgemeiner Teil des Bürgerlichen Rechts, 1. Halbband, 15. Auflage 1959
Ennuschat, Jörg/Wank, Rolf/Winkler, Daniela, Gewerbeordnung, 9. Auflage 2020
Epiney, Astrid, Gemeinschaftsrecht und Verbandsklage, NVwZ 1999, 485 ff.
Epping, Volker/Hillgruber, Christian (Hrsg.), BeckOK Grundgesetz, Stand 52. Edition 15.08.2022
Erichsen, Hans-Uwe, Die Aufhebung von Verwaltungsakten durch die Verwaltung, JURA 1981, 534 ff.
Ernst, Christian, Die Verwaltungserklärung, 2008
Eyermann, Erich/Fröhler, Ludwig (Begr.), Verwaltungsgerichtsordnung, 16. Auflage 2022
Faber, Heiko, Verwaltungsrecht, 4. Auflage 1995
Falck, Ernst, Der faschistische Staat und sein Beamtenrecht, Beamtenjahrbuch 1930, 27 ff. und 102 ff.
Fallmann, Manuel, Sekundäre Lücken im Recht, 2021
Fehling, Michael, Konkurrentenklage, in: Kahl, Wolfgang/Ludwigs, Markus (Hrsg.), Handbuch des Verwaltungsrechts, Bd. IV, 2022, § 100
Fehling, Michael/Kastner, Berthold/Störmer, Rainer (Hrsg.), Verwaltungsrecht, 5. Auflage 2021
Fehn, Bernd Josef/Opfergelt, Wolfgang, Rechtsschutz des abgewiesenen Bewerbers im Beamtenrecht, JURA 1985, 639 ff.
Fischbach, Oskar Georg, Deutsches Beamtengesetz, 1937
ders., Die hergebrachten Grundsätze des Berufsbeamtentums, DVBl. 1951, 99 ff.
ders., Inwieweit läßt Art. 33 Abs. 5 des Grundgesetzes eine Reform des Beamtenrechts zu?, in: Ständige Deputation des Deutschen Juristentages (Hrsg.), Verhandlungen des neununddreißigsten Deutschen Juristentages in Stuttgart 1951, 1952, S. D 33 ff.
Fischer, Markus, Die verwaltungsprozessuale Klage im Kraftfeld zwischen materiellem Recht und Prozessrecht, 2011
Fischer, Ute, Rechtliche Qualifikationen von Verfassungsaufträgen, 2000
Fischer-Lescano, Andreas/Rinken, Alfred/Buse, Karen/Meyer, Ilsemarie/Stauch, Matthias/Weber, Christian (Hrsg.), Verfassung der Freien Hansestadt Bremen, 2016
Forsthoff, Ernst, Verfassungsrechtliche Prolegomena zu Art. 33 Abs. 5 GG, DÖV 1951, 460 ff.
ders., Lehrbuch des Verwaltungsrechts, Bd. I, 10. Auflage 1973
Frenz, Walter, Verwaltungsgerichtlicher Rechtsschutz in Konkurrenzsituationen, 1999

Freiherr von Freytagh-Loringhoven, Axel, Die Weimarer Verfassung in Lehre und Wirklichkeit, 1924

Friauf, Karl-Heinrich/Höfling, Wolfram (Hrsg.), Berliner Kommentar zum Grundgesetz, Loseblatt
- Stand Lfg. 1/21 Mai 2021
- Stand Lfg. 2/22 Mai 2022

Friedrichs, Karl, Preußisches Kommunalbeamtenrecht,1926

Fuchs, Michael, Rezension von Thal, Daniel, Das Dogma rechtsschutzverkürzender Ämterstabilität, DVBl. 2017, 1092

Funke, Andreas, Perspektiven subjektiv-rechtlicher Analyse im öffentlichen Recht, JZ 2015, 369 ff.

Gabler, Hans, Über die Anfechtungsklage des sächsischen Gesetzes über die Verwaltungsrechtspflege vom 19. Juli 1900, 1911

Gadamer, Hans-Georg, Wahrheit und Methode, 4. Auflage 1975

Gärditz, Klaus Ferdinand, Verwaltungsgerichtliche Kompensation von Alimentationsdefiziten, ZBR 2005, 288 ff.

ders., Richterwahlausschüsse für Richter im Landesdienst – Funktion, Organisation, Verfahren und Rechtsschutz, ZBR 2010, 109 ff.

ders., Entwicklungen und Entwicklungsperspektiven des Verwaltungsprozessrechts zwischen konstitutioneller Beharrung und unionsrechtlicher Dynamisierung, Die Verwaltung 46 (2013), S. 257 ff.

ders., „Ehe für Alle": Verfassungswandel oder zeitgebundene Rechtspolitik?, FF 2018, 8 ff.

ders. (Hrsg.), Verwaltungsgerichtsordnung, 2. Auflage 2018

Geiger, Harald, Die Konkurrentenklage im Verwaltungsprozessrecht, BayVBl. 2010, 517 ff.

Geis, Max-Emanuel, Die „Eilversammlung" als Bewährungsprobe verfassungskonformer Auslegung, NVwZ 1992, 1025 ff.

Gerber, Hans, Entwicklung und Reform des Beamtenrechts, VVDStRL Heft 7 (1932), S. 2 ff.

Giese, Friedrich, Die Verfassung des Deutschen Reiches, 8. Auflage 1931

ders., Diskussionsbeitrag zum Thema „Entwicklung und Reform des Beamtenrechts" auf der Staatsrechtslehrertagung 1931, VVDStRL Heft 7 (1932), S. 124

von Glasenapp, Jost, Konkurrentenstreit und Schadensersatz im beamtenrechtlichen Beförderungsverfahren, NordÖR 2011, 253 ff.

Grabendorff, Walter, Ist die Beschränkung der staatsbürgerlichen Rechte der Bundesbeamten rechtsgültig?, DÖV 1951, 550 ff.

ders., Diskussionsbeitrag zum Thema „Inwieweit läßt Art. 33 Abs. 5 des Grundgesetzes eine Reform des Beamtenrechts zu?", in: Ständige Deputation des Deutschen Juristentages (Hrsg.), Verhandlungen des neununddreißigsten Deutschen Juristentages in Stuttgart 1951, 1952, S. D 111 ff.

ders., Die hergebrachten Grundsätze des Berufsbeamtentums, Der Beamtenbund 1953, 166 f.

Grabitz, Eberhard, Vertrauensschutz als Freiheitsschutz, DVBl. 1973, 675 ff.

Grawert, Rolf, Verwaltungsrechtsschutz in der Weimarer Republik, in: Erichsen, Hans-Uwe/Hoppe, Werner/von Mutius, Albert (Hrsg.), System des verwaltungsgerichtlichen Rechtsschutzes, Festschrift für Christian-Friedrich Menger, 1985, S. 35 ff.

ders., Der Zusammenbruch des Staates und das Schicksal seiner Beamtenschaft im Spiegel der Nachkriegsjudikatur, in: Schwegmann, Friedrich Gerhard (Hrsg.), Die Wiederherstellung des Berufsbeamtentums nach 1945, 1986, S. 25 ff.

ders., Die nationalsozialistische Herrschaft, in: Isensee, Josef/Kirchhof, Paul (Hrsg.), Handbuch des Staatsrechts der Bundesrepublik Deutschland, Bd. I, 3. Auflage 2003, § 6

Grewe, Wilhelm, Inwieweit läßt Art. 33 Abs. 5 des Grundgesetzes eine Reform des Beamtenrechts zu?, in: Ständige Deputation des Deutschen Juristentages (Hrsg.), Verhandlungen des neununddreißigsten Deutschen Juristentages in Stuttgart 1951, 1952, S. D 3 ff.
Gröpl, Christoph (Hrsg.), Bundeshaushaltsordnung/Landeshaushaltsordnungen, 2. Auflage 2019
Gronimus, Andreas, Der Rechtsschutz übergangener Soldaten bei Verwendungsentscheidungen, NZWehrr 1986, 54 ff.
Grüttner, Michael, Das Dritte Reich, 2014
Grundmann, Martin, Kehrtwendung in der Rechtsprechung zum beamtenrechtlichen Konkurrentenstreit?, NordÖR 2002, 106 ff.
Grunsky, Wolfgang, Grundlagen des Verfahrensrechts, 2. Auflage 1974
Grzeszick, Bernd, Rechte und Ansprüche, 2002
Günther, Hellmuth, Beförderung, ZBR 1979, 93 ff.
ders., Konkurrentenstreit und kein Ende?, ZBR 1990, 284 ff.
ders., Die Tatbestände nichtiger, zurückzunehmender oder rücknehmbarer Ernennung, DÖD 1990, 281 ff.
ders., Ende beamtenrechtlicher Konkurrentenstreits infolge Verwendung der Haushaltsmittel für einen Angestellten?, DÖD 1990, 212 ff.
ders., Reichstag, Entwurf des RBG und Rechts-Schutz von Beamten, ZBR 2003, 401 ff.
ders., Scheinbare Ausnahmen von der Ämterstabilität, ZBR 2007, 195 ff.
ders., Zum Reichsbeamtengesetz, DÖV 2007, 357 ff.
ders., Ernennungen nach neuem Recht der Landesbeamten, RiA 2009, 49 ff.
ders., Arthur Brandt und das Beamtenrecht, Der Staat 48 (2009) S. 411 ff.
ders., Neue Balance von Leistungsprinzip, Statusamtstabilität und Bewerberrechtsschutz, RiA 2011, 49 ff.
ders., Ernennung zum Beamten und Rechtsformmissbrauch, ZBR 2011, 225 ff.
Gundel, Jörg, Neue Entwicklungen beim Konkurrentenstreit im öffentlichen Dienst – Perfektionierung des bestehenden Systems statt grundsätzlicher Überprüfung, Die Verwaltung 37 (2004), S. 401 ff.
Haack, Stefan, Streitgegenstand, Rechtsverhältnis und Verletzung in eigenen Rechten: auf der Suche nach drei Phantombegriffen der Prozessrechtsdogmatik, VerwArch 109 (2018), S. 503 ff.
Haas, Diether, System der öffentlichrechtlichen Entschädigungspflichten, 1955
Häberle, Peter, Verfassungsprinzipien „im" Verwaltungsverfahrensgesetz, in: Schmitt Glaeser, Walter (Hrsg.), Verwaltungsverfahren, Festschrift zum 50-jährigen Bestehen des Richard Boorberg Verlages, 1977, S. 47 ff.
Hartung, Andreas, Dienstrechtlicher Konkurrentenschutz – Version 2.0?, RiA 2017, 49 ff.
Hatje, Armin, Der Rechtsschutz der Stellenbewerber im europäischen Beamtenrecht, 1988
Hattenhauer, Hans, Geschichte des deutschen Beamtentums, 2. Auflage 1993
Haueisen, Fritz, Die Rücknahme fehlerhafter Verwaltungsakte, NJW 1954, 1425 ff.
ders., Der Widerruf fehlerfreier Verwaltungsakte, NJW 1955, 1457 ff.
ders., Anmerkung zu OVG Berlin, Urt. v. 14.11.1956 – VII B 12/56 – DVBl. 1957, 503 ff., DVBl. 1957, 506 ff.
ders., Anmerkung zu BVerwG, Urt. v. 28.06.1957 – BVerwG IV C 235.56 – NJW 1958, 154 ff., NJW 1958, 642, ff.
Hebeler, Timo, Die Rechtfertigung von Sparbemühungen im Beamtenversorgungsrecht, NVwZ 2006, 1254 ff.
ders., Die Pflicht zur Berücksichtigung der hergebrachten Grundsätze des Berufsbeamtentums gem. Art. 33 V GG, JA 2014, 731 ff.

ders., Rezension von Thal, Daniel, Das Dogma rechtsschutzverkürzender Ämterstabilität, Die Verwaltung 50 (2017), S. 302 ff.
Heiber, Helmut (Hrsg.), Hitlers Lagebesprechungen, 1962
Heidegger, Martin, Sein und Zeit, 19. Auflage 2006
Heidenhain, Martin, Amtshaftung und Entschädigung aus enteignungsgleichem Eingriff, 1965
Heinze, Christian, Erschwerung der Rechtsschutzsuche durch Verfahrensgestaltung, TranspR 2009, 219 ff.
Hermanns, Caspar David, Beamtenrechtliche Konkurrentenklagen auf neuen Wegen?, NordÖR 2002, 108 ff.
Hermes, Georg, Verfassungsrecht und einfaches Recht – Verfassungsgerichtsbarkeit und Fachgerichtsbarkeit, VVDStRL Bd. 61 (2002), S. 119 ff.
Herrmann, Klaus, Neue Ansätze bei der Dienstpostenkonkurrenz – und warum sie nicht funktionieren, NVwZ 2017, 105 ff.
Herrmann, Manfred, Zur Beschleunigung von Stellenbesetzungsverfahren in Berlin, DÖD 2018, 145 ff.
Heyland, Carl, Deutsches Beamtenrecht, 1938
Hildebrand, Klaus, Das Dritte Reich, 7. Auflage 2009
Höfling, Wolfram/Burkiczak, Christian, Die Garantie der hergebrachten Grundsätze des Berufsbeamtentums unter Fortentwicklungsvorbehalt, DÖV 2007, 328 ff.
Höhn, Ernst, Gewohnheitsrecht im Verwaltungsrecht, 1960
Hömig, Dieter/Wolff, Heinrich Amadeus (Hrsg.), Grundgesetz für die Bundesrepublik Deutschland, 13. Auflage 2022
Höpfner, Clemens, Die systemkonforme Auslegung, 2008
Hoerster, Norbert, Was ist Recht?, 2006
Hößlein, Marco, Die Schuldner der Grundrechte, JZ 2007, 271 ff.
ders., Der Streitgegenstand der verwaltungsgerichtlichen Anfechtungsklage gem. § 113 Abs. 1 Satz 1 VwGO, VerwArch 99 (2008), S. 127 ff.
Holl, Thomas, Graefen wird OLG-Präsident, F.A.Z. Nr. 261 vom 09.11.2011, S. 5
ders., Misstrauensantrag in Mainz, F.A.Z. Nr. 264 vom 12.11.2011, S. 6
Honsell, Heinrich, Die rhetorischen Wurzeln der juristischen Auslegung, ZfPW 2016, 106 ff.
Hoof, Karsten, Die Freihaltung bzw. Schaffung sogenannter dritter, streitunbefangener Stellen im beamtenrechtlichen Konkurrentenstreit, ZBR 2007, 156 ff.
Horn, Thomas, Folgenbeseitigung bei aufgehobenem Verwaltungsakt mit Drittwirkung, DÖV 1989, 976 ff.
ders., Die Aufhebung des der Drittanfechtung unterliegenden Verwaltungsakts, 1989
ders., Der Aufhebungsanspruch beim Verwaltungsakt mit Drittwirkung, DÖV 1990, 864 ff.
Hornfischer, Felix, Zur Unbeachtlichkeit von Besetzungsfehlern für die Tätigkeit von Hochschulgremien nach § 10 Abs. 5 LHG BW, OdW 7 (2020) S. 85 ff.
Huber, Ernst Rudolf, Deutsche Verfassungsgeschichte seit 1789, Bd. VI, 1981
Huber, Peter-Michael, Konkurrenzschutz im Verwaltungsrecht, 1991
Hufen, Friedhelm, Zur Systematik der Folgen von Verfahrensfehlern – eine Bestandsaufnahme nach zehn Jahren VwVfG, DVBl. 1988, 69 ff.
ders., Anfechtung der Versetzung eines politischen Beamten in den einstweiligen Ruhestand, JuS 2002, 1237 f.
ders., Das System der Klagearten im Verwaltungsprozess, Ad Legendum 2017, 96 ff.
ders., Verwaltungsprozessrecht, 12. Auflage 2021
Hufen, Friedhelm/Siegel, Thorsten, Fehler im Verwaltungsverfahren, 7. Auflage 2021
Ibler, Martin, Rechtspflegender Rechtsschutz im Verwaltungsrecht, 1999

Ipsen, Jörn, Allgemeines Verwaltungsrecht, 11. Auflage 2019

Isensee, Josef, Der Zugang zum öffentlichen Dienst, in: Bachof, Otto/Heigl, Ludwig/Redeker, Konrad (Hrsg.), Verwaltungsrecht zwischen Freiheit, Teilhabe und Bindung, Festgabe aus Anlaß des 25jährigen Bestehens des Bundesverwaltungsgerichts, 1978, S. 337 ff.

ders., Öffentlicher Dienst, in: Benda, Ernst/Maihofer, Werner/Vogel, Hans-Jochen (Hrsg.), Handbuch des Verfassungsrechts der Bundesrepublik Deutschland, 2. Auflage 1994, § 32

ders., Transformation von Macht in Recht – das Amt, ZBR 2004, 3 ff.

Jachmann, Monika, Das Berufsbeamtentum – Säule der Rechtsstaatlichkeit?, ZBR 2000, 181 ff.

Jannasch, Alexander, Die Berücksichtigung der hergebrachten Grundsätze – insbesondere des Leistungsgrundsatzes – im Beamtenrecht, in: Umbach, Dieter C./Urban, Richard/Fritz, Roland/Böttcher, Horst-Eberhard/von Bargen, Joachim (Hrsg.), Das wahre Verfassungsrecht, Gedächtnisschrift für Friedrich Gottlob Nagelmann, 1984, S. 329 ff.

Jarass, Hans D., Bundes-Immissionsschutzgesetz, 13. Auflage 2020

Jarass, Hans D./Pieroth, Bodo, Grundgesetz für die Bundesrepublik Deutschland, 17. Auflage 2022

Jaschkowitz, Ernst Joachim, Der Vertrag im Beamtenrecht, AöR 56 (n. F. 17, 1929), S. 321 ff.

Jellinek, Georg, System der subjektiven öffentlichen Rechte, 2. Auflage 1905 (Nachdruck 2011)

Jellinek, Walter, Der fehlerhafte Staatsakt und seine Wirkungen, 1908

ders., Verwaltungsrecht, 3. Auflage 1931 (Nachdruck 1966)

Jeremias, Christoph, Erfordernis einer Rechtsgrundlage für vom Adressaten beantragte feststellende Verwaltungsakte? Plädoyer für eine Abkehr von der bisherigen höchstrichterlichen Rechtsprechung, DVBl. 2014, 1047 ff.

Joos, Daniel, Datenschutz in beamtenrechtlichen Konkurrentensituationen, NVwZ 2021, 1335 ff.

Jüsgen, Werner, Die hergebrachten Grundsätze des Berufsbeamtentums als Grundlage der Beamtengesetzgebung, DÖV 1951, 474 ff.

Jung, Jörg, Die Zweispurigkeit des öffentlichen Dienstes, 1971

Jung, Werner, Der Zugang zum öffentlichen Dienst nach Art. 33 II GG, 1978

Junker, Rolf Johann, Beamtenstatus und Zeit, 1976

Kahl, Wolfgang, Das Verwaltungsverfahrensgesetz zwischen Kodifikationsidee und Sonderrechtsentwicklungen, in: Hoffmann-Riem/Schmidt-Aßmann (Hrsg.), Verwaltungsverfahren und Verwaltungsverfahrensgesetz, 2002, S. 67 ff.

Kahl, Wolfgang/Waldhoff, Christian/Walter, Christian (Hrsg.), Bonner Kommentar zum Grundgesetz, Loseblatt, Stand 215. Lfg. Juni 2022

Kaniess, Nicolai, Der Streitgegenstandsbegriff in der VwGO, 2012

Kant, Immanuel, Critik der reinen Vernunft, 2. Auflage 1787, abgedruckt bei: Weischedel, Wilhelm (Hrsg.), Immanuel Kant, Werke in sechs Bänden, Bd. II, 7. Auflage 2011

Kathke, Leonhard, Konkurrenz von Beamtem und Richter um FG-Präsidentenamt, Anmerkung zu BayVGH 24.04.2017 – 3 CE 17.434, RiA 2017, 213 ff.

Kaufhold, Ann-Kathrin, Arnold Köttgen. Berichte aus dem Inneren der Verwaltung, in: Kremer, Carsten, Die Verwaltungsrechtswissenschaft in der frühen Bundesrepublik, 2017, S. 107 ff.

Kawik, Michael, Konkurrenz von Beamten, Arbeitnehmern und Soldaten im Stellenbesetzungsverfahren des öffentlichen Dienstes, RiA 2018, 11 ff. und 49 ff.

Kenntner, Markus, Sinn und Zweck der Garantie des hergebrachten Berufsbeamtentums, DVBl. 2007, 1321 ff.

ders., Rechtsstruktur und Gestaltung von Konkurrentenstreitigkeiten um die Vergabe öffentlicher Ämter, ZBR 2016, 181 ff.

ders., Grundsatzfragen zum dienstrechtlichen Konkurrentenstreit, NVwZ 2017, 417 ff.

ders., Denkverbot für Bundesrichter? – Zur Blockade von Stellen und Denkansätzen, RiA 2017, 149 ff.

Kernbach, Uwe, Die Rechtsschutzmöglichkeiten des unterlegenen Konkurrenten im beamtenrechtlichen Ernennungsverfahren, 1994

Kingreen, Thorsten, Konkurrenzschutz im vertragsärztlichen Zulassungsrecht, Die Verwaltung 36 (2003), S. 33 ff.

Kipp, Theodor, Die Verurtheilung zur Abgabe von Willenserklärungen und zu Rechtshandlungen, 1892

Kischel, Uwe, Folgen von Begründungsfehlern, 2004

Kisker, Gunter, Die Rückwirkung von Gesetzen, 1963

Klatt, Matthias, Theorie der Wortlautgrenze, 2004

ders., Die Wortlautgrenze, in: Lerch, Kent D. (Hrsg.), Die Sprache des Rechts, Bd. II, 2005, S. 343 ff.

Klein, Eckart, Die Kostenentscheidung bei einseitiger Erledigungserklärung durch die beklagte Partei, DVBl. 1972, 572 ff.

Klein, Friedrich, Verordnungsermächtigungen nach deutschem Verfassungsrecht, in: Institut zur Förderung öffentlicher Angelegenheiten (Hrsg.), Die Übertragung rechtsetzender Gewalt im Rechtsstaat, 1952, S. 7 ff.

Klingelschmitt, Klaus-Peter, Landesregierung segelt von einer Affäre zur anderen, taz vom 13.11.2010, S. 4

Kloepfer, Michael, Einrichtungsgarantien, in: Merten, Detlef/Papier, Hans-Jürgen (Hrsg.), Handbuch der Grundrechte in Deutschland und Europa, Bd. II, 2006, § 43

ders., Verfassungsrecht
– Bd. I, 2011
– Bd. II, 2010

ders., Umweltrecht, 4. Auflage 2016

Kluth, Winfried, Rechtsfragen der verwaltungsrechtlichen Willenserklärung, NVwZ 1990, 608 ff.

Kment, Martin (Hrsg.), Raumordnungsgesetz, 2019

Knack, Hans Joachim (Begr.)/*Henneke, Hans-Günther* (Hrsg.), Verwaltungsverfahrensgesetz, 11. Auflage 2020

Knopp, Lothar/Schröder, Wolfgang, Beamtenrechtliche und -politische Auswirkungen der Föderalismusreform, NJ 2007, 97 ff.

Köttgen, Arnold, Das deutsche Berufsbeamtentum und die parlamentarische Demokratie, 1928

ders., Die Entwicklung des deutschen Beamtenrechts und die Bedeutung des Beamtentums im Staat der Gegenwart, in: Anschütz, Gerhard/Thoma, Richard (Hrsg.), Handbuch des Deutschen Staatsrechts, Bd. II, 1932, S. 1 ff.

ders., Vom Deutschen Staatsleben, JöR 24 (1937), S. 1 ff.

ders., Die Stellung des Beamtentums im völkischen Führerstaat, JöR 25 (1938), S. 1 ff.

Kolb, Eberhard/Schumann, Dirk, Die Weimarer Republik, 8. Auflage 2013

Kopp, Ferdinand O., Feststellende Verwaltungsakte und Vollziehungsverfügungen im Gewerberecht, GewArch 1986, 41 ff.

Kopp, Ferdinand O. (Begr.)/*Ramsauer, Ulrich* (Hrsg.), Verwaltungsverfahrensgesetz, 23. Auflage 2022

Kopp, Ferdinand O. (Begr.)/*Schenke, Wolf-Rüdiger* (Hrsg.), Verwaltungsgerichtsordnung, 28. Auflage 2022

Kormann, Karl, System der rechtsgeschäftlichen Staatsakte, 1910
Kramer, Ernst August, Juristische Methodenlehre, 6. Auflage 2019
Kramer, Urs/André, Tobias, Grundzüge des vergaberechtlichen Rechtsschutzes, JuS 2009, 906 ff.
Krause, Ferdinand, Die hergebrachten Grundsätze des Berufsbeamtentums, 2008
Krebs, Peter/Becker, Maximilian, Entstehung und Abänderbarkeit von Gewohnheitsrecht, JuS 2013, 97 ff.
Kremer, Carsten, Die streitige Erledigung der Hauptsache im Verwaltungsprozess, NVwZ 2003, 797 ff.
Kreßel, Eckhard, Öffentliches Haftungsrecht und sozialrechtlicher Herstellungsanspruch, 1990
Kresser, Daniel, Bedeutung der Form für Begriff und Rechtsfolgen des Verwaltungsakts, 2009
Kriele, Martin, Theorie der Rechtsgewinnung, 1967
Krüger, Herbert, Anmerkung zu Dienststrafhof der Verwaltung des Vereinigten Wirtschaftsgebietes, Beschl. v. 12.02. 1951 – LH 1/51, DVBl. 1952, 728 ff.
Krüger, Wolfgang/Rauscher, Thomas, Münchner Kommentar zur Zivilprozessordnung, Bd. I, 6. Auflage 2020
Kruse, Frauke, Die verfassungsrechtlichen Grenzen richterlicher Rechtsfortbildung, 2019
Kühnbach, Lena, Anmerkung zu VGH Mannheim, Beschl. v. 13.10.2011, ZBR 2012, 93 ff., ZBR 2012, 95 ff.
Kümper, Boas, Bestenauslese als Organisationsprinzip, DÖV 2017, 414 ff.
Laband, Paul, Das Recht am Titel, DJZ 1907, 201 ff.
ders., Das Staatsrecht des Deutschen Reiches, Bd. I, 5. Auflage 1911 (Nachdruck 1964)
Landau, Herbert/Christ, Egon, Die Konkurrentenklage im Spannungsfeld der Justiz, NJW 2003, 1648 f.
Landau, Herbert/Steinkühler, Martin, Zur Zukunft des Berufsbeamtentums in Deutschland, DVBl. 2007, 133 ff.
von Landmann, Robert/Rohmer, Ernst (Begr.), Umweltrecht, Loseblatt, Stand 97. Lfg. 01.12. 2021
Lange, Klaus, Kommunalrecht, 2. Auflage 2019
Langheineken, Paul, Der Urteilsanspruch, 1899
Larenz, Karl, Derogierende Kraft des Gerichtsgebrauchs?, NJW 1951, 497 ff.
Larenz, Karl/Canaris, Claus-Wilhelm, Methodenlehre der Rechtswissenschaft, 3. Auflage 1995
Laubinger, Hans-Werner, Der Verwaltungsakt mit Doppelwirkung, 1967
ders., Gedanken zur Verwirklichung des Leistungsprinzips bei der Beförderung von Beamten, VerwArch 83 (1992), S. 246 ff.
ders., Die Konkurrentenklage im Öffentlichen Dienst – eine unendliche Geschichte, ZBR 2010, 289 ff. und 332 ff.
Lecheler, Helmut, Die „hergebrachten Grundsätze des Berufsbeamtentums" in der Rechtsprechung des Bundesverfassungsgerichts und des Bundesverwaltungsgerichts, AöR 103 (1978), S. 349 ff.
ders., Die Konkurrentenklage – abgelehnt aus Angst vor den Folgen?, DÖV 1983, 953 ff.
ders., Der öffentliche Dienst, in: Isensee, Josef/Kirchhof, Paul (Hrsg.), Handbuch des Staatsrechts der Bundesrepublik Deutschland, Bd. III, 2. Auflage 1988, § 72
ders., Das Berufsbeamtentum – Verfassungsrecht und Verfassungswirklichkeit –, in: Badura, Peter/Dreier, Horst (Hrsg.), Festschrift 50 Jahre Bundesverfassungsgericht, Bd. II, 2001, S. 359 ff.
ders., Die Auswirkungen der Föderalismusreform auf die Statusrechte der Beamten, ZBR 2007, 18 ff.

ders., Der öffentliche Dienst, in: Isensee, Josef/Kirchhof, Paul (Hrsg.), Handbuch des Staatsrechts der Bundesrepublik Deutschland, Bd. V, 3. Auflage 2007, § 110
Lechner, Hans/Zuck, Rüdiger, Bundesverfassungsgerichtsgesetz, 8. Auflage 2019
Lege, Joachim, Die behördliche Aufhebung von Verwaltungsakten nach Drittanfechtung – Auslegung, Änderung oder Streichung des § 50 VwVfG, in: Reich, Siegfried (Hrsg.), Festschrift zum 100-jährigen Jubiläum des sächsischen Oberverwaltungsgerichts, 2002, S. 359 ff.
Lehmann, Armin/Mück-Raab, Marion, Angst vor dem Aufstand, Der Tagesspiegel Nr. 21055 vom 04.08.2011, S. 4
Leibholz, Gerhard/Rinck, Hans-Justus (Begr.), Grundgesetz, Loseblatt, Stand 86. Lfg. April 2022
Leisner, Anna, Kontinuität als Verfassungsprinzip, 2002
Leisner-Egensperger, Anna, Das Recht des öffentlichen Dienstes – Grundlagen und neuere Entwicklungen, Die Verwaltung 51 (2018), S. 1 ff.
Leissner, Gustav, Verwaltung und öffentlicher Dienst in der sowjetischen Besatzungszone Deutschlands, 1961
Lemhöfer, Bernt, Rechtsschutz im Beförderungsstreit: Systematik und Praxistauglichkeit, ZBR 2003, 14 ff.
Lenz, Christofer/Hansel, Ronald, Bundesverfassungsgerichtsgesetz, 3. Auflage 2020
Lenz, Helmut, Rundfunkorganisation und öffentliche Meinungsbildungsfreiheit, JZ 1963, 338 ff.
Leppek, Sabine, Das Ernennungsrecht in Bundesbeamtengesetz und Beamtenstatusgesetz, ZBR 2010, 397 ff.
dies., Beamtenrecht, 13. Auflage 2019
von Lewinski, Kai/Burbat, Daniela, Bundeshaushaltsordnung, 2013
Lindner, Josef Franz, Grundrechtssicherung durch das Berufsbeamtentum, ZBR 2006, 1 ff.
ders., Unabhängigkeit als Paradigma des Berufsbeamtentums, ZBR 2013, 145 ff.
ders., Darf der Dienstherr im beamtenrechtlichen Konkurrentenstreit die Gründe für die Auswahlentscheidung erstmals vor Gericht vortragen?, NVwZ 2013, 547 ff.
ders., Zur politischen Legitimation des Berufsbeamtentums, 2014
ders., Zur Drittanfechtungsklage im Gewerberecht – zugleich eine Anmerkung zu VGH München, GewArch 2015, 460 ff. –, GewArch 2016, 135 ff.
ders., Die „conditio sine qua non"-Formel des BVerfG zum Berufsbeamtentum – zugleich ein Beitrag zur Verfassungswidrigkeit von Führungsämtern auf Zeit –, DVBl. 2016, 816 ff.
ders., Substanzialität und Traditionalität, Anmerkung zum Beschluss des Bundesverfassungsgerichts vom 17.01.2017, ZBR 2017, 181 ff.
ders., Das Berufsbeamtentum in den Verfassungen der deutschen Länder, ZBR 2018, 181 ff.
Loh, Werner, Die Negation der Klassischen Aussagenlogik als Wahrheitsfunktion, Facta Philosophica 2008, 125 ff.
Looschelders, Dirk/Roth, Wolfgang, Juristische Methodik im Prozeß der Rechtsanwendung, 1996
Lorenz, Dieter, Der Rechtsschutz des Bürgers und die Rechtsweggarantie, 1973
ders., Die verfassungsrechtlichen Vorgaben des Art. 19 Abs. 4 GG für das Verwaltungsprozeßrecht, in: Erichsen, Hans-Uwe/Hoppe, Werner/von Mutius, Albert (Hrsg.), System des verwaltungsgerichtlichen Rechtsschutzes, Festschrift für Christian-Friedrich Menger, 1985, S. 143 ff.
ders., Verwaltungsprozessrecht, 2000
Ludwigs, Markus, Der Anspruch auf Rücknahme rechtswidriger belastender Verwaltungsakte, DVBl. 2008, 1164 ff.

Lücke, Jörg, Soziale Grundrechte als Staatszielbestimmungen und Gesetzgebungsaufträge, AöR 107 (1982), S. 15 ff.
Lüderitz, Alexander, Recht von anonymen Richtern?, AcP 168 (1968), S. 329 ff.
Lüke, Gerhard, Zum zivilprozessualen Klagensystem, JuS 1969, 301 ff.
Mager, Ute, Einrichtungsgarantien, 2003
Mainzer, Claudia, Die dogmatische Figur der Einrichtungsgarantie, 2003
Malaviya, Nina, Verteilungsentscheidungen und Verteilungsverfahren, 2009
von Mangoldt, Hermann, Das Bonner Grundgesetz, 1. Auflage 1953
von Mangoldt, Hermann (Begr.)/*Klein, Friedrich*, Das Bonner Grundgesetz, Bd. II, 2. Auflage 1966
von Mangoldt, Hermann (Begr.)/*Klein, Friedrich/Starck, Christian* (Hrsg.), Kommentar zum Grundgesetz
– Bd. II, 6. Auflage 2010
– Bd. II, 7. Auflage 2018
– Bd. III, 7. Auflage 2018
Mann, Thomas/Sennekamp, Christoph/Uechtritz, Michael (Hrsg.), Verwaltungsverfahrensgesetz, 2. Auflage 2019
Martens, Jens, Wettbewerb bei Beförderungen, ZBR 1992, 129 ff.
Maurer, Hartmut, Kontinuitätsgewähr und Vertrauensschutz, in: Isensee, Josef/Kirchhof, Paul (Hrsg.), Handbuch des Staatsrechts der Bundesrepublik Deutschland, Bd. IV, 3. Auflage 2006, § 79
Maurer, Hartmut/Waldhoff, Christian, Allgemeines Verwaltungsrecht, 20. Auflage 2020
Maunz, Theodor/Dürig, Günter, Grundgesetz, Loseblatt, Grundwerk 1958
Mayer, Franz, Die hergebrachten Grundsätze des Berufsbeamtentums, in: Forsthoff, Ernst/Hörstel, Reinhard (Hrsg.), Standorte im Zeitstrom, Festschrift für Arnold Gehlen zum 70. Geburtstag am 29. Januar 1974, 1974, S. 227 ff.
ders., Die „hergebrachten Grundsätze des Berufsbeamtentums" – eine angemessene Verfassungsantwort auf die gesellschaftliche Herausforderung?, in: Carstens, Karl/Maihofer, Werner/Krause, Alfred/Krüger, Herbert/Mayer, Franz/Meyer, Albert/Kienbaum, Gerhard (Hrsg.), Beamtenstatus – Ärgernis oder Verpflichtung?, 1978, S. 93 ff.
Mehde, Veith, Die Bestenauslese bei Professorenstellen zwischen Rechtsschutzgarantie und handlungsfähiger Selbstverwaltung, ZBR 2018, 373 ff.
Menger, Christian-Friedrich, Über die Identität des Rechtsgrundes der Staatshaftungsklagen und einiger Verwaltungsstreitsachen, in: Bachof, Otto/Draht, Martin/Gönnenwein, Otto/Walz, Ernst (Hrsg.), Forschungen und Berichte aus dem öffentlichen Recht, Gedächtnisschrift für Walter Jellinek, 2. Auflage 1975, S. 347 ff.
Menzel, Eberhard, Das Ende der institutionellen Garantien, AöR 67 (1936/1937), S. 32 ff.
Merkl, Adolf, Entwicklung und Reform des Beamtenrechts, VVDStRL Heft 7 (1932), S. 55 ff.
Merten, Detlef, Das Recht des öffentlichen Dienstes in Deutschland, in: Magiera, Siegfried/Siedentopf, Heinrich (Hrsg.), Das Recht des öffentlichen Dienstes in den Mitgliedstaaten der Europäischen Gemeinschaft, 1994, S. 181 ff.
ders., Beamtenrecht und Beamtenverfassungsrecht, in: Grupp, Klaus/Ronellenfitsch, Michael (Hrsg.), Planung – Recht – Rechtsschutz, Festschrift für Willi Blümel zum 70. Geburtstag am 6. Januar 1999, 1999, S. 335 ff.
ders., Das Berufsbeamtentum als Element deutscher Rechtsstaatlichkeit, ZBR 1999, 1 ff.
ders., Berufsfreiheit des Beamten und Berufsbeamtentum, in: Merten, Detlef/Papier, Hans-Jürgen (Hrsg.), Handbuch der Grundrechte in Deutschland und Europa, Bd. V, 2013, § 114
Meyer, Georg/Anschütz, Gerhard, Lehrbuch des deutschen Staatsrechts, Bd. I, 7. Auflage 1914

Meyer, Hans/Borgs-Maciejewski, Hermann, Verwaltungsverfahrensgesetz, 2. Auflage 1982
Möller, Adolf, Die Zulässigkeit des Rechtsweges und die Nachprüfbarkeit von Verwaltungsakten bei der Geltendmachung vermögensrechtlicher Beamtenansprüche, Beamtenjahrbuch 1928, 407 ff. und 471 ff.
Mommsen, Hans, Beamtentum im Dritten Reich, 1966
ders., Die Kontinuität der Institution des Berufsbeamtentums und die Rekonstruktion der Demokratie in Westdeutschland, in: Schwegmann, Friedrich Gerhard (Hrsg.), Die Wiederherstellung des Berufsbeamtentums nach 1945, 1986, S. 65 ff.
Morsey, Rudolf, Hitler als Braunschweigischer Regierungsrat, VfZ 8 (1960), S. 419 ff.
von Moy de Sons, Ernst, Das Staatsrecht des Königreichs Bayern, Bd. II, 1841
Mühl-Benninghaus, Sigrun, Das Beamtentum in der NS-Diktatur bis zum Ausbruch des Zweiten Weltkrieges, 1996
Müller, Friedrich/Christensen, Ralph, Juristische Methodik, Bd. I, 11. Auflage 2013
Müller-Grune, Sven, Anmerkung zu BSG, Urt. v. 20.03.2013 – B 5 R 16/12 R – SGb 2014, 558 ff., SGb 2014, 560 ff.
von Münch, Ingo, Verfassungsrechtliche Grenzen einer Reform des öffentlichen Dienstrechts, in: Forsthoff, Ernst/von Münch, Ingo/Schick, Walter/Thieme, Werner/Ule, Carl Hermann/Mayer, Franz (Hrsg.), Verfassungsrechtliche Grenzen einer Reform des öffentlichen Dienstrechts, 1973, S. 71 ff.
von Münch, Ingo (Begr.)/*Kunig, Philip* (Hrsg.), Grundgesetz
– Bd. I, 6. Auflage 2012
– Bd. I, 7. Auflage 2021
– Bd. II, 7. Auflage 2021
Münkler, Laura, Der Nichtakt, 2015
Munding, Christoph-David, Die beamtenrechtliche Konkurrentenklage im Wandel der Rechtsprechung von BVerwG und BVerfG, DVBl. 2011, 1512 ff.
Musielak, Hans-Joachim/Voit, Wolfgang, Zivilprozessordnung, 19. Auflage 2022
von Mutius, Albert, Konkurrentenklage im Beamtenrecht?, VerwArch 69 (1978), S. 103 ff.
ders., Gerichtsverfahren und Verwaltungsverfahren, in: Erichsen, Hans-Uwe/Hoppe, Werner/von Mutius, Albert (Hrsg.), System des verwaltungsgerichtlichen Rechtsschutzes, Festschrift für Christian-Friedrich Menger, 1985, S. 575 ff.
Naumann, Richard, Vom vorbeugenden Rechtsschutz im Verwaltungsprozeß, in: Bachof, Otto/Draht, Martin/Gönnenwein, Otto/Walz, Ernst (Hrsg.), Forschungen und Berichte aus dem öffentlichen Recht, Gedächtnisschrift für Walter Jellinek, 2. Auflage 1975, S. 391 ff.
Neuhäuser, Gert Armin, Die verfassungsrechtliche Pflicht zu einer Ausschreibung öffentlicher Ämter und ihre (allein) verfassungsimmanenten Grenzen, NVwZ 2013, 176 ff.
Niedermaier, Franz/Günther, Hellmuth, Kritische Bemerkungen zur Art und Weise des unmittelbaren Rückgriffs des Bundesverfassungsgerichts auf die hergebrachten Grundsätze des Berufsbeamtentums, ZBR 1977, 238 ff.
Nischk, Kurt, Das Kommunalbeamtenrecht, 2. Auflage 1929
Noack, Sascha Sven, Neues zur Konkurrentenmitteilung, NVwZ 2018, 1190 ff.
Özfirat-Skubinn, Şirin, Rechtswidrige Beamtenernennungen, bei denen der Rechtsschutz eines Mitbewerbers vereitelt wird – Wege zur Kompensation, 2011
Ossenbühl, Fritz, Die Rücknahme fehlerhafter begünstigender Verwaltungsakte, 2. Auflage 1965
Ossenbühl, Fritz/Cornils, Matthias, Staatshaftungsrecht, 6. Auflage 2013
Overesch, Manfred, Die Einbürgerung Hitlers 1930, VfZ 40 (1992), S. 543 ff.
Pagenkopf, Martin, 150 Jahre Verwaltungsgerichtsbarkeit in Deutschland, 2014

Papier, Hans-Jürgen, Rechtsschutzgarantie gegen die öffentliche Gewalt, in: Isensee, Josef/Kirchhof, Paul (Hrsg.), Handbuch des Staatsrechts der Bundesrepublik Deutschland, Bd. VIII, 3. Auflage 2010, § 177

Parnes, Ohad/Vedder, Ulrike/Willer, Stefan, Das Konzept der Generation, 2008

Pawlowski, Hans-Martin, Methodenlehre für Juristen, 3. Auflage 1999

ders., Die Justiz als Verfassungsgerichtsbarkeit?, JZ 2004, 719 ff.

Pestalozza, Christian, Verfassungsprozeßrecht, 3. Auflage 1991

Peter, Christoph, Konkurrentenrechtsschutz im Beamtenrecht, JuS 1992, 1042 ff.

Peters, Hans, Diskussionsbeitrag zum Thema „Fragen der Neuordnung des Beamtenwesens" auf der Arbeitstagung des Instituts zur Förderung öffentlicher Angelegenheiten am 02. und 03.12.1951 in Weinheim, in: Institut zur Förderung öffentlicher Angelegenheiten, Neues Beamtentum, 1951, S. 78 ff.

ders., Geschichtliche Entwicklung und Grundfragen der Verfassung (bearbeitet von Jürgen Salzwedel und Günter Erbel), 1969

von der Pfordten, Dietmar, Was ist Recht? Ziele und Mittel, JZ 2008, 641 ff.

Pietzko, Gabriele, Der materiell-rechtliche Folgenbeseitigungsanspruch, 1994

Pietzner, Rainer, Zur übereinstimmenden Erledigungserklärung im Verwaltungsprozeß, VerwArch 75 (1984), S. 79 ff.

Plog, Ernst/Wiedow, Alexander (Begr.)*/Lemhöfer, Bernt/Groepper, Michael/Schmidt, Hans-Jochen/Tegethoff, Carsten*, Bundesbeamtengesetz, Loseblatt, Stand 443. Lfg. September 2022

Pöcker, Markus, Das Verfahrensrecht wirtschaftsverwaltungsrechtlicher Verteilungsentscheidungen: Der einheitliche Verteilungsverwaltungsakt, DÖV 2003, 193 ff.

Poetzsch-Heffter, Fritz, Handkommentar der Reichsverfassung, 3. Auflage 1928

Pogrzeba, Jürgen, Konkurrentenklage im Beamtenrecht?, 1983

Poretschkin, Alexander/Lucks, Ulrich, Soldatengesetz, 11. Auflage 2022

Poschenrieder, Anna Sophie, Außergerichtliche Vorverfahren im Verwaltungsrecht, 2019

Posser, Herbert/Wolff, Heinrich Amadeus (Hrsg.), BeckOK VwGO, Stand 62. Edition 01.07.2022

Pünder, Hermann/Schellenberg, Martin, Vergaberecht, 3. Auflage 2019

Püttner, Günter, Vertrauensschutz im Verwaltungsrecht, in: VVDStRL Heft 32 (1973), S. 200 ff.

ders., Der öffentliche Dienst, in: Jeserich, Kurt G.A./Pohl, Hans/von Unruh, Georg-Christoph (Hrsg.), Deutsche Verwaltungsgeschichte, Bd. 5, Die Bundesrepublik Deutschland, 1987, S. 1124 ff.

Pützer, Benno, Der neue § 19 Abs. 6 LBG NRW – „im Wesentlichen" verfassungsgemäß?, NWVBl. 2017, 279 ff.

Puppe, Ingeborg, Vom Umgang mit Definitionen in der Jurisprudenz, in: Dornseifer, Gerhard/Horn, Eckhard/Schilling, Georg/Schöne, Wolfgang/Struensee, Eberhard/Zielinski, Diethart (Hrsg.), Gedächtnisschrift für Armin Kaufmann, 1989, S. 15 ff.

dies., Kleine Schule des juristischen Denkens, 4. Auflage 2019

Quaas, Michael, Rechtsfragen der Kontingentgenehmigung im Güterfernverkehr, DÖV 1982, 434 ff.

Rehbinder, Manfred, Zur Rechtsqualität des Richterspruchs im System kodifizierten Rechts, JuS 1991, 542 f.

Reich, Andreas, Beamtenstatusgesetz, 3. Auflage 2018

Reichelt, Thomas, Der Vorbescheid im Verwaltungsverfahren, 1989

Reimer, Philipp, Materielles Verwaltungsrecht und Prozessrecht – Einwirkungen und Rückwirkungen, Die Verwaltung 50 (2017), S. 395 ff.

Reimer, Franz, Juristische Methodenlehre, 2. Auflage 2020

Remmel, Johannes, Die Konkurrentenklage im Beamtenrecht, RiA 1982, 1 ff.
Rennert, Klaus, Konkurrentenschutz im Krankenhauswesen, GesR 2008, 344 ff.
ders., Konkurrentenklagen bei begrenztem Kontingent, DVBl. 2009, 1333 ff.
Rensch, Claudia, Die Exemtion des Öffentlichen Dienstrechts aus dem Allgemeinen Verwaltungsrecht, 2014
Röhl, Klaus F./Röhl, Hans Christian, Allgemeine Rechtslehre, 3. Auflage 2008
von Roetteken, Torsten, Konkurrenzschutz im Beamtenrecht nach dem Urteil des BVerwG vom 4.11.2010 – 2 C 16.09, ZBR 2011, 73 ff.
Rogosch, Josef Konrad, Das Beamtenrecht im Wandel der Zeit, DVP 2013, 406 ff.
Rohmeyer, Hartwig, Geschichte und Rechtsnatur der einstweiligen Anordnung im Verwaltungsprozess, 1967
Ronellenfitsch, Michael, Der vorläufige Rechtsschutz im beamtenrechtlichen Konkurrentenstreit, VerwArch 82 (1991), S. 121 ff.
Roßnagel, Alexander, Teilgenehmigung und vorläufiges positives Gesamturteil, DÖV 1995, 624 ff.
Roth, Hans-Achim, Rechtliche Probleme der Zulassung von Schaustellern zu Volksfesten, Spezialmärkten und Jahrmärkten, WiVerw1985, 46 ff.
Roth, Wolfgang, Die Obliegenheit zur Inanspruchnahme primären Rechtsschutzes insbesondere bei beamtenrechtlichen Beförderungsstreitigkeiten, ZBR 2001, 14 ff.
Roth, Wulf-Henning, Privatrechtliche Kartellrechtsdurchsetzung zwischen primärem und sekundären Unionsrecht, ZHR 179 (2015), S. 668 ff.
Rüfner, Wolfgang, Die Entwicklung der Verwaltungsgerichtsbarkeit, in: Jeserich, Kurt G.A./Pohl, Hans/von Unruh, Georg-Christoph (Hrsg.), Deutsche Verwaltungsgeschichte, Bd. III, 1984, S. 909 ff.
Rüthers, Bernd, Klartext zu den Grenzen des Richterrechts, NJW 2011, 1856 ff.
ders., Die heimliche Revolution vom Rechtsstaat zum Richterstaat, 2. Auflage 2016
Rüthers, Bernd/Fischer, Christian/Birk, Axel, Rechtstheorie, 12. Auflage 2022
Ruffert, Matthias, Rechtsquellen und Rechtsschichten des Verwaltungsrechts, in: Voßkuhle, Andreas/Eifert, Martin/Möllers, Christoph (Hrsg.), Grundlagen des Verwaltungsrechts, Bd. I, 3. Auflage 2022, § 7
Ruland, Franz, Verfassungsrecht und Beamtenrecht, ZRP 1983, 278 ff.
Rupp, Hans Heinrich, Grundfragen der heutigen Verwaltungsrechtslehre, 2. Auflage 1991
Sachs, Michael, Wiederbelebung des besonderen Gewaltverhältnisses?, NWVBl. 2004, 209 ff.
ders., Verfassungsprozessrecht, 4. Auflage 2016
ders. (Hrsg.), Grundgesetz, 9. Auflage 2021
Scharl, Anna Ingeborg, Die Schutznormtheorie, 2018
Schefzik, Georg, Zum beamtenrechtlichen Konkurrentenstreit – vor und nach dem Urteil des BVerwG vom 04.11.2010 (– 2 C 16.09 –), VBlBW 2012, 411 ff.
Schenderlein, Kristin, Rechtsschutz und Partizipation im Umweltrecht, 2013
Schenke, Wolf-Rüdiger, Die Konkurrentenklage im Beamtenrecht, in: Damrau, Jürgen/Kraft, Alfons/Fürst, Walther (Hrsg.), Festschrift für Otto Mühl zum 70. Geburtstag, 1981, S. 571 ff.
ders., Der Folgenbeseitigungsanspruch bei Verwaltungsakten mit Drittwirkung, DVBl. 1990, 328 ff.
ders., Rechtsprobleme des Konkurrentenrechtsschutzes im Wirtschaftsverwaltungsrecht, NVwZ 1993, 718 ff.
ders., Der Anspruch des Verletzten auf Rücknahme des Verwaltungsakts vor Ablauf der Anfechtungsfristen, in: Geis, Max-Emanuel/Lorenz, Dieter (Hrsg.), Staat, Kirche, Verwaltung, Festschrift für Hartmut Maurer zum 70. Geburtstag, 2001, S. 723 ff.

ders., Neues und Altes zur beamtenrechtlichen Konkurrentenklage, in: Butzer, Hermann/Kaltenborn, Markus/Meyer, Wolfgang (Hrsg.), Organisation und Verfahren im sozialen Rechtsstaat, Festschrift für Friedrich Schnapp zum 70. Geburtstag, 2008, S. 655 ff.

ders., Neuestes zur Konkurrentenklage, NVwZ 2011, 321 ff.

ders., Rechtsschutz bei Auswahlentscheidungen – Konkurrentenklage, DVBl. 2015, 137 ff.

ders., Rechtmäßigwerden rechtswidrig erlassener Verwaltungsakte, NVwZ 2015, 1341 ff.

ders., Verwaltungsprozessrecht, 17. Auflage 2021

Scherer, Joachim, Öffentlich-rechtliche Konkurrentenklagen im Wirtschafts- und Beamtenrecht, JURA 1985, 11 ff.

Schick, Walter, Wichtige Entscheidungen oberster Gerichte, ZBR 1967, 297 ff.

ders., Verfassungsrechtliche Grenzen einer Reform des öffentlichen Dienstrechts, in: Forsthoff, Ernst/von Münch, Ingo/Schick, Walter/Thieme, Werner/Ule, Carl Hermann/Mayer, Franz (Hrsg.), Verfassungsrechtliche Grenzen einer Reform des öffentlichen Dienstrechts, 1973, S. 171 ff.

ders., Die „Konkurrentenklage" des Europäischen Beamtenrechts – Vorbild für das deutsche Recht?, DVBl. 1975, 741 ff.

Schippel, Helmut/Görk, Stefan, Bundesnotarordnung, 10. Auflage 2021

Schlaich, Klaus/Korioth, Stefan, Das Bundesverfassungsgericht, 12. Auflage 2021

Schlotterbohm, Jan, Der Rechtsstaat blockiert sich selbst, ZBR 2015, 368 ff.

Schmalz, Dieter, Methodenlehre, 4. Auflage 1998

Schmidt-Aßmann, Eberhard, Institute gestufter Verwaltungsverfahren: Vorbescheid und Teilgenehmigung, in: Bachof, Otto/Heigl, Ludwig/Redeker, Konrad (Hrsg.), Verwaltungsrecht zwischen Freiheit, Teilhabe und Bindung, Festgabe aus Anlass des 25jährigen Bestehens des Bundesverwaltungsgerichts, 1978, S. 569 ff.

Schmidt-Bleibtreu, Bruno/Hofmann, Hans/Henneke, Hans-Günter (Hrsg.), Grundgesetz, 15. Auflage 2022

Schmidt-Bleibtreu, Bruno/Klein, Franz/Bethge, Herbert (Hrsg.), Bundesverfassungsgerichtsgesetz, Loseblatt, Stand 61. Lfg. Juli 2021

Schmidt, Heinrich (Begr.)/*Gessmann, Martin* (Hrsg.), Philosophisches Wörterbuch, 23. Auflage 2009

Schmidt-Jortzig, Edzard, Die Einrichtungsgarantien der Verfassung, 1979

ders., Aufgabe, Stellung und Funktion des Richters im demokratischen Rechtsstaat, NJW 1991, 2377 ff.

Schmidt-Preuß, Matthias, Kollidierende Privatinteressen im Verwaltungsrecht, 2. Auflage 2005

Schmidt-Räntsch, Johanna, Deutsches Richtergesetz, 7. Auflage 2018

Schmitt, Carl, Verfassungslehre, 1928 (Nachdruck, 11. Auflage 2017)

ders., Inhalt und Bedeutung des zweiten Hauptteils der Reichsverfassung, in: Anschütz, Gerhard/Thoma, Richard (Hrsg.), Handbuch des Deutschen Staatsrechts, Bd. II, 1932, § 101, S. 572 ff.

ders., Freiheitsrecht und institutionelle Garantien der Reichsverfassung, in: Schmitt, Carl (Hrsg.), Verfassungsrechtliche Aufsätze aus den Jahren 1924–1954, 2. Auflage 1973, S. 140 ff.

ders., Wohlerworbene Beamtenrechte und Gehaltskürzungen, in: Schmitt, Carl (Hrsg.), Verfassungsrechtliche Aufsätze aus den Jahren 1924–1954, 2. Auflage 1973, S. 174 ff.

Schmitt Glaeser, Walter/Horn, Hans-Detlef, Verwaltungsprozessrecht, 15. Auflage 2000

Schmitt-Kammler, Arnulf, Konkurrentenklage im Beamtenrecht?, DÖV 1980, 285 ff.

Schneider, Hans, Die Reichsverfassung vom 11. August 1919, in: Isensee, Josef/Kirchhof, Paul (Hrsg.), Handbuch des Staatsrechts der Bundesrepublik Deutschland, Bd. I, 3. Auflage 2003, § 5

Schneider, Hans-Peter, Das Grundgesetz, Bd. X, 1996
Schneider, Rudolf, Rechtsschutz gegen verfassungswidriges Unterlassen des Gesetzgebers, AöR 89 (1964), S. 24 ff.
Schneider, Tobias, Folgenbeseitigung im Verwaltungsrecht, 1994
ders., Primärrechtsschutz nach Zuschlagserteilung bei einer Vergabe öffentlicher Aufträge, 2007
Schnellenbach, Helmut, Anmerkung zu BVerwGE 115, 89 ff., ZBR 2002, 180 ff.
ders., Konkurrenzen im öffentlichen Dienst, 2. Auflage 2018
Schnellenbach, Helmut/Bodanowitz, Jan, Beamtenrecht in der Praxis, 10. Auflage 2020
Schnur, Roman, Der Begriff der „herrschenden Meinung" in der Rechtsdogmatik, in: Doehring, Karl (Hrsg.), Festgabe für Ernst Forsthoff, 1967, S. 43 ff.
Schoch, Friedrich, Vorläufiger Rechtsschutz und Risikoverteilung im Verwaltungsrecht, 1988
ders., Grundfragen des verwaltungsgerichtlichen vorläufigen Rechtsschutzes, VerwArch 82 (1991), S. 145 ff.
ders., Die behördliche Befugnis zum Handeln durch Verwaltungsakt, JURA 2010, 670 ff.
Schoch, Friedrich/Schneider, Jens-Peter (Hrsg.), Verwaltungsrecht, Bd. I, Verwaltungsgerichtsordnung, Loseblatt, Stand 42. Lfg. Februar 2022
dies. (Hrsg.), Verwaltungsrecht, Bd. III, Verwaltungsverfahrensgesetz, Loseblatt, Stand 2. Lfg. April 2022
Schöbener, Burkhard, Verwaltungsgerichtlicher Rechtsschutz in beamtenrechtlichen Konkurrenzsituationen, BayVBl. 2001, 321 ff.
Schoen, Paul, Der Widerruf der Verfügungen nach der Rechtsprechung des OVG, in: Triepel, Heinrich (Hrsg.), Verwaltungsrechtliche Abhandlungen, Festgabe zum fünfzigjährigen Bestehen des Preußischen Oberverwaltungsgerichts, 1925, S. 118 ff.
Schöne, Lothar, Öffentliche Gewalt und Eigentum, DÖV 1954, 552 ff.
Schönrock, Sabrina, Rechtsqualität von Auswahlentscheidungen im Stellenbesetzungsverfahren, ZBR 2013, 26 ff.
Scholz, Rupert, Die Koalitionsfreiheit als Verfassungsproblem, 1971
Schrapper, Ludger/Günther, Jörg-Michael, Landesbeamtengesetz Nordrhein-Westfalen, 3. Auflage 2021
Schröcker, Sebastian, Das fehlerhafte Beamtenverhältnis, DVBl. 1957, 661 ff.
Schwalb, Maximilian, Das Beamtenrecht in der Verfassungsreform, DJZ 1933, Sp. 155 ff.
Schwarz, Kyrill-Alexander, Vertrauensschutz als Verfassungsprinzip, 2002
Seibert, Max-Jürgen, Die Bindungswirkung von Verwaltungsakten, 1989
ders., Die Fehlerbehebung durch ergänzendes Verfahren nach dem UmwRG, NVwZ 2018, 97 ff.
Seitz, Stefan, Die arbeitsrechtliche Konkurrentenklage, 1995
Shils, Edward, Tradition, 1981
Shirvani, Foroud, Sozialrechtliche Planung und Konkurrentenschutz, SDSRV 62 (2012), S. 107 ff.
Siegmund-Schultze, Gerhard, Zur Konkurrentenklage im Beamtenrecht aus Sicht der Verwaltungspraxis, VerwArch 73 (1982), S. 137 ff.
Sievers, Rudolf, Der Rechtsschutz im Beamtenrechte, Fischers Zeitschrift für Verwaltungsrecht 60 (1927), S. 217 ff.
ders., Das Beamtenrecht der Reichsverfassung in der Rechtsprechung des Reichsgerichts, 1932
Simitis, Spiros, Zur „Aktualisierung" des Art. 6 Abs. 5 GG, JZ 1969, 277 ff.
Sodan, Helge, Grundgesetz, 3. Auflage 2015
Sodan, Helge/Ziekow, Jan (Hrsg.), Verwaltungsgerichtsordnung, 5. Auflage 2018

Solte, Ernst-Lüder, Zur Konkurrentenklage im Beamtenrecht, NJW 1980, 1027 ff.
Spannowsky, Willy/Runkel, Peter/Goppel, Konrad (Hrsg.), Raumordnungsgesetz, 2. Auflage 2018
Staiger, Emil, Die Kunst der Interpretation, 3. Auflage 1961
Statistisches Bundesamt, Durchschnittliches Alter der Mutter bei der Geburt ihrer lebend geborenen Kinder in Deutschland, https://www.destatis.de/DE/Themen/Gesellschaft-Umwelt/Bevoelkerung/Geburten/Tabellen/geburten-mutteralter.html (zuletzt abgerufen am 27.09.2022)
von Stein, Lorenz, Die Verwaltungslehre, Bd. 1, 1865
Stein, Volker, Die Sachentscheidungsvoraussetzung des allgemeinen Rechtsschutzbedürfnisses im Verwaltungsprozeß, 2000
Steinbach, Armin, Die Versetzung in den einstweiligen Ruhestand – materielle und formelle Fragen zum politischen Beamten, ZBR 2017, 335 ff.
Steinbeiß-Winkelmann, Christine, Grundrechtliche Freiheit und staatliche Freiheitsordnung, 1986
Steiner, Udo, Der dienstrechtliche Konkurrentenstreit im Fokus des Bundesverfassungsgerichts, BayVBl. 2017, 505 ff.
ders., Verfassungsfragen anlässlich des Hamburger Modells, NZS 2018, 713 ff.
Stelkens, Paul/Bonk, Heinz Joachim/Sachs, Michael (Hrsg.), Verwaltungsverfahrensgesetz, 9. Auflage 2018
Stern, Klaus, Diskussionsbeitrag zum Thema „Empfiehlt es sich, das Beamtenrecht unter Berücksichtigung der Wandlungen von Staat und Gesellschaft neu zu ordnen?“, in: Ständige Deputation des Deutschen Juristentages (Hrsg.), Verhandlungen des achtundvierzigsten Deutschen Juristentages in Mainz 1970, 1971, S. O 60 ff.
ders., Berufsbeamtentum – gestern, heute, morgen. Artikel 33 Grundgesetz und sein verfassungsrechtlicher Kontext, in: König, Klaus/Laubinger, Hans-Werner/Wagener, Frido (Hrsg.), Öffentlicher Dienst, Festschrift für Carl Hermann Ule,1977
ders., Das Staatsrecht der Bundesrepublik Deutschland
– Bd. III/1, 1988
– Bd. V, 2000
Stern, Klaus/Becker, Florian (Hrsg.), Grundrechte-Kommentar, 3. Auflage 2019
Stier-Somlo, Fritz, Deutsches Reichs- und Landesstaatsrecht, Bd. I, 1924
Stolterfoht, Joachim N., Bedarf ein feststellender Verwaltungsakt einer speziellen Ermächtigungsgrundlage?, in: Tipke, Klaus/Söhn, Hartmut (Hrsg.), Gedächtnisschrift für Christoph Trzaskalik, 2005, S. 69 ff.
Strauss, Gerhard/Schmidt, Herbert/Brückner, Dominik/Nortmeyer, Isolde/Vietze, Oda, Deutsches Fremdwörterbuch
– Bd. VI, 2. Auflage 2011
– Bd. VII, 2. Auflage 2011
Struzina, Victor/Lindner, Josef Franz, Die Ablehnung eines Verwaltungsaktes – zur Dogmatik des Versagungsaktes, VerwArch 108 (2017), S. 266 ff.
Stuttmann, Martin, Anmerkung zu VGH Kassel, Beschl. v. 14.07.2016 – 1 B 1419/16 – NVwZ 2016, 1424 ff., NVwZ 2016, 1426 ff.
ders., Anmerkung zu VGH Kassel, Beschl. v. 28.04.2017 – 1 B 947/17 – NVwZ 2017, 1144 ff., NVwZ 2017, 1146 f.
ders., Anmerkung zu BVerwG, Urt. v. 30.08.2018 – 2 C 10.17 – NVwZ 2018, 1866 ff., NVwZ 2018, 1870 ff.
Summer, Rudolf, Dokumente zur Geschichte des Beamtenrechts, 1986
ders., Die hergebrachten Grundsätze des Berufsbeamtentums – ein Torso, ZBR 1992, 1 ff.

ders., Gedanken zum Gesetzesvorbehalt im Beamtenrecht, DÖV 2006, 249 ff.
ders., Beiträge zum Beamtenrecht, 2007
Szabados, Tibor, Krankenhäuser als Leistungserbringer in der gesetzlichen Krankenversicherung, 2009
Tegethoff, Carsten, Rechtsschutz im beamtenrechtlichen Beförderungsstreit, JA 2004, 732 ff.
Thal, Daniel, Das Dogma rechtsschutzverkürzender Ämterstabilität, 2016
Thiele, Willi, Die Entwicklung des deutschen Berufsbeamtentums, 1981
ders., Zur Problematik der sogenannten hergebrachten Grundsätze des Berufsbeamtentums, DÖV 1981, 773 ff.
Thieme, Werner, Der öffentliche Dienst in der Verfassungsordnung des Grundgesetzes, 1961
ders., Gutachten zu der Frage „Empfiehlt es sich, das Beamtenrecht unter Berücksichtigung der Wandlungen von Staat und Gesellschaft neu zu ordnen?", in: Ständige Deputation des Deutschen Juristentages (Hrsg.), Verhandlungen des achtundvierzigsten Deutschen Juristentages in Mainz 1970, 1971, S. D 3 ff.
ders., Verfassungsrechtliche Grenzen einer Reform des öffentlichen Dienstrechts, in: Forsthoff, Ernst/von Münch, Ingo/Schick, Walter/Thieme, Werner/Ule, Carl Hermann/Mayer, Franz (Hrsg.), Verfassungsrechtliche Grenzen einer Reform des öffentlichen Dienstrechts, 1973, S. 301 ff.
Thoma, Richard, Grundrechte und Polizeigewalt, in: Triepel, Heinrich (Hrsg.), Festgabe zur Feier des fünfzigjährigen Bestehens des Preußischen Oberverwaltungsgerichts, 1925, S. 183 ff.
ders., Die juristische Bedeutung der grundrechtlichen Sätze der Deutschen Reichsverfassung im allgemeinen, in: Nipperdey, Hans Carl (Hrsg.), Die Grundrechte und Grundpflichten der Reichsverfassung, Bd. I, 1930 (Nachdruck 1975), S. 1 ff.
Tiefenthaler, Veronika C., Gewohnheit und Verfassung, 2012
Tietgen, Walter, Der Zugang zu den Ämtern des öffentlichen Dienstes, in: von Caemmerer, Ernst/Friesenhahn, Ernst/Lange, Richard (Hrsg.), Hundert Jahre Deutsches Rechtsleben, Festschrift zum hundertjährigen Bestehen des Deutschen Juristentages, Bd. II, 1960, S. 325 ff.
Tietze, Robert/Wolff, Heinrich Amadeus, Die Anerkennung eines verfassungsrechtlichen Streikverbots für Beamte durch das BVerfG, ZBR 2019, 78 ff.
Tomandl, Theodor, Im juristischen Methodendschungel, ÖJZ 2011, 539 ff.
Tomuschat, Christian, Verfassungsgewohnheitsrecht?, 1972
ders., Güterverteilung als rechtliches Problem, Der Staat 12 (1973), S. 433 ff.
Trostel, Eugen, Die Verwaltungsgerichtsbarkeit von der Gründung bis zum Ausgang des Kaiserreichs, VBlBW 1988, 363 ff.
Trzaskalik, Christoph, Die Rechtsschutzzone der Feststellungsklage im Zivil- und Verwaltungsprozeß, 1978
Tuschak, Bernadette, Die herrschende Meinung als Indikator europäischer Rechtskultur, 2009
Ule, Carl Hermann, Gerichtlicher Rechtsschutz im Beamtenrecht, 1951
ders., Beamtenrecht, 1970
ders., Öffentlicher Dienst, in: Bettermann, Karl August/Nipperdey, Hans Carl (Hrsg.), Die Grundrechte, Bd. IV/2, Grundrechte und institutionelle Garantien, 2. Auflage 1972, S. 537 ff.
Ule, Carl Hermann/Laubinger, Hans-Werner, Verwaltungsverfahrensrecht, 4. Auflage 1995
Umbach, Dieter C./Clemens, Thomas (Hrsg.), Grundgesetz, Bd. I, 2002
Valerius, Brian, Einführung in den Gutachtenstil, 4. Auflage 2017
Vogels, Alois, Willensmängel bei der Beamtenanstellung, VerwArch 27 (1919), S. 17 ff.
Volkmann, Uwe, Was ist Recht?, JöR 64 (2016), S. 281 ff.
Voßkuhle, Andreas, Theorie und Praxis der verfassungskonformen Auslegung von Gesetzen durch Fachgerichte, AöR 125 (2000), S. 177 ff.

ders., Neue Verwaltungsrechtswissenschaft, in: Voßkuhle, Andreas/Eifert, Martin/Möllers, Christoph (Hrsg.), Grundlagen des Verwaltungsrechts, Bd. I, 3. Auflage 2022, § 1
ders., Personal, in: Voßkuhle, Andreas/Eifert, Martin/Möllers, Christoph (Hrsg.), Grundlagen des Verwaltungsrechts, Bd. II, 3. Auflage 2022, § 41
Wacke, Gerhard, Das Dienstrecht der Behördenangestellten, 1933
ders., Zur Neugestaltung des Beamtenrechts, AöR 76 (1950/1951), S. 385 ff.
ders., Entstehungsgeschichte und Inhalt des Artikels 33 Absatz 5 des Grundgesetzes, in: Institut zur Förderung öffentlicher Angelegenheiten (Hrsg.), Neues Beamtentum, Beiträge zur Neuordnung des öffentlichen Dienstes, 1951, S. 152 ff.
ders., Rechtfertigung des Vorberichts über die Bedeutung des Artikels 33 Absatz 5 des Grundgesetzes, in: Institut zur Förderung öffentlicher Angelegenheiten (Hrsg.), Neues Beamtentum, Beiträge zur Neuordnung des öffentlichen Dienstes, 1951, S. 179 ff.
ders., Grundlagen des öffentlichen Dienstrechts, 1967
Waechter, Kay, Einrichtungsgarantien als dogmatische Fossilien, Die Verwaltung 29 (1996), S. 47 ff.
Wagner, Albrecht, Der Richter, 1959
de Wall, Heinrich, Die Anwendbarkeit privatrechtlicher Vorschriften im Verwaltungsrecht, 1999
de Wall, Heinrich/Muckel, Stefan, Kirchenrecht, 6. Auflage 2022
Walz, Gustav Adolf, Autoritärer Staat, nationaler Rechtsstaat oder völkischer Führerstaat?, DJZ 1933, Sp. 1334 ff.
ders., Das Ende der Zwischenverfassung, 1933
Wank, Rolf, Die juristische Begriffsbildung, 1985
Watt, Donald Cameron, Die bayerischen Bemühungen um Ausweisung Hitlers 1924, VfZ 6 (1958), S. 270 ff.
Weber-Dürler, Beatrice, Vertrauensschutz im öffentlichen Recht, 1983
Weckmann, Moritz, Die Rolle staatlicher Auswahlentscheidungen im Rechtsschutzsystem der „Konkurrentenverdrängungsklage“, 2019
Wedel, Dirk/Muders, Christian, Richterliche Konkurrentenstreitverfahren auf dem Prüfstand, ZRP 2021, 91 ff.
Weick, Karl E., Sensemaking in Organizations, 1995
von der Weiden, Klaus, Der beamtenrechtliche Konkurrentenstreit in der neueren Rechtsprechung von Bundesverfassungsgericht, Bundesverwaltungsgericht und Thüringer Oberverwaltungsgericht, ThürVBl. 2017, 181 ff. und 210 ff.
ders., Jahresfrist bei Verwirkung des Klagerechts gegen nicht ämterstabile Beamtenernennung, Anmerkung zu BVerwG, Urt. v. 30.08.2018 – 2 C 10.17 – NVwZ 2018, 1866 ff., juris-PR-BVerwG 1/2019 Amm. 6
Weiß, Hans-Dietrich, Beamtenrechtliche „Konkurrentenklage“, ZBR 1989, 273 ff.
Wernicke, Konrad, Der Vorbescheid im Wasserecht, DVBl. 1977, 914 ff.
Wernsmann, Rainer, Klagearten und Klagebefugnis im Konkurrentenrechtsstreit, Die Verwaltung 36 (2003), S. 67 ff.
ders., Die beamtenrechtliche Konkurrentenklage, DVBl. 2005, 276 ff.
ders., Die Gesetzgebungskompetenz des Bundes für die Kernbrennstoffsteuer, NVwZ 2011, 1367 ff.
Werres, Stefan, Beamtenverfassungsrecht, Systematische Darstellung des Berufsbeamtentums auf Grundlage der verfassungsrechtlichen Vorschriften, 2011
Werres, Stefan/Boewe, Marius, Beamtenrecht, 4. Auflage 2021
Wesel, Uwe, Aufklärungen über Recht, 1981

Westrick, Gerhard Alois, Neues Beamtenrecht, DÖV 1949, 61 ff.

Weyreuther, Felix, Empfiehlt es sich, die Folgen rechtswidrigen hoheitlichen Verwaltungshandelns gesetzlich zu regeln (Folgenbeseitigung, Folgenentschädigung)?, in: Ständige Deputation des Deutschen Juristentages (Hrsg.), Verhandlungen des siebenundvierzigsten Deutschen Juristentages in Nürnberg 1968, 1969, S. B 1 ff.

ders., Probleme der Rechtsprechung zum Enteignungsverfahren, DVBl. 1972, 93 ff.

ders., Die Rechtswidrigkeit eines Verwaltungsaktes und die „dadurch" bewirkte Verletzung „in … Rechten" (§ 113 Abs. 1 Satz 1 und Abs. 4 Satz 1 VwGO), in: Erichsen, Hans-Uwe/Hoppe, Werner/von Mutius, Albert (Hrsg.), System des verwaltungsgerichtlichen Rechtsschutzes, Festschrift für Christan-Friedrich Menger, 1985, S. 681 ff.

Wieland, Frank/Seulen, Anna, Durchbrechung der Ämterstabilität bei Rechtsschutzvereitelung, DÖD 2011, 69 ff.

Wieland, Joachim, Konkurrentenschutz bei Beamtenernennungen, in: Grupp, Klaus/Ronellenfitsch, Michael, Planung – Recht – Rechtsschutz, Festschrift für Willi Blümel zum 70. Geburtstag am 6. Januar 1999, 1999, S. 647 ff.

ders., Konkurrentenschutz in der neueren Rechtsprechung zum Wirtschaftsverwaltungsrecht, Die Verwaltung 32 (1999), S. 217 ff.

Wieseler, Willi, Der vorläufige Rechtsschutz gegen Verwaltungsakte, 1967

Wilburg, Walter, Die Elemente des Schadensrechts, 1941

Willke, Martin, Effektiver Rechtsschutz beim Zugang zu öffentlichen Ämtern, JZ 1980, 440 ff.

Wipfelder, Hans-Jürgen, Naturrecht und Gewohnheitsrecht als Quellen des Verfassungsrechts, in: Mayer-Maly, Dorothea/Simons, Peter M. (Hrsg.), Das Naturrechtsdenken heute und morgen, Gedächtnisschrift für René Marcic, 1983, S. 947 ff.

Wittkowski, Bernd, Die Konkurrentenklage im Beamtenrecht, NJW 1993, 817 ff.

Wittreck, Fabian, Der Anwendungsvorrang des einfachen Rechts – Eine unterschätzte Figur des Öffentlichen Rechts –, Ad Legendum 2018, 217 ff.

Wolff, Hans Julius/Bachof, Otto/Stober, Rolf/Kluth, Winfried (Hrsg.), Verwaltungsrecht I, 12. Auflage 2007

dies. (Hrsg.), Verwaltungsrecht I, 13. Auflage 2017

Wollenschläger, Ferdinand, Verteilungsverfahren, 2010

Wunder, Bernd, Das erste deutsche Beamtengesetz: Die bayerische Hauptlandespragmatik vom 1. Januar 1805, ZBR 2005, 2 ff.

Wysk, Peter (Hrsg.), Verwaltungsgerichtsordnung, 3. Auflage 2020

Zeller, Ernst, Auslegung von Gesetz und Vertrag, 1989

Zimmerling, Wolfgang, Konkurrenz zwischen Angestellten und Beamten im Beförderungsgeschehen, RiA 2002, 165 ff.

Zimmermann, Rita, Die Relevanz einer herrschenden Meinung für Anwendung, Fortbildung und wissenschaftliche Erforschung des Rechts, 1983

Zippelius, Reinhold, Verfassungskonforme Auslegung von Gesetzen, in: Starck, Christian (Hrsg.), Bundesverfassungsgericht und Grundgesetz, Festgabe aus Anlaß des 25jährigen Bestehens des Bundesverfassungsgerichts, Bd. II, 1976, S. 108 ff.

ders., Die Rolle des Berufsbeamten, in: Rill, Bernd (Hrsg.): Fünfzig Jahre freiheitlich-demokratischer Rechtsstaat, 1999, S. 97 ff.

Zuck, Holger, Das Anfertigen von Übungsarbeiten, JuS 1990, 905 ff.

Zwerger, Dietmar, Zwischen Stellenblockade und Bewerberschutz, 2022

Stichwortverzeichnis